淡水通商委員李彤恩與滬尾戰役

LI TUNG ÊN

李秉樺・著

序

　　在臺灣的歷史軌跡中,經歷了清帝國時代212年的歷史,1860年,臺灣面臨西方政權要求開港通商及傳教自由,北臺灣因而正式進入一個華洋密切交流的時代,而在臺灣島上時常有漳、泉、粵等族群衝突,亦有平地原住民與高山原住民同樣生活在這塊土地上,而此時西方人的加入,大量增加華洋之間對於文化、制度、貿易上的衝突。

　　北臺灣開港設關,使用滬尾水師守備署當作海關公署,滬尾海關雖總領全臺關務,開港徵稅上有洋人稅務司協助辦理,但實際上所面臨的問題,遠比想像中的多,天津條約同意西方人可以設立商行、租屋等權利,西方宗教亦可建立禮拜堂傳教,也逐漸與地方領袖、郊商或廟宇為主的傳統社會模式產生摩擦,而問題爆發時,清帝國官員時常無法妥善的去處理華洋衝突,多次是在西方的砲艦抵達後,才開始重視眼前的外交問題,如開港初期怡和洋行船長率洛文的樟腦事件,或者英商陶德、傳教士馬偕租屋時所面臨的糾紛,都顯示西方通商條約、清帝國法律、臺灣地方社會三者之間在各自所堅持的信念下,造成的衝突也與日俱增。

　　1872年馬偕博士來到北臺灣進行傳教工作,並用拔牙與醫療和民眾接觸交流,在傳教初期馬偕博士與地方領袖之間,觀念不同,多有摩擦,進而傳出許多危言聳聽的傳教士故事,或許雙方對於各自所處的文化背景不熟悉,衝突亦是一種必然,但是否有

人能夠居中調停，或許才是更加的重要，因為這不僅是國內衝突，而是涉及外交問題，北部華洋衝突多由滬尾海關來處理，但1862年至1884年清法戰爭爆發前，滬尾海關監督就更換過數次，大多都是因病去職，首任海關監督區天民則忙於處理戴潮春事件，指揮北路防務，李彤恩是少數從淡水開港設關至臺灣建省，都還持續在任的滬尾海關通商人員。

　　過去歷史中對於李彤恩調停華洋衝突的歷史，以及他在臺灣參與的相關事蹟描述較少，故筆者透過文獻的整理，希冀呈現淡水通商委員李彤恩，在臺灣經歷的主要事件，如開港通商、官煤開設、清法戰爭、臺灣建省、洋務新政，本書的寫作方式，多採用引用史料，並加註評論與解析，希望可以將這些吉光片羽的歷史碎片集合在一起，看見更多細節，而在文中大篇幅撰寫清法戰爭滬尾戰役，此事件可以說是李彤恩在職涯當中最為關鍵且最多史料的事件，也是筆者踏入淡水歷史研究的開端，2022年是淡水開港設關160年，2024年是滬尾戰役爆發140年，僅以此書紀念這段歷史。

李秉樺

目次

第一章 ｜ 淡水開港初期的工作

前言

　　19 世紀清帝國因亞羅號船事件與西林教案等衝突，爆發英法聯軍戰爭，清帝國戰敗於 1858 年（咸豐八年）簽訂天津條約，臺灣正式進入開港通商的時代，淡水港為清代臺灣最早的國際貿易港口，讓淡水港原先與福州對渡的國內貿易，加入了西方資本與宗教來到此處貿易和傳教，當時臺灣並無海關，開港設關一事交由福建候補道區天民來辦理，並由福州將軍文清選任熟練海關文書的李彤恩，渡海協助擬定臺灣海關通商章程，滬尾海關華員所負責的工作為管理港口並將稅務司所收到之款項運回福建閩海關，滬尾海關也負責處理因為西方人或者西方宗教來到臺灣後，產生的各種華洋衝突，然而開港初期海關監督區天民忙於指揮臺灣北路防務，嚴防戴潮春事件延燒北上，所以開港一事，李彤恩可以說是關鍵的角色，日後他逐漸成為北臺灣處理中外糾紛的重要調停者。

第一節：淡水開港設關過程

一、淡水開港背景

　　清帝國與英國於 1840 年（道光二十年）至 1842 年（道光二十二年）因貿易問題爆發戰爭，史稱鴉片戰爭，清帝國戰敗，1842 年（道光二十二年）簽訂《南京條約》割讓香港並開放廣州、福州、廈門、寧波、上海等五個港口，自此打開了清帝國的門戶，[1] 1857 年（咸豐七年）至 1858 年（咸豐八年）清帝國因亞羅號船搜捕事件與西林教案，爆發英法聯軍戰爭，清帝國戰敗，1858 年（咸豐八年）簽訂《天津條約》並分別與英、法、美、俄訂約，除南京條約議定之五口通商外，再加上牛莊、登州、臺灣、潮州、瓊州等地，並且可以買賣船貨，隨時往來、賃房買屋，租地起造禮拜堂、醫院、墳塋等設施 [2]，自此臺灣從過去與清帝國本土的三口對渡，鹿耳門對渡同安、鹿港對渡蚶江、八里坌對渡福州五虎門 [3] 走向新的局面，1860 年（咸豐十年）12 月 6 日，郇和（Robert Swinhoe）被英國任命為臺灣開港的領事，柏卓枝（George Compigné Braune）被任命為領事助理，1861 年（咸豐十一年）7 月郇和從廈門搭乘金龜子砲船抵達打狗，由陸路從打狗行抵臺灣府，暫時住在府城外的五條港風神廟，不過寺廟環境欠佳，隔日受到金茂號老闆許遜榮的邀請搬遷至其住所卯橋別墅，郇和也在此設立英國領事館，但因為鹿耳門港道淤積問題，加上該年底郇和因感染熱病至廈門調養，身體復原後評估決定：

---

[1]　《中英江寧條約（南京條約）》，道光22年07月24日，910000108號，國立故宮博物院

[2]　《中英天津條約》，咸豐08年05月16日，910000011號，國立故宮博物院

[3]　陳培桂（1963）。淡水廳志。臺北市：臺灣銀行經濟研究室。頁172

「鑒於淡水港較臺灣所有其他港口具更大的優勢，已將辦
　公所從臺灣府遷往淡水，今後視淡水為臺灣島開放對英貿
　易之領事港口，港口之範圍界線在淡水河口沙洲臨海位
　置，以迄上溯淡水河約4哩處峽谷向陸地延伸處。」

　郇和在1861（咸豐十一年）年12月20日搭乘巧手號（Handy）
砲艇抵達滬尾，因為無法在滬尾找到適合的住所，便先住在淡水
港內怡和洋行的貨船冒險號（Adventure）上兼充英國領事館直到
將近一個月後，才向漢人租下一間三合院當作領事館使用，[4]閩
浙總督慶端亦認為八里坌港的滬尾（按：即淡水港。）是適合開
港的口岸：

　「鹿耳門一處，迫近郡城；鹿仔港口，檣帆薈萃，港道淺
　窄，均非夷商船隻輻輳所宜，惟查有滬尾即八里坌一澳，
　地近大洋，貿易所集，堪令開市通商，並於附近要隘設立
　海關，照章徵收。」

　其中也寫到臺灣原無海關，新設之淡水海關由閩海關福州將
軍兼管，所收之稅銀，按季運解閩海關，若遇華洋交涉，由海關
監督會同臺灣道一同辦理，至此淡水港從一個小鎮成為臺灣最早
的國際港口：

　「臺灣雖無原設海關，第同一徵收稅課，自應統由管理閩
　海關之福州將軍兼管，每年檄委該處通商道員兼理稅務所

4　達飛聲（James w. Davidson）陳政三譯註《福爾摩沙島的過去與現在》上冊國
　立臺灣歷史博物館2014年頁214

收稅銀，按季解由福州將軍另款存儲。」[5]

二、李彤恩生平與職位

　　李彤恩字迪臣[6]，福建省閩縣人[7]，李彤恩由現存檔案中約可追溯至 1861 年（咸豐十一年）由福州將軍文清選任派遣諳練海關文書的李彤恩渡海協助淡水設關稽徵事宜，並參酌清帝國內地各口岸，籌議臺灣海關通商章程，於 1862 年（同治元年）以滬尾水師守備署開設海關公署[8]：「暫借滬尾守備舊署作為稅關。」[9]協助首任海關監督候補道區天民一同開設滬尾海關，李彤恩也赴打狗查看通商狀況一年：

> 「赴打狗口察看、試辦，計閱一年，均稱妥洽，惟該口時
> 有中外交涉事件，未可專責之佐雜微員，且該處離郡較
> 遠，勢難兼顧。」

　　打狗方面也派福州駐防水師旗營佐領劉青藜協助處理中外交涉，日後劉青藜也成為滬尾海關的負責人，[10] 顯示南北兩港的開港業務均與李彤恩有關，而海關的華員編制方面有：

5　其他籌辦夷務始末（咸豐朝）v.5閩浙總督慶端（等）咸豐9年11月23日（1859）
　　國立台灣大學，《台灣歷史數位圖書館》，檔名：〈ntu-1816818-0175101753.
　　txt〉
6　陳培桂（1963）。淡水廳志。臺北市：臺灣銀行經濟研究室。凡例頁7
7　陳培桂（1963）。淡水廳志。臺北市：臺灣銀行經濟研究室。凡例頁7
8　陳培桂（1963）。淡水廳志。臺北市：臺灣銀行經濟研究室。頁53
9　文慶，《籌辦夷務始末（v.5）》（台北市：台聯國風，1972年，再版），
　　頁377。國立台灣大學，《台灣歷史數位圖書館》，檔名：〈ntu-1166468-
　　0037700377-0000431.txt〉
10　《同治朝月摺檔》（台北市，故宮博物院藏）。國立台灣大學，《台灣歷史數位
　　圖書館》，檔名：〈ntu-GCM0006-0001000012-0000129.txt〉

「關道一員,每月銀三十六兩(另通商銀七十二兩,由
臺灣府庫鰲金款項提撥);滬尾隨員一員,每月銀二十
兩;雞籠委員一員,每月銀二十兩;關渡委員一員,每月
銀十四兩;書吏二名,每名月銀十六兩;幫書十名,每名
月銀或十兩或八兩;役哨三十餘名,每名月銀或四兩或三
兩。」[11]

　　李彤恩職位可從幾個文獻來推斷:「總書李彤恩,該書於
咸豐十一年間飭令到臺。」[12]1868年(同治七年)艋舺黃莊氏租
屋給寶順洋行一案中李彤恩的職稱為:「海關書吏李彤恩。」[13]
故推測開港時李彤恩的職位是書吏,而到1874年(同治十三
年)日人成富清風失銀一案李彤恩的職稱為:「海關委員李彤
恩。」[14],故推測李彤恩從1861年(咸豐十一年)開始長期擔任
海關書吏,日後多次處理中外交涉事件以及護解稅銀至閩海關才
慢慢提升官職,1867年(同治六年)閩浙總督英桂、福建巡撫
李福泰認為李彤恩開港事務辦理妥當:「赴打狗口隨同設關覈算
稅則,在事六年始終出力,且屢次護解稅銀,晉省前後九涉重洋,
尤屬勤勞最著。」[15]也寫到李彤恩已在1866年(同治五年)閩省
官紳士民第六次捐輸籌防經費銀兩當中希望捐職府知事:「捐職

---

[11] 陳培桂(1963)。淡水廳志。臺北市:臺灣銀行經濟研究室。頁109
[12] 《同治朝月摺檔》(台北市,故宮博物院藏)。國立台灣大學,《台灣歷史數位
圖書館》,檔名:〈ntu-GCM0006-0001300015-0000129-a001.txt〉
[13] 中研院近史所,《教務教案檔第二輯v.3》(中研院近史所:台北市,1974
年),頁1302-1304。國立台灣大學,《台灣歷史數位圖書館》,檔名:〈ntu-
1498055-0130201304-0000998-a001.txt〉
[14] 王元穉《甲戌公牘鈔存》(台北:台灣銀行,1959年,平裝本),台灣銀行經濟
研究室。頁97
[15] 《同治朝月摺檔》(台北市,故宮博物院藏)。奏摺同治朝月摺檔D閩浙總督英
桂、福建巡撫李福泰同治6年9月6日(1867),國立台灣大學,《台灣歷史數位
圖書館》,檔名:〈ntu-GCM0006-0001000012-0000129.txt〉

府知事李彤恩，捐繳實銀二百三十一兩。」[16] 顯示李彤恩本身經濟狀況無虞，並談從：「由從九品加捐雙月府經歷在籍候選。」閩浙總督英桂、福建巡撫李福泰擬請旨讓李彤恩以：「府經歷歸部遇缺即選。」[17] 同治年間也參與淡水廳志的編纂，擔任採訪一職，當時的品級與職位為：「五品銜候補府經李彤恩（字迪臣。閩縣人）。」[18] 相較於滬尾海關監督接連換人，李彤恩在滬尾海關的品級雖小，但職務穩定且有不可取代性，為淡水開港業務的核心人物，淡水開港初期李彤恩主要負責監督港口稅務，而隨著貿易頻繁，衍伸出的衝突問題也日益增加，日後李彤恩也逐漸成為北臺灣華洋糾紛的調停者。

三、滬尾海關負責人的異動與通商總局的成立

1862 年（同治元年六月二十二日）滬尾海關正式啟用，由區天民擔任監督，但區天民忙於戴潮春事件，1863 年（同治二年正月）改由臺灣府事馬樞輝接辦，卻也因戴潮春事件未北上赴任，而後內渡回大陸擔任延平府知府，所以由淡水同知恩煜代理[19]，但恩煜在隔年 1864 年（同治三年十月十一日）在滬尾病故[20]，1865 年（同治四年）福州將軍英桂屬意由候補知府馮慶良接替恩煜擔任滬尾海關監督：

---

[16] 《同治朝月摺檔》（台北市，故宮博物院藏）。國立台灣大學，《台灣歷史數位圖書館》，檔名：〈ntu-GCM0005-0008500096-0000089.txt〉

[17] 清單同治朝月摺檔D閩浙總督英桂、福建巡撫李福泰同治6年9月6日（1867）國立台灣大學，《台灣歷史數位圖書館》，檔名：〈ntu-GCM0006-0001300015-0000129-a001.txt〉

[18] 陳培桂（1963）。淡水廳志。臺北市：臺灣銀行經濟研究室。凡例頁7

[19] 陳培桂（1963）。淡水廳志。臺北市：臺灣銀行經濟研究室。頁110

[20] 明清宮藏臺灣檔案匯編（v.180）閩浙總督左宗棠（等）同治4年1月24日（1865）國立台灣大學，《台灣歷史數位圖書館》，檔名：〈ntul-3052789-0043000436.txt〉

「查有候補知府馮慶良，籍隸粵東，熟悉通商情形，堪以委任接辦，除檄飭該員剋日東渡，前往滬尾，妥為辦理。」[21]

根據淡水廳志所載馮慶良於 1866 年（同治五年正月）接任職位，[22] 而馮慶良擔任兩年之後於 1868 年（同治七年）也開始一病不起：

「駐紮滬尾之補用道，候補知府馮慶良，辦理通商，本屬諸臻妥洽，惟該員自上年七月間，積勞抱病，至今臥床不起，於領事地方各官，均未能接見。」

因通商緊要，所以再度找尋人員接替，已經升為閩浙總督的英桂決議由：「協領銜，福州駐防佐領劉青藜渡臺，幫同馮慶良妥辦。俾馮慶良得以安心調理，俟其醫痊，仍循舊貫，如驟難醫治痊愈，或即令劉青藜暫行接手。劉青藜人極正派，任事實心。」並提及劉青藜曾在旗後海關任職，有通商業務相關經驗：「前在旗後口海關，駐辦稅務，兩載有餘，於外國官商頗能聯絡，又熟悉臺地情形，堪以委辦通商。」[23]

劉青藜則在 1869 年（同治八年三月）先協助生病的馮慶良處理海關業務，[24] 1869 年（同治八年）至 1870（同治九年）年馮

---

[21] 明清宮藏臺灣檔案匯編（v.180）福州將軍英桂（等）同治4年3月3日（1865）國立台灣大學，《台灣歷史數位圖書館》，檔名：〈ntul-3052789-0044800449.txt〉

[22] 陳培桂（1963）。淡水廳志。臺北市：臺灣銀行經濟研究室。頁110

[23] 中研院近史所，《教務教案檔第二輯v.3》（中研院近史所：台北市，1974年），頁1521-1522。國立台灣大學，《台灣歷史數位圖書館》，檔名：〈ntu-1498055-0152101522-0001046.txt〉

[24] 陳培桂（1963）。淡水廳志。臺北市：臺灣銀行經濟研究室。頁110

慶良與劉青藜同時都在滬尾海關任職，而成文於 1871 年（同治十一年）《造送同治九年福廈臺灣各口與洋人交涉案》當中關於滬尾寶順行樟腦遭搶事件，也有馮慶良的相關文字，但此時則使用「前委員」一詞顯示馮慶良已卸任：「接准英國副領事額勒格里照會，滬尾口寶順洋商遣夥益源號在於淡屬大姑坑採買樟腦伍拾壹担、又貳拾壹担肆拾觔，行至三角湧地方，被土人陳鳥田、陳九英等強搶，移請查追。經前委員馮守並劉佐領先後飛移淡水同知富丞樂賀查追。」顯示馮慶良可能在 1870 至 1871 年左右卸下海關監督職位。[25]

1871 年（同治十年）馮慶良總司採辦臺灣米糧至天津之工作，並親自壓運米糧至天津：「補用道候補知府馮慶良，該員總司臺灣採辦事宜，並親自押運赴津交收，實屬倍著勤勞，可否請旨賞加鹽運使銜補用。」[26]，劉青藜也參與秤重查驗工作：「福建駐防水師佐領劉青藜，該員原辦臺灣滬尾口通商事務，所有此次洋船赴臺裝運米石均由該員稽查秤驗，係屬尤為出力。」[27] 1872 年（同治十一年）閩浙總督李鶴年上奏福建督糧道一職開缺，他希望由補用道馮慶良來擔任，故推測馮慶良之後則離開滬尾海關轉調其他工作。[28]

1872 年（同治十一年）英國領事額勒格里（William Gregory）提出要重新議定通商的範圍，他談到滬尾的主要交易都在艋舺，應將口岸範圍畫至艋舺，而當時滬尾海關由劉青藜代表，職稱

---

[25] 其他清代孤本外交檔案（v.3）福建鹽法道裕寬（等）同治10年11月（1871）國立台灣大學，《台灣歷史數位圖書館》，檔名：〈ntu-2098131-0090101069.txt〉

[26] 《同治朝月摺檔》（台北市，故宮博物院藏）。國立台灣大學，《台灣歷史數位圖書館》，檔名：〈ntu-GCM0008-0006400067-0000240-a001.txt〉

[27] 《同治朝月摺檔》（台北市，故宮博物院藏）。國立台灣大學，《台灣歷史數位圖書館》，檔名：〈ntu-GCM0008-0006400067-0000240-a001.txt〉

[28] 《軍機處檔摺件》，李鶴年等奏，〈奏報委候補道馮慶良署理督糧道篆務事（摺片）〉，同治，故機113664號，國立故宮博物院

為：「大清欽加協鎮辦理臺灣淡北通商兼管滬尾總口海關稅務佐領府劉。」[29] 顯示從1872年（同治十一年）起滬尾海關的負責人可能已由劉青藜擔任，而劉青藜直到1876年（光緒二年）處理耶穌教會新店教案時仍然被福州將軍文煜稱：「滬尾海關委員佐領劉青藜。」[30]，而1879年（光緒五年）佐領劉青藜被派往東部參與撫番業務擔任行營文案並籌運後山糧餉，[31] 而現存於淡水龍山寺1879年（光緒五年）「慈航廣濟」匾額中可以看到劉青藜與李彤恩等人所獻的匾額，而當時劉青藜的職銜為：「特辦臺北通商稅務福州旗營協鎮劉青藜。」顯示此時應還是滬尾海關的人員。

然而在馮慶良生病期間，滬尾海關中還有一位相關人員名為鑲藍旗協領得泉，根據通商相關文獻所示，1868年（同治七年）至1872年（同治十一年）間滬尾、打狗兩關之稅務第三十五[32]、第四十八[33] 結算文件，當中可見到得泉之姓名，顯示其亦有可能參與滬尾海關稅務：

> 「茲值委解洋稅奏銷餉冊進京之便，謹將前項三成船鈔銀兩，照案發商匯兌，備具文批，發交委員得泉解赴總理各國事務衙門報納外，理合附片陳明，伏乞聖鑒，謹奏。」

[29] Enclosure in Mr. Gregory's Dispatch No.6 of 17th March 1872.陳宗仁《淡水開港相關展示史料蒐集成果報告書》新北市立淡水古蹟博物館2022年頁247

[30] 呈教務教案檔第三輯v.3福州將軍文煜（等）光緒2年7月23日（1876）國立台灣大學，《台灣歷史數位圖書館》，檔名：〈ntu-1498058-0147201476-0001074.txt〉

[31] 奏摺光緒朝月摺檔F閩浙總督何璟、福建巡撫李明墀光緒5年4月18日（1879）國立台灣大學，《台灣歷史數位圖書館》，檔名：〈ntu-GCM0016-0000500052-0000297-a001.txt〉

[32] 中國第一歷史檔案館，《宮中硃批奏摺財政類關稅（v.63）》（台北市：中央研究院，無年份，精裝本），頁155-156。國立台灣大學，《台灣歷史數位圖書館》，檔名：〈imh-0142425-0015500156.txt〉

[33] 中國第一歷史檔案館，《宮中硃批奏摺財政類關稅（v.65）》（台北市：中央研究院，無年份，精裝本），頁10-11。國立台灣大學，《台灣歷史數位圖書館》，檔名：〈imh-0142427-0001000011.txt〉

協領得泉在清法戰爭1884年（光緒十年）是擔任廈門口的通商委員：「廈門口，委員協領得泉。」[34]滬尾戰役時得泉把守稅關得力受獎：「稅關實近在海口，當法船逼攻滬尾之時，該員得泉協力防禦關口，得保無恙。」[35]1886年（光緒十二年）在《謹將閩省福州口辦理通商出力人員並承辦吏書》中寫到得泉確曾辦理滬尾稅務：

　　　　「副都統銜鑲藍旗協領得泉，該員辦廈門、滬尾等口通商稅務有年，現辦福州口通商稅務，督理裕如，擬請交軍機處記名，俟有副都統缺出，請旨簡放。」[36]

　　由得泉之史料來看，得泉在臺處理稅務的時間點與劉青藜有部分時間重疊，而1886年（光緒十二年）得泉以副都統銜身分辦理福州通商稅務，故得泉多年來參與廈門、滬尾、福州等海關工作，然而上述1872年（同治十一年）劉青藜代表滬尾海關與英國領事議定通商範圍，故較能確認那時劉青藜應為滬尾海關監督，1881年（光緒七年）得泉於淡水龍山寺所獻匾額「南海朝宗」落款職稱為：「督辦台北通商稅務鑲藍旗協領得泉。」顯示他可能也有主持過滬尾海關，得泉的相關背景，可參考現存於故宮博物院的履歷檔案：

　　　　「得泉今年四十九歲係為京城鑲白旗佐領桂麟下人，咸豐

---

[34] 中央研究院近代史研究所，《中法越南交涉檔（v.4）》（台北市：中央研究院近代史研究所，1962年，影印本），頁2361-2362。國立台灣大學，《台灣歷史數位圖書館》，檔名：〈ntu-0804128-0236102362-0001278.txt〉

[35] 《光緒朝月摺檔》（台北市，故宮博物院藏）。國立台灣大學，《台灣歷史數位圖書館》，檔名：〈ntu-GCM0025-0001600017-0000808.txt〉

[36] 《光緒朝月摺檔》（台北市，故宮博物院藏）。國立台灣大學，《台灣歷史數位圖書館》，檔名：〈ntu-GCM0024-0000300008-0000743-a001.txt〉

九年取進繙譯生員，是年中式繙譯舉人，同治三年挑補領催，十一年坐補鑲黃旗滿州頭佐領驍騎校尉，光緒二年補放正白旗防禦，光緒四年坐補鑲白旗滿州頭佐領，七年坐補鑲藍旗滿州協領，十二年因辦理陝甘籌餉案內出力奉旨著賞加副督統欽此。」[37]

　　而在淡新檔案相關記載當中寫到 1881 年（光緒七年）滬尾口稅務原由兜欽辦理但因生病回省：「患病回省醫治，所有該口通商事務，應即另委接辦，以專責成。」時任福州將軍穆圖善屬意由托普泰擔任：「正白旗佐領托普泰堪以派委，合行給委。」顯示劉青藜之後可能為得泉，得泉之後為兜欽，在文中也談到李彤恩：「口中一切公事，隨時會同幫辦委員李彤恩妥商辦理。」故李彤恩為海關副手[38]，1881 年（光緒七年）佐領兜欽開始接任海關監督沒多久就患病內渡治療，1881 年（光緒七年十一月）開始則由正白旗佐領托普泰接任[39]，結果托普泰隔年 1882 年（光緒八年）又因患病需回內地治療，所以閩海關福州將軍穆圖善，屬意由前任因病回省治療的兜欽回任海關監督：「委前辦該口稅務之鑲黃旗記名佐領兜欽，堪以委令兼理，除飭委該員遵照，剋日渡臺。」[40] 1883 年（光緒九年）在海防檔案中顯示此時的監督確實又換回兜欽：「臺灣滬尾一口並飭令該口關員佐領兜欽會同

---

[37] 《宮中檔奏摺－光緒朝》，〈得泉履歷〉，光緒，故宮154547號，頁1，國立故宮博物院

[38] 淡新檔案11505_002_00_00_1《辦理臺北通商兼管滬尾總口海關稅務佐領府托為移知事》，國立台灣大學，《台灣歷史數位圖書館》檔名：〈ntul-od-th11505_002_00_00_1.jpg〉

[39] 淡新檔案11505_000《奉本府憲陳轉奉臬道憲劉札准淡基二口稅務司嵩照會接印任事日期行知遵照由》，國立台灣大學，《台灣歷史數位圖書館》，檔名：〈ntul-od-th11505_000.jpg〉

[40] 淡新檔案11505_011_00_00_1《臺北府正堂陳為行知事》國立台灣大學，《台灣歷史數位圖書館》，檔名：〈ntul-od-th11505_011_00_00_1.jpg〉

委員李彤恩就近稽查。」[41] 1884年（光緒十年）清法戰爭期間的監督依舊為兜欽：

> 「委員協領，兜欽佐領恩漣等，詳報滬尾一口，當上年八月十四日法船開礮，攻擊後二十日，法兵登岸血戰時，各洋船尚在外海起卸貨物，所有洋稅仍是照常徵收。迨九月初五日，法船封禁海口，適海龍輪船儎滿出口之後，各洋船絕跡，是滬尾關稅，即於初五日（按：1884年10月23日）停徵。」[42]

　　海關編制分為關道（按：同監督。）、隨員，再來是委員，以下則是書吏等職，李彤恩一開始是書吏，後升至委員，到了劉青藜或兜欽時期，可以看到李彤恩時常是以幫辦委員或會辦通商委員的身分來稱呼，推測為協助海關監督執行業務的角色，因淡水開港到清法戰爭滬尾海關人員異動頻繁，且因為海關監督文武不拘出現各種職稱，所以時常在研究過程中產生許多疑惑，故透過文獻整理淡水開港後至清法戰爭期間海關監督的異動狀況。
　　除了海關稅務之外，隨著貿易日盛，華洋衝突、教案等事件日多，1868年（同治七年）英商針對清帝國之臺灣樟腦專賣與天津條約自由通商權之認定問題，最後引發英國調派兵艦砲擊安平之事件，[43] 事後清英雙方議和也再次強調外國人權力保護之

---

[41] 中央研究院近代史研究所，《海防檔（v.2no.3）》（台北：中央研究院近代史研究所，1957年，初版），頁949-950。國立台灣大學，《台灣歷史數位圖書館》，檔名：〈ntu-0699816-0094900950-0000642.txt〉

[42] 中國第一歷史檔案館，《光緒朝硃批奏摺v.71》（北京市：中華書局，1995年，第一版），頁940。國立台灣大學，《台灣歷史數位圖書館》，檔名：〈ntu-2252992-0094000940-0000760.txt〉

[43] 必麒麟（W. A. Pickering）陳逸君譯述《歷險福爾摩沙回憶在滿大人海賊與「獵頭番」間的激盪歲月》前衛出版2010年頁284

條款：「公務或遊歷旅行洋商、洋人凡提出申請，道臺應發給遊歷執照。」、「傳教士有居住、傳教的自由。」、「公告設立處理華洋糾紛案的共同法庭。」[44]而1868年（同治七年）北部也爆發英商陶德的艋舺租屋事件，此事件則有李彤恩居中調停，但此時臺灣尚未有專管中外交涉事務的組織，主要還是由海關兼任，直到1870年（同治九年）為因應日益增多的華洋衝突，臺灣設立專管中外交涉事宜的通商總局於臺南道署衙門，並設分局於安平、旂後、基隆、滬尾，以下為通商總局主要業務：

> 「（一）、疆外交涉事宜。（二）、外國租界事宜。（三）、洋行通商事宜。（四）、保護外國人遊歷及文書事件。（五）、教堂交涉事宜。（六）、照會往來文函事件。（七）、各國領事拜會事宜。（八）、中外民人互訟事件。」

　　根據《安平縣雜記》所示通商總局之編制分為：「提調官二、委員四、翻譯官二、稿案書二、清書二、局勇四、分局委四、分局勇八。」而在滬尾海關擔任通商委員的李彤恩，從日後他處理的事件來看，也符合上述八項通商總局所負責之業務，故認為李彤恩可能同時扮演監督稅務的滬尾海關委員以及通商總局滬尾分局調停中外交涉事件的雙重角色，1887年（光緒十三年）劉銘傳主政後臺北府增設通商總局，歸藩司主導，此後基隆、滬尾均歸藩司管轄，安平、旂後則歸臺南道署管轄，而南、北通商總局事務歸臺灣巡撫統轄，李彤恩日後亦擔任臺北商務總局委員。[45]

---

[44] 達飛聲（James w. Davidson）陳政三譯註《福爾摩沙島的過去與現在》上冊國立臺灣歷史博物館2014年頁235

[45] （1959）。安平縣雜記。臺北市：臺灣銀行經濟研究室。頁53-55

第二節：協助開設官煤礦與中外交涉事件

一、1862年率洛文船長事件

在開設滬尾海關的同時，臺灣地方也不平靜1861 年（咸豐十一年），為籌措鎮壓太平天國事件的費用，臺灣官方宣布增稅，導致臺南府城罷工罷市[46]，而在臺灣中部也有動亂正在醞釀，原籍漳州府龍溪縣，居住於彰化縣四張犁的戴潮春字萬生，家境富裕，家族世代為北路協稿識（按：協助文書兵馬點交事宜。），並帶領團練時常協助官府補盜，其兄萬桂因田租與阿罩霧人有所糾紛，故號召地方人士組織八卦會，立約有事互相支援，戴潮春平日受到彰化知縣高廷鏡倚仗，因知縣高廷鏡下鄉辦事，戴潮春帶來的地方人士被時任北路協副將夏汝賢，認為是莊棍，且不信任戴潮春，夏汝賢向其索賄不成，將戴潮春革職處置[47]。

被革職的戴潮春，糾集已故兄長為鞏固家族地方田租勢力而創立的組織八卦會，會眾日益漸多，已非戴潮春所能節制，中部各地會黨已有蔓延失控之勢，臺灣兵備道孔昭慈、前往彰化欲調停糾紛，並邀集淡水廳同知秋日覲一同前往，最後調停失敗，孔昭慈、秋日覲被殺，中部地方豪強、會黨擁戴潮春為領袖，攻打彰化縣城，動亂更有向北之勢，1862年（同治元年）福建巡撫徐宗幹指示滬尾海關監督區天民：「繳勵屯丁、義勇，嚴密防堵，以杜蔓延。[48]」，並任命區天民督辦北路軍務就地捐輸為軍費：

---

46 達飛聲（James w. Davidson）陳政三譯註《福爾摩沙島的過去與現在》上冊國立臺灣歷史博物館2014年頁214

47 林豪（1957）。東瀛紀事。臺北市：臺灣銀行經濟研究室。頁1-3

48 中國第一歷史檔案館、海峽兩岸出版交流中心，《明清宮藏臺灣檔案匯編（v.180）》（北京市：九州出版社，2009年，第一版），頁82-86。國立台灣大

「並自淡水一路堵剿兼施，遏賊北竄。」臺灣兵備道丁曰健抵達臺灣後又命區天民與義軍團練一同把守大甲溪以北以防動亂北上：

> 「補用同知知縣王楨、都司銜儘先守備鄭榮、提舉候補通判張世英、義首羅冠英等軍分紮，疊次剿賊，力保淡水大甲門戶。」[49]

　　由上述奏摺文獻可以得知，滬尾海關從 1862 年 7 月 18 日（同治元年六月二十二日）正式開關徵稅後，便開始成為戴潮春事件北路防務的指揮單位，候補道區天民一開始在滬尾籌糧、屯丁嚴防戴潮春事件延燒，到後來必須親身前往淡水廳竹塹城守住大甲溪以北的土地，在地方動亂之際，1862 年（同治元年）又因英國怡和洋行船長率洛文（Thomas Sullivan）購買樟腦一事糾紛，差點讓商務問題演變成為衝突事件。

　　1862 年（同治元年）7 月英國商船，船長率洛文（Thomas Sullivan）與軍工匠首黃萬鍾購買樟腦約定於9月交貨，結果率洛文遲延至10月才抵達滬尾買樟腦，通事張烏豆來到滬尾海關聲稱：「有本銀七千二百元交付艋舺黃祿頭，定買樟栳，今船已到口，無栳應付。」區天民照會英國代理領事麻非厘（McPhail）赴滬尾海關商討，但此時喝了酒的率洛文，以按耐不住與海關兵丁發生了肢體推擠，最後被壓制在地，據率洛文說法，因為約定之樟腦遭到背約無法購買，遂到海關懇請查辦此事，但他認為主管海關事務的區天民，看完合約丟到桌上，稱該約無用，率洛文

　　學，《台灣歷史數位圖書館》，檔名：〈ntul-3052789-0008200086.txt〉

[49]　《軍機處檔摺件》（台北市，故宮博物院藏），文獻編號：092733。國立台灣大學，《台灣歷史數位圖書館》，檔名：〈ntu-GCA0039-0015000153-0092733.txt〉

希望區天民能查背約之人，以補航行吃虧的費用，因為語言不通，故請通事張烏豆代傳，率洛文談到此時忽然有一位帶著紅帽子之人喊：「打他！打他！」一堆人四面將他圍住用木棍與石頭砸他，他談到：

> 「我肚臍邊被木棍傷，我重立腳不住，登時倒地，小頃打我之人歇手不打，喚通事將我拖出逐回，隔幾日我身上傷發纔覺疼痛。」

通事張烏豆則供稱：

> 「率洛文見此光景，料想區道不能辦理此事，隨稱道臺辦理不公，我惟有自行擅作辦理，當時有一兵丁走來，參在中間，用手推率洛文，區道親口叫人說打他、打他，關上之人遂用空鳥槍並石塊砸率洛文遍身流血，跪在衙門外，立腳不住，登時倒地，區道又叫人拿我，因我躲開，故未被拿，該率洛文受傷甚重，好幾日不能走動。」

代理領事麻非匣（McPhail）供稱：

> 「該日帶率洛文同到辦理通商衙門控黃祿頭樟栳約一事，區道接見，不以文禮，意有怠慢，當時說話間，率洛文發急，站起用手中所帶之竹竿持高，向空揮指，我即勸他不要發急，爾且坐下，爾若不坐，便可回家，率洛文不從，我說你如此作事，我不能候汝，便當先去走出門口，聽得鬧動，回頭看見有好多人用大木棍打率洛文，趕出衙門，到了外面，率洛文身倒地上，又見好多人趕來用木棍打

他，率洛文滿身流血，當時有兩個人將率洛文按著受打，故率洛文身不能起，經我用力，將此兩個人拖開，旋見區道出來幫我彈壓關上之人。」

綜合立場相近的三人說法可以整合成率洛文至海關希望區天民能辦理背約之事，但率洛文認為區天民有意怠慢，並揮舞手中竹竿，麻非厘（McPhail）見率洛文激動，叫他坐下不要急，率洛文不從，領事麻非厘認為率洛文如此行事，便想離開海關，但有人忽喊打他，率洛文說是一名戴著紅色帽子之人，通事張烏豆直指是區天民本人，麻非厘見兩人按著率洛文毆打，麻非厘用力將兩人推開，此時區天民出聲制止。

區天民事後詢問負責樟腦專賣的軍工匠首黃萬鍾得知，率洛文在約定日期未到，故已將樟腦售出，若還需要則寬限十日才可交貨，且黃萬鍾認為率洛文船長之所以延誤可能是因為在其他地區收購私腦，此事已從商務糾紛升級到交涉事件，被打傷的率洛文船長前往香港申訴並調動戰艦回滬尾希望獲得損失補償：

「收受張烏豆芙容膏八箱，估價七千二百元，兌換樟栳四百擔，原約八月間船到交清，後因該船潛在中港一帶偷載私栳，屆期未及駛來，此次船到滬尾，向其收栳，黃祿頭責其誤期爽約，栳已他售，須寬限十日方能備辦，並非不付，詎該出海。」

區天民方面說法則是：

「照條約章程論令，赴領事處投稟照會來閱，否則徑行赴關遞稟，以憑轉移地方官查辦，乃該船主一味恃蠻，向關

上坐索，本道又諭以當時定買樟栳係伊等自相授受，關上並不與聞，何得向關索取，詎該船主無言可對，激羞成怒，大肆咆哮，麻領事拉他出去不聽，家人幫會拉他，而該船主竟將所持竹竿毆打家人，哨丁勸解，復被戳傷，以致與哨丁互相扭結，經本道力為叱阻，方始解散。」

雙方均認為對方有錯，英國方面認為率洛文船長，用手杖刺傷哨丁亦有錯，但也認為區天民應該要制止衝突爆發，最後英國調派兵艦抵達欲索賠，在福州稅務司美里登的調停下，以海關所存之罰款賠給兵艦補貼其航行費用了結此案：「洋銀一千二百元，給與英國水師何提督作為酬勞，申請通融了結，以敦和好。」

最後雖然達成和解，然而此事件卻爆發了案外案，也就是關鍵人物張烏豆，黃萬鍾供稱：「因該船潛在中港一帶偷載私栳。」也就是張烏豆帶著率洛文在北部其他港口走私樟腦，而後更查出張烏豆竟是淡水廳通緝賣私腦的犯人。[50]1862年（同治元年）淡水分府鄭為特飭押歸正口輸稅事一案談到：

「出海奸徒張烏豆，夷行天裕號，當事奸徒容士鰲等在後壠等處，爭買私栳，越關漏稅，貽誤軍餉，擾害地方，除陳細牛、江煥章等飭差拘拏外，合行諭飭，為此諭仰口書周禮，迅協該地口書、澳甲、總保，押令該夾板船速歸正口，確查爭買私栳。」[51]

---

50 中國第一歷史檔案館、海峽兩岸出版交流中心，《明清宮藏臺灣檔案匯編（v.180）》（北京市：九州出版社，2009年，第一版），頁270-314。國立台灣大學，《台灣歷史數位圖書館》，檔名：〈ntul-3052789-0027000314.txt〉
51 淡新檔案15207_007《淡水分府鄭為特飭押歸正口輸稅事》，國立台灣大學，《台灣歷史數位圖書館》〈ntul-od-th15207_007.jpg〉

最後率洛文船長回省申訴，並調派兵艦前來，雖用賠銀了事，也突顯滬尾海關處理商務衝突時需要更加謹慎，此事件也反映海關設立初期的繁忙，要同時處理開港業務、北路軍務，以及中外交涉事件。

二、1868年斡旋茶商陶德艋舺租屋事件

1709 年（康熙四十八年）由戴歧伯、陳憲伯、陳逢春、賴永和、陳天章等五人申請設立之陳賴章墾號，為臺北地區早期移民的開墾紀錄[52]，艋舺一詞原為原住民使用之小舟，「Bangka」中文也稱「蟒甲」，即艋舺，也作蟒葛，以獨木挖空，兩邊翼以木版，用藤繫之，[53]《東槎紀略》：「艋舺民居舖戶，約四五千家，外即八里坌口，商船聚集，閩闐最盛，淡水倉在焉，同知歲中半居此，蓋民富而事繁也。」[54]，天津條約簽訂後臺灣開港，北部之條約港口在滬尾，但臺北的人口、產業都在艋舺，淡水英國副領事柏卓枝（George Compigné Parker Braune）向清帝國官員交涉，要求擴大淡水貿易範圍至艋舺，[55]艋舺地區也成為臺北建城之前，人口、商貿最繁盛的城市。

艋舺租屋事件主要是英商寶順洋行的陶德（John Dodd）與艋舺黃莊氏租屋，引發黃氏族人不滿而爆發之事件，寶順洋行為擴大營業規模向祿頭行遺孀黃莊氏租用「萬順」館的屋舍，因為黃祿過世後艋舺官府以黃祿欠一筆運往香港的樟腦款項，對她一再壓榨，所以黃莊氏將屋舍租給寶順洋行，但沒想到才剛出租，

---

52 北市文獻會契書全立同約戴歧伯等康熙四十八年十一月（1709）國立台灣大學，《台灣歷史數位圖書館》，檔名：〈cca110001-od-tcta0089-0001-u.txt〉

53 陳淑均（1963）。噶瑪蘭廳志。臺北市：臺灣銀行經濟研究室。頁230

54 姚瑩（1957）。東槎紀略。臺北市：臺灣銀行經濟研究室。頁90

55 達飛聲（James w. Davidson）陳政三譯註《福爾摩沙島的過去與現在》上冊國立臺灣歷史博物館2014年頁215

就被官員將其查封，反對出租該屋舍，寶順洋行於是向英國領事何為霖（Henry P.Holt）申訴，何為霖向海關委員候補道馮慶良提出抗議，而後馮慶良稱封條已拆，但洋行人員前往接管時，卻被黃姓族人趕出，1868年（同治七年）10月12日，寶順經理吉爾聽到這件事，立刻偕同職員貝爾德，帶著領事的名片、公函前往淡水廳投訴，不過淡水同知不在衙門，當時人在竹塹衙門辦公，二人還是來到萬順館，欲進入時，門遭到封鎖，吉爾強行推開門，此時遭到一群人從各方衝出追打，二人只好對空鳴槍，但還是遭到眾人用槍托、刀、矛、石塊追打，二人逃往附近衙門。[56]滬尾口通商委員馮慶良，署淡水同知富樂賀向福州將軍英桂稟報之事件過程：

> 「適該洋商嘉姓同一行夥，押帶行李，至黃莊氏屋前，踢門強入，黃姓族眾吶喊恐嚇，該洋商即開放空洋鎗，致被黃姓奪鎗毆傷，經派駐艋舺之丁役，前往彈壓息事，並將受傷之嘉姓洋人，備輿送回洋行。」[57]

英國領事何為霖（Henry P.Holt）別無他法只好派船前往福州求援，淡水同知富樂賀得知之後趕往與何為霖商談，富樂賀也將與何為霖商討之內容回報福州將軍英桂，但兩方對於數點內容始終僵持不下。

第一點：富樂賀談到，英國領事認為房屋已經立約租賃，不

---

56 達飛聲（James w. Davidson）陳政三譯註《福爾摩沙島的過去與現在》上冊國立臺灣歷史博物館2014年頁236
57 其他教務教案檔第二輯v.3福州將軍英桂同治7年12月7日（1868），國立台灣大學，《台灣歷史數位圖書館》，檔名：〈ntu-1498055-0130201304-0000998-a001.txt〉

容事後推翻，富樂賀則認為，此屋為黃氏私下租賃未經族眾同意，事關眾怒，但英國領事何為霖無法接受這樣的說法。

第二點：英國領事何為霖：要黃姓族人賠償醫資2000元，而且鬧事造成寶順行生意斷絕須賠償5000元，還有遺失羽綾、洋布等件不計其數，富樂賀認為華洋互毆，可以賠款但賠如此之鉅款，則無法接受，富樂賀也認為寶順生意問題並非黃姓族人所造成，此點兩方依舊僵持不下。

第三點：英國領事何為霖認為除了主要犯罪者外，尚有12名幫手，需要上枷示眾，富樂賀認為打人的只有四人，斷不能濫及無辜，接著美國砲船亞魯斯圖號（Aroostook）抵達載著美國駐廈門領事李仙得（Le Gendre）抵達、英國砲船雙面神號（Janus）也抵港，為避免事端擴大，富樂賀前往滬尾與馮慶良一同邀請李仙得領事（Le Gendre）一同商討此案，並透過海關書吏李彤恩與李仙得（Le Gendre）之翻譯林鍼，從中竭力調解。[58]

最後英國領事何為霖同意有條件和解：

1、淡水廳衙門蔑視何領事名片與公函的差役應即開除。

2、四名帶頭攻擊兩位洋人的首犯，須在廳署前枷號1個月。

---

[58] 其他教務教案檔第二輯v.3福州將軍英桂同治7年12月7日（1868），國立台灣大學，《台灣歷史數位圖書館》，檔名：〈ntu-1498055-0130201304-0000998-a001.txt〉

3、淡水廳發布公告1份刻石勒碑豎於大街，曉諭人民與洋人友善。

4、須賠償實順行遭損、遭竊財物。

5、黃姓宗族賠償受傷洋人1000元。

6、黃莊氏（萬順房屋，致肇事生端，應罰款3000元未徵詢親族同意出租。）。

7、淡水同知經常公出，僅有衙役留守，應責成各族頭人約束親族，善與洋人相處，遇有糾紛應主動報官處理。[59]

經過李彤恩之協調使英國領事同意和解，並降低原本之求償條件，此案也是李彤恩調停並順利化解的衝突事件，在 1872 年（同治十一年）福州將軍兼署閩浙總督文煜《閩省臺灣口辦理通商出力人員酌擬獎敘清單》當中寫到李彤恩：「藍翎布經歷遇缺即選府經歷李彤恩該員辦理中外交涉事務，迄今已歷十載，辦公勤勉，勞瘁不辭。」[60]淡水開港的前十年，華洋衝突與日俱增，李彤恩持續參與各種商務及交涉事件。

三、1874年調查成富清風失銀案

1871 年（同治十年）10 月 28 日琉球宮古島的居民從宮古島出發航向琉球王國的那霸港納貢，不料在回程途中遇上颱風，漂至屏東的瑯嶠的八瑤灣，其中 3 位溺水，66 位登岸誤入原住民

---

59 達飛聲（James w. Davidson）陳政三譯註《福爾摩沙島的過去與現在》上冊國立臺灣歷史博物館2014年頁237

60 清單同治朝月摺檔F福州將軍兼署閩浙總督文煜（等）同治11年10月15日（1872）國立台灣大學，《台灣歷史數位圖書館》，檔名：〈ntu-GCM0008-0019000191-0000272-a001.txt〉

領地，54 名人員被當地原住民殺害，其餘 12 名躲入漢人楊友旺家中得救，史稱八瑤灣事件[61]，在發生八瑤灣宮古島民誤入原住民生活領域遭殺害事件後，隔年 1872 年（同治十一年）日本方面也派遣數位密探兒玉平輔、成富清風、兒玉利國、上田新助、成島謙藏、樺山資紀、水野遵、黑岡季備、福島九成等以淡水港 Pedro 所經營的旅店為據點，並雇用墨西哥人 Pedro（按：一記美國人。）之帆船前往臺灣各番地調查，中文資料則因翻譯問題有數種稱呼，啤嚕、必茗、卑魯，必多均指同一人。根據成富清風之報告[62]並參酌羅伯特・埃斯基爾森（Robert Eskildsen）之研究與譯稿，成富清風、兒玉利國、上田新助、成島謙藏一行人於 1874 年（同治十三年）5 月 9 日從基隆出發前往蘇澳，當地居民還記得前年樺山資紀的來訪，在村中一名叫拉幹（Ragan）的人曾與美利市洋行荷恩一起工作過，並且會說一些英文，拉幹（Ragan）則成為一行人之嚮導，5 月 22 日一行人抵達奇萊，但沿途風向惡劣無法進港，雇用數十名原住民將船拖入港，在過程中海浪餘波襲來，讓船體撞上石頭而裂開，隔日有數百名加禮宛、薄薄、七腳川、荳蘭等社民協助將船隻與貨物拉上岸，一行人與當地人一同飲酒歡樂，而後由當地漢人余進國與陳順引導至薄薄社租用一間房舍安頓下來並雇用數十名當地人看守其物品，但在運送剩餘財務回薄薄社時發現一個裝有 1 千圓的箱子等不少物品均遺失，成富清風欲前往報官，在缺乏船隻的狀況下，當時正好有艘漁船經過，船長 Pedro 與船員還有成富清風搭上船回蘇

---

[61] 奏摺清代中琉關係檔案選編閩浙總督文煜，福建巡撫王凱泰同治11年3月15日（1872）《台灣歷史數位圖書館》，檔名：〈ntu-1754547-0107901080-0000047.txt〉

[62] 「成富清風ヨリ東北蕃地雜記幷淡水県治考上申」JACAR（アジア歴史資料センター）Ref.A03030385300、単行書・処蕃始末・甲戌十二月之八・第九十冊（国立公文書館）

澳向地方官府報案。（Robert Eskildsen，2021，頁 178-181）[63]，
根據當時噶瑪蘭廳之報告：

> 「有日本人成富清風者，往頭圍縣丞衙門呈驗執照，據
> 稱：同幫四人，坐美國必多船隻，欲往蘇澳，於初六日
> 遭風飄至奇萊，船破，被該處生番搶去銀錢，伊坐漁船至
> 此，欲回雞籠，托鄰縣函達，雇夫轎而去。」[64]

　　成富清風將失銀一事，告知頭圍縣丞鄒祖壽，鄒祖壽問：
「因何帶如許洋銀，則云出門人錢銀不能不多帶，等語，三人，
又另作一起，回至蘇澳。」[65]噶瑪蘭廳方面認為此事必須查出證
據，以免日後成為日方之藉口，臺灣道夏獻綸為調查此事，從府
城出發途經滬尾會晤淡水海關稅務司好博遜，稅務司聽聞此事深
感義憤願意出面協助調查，也詢問了已經先回到淡水港的必荖
（Pedro）當時失銀之狀況，最後淡水通商委員李彤恩、淡水海
關稅務司好博遜、船政委員張斯桂、噶瑪蘭廳通判洪熙恬組成調
查團一同前往奇萊[66]，至奇萊後召集各番社人員連日分別訊問頭
人李振發，南勢番目潤瀾，加禮宛社番目八寶，附近居民曾生等
人，對於破船之事描述大致相符但對於失銀一事均不知情，也訪
談了一位頭目表示他們一行人並未遭搶：

> 「猴獱社番目籠爻孝禮云，五月間，該船回泊南風澳，伊

63　羅伯特・埃斯基爾森（Robert Eskildsen）譯者林欣宜《日本與東亞的帝國轉
　　型：臺灣出兵與日本帝國主義之萌芽》國立臺灣大學出版中心2021年頁178-181
64　王元穉《甲戌公牘鈔存》（台灣銀行經濟研究室，1959年，平裝本），頁57
65　王元穉《甲戌公牘鈔存》（台灣銀行經濟研究室，1959年，平裝本），頁96
66　王元穉《甲戌公牘鈔存》（台灣銀行經濟研究室，1959年，平裝本），頁110-
　　114

親見內有日本人三名，箱簍等物二十餘件，則其未曾被搶，信而有徵。」

　　調查奇萊各社後，均查無竊盜金錢，清廷認為日人先利誘番社居民，而後用失銀來索償，最後以商民不得誘惑土人、沿海未經指定口岸、船隻概不得駛入、船隻到不准通商口岸私作買賣，等數條違規，註銷一行人之遊歷執照[67]，此次李彤恩也因這個涉外事件出現在調查人員名單中，亦是擔任調查失銀案與地方協調之角色，並訪查在地漢人與原住民詢問每個人的口供，最後順利將此事了結，而在牡丹社事件之後，清廷開始積極開路向原住民之固有生活範圍推進，在沈葆楨的主導下開始進行開山撫番之事務，羅大春於 1874 年（同治十三年）抵達臺灣負責宜蘭蘇澳至奇萊之北路開路作業，期間與原住民爆發衝突需要火器等軍事器械，羅大春於開山日記當中談到 1874 年（同治十三年）底向香港購買洋槍 400 桿運抵艋舺，是委託李彤恩從香港購入，由此可得知，李彤恩在開山撫番時期也負責武器輸入港口之軍裝調度工作。[68]

四、1875年八斗子官煤開設中的角色

　　1717 年（康熙五十六年）《諸羅縣志》記載：「煤炭：灰黑，氣味如硝磺，可以代薪，焰甚烈：北方多用之，出雞籠八尺門諸山，傳荷蘭駐雞籠時，煉鐵器皆用此。」[69]但民眾因風水等原因，

[67] 奏摺同治朝軍機檔H辦理臺灣等處海防兼理各國事務沈葆楨（等）同治13年8月2日（1874）國立台灣大學，《台灣歷史數位圖書館》，檔名：〈ntu-GCA0045-0010700110-0116344.txt〉
[68] 羅大春（1972）。臺灣海防並開山日記。臺北市：臺灣銀行經濟研究室。頁37
[69] 周鍾瑄（1962）。諸羅縣志。臺北市：臺灣銀行經濟研究室。頁195

不敢過度挖掘，《淡水廳志》煤場篇[70]記載乾隆年間民間反應認為煤礦開挖過深，恐傷龍脈於是希望官方立碑禁止，現存於國立臺灣博物館中，亦存有禁採煤礦之相關碑文，石碑刻寫：「奉憲示禁私挖掘煤炭者立斃。」[71]、「私掘煤炭禁止碑。」[72]可知私挖煤礦之嚴重性，1835年（道光十五年）淡水同知婁雲亦禁止，1847年（道光二十七年）淡水同知曹謹也持續禁止，[73]鴉片戰爭清帝國簽訂南京條約後西方船隻大舉來到清帝國貿易，基隆港蘊含豐富的煤礦，引起了西方人的關注與調查，私挖煤礦與西方人交易之行為也層出不窮，加上1866年（同治五年）由左宗棠發起建造的福州船政局[74]設立後煤炭需求大增，已非過去可用禁採來解決私煤之問題。

西方人積極探查基隆煤礦

1846年（道光二十六年）英國皇家海軍，軍醫艾克華‧克里（Edward H. CREE）曾隨軍參與鴉片戰爭擔任外科醫生，在1846年的1月上旬艾克華‧克里搭乘由科克倫少將（Thomas Cochrane）所指揮的皇家海軍雌狐號（H.M.S. Vixen）抵達基隆一行人上岸深入基隆丘陵地煤礦坑進行了開挖調查，據Lambert van der Aalsvoort研究克里的日誌譯文寫到：

「煤的品質極佳，燃燒起來火焰明亮、內含瀝青且容易

---

[70] 陳培桂（1963）。淡水廳志。臺北市：臺灣銀行經濟研究室。頁110-113
[71] 國立臺灣博物館數位典藏－歷史類AH001659「奉憲示禁私挖掘煤炭者立斃」碑
[72] 國立臺灣博物館數位典藏－歷史類AH000771-008「私掘煤炭禁止碑碑文」拓片
[73] 陳培桂（1963）。淡水廳志。臺北市：臺灣銀行經濟研究室。頁112
[74] 《月摺檔同治五年十一月下》，左宗棠奏，〈奏為詳議創設船政章程飭洋員回國購器募匠來閩教習事（附清單一件）〉，故樞003324/603000407-021號，頁2，國立故宮博物院

點燃，附近地區盛產硫磺，許多溪流都飽含強烈的硫磺味，他們同意以每噸三元的價格供應我們煤炭，但尚未挖掘出來，所以我們無法等待，再者，當他們聽說我們每天要消耗掉三十噸的煤，便婉拒了我們的要求，惟恐我們會燒光整座島，運河流經礦區的部分長達四分之一英里，可以輕易挖深，供航行長型的船艇。」[75]（Lambert van der Aalsvoort，2019，頁191）

然而英國船隻的造訪也引起閩浙總督劉韻珂關注，他談到臺灣非通商口岸但從1846年（道光二十六年）後就時常有英船出沒探查，擔心恐與地方民眾合作將煤礦賣給洋船，應該立碑禁止：

「查臺灣地方並非通商碼頭，亦非各國夷船應行經由之處，乃自道光二十六年以後，節據臺灣鎮、道稟報：淡水廳屬之雞籠山一帶洋面，時有英夷船隻駛近遊奕，臣等查知雞籠附近各山有產煤處所，該夷火輪船隻需用此物；其頻年駛往，未必不有所垂涎，因恐內地奸民貪利勾串，或竟私自採挖，均不可不防其漸，當經密行該鎮、道轉飭前任淡水同知曹士桂糾合各鄉士民公同查禁，並刊立禁碑，嚴密防範在案。」[76]

1847年（道光二十七年）7月英國海軍少校戈登（D. M. Gordon）乘「保皇黨號」（H.M.S. Royalist）來到基隆探查煤礦並將其調查發表於倫敦地理學報（The Journal of the Royal Geographical Society

---

[75] 藍柏（Lambert van der Aalsvoort）《福爾摩沙拾遺：歐美的台灣初體驗1622-1895》經典雜誌出版社2019年頁191
[76] （1967）。籌辦夷務始末選輯補編。臺北市：臺灣銀行經濟研究室。頁35-37

of London）內文談到基隆煤礦之現狀以及現地民眾使用之工法，並寫到許多人在挖掘似乎無人掌管，煤炭雖實施禁採政策，但隨著煤的需求提升，私挖煤礦的狀況也日益嚴重。[77]（林再生，1999，頁62）

1849年（道光二十九年）美國歐格登中校（Commander Ogden）乘雙桅桿海豚號（U.S brig Dolphin）號來基隆調查，他談到：

> 「想探挖煤炭實際上毫不困難，到處樹林叢生，可砍除最粗者作礦車道，枕木鐵軌約需築造1哩，爬坡每15呎升高1呎，有條運河或溪流接通海港，可供4-5噸平底船航行，船載距離不超過3.5哩，氣壓計測量結果顯示礦坑在海拔230呎，礦坑附近為無主之地，可任意取走所需煤炭，只要1天前通知，住民即能以每噸不到1元的價錢，提供我們40-50噸煤炭，稍加把勁的話，或許可買到更多煤。」[78]

1850年（道光三十年）英國全權公使文翰（Sir Samuel George Bonham）向閩浙總督劉韻珂請求開採臺灣基隆煤礦，給輪船當作燃料使用，劉韻珂一方面回絕英國公使的採煤請求，一方面也指示淡北文武官員需嚴查防範：

> 「時時密查，如有私挖煤炭者，立即杖斃，以杜勾串夷人之漸，臺灣非通商之地，該國船只不應違約擅到，該處向不產煤，所有居民亦從無燒煤之事，雞籠山為全臺總脈，

---

[77] 林再生《基隆煤礦史》基隆市政府1999年頁62
[78] 達飛聲（James w. Davidson）陳政三譯註《福爾摩沙島的過去與現在》上冊國立臺灣歷史博物館2014年頁574-575

該處居民係閩、粵兩籍,性情強悍,保護甚嚴,久禁開挖以培風水,斷非官員所能強勉,此事斷不能行等詞照復,並咨兩廣督臣徐廣縉就近向該酋諭阻。」[79]

美國海軍培里(Matthew Calbraith Perry)於1853年(咸豐三年)7月8日乘著船艦進入了日本神奈川縣的浦賀港動搖日本幕府的國門,1854年(咸豐四年)3月31日再度造訪日本並簽下《日美和親條約》,使幕府正式開國,同年7月培里一行人在離開日本後,航行至基隆港並派員上岸調查煤礦,於基隆港停留十日調查在地煤炭,海軍牧師喬治瓊斯(Goerge Jones)測繪基隆港一帶的山形水勢與煤炭分布,在調查人員給培里的報告當中所示:

「這種煤是煙煤,幾乎完全燃燒殆盡,沒有留下煤渣,也幾乎沒有灰燼,然而,在燃燒時,它會散發出濃濃的煙霧和非常難聞的氣味,或許和無煙煤混合使用效果更好。」[80]

培里也建議美國要在福爾摩沙建立一個美國領土的延伸(extension of American territory)從培里的文字可以得知,相較於清廷對於基隆煤礦持保守態度,西方人是積極的對這裡展開調查,也希冀將基隆港成為自己國家的殖民地。

「當地漢人應該相當樂見美國佔領雞籠,這大概不難想像,因為戰力較高的美國人更可以保護他們免於暴民及海

---

[79] 中國第一歷史檔案館,《鴉片戰爭檔案史料(v.7)》(天津市:天津古籍出版社,1992年,第1版),頁997-1000。國立台灣大學,《台灣歷史數位圖書館》,檔名:〈imh-0108779-0099701000-0000044.txt〉

[80] United States Naval Expedition to Japan (1852-1854) II Washington: A. O. P. Nicholson1856年頁163

盜之擾，土地割讓和一些重要特權，包括煤礦開採權的取
得，都是基本的代價。」[81]

1858年（咸豐八年）英國人郇和（Robert Swinhoe）搭乘
剛強號（Inflexible）與船長海軍中校布魯克（Commander E. W.
Brooker）、輪機長許樂（James Conner）、測量助理白克禮
（William Blakeney）一同進行環島的航行，以及調查臺灣地方政
治、經濟、軍事、與海圖測量，也為了搜尋遇上船難的英國人史
多馬（Thomas smit）與美國人奈多馬（Thomas nye）是否在船難
後遭囚禁於北臺灣硫磺產區，[82] 6月9日抵達臺南北邊的國聖港，
6月20日抵達基隆並勘查港區附近的煤礦，他們看到煤礦工人用
簡易的工具挖掘煤礦，5人工作24小時還不到30擔約60公斤，其
中輪機長許樂提到：「雞籠煤燃燒太快，不利蒸汽輪船。」郇和
則認為基隆煤混和英國威爾斯的煤效果將更好，也在基隆買了
1600擔的煤，測量助理白克禮也繪製了基隆港口的地圖。[83]
1862年（同治元年）淡水正式開港，加上1866年（同治五
年）由左宗棠發起建造的福州船政局設立後煤炭需求大增，已非
過去可用禁採來解決私煤問題，為找尋日益增加的煤礦需求1868
年（同治七年）福州船政局的法國技師都逢（M. Dupont）也來
臺勘查北臺灣艋舺、淡水、深澳、基隆等地的礦脈[84]據龐維德研
究1868年福州船政局自然教師雷昂‧胡瑟（Léon Rousset）在著作

[81] 路德維希‧里斯（Ludwig Riess）姚紹基導讀《福爾摩沙島史》國立臺灣歷史博
物館2019年頁272
[82] 郇和（Robert Swinhoe）陳政三譯註《翱翔福爾摩沙：英國外交官郇和晚清台灣
紀行》五南2015年頁27
[83] 郇和（Robert Swinhoe）陳政三譯註《翱翔福爾摩沙：英國外交官郇和晚清台灣
紀行》五南2015年頁42
[84] 達飛聲（James w. Davidson）陳政三譯註《福爾摩沙島的過去與現在》下冊國
立臺灣歷史博物館2014年頁585

《À travers la Chine》中寫到曾造訪北臺灣，從福州搭船抵達淡水港，上岸後在淡水地區遊歷並且一路搭船從淡水旅行到基隆，他談到基隆地區最大的產業活動大概就是煤礦出口了：「如果雞籠沒有煤礦的話，那可能是座無足輕重的城市，這個城市的商業活動幾乎只有煤礦出口。」（龐維德，2021，頁164）[85]，由此顯示在官煤正式開設前，除了私煤已無法禁止外，福州船政局設立，也帶動整個基隆煤礦事業的發展，1870年（同治九年）閩浙總督英桂指示臺灣道黎兆棠協助調查基隆煤礦之現狀，黎兆棠命滬尾海關佐領劉青藜與江蘇候補知府胡斌與淡水廳同知陳培桂、前往基隆勘查煤礦挖掘情形：

「勘得海港東邊之深澳坑、深澳堵、八斗仔、土地公坑、竹篙厝、偏坑、田藔港、后山、石硬港、暖暖、四腳亭、大水窟等處皆屬旁山，無礙正脈，去民居遠，於田園盧墓亦無妨礙，計得九十二洞，閉歇者二十三洞，煤已竭，無可開，地歸山主；暫停者二十一洞，賤值滯銷，淺流難運，遂停工；現開者四十八洞，中如四腳亭四洞，夏秋間亦水淺，轉運為難，停工未採，至八、九月始開，於是傳集山主、紳戶人等商定章程，議覆照開。」[86]

1873年（同治十二年）至1874年（同治十三年）間，美國博物學者史蒂瑞（Joseph Beal Steere）在臺灣各地踏查蒐集資料的過程當中，亦造訪過基隆煤礦產區，他談到福爾摩沙的北部發現了大量的煤礦，煤礦的位置大約接近於地表，目前已被漢人大規模

---

[85] 龐維德（Frédéric Laplanche）徐麗松譯《穿越福爾摩沙1630-1930：法國人眼中的台灣印象》八旗文化2021年頁164
[86] 陳培桂（1963）。淡水廳志。臺北市：臺灣銀行經濟研究室。頁112

開採，但尚用原始的開採方式，其中談到煤礦用途：「用於中國的砲艦也賣給外國的船隻。」[87]史蒂瑞也親身前往勘查：「基隆附近的山丘蘊藏著豐富的煤礦，但幾乎所有的煤礦都是從煤港附近挖採的。」並且談到採集人員開採的煤洞非常的狹窄：「只是挖一個比狐狸洞稍大一點的洞，工人必須彎著腰才能進洞採煤，如果下雨讓坑洞積滿了水，他們就放棄那個洞，另外再挖個洞。」並且記述到當時的採集工具：「他們是用一種類似雪橇或小船的東西，滑行於坑洞內泥濘積水的地面上，將煤從裡面運送出來然後再由人力揹負一、兩英里的路到港口。」[88]史蒂瑞的紀錄，也是在官煤廠正式開設前，親身踏查的珍貴記錄。

1875年（光緒元年）因為牡丹社事件而來到臺灣駐防的沈葆楨提出臺灣之問題在於地廣人稀，只憑藉墾田之利過於緩慢，不比煤礦來的快速，應以煤礦來當作臺灣之重要產業，而且又可以出口，建議將臺灣煤礦減稅，以吸引外商[89]，並委託海關總稅務司赫德（Robert Hart）找尋開煤人才，赫德找到技師翟薩（David Tyzack）希望他到臺灣來協助開煤業務，[90]1875年1月9日俄羅斯帝國的軍人保羅·伊比斯（Pavel Ivanovich Ibis）於牡丹社事件後來到臺灣進行秘密調查，記錄了相關在地情勢[91]，約1個半月的時間從打狗進港，用步行的方式探查臺灣各地，回程前利用剩餘的時

---

[87] 史蒂瑞（Joseph Beal Steere）林弘宣譯、李壬癸校註《福爾摩沙及其住民：19世紀美國博物學家的台灣調查筆記》2009年頁8

[88] 史蒂瑞（Joseph Beal Steere）林弘宣譯、李壬癸校註《福爾摩沙及其住民：19世紀美國博物學家的台灣調查筆記》2009年頁107

[89] 沈葆楨（1959）。福建臺灣奏摺。臺北市：臺灣銀行經濟研究室。頁13-15

[90] 中國第二歷史檔案館，中國社會科學院近代史，《中國海關密檔赫德、金登干函電匯編（1874-1907）》（北京市：中華，1990年，第一版），頁177-179。國立台灣大學，《台灣歷史數位圖書館》，檔名：〈ntu-1810956-0017700179-0000115.txt

[91] 保羅·伊比斯（Pavel Ivanovich Ibis），譯者江杰翰、吳進仁、劉柏賢、陳韻聿。《1875·福爾摩沙之旅：俄國海軍保羅·伊比斯的臺灣調查筆記》聯經出版2022年頁181

間前往基隆探查，在基隆稅關遇上了已經來到基隆的山岳工程師並談到：

> 「有位年輕的英國人在這裡作客，是一位山岳工程師，不久前中國政府請他來研究此地的煤礦，目前中國人的開發亂無章法，根據這位工程師的看法，假使以歐洲人的方法在此開採，將無利可圖：礦藏太少，無法獲利並支付機具和鐵路的開銷，礦區在基隆東方約3英里處，而源自此地的河流太小，只能供排水量約一噸的駁船通航，因此必定得修築基隆至礦區的鐵路，不過若能在附近探得其他藏量更為豐富的礦床那就又是另一回事了。」

保羅・伊比斯這裡指的可能是翟薩，由他與工程師的對話當中，顯示出工程師對於基隆煤礦初期的開礦並不樂觀，可能會因為產量不足而虧損，除非找到更多的礦脈，若無則可能連機具與鐵路的費用都無法支付，保羅・伊比斯也寫到關於基隆煤礦的品質：「基隆的煤炭相當純淨，礦渣僅有10%，但燃燒得快因此經常與別種煤炭混合使用，一噸煤炭價值4至5美元。」[92]與翟薩短暫的對話，似乎也預期了基隆煤礦初期的艱難，由兩人相遇的時間來看，翟薩至少在1875年（光緒元年）2月22日以前可能已經抵達基隆。

沈葆楨在《臺地無庸另派大員片》談到開煤業務由福建巡撫王凱泰配合臺灣道夏獻綸輔佐共同進行[93]，並由滬尾海關李彤恩

---

[92] 保羅・伊比斯（Pavel Ivanovich Ibis）譯者江杰翰、吳進仁、劉柏賢、陳韻聿。《1875・福爾摩沙之旅：俄國海軍保羅・伊比斯的臺灣調查筆記》聯經出版2022年頁116-117

[93] 沈葆楨（1959）。福建臺灣奏摺。臺北市：臺灣銀行經濟研究室。2022年6月頁52-53

與何恩綺陪同洋師翟薩前往北臺灣各地勘煤，並在結束之後前往府城商議細節[94]，探勘完煤礦之後翟薩也前往府城與官員報告開採之細節，而為何前往臺南，而不在臺北商討的原因，應是1870年（同治九年）後成立之通商總局設立於臺灣道署，北部僅設滬尾、基隆分局，重要洋務還是要到臺南府城來商討，據陳岫傑研究翟薩報告之譯文：

> 「必須集合到府城與高級官員展示這些計畫以得到他們的支持，計畫包括挖掘豎井、鋪設到海邊的鐵路，使用蒸氣引擎、幫浦等，但要挖一個大洞則是讓官員猶豫許久擔心這個洞是否會破壞風水或者激怒土地神靈，也有官員提出豎井是否會因為地震而崩塌，也有官員擔心開洞過大會導致水湧出豎井，淹沒島上住民。」（陳岫傑，2022，頁243-244）[95]

　　1875年（光緒元年七月十四日）清政府核定辦理開煤業務，[96]然而福建巡撫王凱泰從 1875 年 8 月抱病，後乘海鏡輪船內渡於 1875 年 11 月 18 日回到福建，內渡前指示臺灣道夏獻綸辦理，回到福建不久後病死，[97]沈葆楨在奏摺中談到王凱泰病死，並且出缺：「臺積勞成疾，兼感瘴癘，腳氣腫脹，上侵股腹，飲食不進；

[94] 沈葆楨（1959）。福建臺灣奏摺。臺北市：臺灣銀行經濟研究室。2022年6月頁59-60

[95] Anon.Report, North 01 England Institute 01 Mining and Mechanical Engineers Transactions' 34 (1884-1885).陳岫傑《關於北臺灣（中國）煤田》與開煤紀錄》台北文獻183期2022年6月頁243-244

[96] 張本政主編，《清實錄臺灣史料專輯》（福州：福建人民，1993年，第一版），頁1027-1028。國立台灣大學，《台灣歷史數位圖書館》，檔名：〈ntu-1865448-0102701028.txt〉

[97] 洪安全主編。大鐸資訊股份有限公司系統製作，《清宮奏摺檔臺灣史料》（台北市：國立故宮博物院，無年份，），頁1076-1078。國立台灣大學，《台灣歷史數位圖書館》，檔名：〈ntu-2217072-0107601078-0000252.txt〉

於十月十一日扶病內渡，即於二十三日申刻出缺。」[98] 在年底前清廷屬意由丁日昌接任。

丁日昌為勘查臺灣基隆開礦狀況 1875 年（光緒元年）從福建啟程抵達基隆，觀看煤礦情形，並派葉文瀾分勘硫磺礦與鐵礦，[99] 丁日昌在《察看雞籠八斗新開煤井情形片》當中談到，抵達基隆後，親身前往八斗子煤廠查看，並夜宿在煤廠，隔日親自查看煤井他談到：「該井面圓，徑丈餘；九月間，已見過煤層八寸有零，煤質尚嫌鬆脆，現挖至一百二十餘尺，據洋工翟薩稱：「須至二百七十五尺，方能見煤。」又謂下層定有好煤等語。」目前機器、蓬場、車路等工程尚未全部完工，丁日昌指示因現在辦理煤礦的官員都是兼辦，他認為應該要找一位人員來專門辦理，他屬意由原船政局總監工葉文瀾辦理，而滬尾海關李彤恩與何恩綺也持續回報煤礦最新進展：

> 煤務委員何恩綺、李彤恩會稟稱：「十二月初五日（按：1877年1月18日。），煤井挖至一百三十一尺，又見煤層厚一尺零；起出淨煤十餘桶，沙石尚少，質亦漸堅，取為機器燒用，火焰比前耐久，是無徵不信亦既略具端倪，積久而通，自可大資利濟，洋工懸揣：工程必俟明春三月，方得大宗好煤，是目下各項工役，斷不可任其間斷。」[100]

由此可以得知1875年（光緒元年）2月底前至1877年（光緒三年）年初李彤恩與何恩綺都持續參與基隆煤礦業務，在整個煤

---

[98] 沈葆楨（1959）。福建臺灣奏摺。臺北市：臺灣銀行經濟研究室。頁81-83
[99] 溫廷敬，《丁中丞政書v.2》（台北縣：文海，1980年，影印本），頁457-460。國立台灣大學，《台灣歷史數位圖書館》，檔名：〈ntu-1407446-0045700460.txt〉
[100] 清季臺灣洋務史料（1969）。臺北市：臺灣銀行經濟研究室。頁7

礦事業當中，李彤恩主要陪同礦師翟薩調查北臺灣煤田，並前往
府城議定章程，結束後也持續關注煤礦之開採狀況並回報給丁日
昌，在專辦煤礦之葉文瀾來到前，也能夠勝任煤礦這樣的洋務工
作，顯示李彤恩同樣具有相關能力。

　　1876年（光緒二年）在官煤礦開始不久，在拉普溫號航行記
（The flight of the Lapwing）一書記載，英國人提默斯（Teignmouth）
一行人在1876年（光緒二年）四月時來到基隆煤港探查，提默斯
談到來自英國紐卡斯（Newcas）礦工已經抵達，官方也替他們興
建宿舍，並張貼公告禁止閒人勿進，提默斯也記載到礦場目前原
始的工作方式，但他認為基隆的煤礦會因為丁日昌使用西方機具
而獲得更高的開採量：

> 「我們來到一個叫煤港的地方，海岸堆放著成堆的煤炭，可
> 以看到半裸的苦力在山上，從側面看像是許多螞蟻，每隻都
> 裝滿了一對搖搖晃晃的籃子，走到這裡秤重並倒出煤炭在其
> 中一個煤炭堆上，苦力從12歲到50歲不等，由於他們的工作
> 性質導致身體變形，我被告知這些礦場僱用了大約3,000名工
> 人。礦場沒有水泵或機器能清除礦井積水，礦井經常在下雨
> 時被洪水淹沒，一切都在以最原始的方式進行。」[101]

　　1879年（光緒五年）張夢元接任臺灣道之後，認為煤礦實
屬創辦，應歸船政大臣來辦理，但當時的船政大臣黎兆棠認為：
「凡添購機件等事，雖歸船署推誼代辦；而變通整頓，仍責成臺
灣道照案辦理。」[102]也就是船政局方面認為機器可以由船政局代

---

[101] Teignmouth, Henry Noel Shore, baron, 1847-1926The flight of the Lapwing. A naval officer's jottings in China, Formosa and Japan頁111-113
[102] 劉璈（1958）。巡臺退思錄。臺北市：臺灣銀行經濟研究室。頁16

購，但管理還是希望由臺灣道方面來處理，而到了 1881 年（光緒七年）劉璈接任臺灣道後，他發現臺灣煤礦虧損甚多，浮報浪費之狀況嚴重：「種種糜費，悉難枚舉。」現由鄭膺杰來主持整頓煤務，劉璈再派：「補用同知前浙江永康縣知縣呂悠棻、候補通判李嘉棠兩員前往會同辦理。」[103]，並以「節糜費」、「禁失耗」、「足器用」、「廣銷路」[104] 四大原則試圖整頓煤礦，並制定條規八則：

> 一、煤斤失耗，宜覈實也。二、煤斤支發，宜限制也。
> 三、煤層挖空，宜實報也。四、挖篩器具，宜包定也。
> 五、局廠修造，宜報勘也。六、執事責成，宜改定也。
> 七、欠還數目，宜月報也。八、招徠銷路，宜剔弊也。[105]

為節約經費，用煤務學生張金生、林慶陞為煤師，取代洋師翟薩，翟薩因而請假回國[106]，為了拓展臺灣煤礦通路劉璈派遣文案委員章壽彝前往上海、汕頭、香港招商[107] 1883年（光緒九年），李嘉棠、鄭膺杰陸續調任，由楊崇銓、游學詩（按：游學詩日後成為劉銘傳的砲械委員，赴上海接運軍裝。）[108]，接辦基隆煤礦，劉璈時代大力整頓煤礦，確實也發現許許多多的問題如用大米、土煙充當薪餉、浮報帳目、少發腳力工人薪餉、炭匠挪用公款後持銀逃走、私顧小工充當木匠、鐵匠、煤井差弁夜間不到班，[109]而煤局員工收發煤炭工作之怠惰，秤手將官炭擅送娼家及其交好之

---

103 劉璈（1958）。巡臺退思錄。臺北市：臺灣銀行經濟研究室。頁16-18
104 劉璈（1958）。巡臺退思錄。臺北市：臺灣銀行經濟研究室。頁32
105 劉璈（1958）。巡臺退思錄。臺北市：臺灣銀行經濟研究室。頁21-22
106 劉璈（1958）。巡臺退思錄。臺北市：臺灣銀行經濟研究室。頁41-42
107 劉璈（1958）。巡臺退思錄。臺北市：臺灣銀行經濟研究室。頁31
108 劉璈（1958）。巡臺退思錄。臺北市：臺灣銀行經濟研究室。頁48-49
109 劉璈（1958）。巡臺退思錄。臺北市：臺灣銀行經濟研究室。頁28-29

人、並有私索規費之事、也有因薪資遲延發放，煤局總辦命書記向商行賒借白米數十石來抵工餉，卻有人從中私抬米價的舞弊事件，[110] 由上述所示基隆煤礦的制度面及管理面上都出現了不小的問題，而這些問題也都在劉璈主政時訪查之下一一浮現。

　　臺灣清法戰爭爆發前 1882 年（光緒八年）6 月英國博物學者吉爾瑪（Guillemard）搭乘侯爵夫人號（Marchesa）來到基隆港，在船隻補給時，一行人上岸前往內陸踏查，並請船隻開到淡水港等待他們，1882 年 6 月 25 日早晨四點，穿過城鎮，往內陸前進，登上基隆港後方的山丘，從山上俯瞰港口，吉爾瑪描寫在基隆山上看到的景色：

> 「東方的天空和大海充滿了藍色和玫瑰色的條紋，港口如湖水般的平靜，只是偶爾被打破，鏡面般的水面上泛起淡淡的漣漪，水面被緩慢行駛的帆船劃破，小鎮上空籠罩著一層淡藍色的霧氣，海港入口處尖銳的山峰在水面下呈現深黑色。」

　　並談到基隆煤礦的現狀，以及在基隆引進西方技術後，煤炭產量持續增加：

> 「基隆地區是目前唯一的煤礦開採地點，在離城鎮不遠的處，有幾個地方有地表露頭，它具有瀝青性質，質量雖然適合家庭等類似用途，但不太適合船舶運輸使用，因為它燃燒太快並產生大量煙霧，且容易累積煤炭垢於熔爐，長期以來，中國人以最原始的方式開採礦山，許多豎井因被水淹沒

---

[110] 劉璈（1958）。巡臺退思錄。臺北市：臺灣銀行經濟研究室。頁46-47

而廢棄。但在 1876 年引進了英國礦工，目前有幾名礦工從事煤礦的管理工作，產量一直在穩步增加，因此，出口量在 1871 年僅為 18,671 噸，到 1881 年已增加到 46,178 噸。」[111]

吉爾瑪（Guillemard）也談到臺灣島位於航路的關鍵位置，汕頭、廈門、福州等港口都在臺灣海峽之內，要往中國北方或往日本都會經過，由於英國在中國的貿易額很高，若臺灣島被外國佔領對英國來說是件嚴重的事情，而日後臺灣清法戰爭的爆發以及法軍封鎖海峽，也應驗了吉爾瑪的論點：

「一旦發生戰爭，一個擁有強大艦隊的國家佔領福爾摩沙對英國來說將是一件極其嚴重的事情，該島經常被描述為沒有價值的港口，但這並不正確。」[112]

1884 年（光緒十年）清法戰爭爆發，督辦臺灣軍務的劉銘傳，在 1884 年 7 月 16 日抵達臺灣後，為了解基隆煤礦狀態，接見了礦局提調楊崇銓與礦務學生張金生，兩人均表示煤務虧損甚多，劉銘傳派道員朱守謨前往調查，劉銘傳請煤局繳交光緒九年至十年的報表卻又是沒有虧損，劉銘傳認為其中有異，欲再次整頓煤礦，向朝廷表示希望調遣曾經開辦磁州煤礦與精於會計的河南候補道何維楷來臺辦理煤礦，[113] 1884 年 8 月 6 日劉銘傳認為軍隊

---

[111] Guillemard, F. H. H. (Francis Henry Hill), 1852-1933 The cruise of the Marchesa to Kamschatka & New Guinea: with notices of Formosa, Liu-Kiu, and various islands of the Malay Archipelago頁10

[112] Guillemard, F. H. H. (Francis Henry Hill), 1852-1933 The cruise of the Marchesa to Kamschatka & New Guinea: with notices of Formosa, Liu-Kiu, and various islands of the Malay Archipelago頁16

[113] 劉銘傳撰，《劉銘傳文集》（合肥市：黃山書社，1997年），頁268-269。國立台灣大學，《台灣歷史數位圖書館》，檔名：〈nthu-c286391-0026800269.txt〉

防守區域離海過近，難擋船艦砲火，命擢勝營楊洪彪拆毀基隆煤礦，至此基隆官煤廠損壞嚴重，日後重啟煤礦產量亦不多：

> 「惟敵人船堅炮利，若再增兵增船，曹志忠所守正營中營，離海過近，難支敵炮，擬令移紮後山，以保兵銳。其八斗煤礦，已派擢勝營官楊洪彪督拆，機器移至山後，並將煤礦房屋一並燒毀。」[114]

而原定要來臺辦理煤礦的何維楷則因基隆煤礦已毀，海道封閉等原因，最後未抵達臺灣接任[115]，劉銘傳與劉璈在戰爭時雙方意見多有摩擦，如兵力的部屬、薪餉的支援等問題，最後演變為湘、淮兩系的競爭，劉銘傳認為劉璈在基隆煤礦帳目、人員，以及煤礦出售價多有問題[116]，最後劉璈也因煤礦等其他事項遭彈劾離任，茶商陶德（John Dodd）在清法戰爭封鎖期間於1885年（光緒十一年）5月初的日記談到關於煤產業的狀態，他談到煤礦要等到法軍完全撤退之後，才有可能復原，許多的礦工都準備要復工，但在和平條約簽約前都是空談[117]，陶德對於基隆煤礦的經營也有一些看法，他認為清帝國應該要開放自由貿易市場，而非用單純壟斷的方式在經營煤廠，他談到在戰爭爆發前煤價被抬得很高，以至於沒人向他們購買，但又私下將低於基隆市價的煤炭，賣給上海商人，好幾次嘗試壟斷貨船與運煤駁船，他認為壟斷的

---

[114] 劉銘傳撰，《劉銘傳文集》（合肥市：黃山書社，1997年，），頁97-98。國立台灣大學，《台灣歷史數位圖書館》，檔名：〈nthu-c286391-0009700098.txt〉

[115] （1969）。劉銘傳撫臺前後檔案。臺北市：臺灣銀行經濟研究室。頁65-66

[116] 其他劉銘傳文集福建巡撫劉銘傳光緒11年5月26日（1885）國立台灣大學，《台灣歷史數位圖書館》，檔名：〈nthu-c286391-0036200371.txt〉》

[117] 歐尼基（Niki J. P Alsford）著：王若萱、李鎧揚、魏逸瑩、黃瀬任譯，《寶順洋行杜特在淡水的見證》初版臺北市：南天書局有限公司，2022年頁192

模式已經過去，他希望官煤廠如果要開採，希望不會再次成為官辦業務來委託而陶德的想法也與日後劉銘傳委外商辦理的想法相似[118]，而在1886年（光緒十二年）原基隆煤礦提調楊崇銓，在清法戰爭爆發期間遺失公款六千三百零五兩九錢七分之案，劉銘傳也派營務處方策勛查明煤場失銀一事。

楊崇銓聲稱遭到盜匪持械襲搶：

> 「當六月十五法人竄擾之日，久各遷徙，局中銀錢因係公款，不敢忘搬，不料是夜數百人持械蜂擁到局，即將銀錢搶盡等語，察核所稟，一派空言，毫無證據，顯係乘機捏報，希圖吞匿。」

營務處道員方策勛，訊問煤井工頭蔡添進供詞：「十年六月，法人擾犯基隆，楊崇銓早將公館家眷、行李、字畫等件收拾搬移盡淨，尚有何物被搶等。」

因工頭表示在法軍侵擾基隆前楊崇銓已將物品悉數搬盡，並無物品遭搶，但光緒月摺檔則寫楊崇銓未能事先預防公款遭搶，所以必須要接受懲罰，無論實情為何，最後楊崇銓還是遭革職處分，並認賠遺失銀兩結案。[119]

清法戰爭後因機器局、輪船等都須使用煤礦，劉銘傳先委商人張學熙辦理基隆煤礦，但礦坑積水過深，商人也無力置辦機器，僅用人力開採數個月就虧損數千兩，劉銘傳認為煤礦不能廢棄，劉銘傳與南洋大臣曾國荃、船政大臣裴蔭森商討後，決議三方各湊二萬兩合計六萬兩，加上委請補用知府張士瑜招民股：

---

[118] 歐尼基（Niki J. P Alsford）著：王若萱、李鎧揚、魏逸瑩、黃瀨任譯，《寶順洋行杜特在淡水的見證》初版臺北市：南天書局有限公司，2022年頁259-260
[119] 《月摺檔光緒十三年十月上》，劉銘傳奏，故檔004097/603001180-027號，頁1，國立故宮博物院

「六萬兩，合成本銀十二萬兩。」於1887年（光緒十三年）正月再次開辦，並購置開煤機器，雇用洋礦師，抽去礦中積水，雖可出產百噸煤礦，但開採成本過高，又因基隆港浪大時駁船難以轉運煤炭，陸路又遠，劉銘傳認為勢必要造鐵路才能讓煤礦順利轉運：「非造鐵路以利轉輸，煤務不能獲利。」知府張士瑜認為煤礦因為無利可圖，故商人難以入股開辦，建議將煤礦收回官辦待日後鐵路完成，便能順利轉運煤礦，雖不一定能獲利，但不至於過度虧損，故劉銘傳於1887年（光緒十三年十二月）年末將煤礦收回官方辦理，[120] 並命洋師瑪體蓀（Henry Cripps Matheson）督造八斗煤礦至基隆之運煤鐵路，未來串聯主線鐵路，以暢通運煤貨路。[121]

1889年（光緒十五年）劉銘傳認為過去委請民間辦理煤礦虧損，而後官方再次投入資本開採，但是煤源日益稀少，需另開煤洞，不然每月虧損三、四千兩，每年虧損銀四、五萬兩，官方此時也無資本額招商辦理，進退兩難之際，透過英國領事館介紹，英商范嘉士願以百萬資本，來協助辦理煤礦，劉銘傳認為此法或許能解基隆煤礦的窘境[122]，於是命張士瑜起草章程合同十一條與范嘉士訂約，以下為摘要之主要內容：

第一條、以二十年為限，期滿即退。
第二條、運煤鐵路火車，可自由使用，並為英商在基隆海
　　　　關旁修築碼頭寄存囤煤。
第三條、新挖煤礦所需小鐵路由官興建至大鐵路，英商則
　　　　負擔運費。

---

[120] 劉銘傳（1958）。劉壯肅公奏議。臺北市：臺灣銀行經濟研究室。頁351
[121] （1969）。清季臺灣洋務史料。臺北市：臺灣銀行經濟研究室。頁63
[122] 劉銘傳撰，《劉銘傳文集》（合肥市：黃山書社，1997年，），頁302-305。國立台灣大學，《台灣歷史數位圖書館》，檔名：〈nthu-c286391-0030200305-a001.txt〉

第四條、每月以市價八折收英商煤炭一千噸。

第五條、需繳納每噸出口關稅一角，若是民礦所產之土煤則無須繳納。

第六條、除高階人員外其餘均用華民，不准雇用外國工人。

第七條、地方官可派員進礦場學習技藝，每礦可派三人。

第八條、遇到戰爭時該礦仍由清帝國所有，並禁止煤礦接濟敵軍。

第九條、若經奏準辦法英商繳納相關費用洋銀七萬兩，其餘七萬兩則由第五款之應撥煤礦費用內按月扣除。

第十條、奏准後即可開始興辦，並加蓋巡撫之印，以昭公信。

第十一條、該商遵照來臺興創煤礦，獨握二十年，責成重大，非挾巨費難以整理，地方官准其在英國招股設立公司。

光緒十五年五月日立合同　候補知府張士瑜　英商范嘉士[123]

劉銘傳也將與英商訂約一事奏請總理衙門與戶部，但遭到駁回，於 1889 年（光緒十五年十月）劉銘傳先將洋工程師換下，1890 年（光緒十六年七月初一），劉銘傳委候選知縣黨鳳岡再度招商辦理：「全臺撫墾事務通政司副使臣林維源訪招富商，候選知府蔡應維、雲南候補道馮城勳、職員林元勝等情願鳩資三十萬元。」再度委託商人辦理，由蔡應維等人提出之章程也詳列了當時基隆煤礦的職位與人數。[124]

---

[123] 劉銘傳（1958）。劉壯肅公奏議。臺北市：臺灣銀行經濟研究室。頁356-357
[124] 劉銘傳（1958）。劉壯肅公奏議。臺北市：臺灣銀行經濟研究室。頁364-365

《官商合辦臺灣礦煤議立章程》

「總辦、會辦、洋總管工程一人、正辦礦師洋人一名、
副辦礦師華人一名、提調兼招商事宜一名、文案一名、
正副書啟二名、管銀管數二名、管外帳二名、管巡查井面
二名、管收發料件二名、八斗收發煤劦二名、基隆收發四
名、礦面巡工收簽日夜六名、洋磅手一名、礦內巡工二井
日夜六名、機器大二車二名、司機器日夜九名、升火日夜
六名、鐵匠三名、木匠月工二名、更夫局丁雜差二十二
名。」[125]

　　清廷在同年認為劉銘傳與英商簽訂合約，辦理煤礦一事過度
草率，且委民間辦理仍由洋人擔任總辦認為其中有異，總理各國
事務衙門的慶親王奕劻，認為合約有許多不妥之處，過度傾向西
方商人，且給予英商包辦煤礦，卻禁止其他包商開辦，有壟斷之
嫌，其中一項最讓慶親王反對的是，開挖港口河道：「擬於基隆
一帶港岸擇地開建馬頭，約水深二十尺，使數萬石洋輪可以傍岸
接運。」[126] 認為能讓商輪進入便能讓兵輪進入，故認為此條款必
不可行：

「台灣為閩省屏藩，基隆為台灣門戶，設險以守之尚虞不
固，今乃開挖河道，修築馬頭，使數萬石之商輪可以直入
內地停泊，夫商輪可入，則兵輪亦可入，商輪可泊，則兵
輪亦可泊，萬一海疆有警，恐敵軍巨艦皆可長驅直進，藩

---

[125] 中國第一歷史檔案館、海峽兩岸出版交流中心，《明清宮藏臺灣檔案匯編
（v.213）》（北京市：九州出版社，2009年，第一版），頁348-357。國立台灣
大學，《台灣歷史數位圖書館》，檔名：〈ntul-3052822-0034800357.txt〉
[126] 中國第一歷史檔案館、海峽兩岸出版交流中心，《明清宮藏臺灣檔案匯編
（v.213）》（北京市：九州出版社，2009年，第一版），頁348-357。國立台灣
大學，《台灣歷史數位圖書館》，檔名：〈ntul-3052822-0034800357.txt〉

籬自撤，後將噬臍。」[127]

1890年（光緒十六年九月）停止商人辦理，收回官辦[128]，劉
銘傳表示：「礦事一停，流為盜賊（按：工人。）歷年購辦機器
礦本銀十餘萬兩，亦將棄置莫追。」並認為西方國家雖熟悉礦
學，亦有虧損之時，若煤礦數量不足，則會影響船舶停靠意願，
加上機器局、鐵路等均會使用到煤礦，單憑民間煤礦恐有不足，
且福建泉州之船戶會運鹽來臺，裝煤回閩，若煤礦停止，商船勢
必會減少，甚至會影響稅收，希望朝廷可以持續辦理煤礦，最後
未獲同意。[129]

1891年1月（光緒十六年十二月一日）劉銘傳因為與英商
訂約一事遭到了朝廷的處分：「擅行開辦，尤非尋常輕率可比。」
最後劉銘傳遭到革職留任處分：「應得革職處分，著加恩改為革
職留任。」[130]劉銘傳於同年以生病為理由，希望朝廷開缺福建臺
灣巡撫一職後離任[131]，而先前遭到劉銘傳彈劾的劉璈，部分原因
亦是煤礦管理問題，多年之後劉銘傳同樣因為基隆煤礦承包與管
理問題遭到處分，顯示基隆煤礦的管理與經營是長久積累的問
題，最後1892年（光緒十八年）巡撫邵友濂遵循總理各國事務
衙門之意見：「辦礦不外兩端，有利則開，無利則止。」的原則
將機器封存停止，官煤礦告終：「機器封儲，即行停止開採，以
資撙節。」[132]

---

[127] 《光緒朝月摺檔》（台北市，故宮博物院藏）。國立台灣大學，《台灣歷史數位
圖書館》，檔名：〈ntu-GCM0028-0014700152-0001057.txt〉
[128] 劉銘傳（1958）。劉壯肅公奏議。臺北市：臺灣銀行經濟研究室。頁364-366
[129] 劉銘傳（1958）。劉壯肅公奏議。臺北市：臺灣銀行經濟研究室。頁366
[130] 劉銘傳撰，《劉銘傳文集》（合肥市：黃山書社，1997年，），頁39。國立台灣
大學，《台灣歷史數位圖書館》，檔名：〈nthu-c286391-0003900039.txt〉
[131] 劉銘傳（1958）。劉壯肅公奏議。臺北市：臺灣銀行經濟研究室。頁119
[132] 中國第一歷史檔案館，《光緒朝硃批奏摺v.101》（北京市：中華書局，1995
年，第1版），頁1048-1049。國立台灣大學，《台灣歷史數位圖書館》，檔名：

五、1877年協調艋舺草店尾租屋設教堂事件

　　1877 年（光緒三年）馬偕透過教民陳永順到艋舺草店尾街向鄭士筆租屋欲設立禮拜堂與醫院並訂定租約，而此事遭到艋舺領袖三邑總理蔡達淇、貢生林紹唐、職員黃龍安、白其祥、吳解元等人的反對，理由為草店尾一帶地方，未來將要改成文武童生考試時的寓所，且興建教堂勢必加高住宅，影響在地景觀風水，馬偕於 1877 年（光緒三年）9 月 6 日的日記寫到：「留下來過夜，這天夜裡受到許多的威脅。」受到威脅之後，馬偕以信函通知英國領事前來處理，9 月 7 日的日記則寫到英國副領事司格達（George Scott）來到艋舺，馬偕則先移往大龍峒，9 月 9 日馬偕正式開設艋舺禮拜堂 [133]，於《教務教案檔》的英國領事照會則寫到本月初三也就是西曆 9 月 9 日：「教士正在傳道施藥間，傍晚時，突來遠方一群人，上前吵罵，謂若非此間開設拜堂，定將教堂毀折。」英國領事繼續寫到本月初五日為西曆 9 月 11 日，通商委員李彤恩拜訪英國領事，談到：「因告示尚未繕便，轉請本署飭知教士，於七日後再開教堂。」李彤恩希望馬偕七日之後再重開教堂，因為告示尚未處理完成，也是希望雙方能暫緩持續加高衝突，英國領事表示認同，但他談到不曉得馬偕是否能同意，因為通商條約明載：

　　「習教之人按約租地，開設教堂，無論何地，皆不得刻待禁阻。」

〈ntu-2253022-0104801049-0001057.txt〉

[133] 馬偕（Rev.George Leslie MacKay）譯者：王榮昌、王鏡玲、何畫瑰、林昌華、陳志榮、劉亞蘭《馬偕日記》（第一冊）玉山社2012年頁310

此事從臺北傳到了淡水廳的陳星聚，陳認為：

> 「實因艋舺地小民稠向不欲外人雜居，以故洋行教堂，均
> 設距艋舺三里餘之大稻埕一帶。」

陳星聚則希望馬偕將教堂移至大稻埕，馬偕在 1877 年 12 月
10 日開始將禮拜堂改建增高，此舉引發當地不滿，12 月 12 日禮
拜堂遭到拆毀，馬偕則逃往附近客棧躲避，英國領事接獲此事提
出三點聲明，（一）、保護教士。（二）、將兇手究辦。（三）、
設法賠償一座禮拜堂。臺灣道夏獻綸談到目前相關人員已經抓
捕，夏獻綸認為賠建教堂一層：「斷非眾情所願，若欲強以相從，
恐釀事端。」並寫到：「此事固不可操之過急，亦未能含糊遽了。」
也就是此案牽扯甚多，務必小心行事，不可操之過急，因擔心過
度強硬恐釀事端，臺灣道夏獻綸指示淡水同知陳星聚協同通商委
員李彤恩與佐領劉青藜一同辦理此案[134]，最後陳星聚與李彤恩決
定，由改建房屋的屋主鄭士筆自行重蓋，再由地方頭人賠銀一百
元了結此案：

> 「屋主鄭筆拆卸，責成鄭筆自行起建。料被街民搬棄，責
> 成頭人公估賠銀一百元，交鄭筆收領建復。地照原基丈
> 尺，高與鄰屋相平，租照原約，以兩年為滿，各具遵結，
> 已照會領事銷案。」[135]

---

[134] 中研院近史所，《教務教案檔第三輯v.3》（台北市：中研院近史所，1974年，），
頁1521-1550。國立台灣大學，《台灣歷史數位圖書館》，檔名：〈ntu-1498058-
0152101550-0001097-a001.txt〉

[135] 中研院近史所，《教務教案檔第三輯v.3》（台北市：中研院近史所，1974
年，），頁1557。（台北市：中研院近史所，1974年，），頁1557。國立台灣
大學，《台灣歷史數位圖書館》，檔名：〈ntu-1498058-0155701557-0001100.
txt〉

最後工程在 1878 年（光緒四年）5 月 11 日完工結案 [136]，馬偕也於 5 月 12 日的日記寫：「禮拜堂重新開啟有 300 人在場。」[137]，從此事件來看李彤恩之角色，從一開始他認為先緩 7 天，讓情勢避免再度惡化，但馬偕認為通商條約明載不可阻擋設立禮拜堂，臺灣道指示淡水同知陳星聚與海關通商委員李彤恩等協同辦理此事，最後找一個雙方都可以認可的方法，首先就是屋子不能高於其他房舍，再來就是地方領袖用賠銀的方式來補貼屋主，也保住地方領袖的顏面，而讓屋主自行重建解決此案，然而要在條約與地方民情中取其平衡實屬不易，艋舺草店尾的這間教堂，則在清法戰爭時，遭到拆毀，馬偕寫到：「1884 年當法國入侵之時，該房子被歹徒拆毀，建材也都被拿去。」[138]

　　從過去陶德的艋舺租屋事件到馬偕的艋舺草店尾租屋事件，透過李彤恩之協調，最後事情能夠順利了結，李彤恩除了在交涉事件有表現外，海關業務方面也受到西方稅務司的稱讚，稅務司李華達（Walter Lay）在1878年（光緒四年）的海關報告中提到：

> 「這裡的港口海關人員名叫李彤恩，受雇於福州將軍，協助這裡的海關監督，並處理煤礦山有關的業務，他或多或少會與這裡進行的官方工作有關，他也許是我們這個地區最聰明的人。」[139]

---

[136] 中研院近史所，《教務教案檔第三輯v.3》（台北市：中研院近史所，1974年，），頁1557-1559。國立台灣大學，《台灣歷史數位圖書館》，檔名：〈ntu-1498058-0155701559-0001100-a001.txt〉

[137] 馬偕（Rev.George Leslie MacKay）譯者：王榮昌、王鏡玲、何畫瑰、林昌華、陳志榮、劉亞蘭《馬偕日記》（第一冊）玉山社2012年頁336

[138] 馬偕（Rev.George Leslie MacKay）譯者林晚生、鄭仰恩校注《福爾摩沙紀事：馬偕台灣回憶錄》前衛出版2007年頁157

[139] China. Reports on the Haikwan banking system and local currency at the treaty ports. Shanghai: Statistical Dept. of the Inspectorate General of Customs, 1879.

1881年（光緒七年）閩浙總督何璟《獎敘閩省臺灣口辦理通商出力人員清單片》寫到：「浙江補用知府李彤恩，該員辦理臺北通商稅務歷有年所，一切認真經理，均臻妥協，尤為得力，可否賞加三品銜。」[140]

六、1882-1884年劉璈主政時期參與的事務

在劉璈主政時期，亦有許多與李彤恩相關的史料與事件，有日人田中謙介來訪案、日本領事建議張貼保護教民公告案、釐金改革案、海關監督生病異動、洋行駁船爭議案等，因李彤恩時常被誤會為淮系劉銘傳的部屬，但實際上在戰爭前李彤恩與劉璈時常有業務往來，且合作尚稱順利，1882年（光緒八年正月二十九）李彤恩發現一名日本人名叫田中謙介來到滬尾遊歷：「在滬尾沿海遊歷，現由陸路前往臺灣府城遊歷。」並將此事回報給福建巡撫岑毓英，臺灣道劉璈也指示臺灣府、鳳山、嘉義、彰化、恆春等地密切關注其動向，並寫到：「沿途妥為保護，以免他虞。」[141]，而李彤恩的直覺也是正確的，田中謙介確實不是一般的遊人，而是日本帝國陸軍在1879年（明治十二年、光緒五年）曾被派往清帝國的軍人，顯示遊歷目的可能為情報蒐集，[142]因李彤恩經歷過日人成富清風一案，此時又有日人造訪格外注意，而在同年1882年（光緒八年二月二十二日）淡新檔案也有一則關於日本的特別紀錄，其中寫到臺北知府陳星聚收到通商委員李彤恩

---

[140] 《光緒朝月摺檔》（台北市，故宮博物院藏）。國立臺灣大學，《臺灣歷史數位圖書館》，檔名：〈ntu-GCM0017-0021400215-0000375-a001.txt〉

[141] 劉璈（1958）。巡臺退思錄。臺北市：臺灣銀行經濟研究室。頁218

[142] 「長瀬陸軍中尉外十名清国へ派遣」JACAR（アジア歴史資料センター）Ref. A01000054900、太政類典・第三編・明治十一年～明治十二年・第十九巻・外国交際・諸官員差遣（国立公文書館）

的報告，表示一位日本領事從臺南走陸路回滬尾時，各地路上都有看到督憲、將軍、撫憲張貼的保安民教的公告，只有新竹、淡水各縣，沒有張貼此告示，希望請李彤恩轉達地方官員，應該要張貼此告示，李彤恩也將日本領事表達的內容原函附在其中：「仰祈飭查台地果有奉到省憲頒發此項示諭，可否由于尊處抄奉繕發數道，寔貼滬尾一帶，俾共遵守。」[143]

這位日本領事所指的公告，應為1881年（光緒七年）由福州將軍穆圖善、閩浙總督何璟、福建巡撫岑毓英共同發布的《傳教條約曉諭軍民保護教士及教民》告示：

「為曉諭事。照得各國教士，在於中國傳教，條約載明：其教原係勸人為善，凡欲施諸己者，亦如是施諸人。所有安分傳教、習教之人，當一体矜恤保護等語教士、教民既已遵奉教規，安分傳習，地方官理當保護，地方百姓理當厚待，節經出示曉諭在案。其賃租屋地，設建教堂，均要各出情願，不准互相勒捐。其租據，應由領事官照送地方官，查明有無違礙情事，分別蓋印存執。其或暫時租賃方屋，亦須先期報明地方官，以便保護。至於迎神、建廟、演劇等事，不准向奉教人出錢，以免多事，庶幾民教相安，各無怨嫌，用体我國家懷柔遠人之意。合行剴切曉諭為此示，仰紳、耆、軍民人等知悉：須知教士建堂傳教，載在條約，其中有族眾盜賣，或有礙方向情事，宜先呈明地方官辦理，不得擅行滋擾生事，以明地主之誼，所有安分傳教、習教之人，同洋人到地遊歷，均須以禮相待，不得侮辱、阻撓，致傷和氣，至奉教之華人，遇有訟事，應

---

[143] 淡新檔案11506_004_00_00_1《臺北府正堂陳為札飭事》，國立台灣大學，《台灣歷史數位圖書館》，檔名：〈ntul-od-th11506_004_00_00_1.jpg〉

由地方官照例辦理，教士亦不得干預，自此次明示曉諭之後，該紳耆、軍民人等，各宜遵守。倘敢故違定，即嚴拏究辦，凜之，特示右諭通知光緒七年八月初八日給。」[144]

得知新竹各地並未張貼保護教民並約束傳教自由等公告，陳星聚指示：

「剋日派差分赴各處遍貼曉諭，毋任風雨飄淋，一面速將貼遇處所。」[145]

很快新竹的竹北一堡[146]、竹北二堡[147]等地都收到告示，前往各處張貼，此日領事身分則還須再研究，但可以看到日本領事，此時有呼籲張貼保護傳教的請求，可能也與清帝國邊境正在爆發法國入侵越南的事件有關，而宗教衝突，亦會引響地方治安，但此公告在戰爭期間也是形同具文，日後在清法戰爭期間北臺灣依舊爆發了地方民眾與團練攻擊耶穌教會的淡水教案。

1882 年（光緒八年）臺灣道劉璈因為洋藥（按：鴉片。）厘金日益短少，他認為：「章程不一，辦理互異，偷漏既多，費用又繁。」所以希望統一厘金辦理：「凡有運臺進口起岸，無論大小洋藥，每百斤各征收正雜等項庫平洋銀八十兩。」而李彤恩則擔任督促北臺灣各董事使用厘金新制的角色。[148] 同年底滬尾口

[144] 淡新檔案11506_002《總督福建浙江何、鎮守福州將軍穆、巡府福建岑為曉諭事》國立台灣大學，《台灣歷史數位圖書館》，檔名：〈ntul-od-th11506_002.jpg〉
[145] 淡新檔案11506_004_00_00_1《臺北府正堂陳為札飭事》國立台灣大學，《台灣歷史數位圖書館》，檔名：〈ntul-od-th11506_004_00_00_1.jpg〉
[146] 淡新檔案11506_010《收管狀》國立台灣大學，《台灣歷史數位圖書館》，檔名：〈ntul-od-th11506_010.jpg〉
[147] 淡新檔案11506_011《收管狀》國立台灣大學，《台灣歷史數位圖書館》，檔名：〈ntul-od-th11506_011.jpg〉
[148] 劉璈（1958）。巡臺退思錄。臺北市：臺灣銀行經濟研究室。頁107-109

之海關工作，原由佐領兜欽與李彤恩一同辦理，但兜欽因病回福建省醫治，福州將軍兼管閩海關稅務穆圖善認為因淡水港稅務緊要，所以改派正白旗佐領托普泰來臺，並談到抵臺後，會同李彤恩一同處理稅務問題，並指示所收稅銀留在臺灣當作海防軍費使用，並交由臺灣道來兌收。[149] 李彤恩在本年也處理了基隆官煤局與寶順洋行對於一艘運煤駁船的權力歸屬問題，劉璈亦委託通商委員李彤恩來辦理調查：「仰通商委員李守一併確查詳辦。」劉璈在清法戰爭前依舊與李彤恩的關係如常，[150] 1883 年（光緒九年）福州將軍穆圖善收到總理各國事務衙門指示：「中國兵輪、官輪往來各省進出江口、海口，無庸經新關洋人之手稽查，咨飭各關自行派員認真查驗。」也就是清朝廷官方的輪船，應由海關華員自行查驗，不須洋人查驗，臺灣四個通商口岸方面，穆圖善指派滬尾口由：「佐領兜欽會同委員李彤恩就近稽查。」基隆口由：「副將銜參將洪永安會同基隆通判徐廷灝稽查。」旗後口由：「佐領恩連會同委員華廷錫就近稽查。」安平口由：「補用同知彭志偉會同程吉階稽查。」[151]，由上述文獻所示李彤恩在 1883 年（光緒九年）起也擔任官輪在滬尾口的驗輪工作。

　　1884 年（光緒十年）4 月 13 日法國樓打（Volta）兵艦駛入基隆港買煤，隨後有三人上岸，登山瞭望，看似在繪製地圖，並且想進去礮臺遊玩，經礮隊的營官及教習攔阻，此時有一軍營犬隻在一旁吠叫，礮勇將犬隻驅離後散去，隔日樓打兵船，船主福祿諾（François Ernest Fournier）以只是來戲狗，卻遭到礮勇辱罵，應當道歉認錯，限期明日七點半，要將足夠量的煤炭運到船上，否則八點要開砲攻打基隆，並在山頂豎立一面紅旗，經基隆

[149] 淡新檔案《辦理臺北通商兼管滬尾總口海關稅務佐領府托為移知事》國立台灣大學，《台灣歷史數位圖書館》檔名：〈ntul-od-th11505_002_00_00_1〉
[150] 劉璈（1958）。巡臺退思錄。臺北市：臺灣銀行經濟研究室。頁42-43
[151] 臺灣海防檔。臺北市：臺灣銀行經濟研究室。（1961）頁83-84

廳梁純夫調查，法船要向得忌利市洋行（Douglas Lapraik & Co.）
買煤六十噸，但洋行僅剩下約二、三十噸，因數量不足，所以沒
有賣予法艦，梁純夫向官煤調來一千擔煤炭，轉交給洋行賣給
法船，並致函法船並無拒賣煤炭，表示砲勇不讓閒人進入砲臺
是份內之事：「礮臺弁兵攔阻閒人，不准混進，係屬分內之事，
委無詈罵，至犬吠生人，亦屬常事。」[152]負責北部處理中外交涉
的李彤恩，將事件情報匯整，並將領港人邊得理（按：班特利
Bentely。）的說法告知臺灣道劉璈：

> 「帶水洋人名邊得理者以法國兵船向少來基，不敢代為引
> 導，經其自行進口，旋又喚令素辦洋船水菜之在地民人，
> 宰牛二隻，以為船中糧食，該民人亦不承辦，繼向英商得
> 忌利士洋行買煤六十噸，該行存煤不多，無可應付。」

　　李彤恩也向劉璈談到法船其實不缺煤炭：「船中儲煤甚多，
何至缺需。」最後在英國領事費里德與洋行總巡胡美里商討過
後，認為法船可能是前來測試臺灣口岸是否有封禁法船入港通商
或補給，英國領事費里德認為，恐是有人將臺灣道劉璈頒布的辦
理團練章程中：「不准接濟外寇糧食。」等公告文字抄錄給法國
人，所以才會前來探虛實，北洋通商大臣李鴻章認為：

> 「船主挨弗呢耶（按：福祿諾François Ernest Fournier。）
> 上岸藉端挑釁，殊屬無禮，既經該地方文武及各洋員調停
> 了事，出口開行，自不致再有饒舌。」

　　南洋通商大臣曾國荃認為：

---

[152] 劉璈（1958）。巡臺退思錄。臺北市：臺灣銀行經濟研究室。頁258-259

「海口雖嚴密辦防，遇有法船進口，仍應照約辦理，斷不可衅自我開，使彼藉口，此次法國兵輪至基隆口停泊，藉端尋衅，該處文武員弁設法消彌，辦理尚屬妥速。」

　　南北兩大通商大臣均認為應當調停了事，若法船進口岸就依照通商條約辦理，不可讓法國人找到理由來製造事端，[153] 樓打（Volta）兵船買煤事件，也可說是臺灣清法戰爭的開端，清帝國高層採取防守外交政策，法國試圖用灰色衝突來試探基隆港的防務政策，日後法軍也以重金聘請英籍領港人班特利（Bentely）提供港口訊息，為日後攻打臺灣北部預做準備。

小結

　　1861 年（咸豐十一年）至 1884 年（光緒十年），23 年的期間李彤恩最初從海關文書開始做起，李彤恩初期的官職不高，僅是事務性質的書吏，但透過處理涉外事件與開港業務，慢慢提升官職，是北臺灣開港初期，在任最久的通商人員之一，1883 年（光緒九年）閩浙總督何璟請旨加保李彤恩晉升三品銜，[154] 開港後李彤恩雖遇許多涉外事件，但透過李彤恩之斡旋而沒有更加惡化，本章也談到李彤恩與劉璈之間的業務往來，試圖表達兩人在清法戰爭前多有合作，日後關係生變可能與李彤恩被劉銘傳任命為滬尾前敵營務處有關，成為劉銘傳在滬尾的重要聯絡人後，關

---

[153] 劉璈（1958）。巡臺退思錄。臺北市：臺灣銀行經濟研究室。頁260-262
[154] 《光緒朝月摺檔》（台北市，故宮博物院藏）。國立台灣大學，《台灣歷史數位圖書館》，檔名：〈ntu-GCM0018-0011600120-0000409-a001.txt〉

係因而產生改變，李彤恩為淡水港華洋調停之重要角色，從海關稅務、外國人保護、日人失銀、洋商租屋糾紛、教案、煤礦、法艦樓打兵船事件都可以看到他的身影，可以說是北臺灣少數同時具有海關、洋務及外交方面的人物。

第二章｜滬尾戰役前的軍事佈署

前言

　　19 世紀開始，法國以宗教事件衝突為由，進而展開入侵越南行動，陸續攻下越南的南部，並一路向北推進，法國為了解決黑旗軍劉永福軍團在紅河三角洲的問題，在清帝國與越南邊境爆發了多次衝突，清法雙方雖簽訂中法簡明條約，但因換防日期爭議，又爆發衝突，戰火一路從越南往外延燒，法國欲拿下北臺灣兩座港口當作賠償抵押品，而淡水港為臺灣最早的國際貿易港口，是北臺灣重要的港口之一，但在清法戰爭前，淡水港的兵力與防禦工事薄弱，清廷陸續派遣曹志忠、孫開華、劉銘傳等人來到淡水佈置防務修築工事，而在淡水海關多年的通商委員李彤恩，也被劉銘傳任命為滬尾的前敵營務處負責人，主持填石塞港，淡水港面臨北臺灣在開港後的最大戰役與變局。

第一節：臺灣北路加強防務

一、清法戰爭背景

　　據陳鴻瑜研究，法國在 19 世紀要求越南開放通商及傳教自由因而爆發許多衝突，1857 年法使蒙蒂尼到順化，要求開放宗教自由，並希冀在越南設立法國使館遭拒，而後因西班牙主教遭越南處死，1858 年法國與西班牙聯軍砲轟越南土倫地區與越軍激戰[1] 1861 年法軍控制越南交址支那也就是越南南部，1862 年越法簽訂第一次西貢（按：壬戌。）條約[2] 1873 年 10 月法國軍官安鄴（Marie Joseph François Garnier）攻陷河內，11 月越南河寧總督陳廷肅與巡撫阮仲和前往與安鄴談判，劉永福率軍前往挑戰，誘安鄴出城至紙橋，將其擊斃，[3] 黑旗軍進逼河內，法軍要求越南命劉永福軍團退兵才願談判，1874 年雙方簽訂第二次西貢（按：甲戌。）條約，並在約中表示：「自主之權非有尊服何國。」否認與清帝國之藩屬關係。[4]（陳鴻瑜，2019，頁 335-342）

　　據龍章研究 1882 年交址支那總督為解決劉永福軍團問題派遣李維業（Henri Laurent Rivière）前往河內，並命其慎重行事避免衝突，但李維業攻打並佔領河內，[5]（龍章，1996，頁 86-87）1883 年劉永福率部欲收復河內，5 月 19 日李維業率 550 人出戰於紙橋爆發戰役，最後遭到劉永福軍團擊斃，法國於 5 月 24 日正式通過三百五十萬法郎追加預算，為日後戰役做準備。（龍章，

---

[1]　陳鴻瑜《越南史：史記概要》臺灣商務出版2019年頁335
[2]　陳鴻瑜《越南史：史記概要》臺灣商務出版2019年頁337
[3]　陳鴻瑜《越南史：史記概要》臺灣商務出版2019年頁340-341
[4]　陳鴻瑜《越南史：史記概要》臺灣商務出版2019年頁342
[5]　龍章《越南與中法戰爭》臺灣商務印書館出版1996年頁86-87

1996，頁 127-128）[6]

　　1883 年至 1884 年法軍調動大軍陸續攻打北寧、太原、宣光等地，劉永福後撤回保勝地區，1884 年 5 月 11 日在稅務司德璀琳（Gustav Detring）的牽線下，清帝國代表李鴻章與法國代表福祿諾（François Ernest Fournier）在天津簽訂中法簡明條約，（陳鴻瑜，2019，頁 360）[7] 其中第二款：「中國南界既經法國與以實在憑據不虞有侵佔滋擾之事，中國約明將所駐北圻各防營即行調回邊界，并於法越所有已定與未定各條約均置不理。」約定雙方撤兵停戰，但福祿諾與李鴻章議定的中法簡明條約中未註明換防日期[8]，最後同年 6 月 23 日法軍抵達諒山接防，要求清帝國軍隊退回境內，清軍表示未接到命令，但法軍卻展開攻勢，史稱「北黎衝突」、「觀音橋事變」，清軍死傷慘重，法軍要求清軍撤退並賠款，均遭到拒絕。[9]（陳鴻瑜，2019，頁 363）

　　戰火也蔓延到了臺灣，8 月 5 日法軍派出艦隊攻擊臺灣基隆登陸後遭擊退，8 月底進攻馬尾船政局大獲全勝，雙方衝突之際並未完全斷絕和談管道，從中法條約雙方往來照會檔案來看清帝國方面談到：「貴國尚不失大國之體茲，竟一面照請會商一面攫取基隆。」[10] 顯示法方採取的策略為一面攻擊，一面要求會商，希望藉由攻擊並佔領清帝國港口，迫使其上談判桌。

二、防務指揮官孫開華與曹志忠

　　在 1884 年（光緒十年）清法戰爭爆發前，臺灣北路防務由

---

[6]　龍章《越南與中法戰爭》臺灣商務印書館出版1996年頁127-128
[7]　陳鴻瑜《越南史：史記概要》臺灣商務出版2019年頁360
[8]　《中法簡明條款》，光緒10年04月17日，910000045號，國立故宮博物院
[9]　陳鴻瑜《越南史：史記概要》臺灣商務出版2019頁363
[10]　《中法簡明條款》，光緒10年04月17日，910000045號，國立故宮博物院

孫開華與曹志忠輪流督辦，孫開華於 1876 年（光緒二年）因為
日斯巴尼亞國（按：西班牙。）的索威拉納船隻遭風擱淺在臺灣
被搶事件，總稅務司赫德向總理各國事務衙門恭親王奕訢報告，
因在報紙看到西班牙準備調派兵船前來，而其中談到如此大動作
可能是因為海外華工問題，以及與總理衙門議定之古巴招工章程
意見分歧，又因船隻在臺灣遭搶為索賠而準備派遣兵艦前來，[11]
福建巡撫丁日昌擔心，西班牙可能會與日本於 1874 年（同治十
三年）爆發之牡丹社事件，循相同模式調兵前來，因為事態緊
急，過遠的軍團又無法迅速的調派，重新招募又需時間，他認
為最近的福建署陸路提督孫開華：「勇敢精明，不避艱險。」派
其所部之三營練勇於十日之內來臺駐防基隆、淡水等地以顧守
北路 [12]，日後巡撫丁日昌以臺灣防勤生番，地廣兵單為由，認為
孫開華是適合的人選，孫開華日後也參與多年的開山撫番戰役 [13]
1878 年（光緒四年）湘軍霆慶兩營因記名提督宋國永病故，令
曹志忠等將領接帶，閩浙總督何璟也將霆慶兩營指揮權統一歸也
曾是霆軍宿將的擢勝營孫開華所統轄 [14]，1882 年（光緒八年）孫
開華結束臺灣軍務返回福建：「署陸路提督孫開華已交卸防務，
帶所部四營渡回泉州。」[15]，而在孫開華返回泉州後，北臺灣防
務由同為霆軍之記名提督曹志忠帶領霆慶中營、霆慶前營弁勇一
千五百餘員渡臺換防：「滬尾、基隆等處，更替換防，俾臻周密。

---

11 《光緒朝月摺檔》（台北市，故宮博物院藏）。國立台灣大學，《台灣歷史數位
  圖書館》，檔名：〈ntu-GCM0013-0009200093-0000137.txt〉
12 王彥威，《清季外交史料（v.1）》（台北市：文海，1964年，再版），頁168。
  國立台灣大學，《台灣歷史數位圖書館》，檔名：〈ntu-0863576-0016800168.
  txt〉
13 （1968）。清史列傳選。臺北市：臺灣銀行經濟研究室。466-467
14 附片光緒朝月摺檔E閩浙總督臣何璟（等）光緒4年8月11日（1878）國立台灣大
  學，《台灣歷史數位圖書館》，檔名：〈ntu-GCM0015-0010600107-0000267.
  txt〉
15 （1969）。劉銘傳撫臺前後檔案。臺北市：臺灣銀行經濟研究室。頁38-39

仍隨時察看情形，妥籌辦理。」[16]

　　1883年（光緒九年）臺灣道劉璈將臺灣分為五大軍區，南路、中路、北路、後山、前路，北臺灣方面的北路，則是由曹志忠所負責：「自大甲溪至新竹溪水及宜蘭之蘇澳為北路，統軍四千名，歸新授福甯鎮總兵曹志忠領之。」[17]1883年（光緒九年）福建巡撫張兆棟渡海來臺，巡視全臺防務並指示：「滬尾當大潮時巨舟亦可經達，防守俱宜加嚴。」顯示滬尾口雖然較淺，但在大潮時仍然可以通行大型船隻，須嚴加防範，張兆棟也指示要將小砲臺改建以捍衛淡水河口：「應將油車口舊砲台與修完固。」[18]也談到劉璈目前的五路防守策略，眼下兵力仍不足，需再招募兵勇：「臺灣道劉璈原議，全臺五路設防，以一萬六千人為率，嗣因地廣兵單，擬增至二萬人。」[19]

　　臺灣道劉璈也命總兵曹志忠分勘滬尾、八里等地之營壘，並開始動工改築[20]，同年1883年11月27日（光緒九年十月二十八日）福州將軍穆圖善談到：「法、越構兵一事，久未定局，著將沿海防務實力籌辦，認真布置，不可虛應故事。」其中提及臺灣之海防砲臺設置：「臺北之基隆、臺灣之安平、旗後等口，已分別建築礮臺、購配洋礮，復製造軍火。」其中特別提及：「惟滬尾礮臺改築未據報竣。」[21]，情勢日益緊張滬尾的砲臺遲遲未竣工，也引起了福州將軍的注意，在曹志忠督辦趕造下，於1884

---

[16] 《軍機處檔摺件》（台北市，故宮博物院藏），文獻編號：123855。國立台灣大學，《台灣歷史數位圖書館》，檔名：〈ntu-GCA0049-0008800088-0123855.txt〉

[17] 《光緒朝月摺檔》（台北市，故宮博物院藏）。國立台灣大學，《台灣歷史數位圖書館》，檔名：〈ntu-GCM0019-0005500059-0000442.txt〉

[18] 洪安全總編輯，《清宮洋務始末臺灣史料（v.3）》（台北：國立故宮博物院，1999年，第一版），頁1417-1425。國立台灣大學，《台灣歷史數位圖書館》，檔名：〈ntu-2092609-0141701425.txt〉

[19] 奏摺光緒朝軍機檔C閩浙總督何璟（等）光緒10年4月29日（1884）國立台灣大學，《台灣歷史數位圖書館》，檔名：〈ntu-GCA0050-0000800011-0126679.txt〉

[20] 劉璈（1958）。巡臺退思錄。臺北市：臺灣銀行經濟研究室。頁224

[21] （1964）。法軍侵臺檔。臺北市：臺灣銀行經濟研究室。頁3-4

年（光緒十年）初改築完工[22]，此砲臺之稱呼亦有白砲臺、白堡、而後滬尾烏啾埔一帶興建大砲臺時，則開始用大、小砲臺來區分兩者，在法國人描繪的淡水港圖當中則是用「FORT NEUF」新砲臺、「FORT BLANC」白砲臺，來命名兩者。

　　1884 年（光緒十年）隨著清、法兩方情勢日緊，清廷方面閩浙總督何璟與福州將軍一致認為：「南北相距甚遠，軍情瞬息變遷，恐臺灣道劉璈鞭長莫及。」決議派遣曾經到過臺灣辦防的福建陸路提督孫開華帶擢勝三營渡臺：「福建陸路提督孫開華前曾辦理臺防，熟悉情形，勤勞卓著。」[23] 除了孫開華曾經到過臺灣辦理防務外，清廷方面也將人際關係考慮進去，他們認為：「駐防臺北之總兵曹志忠從前曾歸孫開華統領。」[24]，兩人熟識關係密切，所以選定孫開華與曹志忠共同防禦北臺灣，孫開華帶印並整裝部隊搭乘永保輪於[25] 1884 年 3 月 15 日（光緒十年二月十八日）從泉州出發 1884 年 3 月 17 日（光緒十年二月二十日）從滬尾登岸並前往艋舺駐紮，[26] 根據劉銘傳說法：「臣渡台之時，孫開華為台北總統，所部三營，一紮基隆，一紮淡水（按：臺北。），一紮滬尾，兵勇皆散住民房。」顯示孫開華將軍力分別部屬於臺北及兩座港口[27]，孫開華抵達艋舺不久 1884 年 4 月 13 日（光緒

22　《光緒朝月摺檔》（台北市，故宮博物院藏）。國立台灣大學，《台灣歷史數位圖書館》，檔名：〈ntu-GCM0019-0005500059-0000442.txt〉

23　奏摺清光緒朝中法交涉史料v.2福州將軍穆圖善（等）光緒9年12月15日（1883）國立台灣大學，《台灣歷史數位圖書館》，檔名：〈ntu-0935652-0077600777-0000323.txt〉

24　軍機處原檔編，《清光緒朝中法交涉史料v.2》（臺北縣永和鎮：文海，1967年，臺初版），頁862-864。國立台灣大學，《台灣歷史數位圖書館》，檔名：〈ntu-0935652-0086200864-0000363.txt〉

25　《孫開華出身履歷清冊》故傳011127號，國立故宮博物院

26　《軍機處檔摺件》（台北市，故宮博物院藏），文獻編號：126240。國立台灣大學，《台灣歷史數位圖書館》，檔名：〈ntu-GCA0050-0000100001-0126240.txt〉

27　中國史學會主編，《中法戰爭v.6》（上海市：上海人民出版社，1957年，新1版），頁527-529。國立台灣大學，《台灣歷史數位圖書館》，檔名：〈ntu-

十年三月十八日）曹志忠在基隆處理法國樓打（Volta）兵艦於基隆買煤數量不足並揚言砲擊的灰色衝突事件，此事也可說是臺灣清法戰爭的開端[28]，孫開華與擢勝營的到來，讓兩港防務不至於分身乏術，然而臺灣北部主要軍力還是薄弱僅有：「孫開華擢勝三營與總兵曹志忠所帶慶祥三營，並添募楚勇兩營。」[29]，清廷決定再派淮軍劉銘傳與砲隊教習與水雷教習等人員渡海協防。

而滬尾地區沒有水師戰船，這時陸軍就更顯重要，淡水港的軍隊部屬由防務指揮官孫開華負責，戰前他將自身的子弟兵擢勝營中、後、右三營分守滬尾關鍵地區，擢勝中營由李定明把守油車口地區（按：今淡水油車里一帶。），擢勝營後營范惠意則部署在白砲臺之後（按：今海洋委員會海巡署艦隊分署一帶。）作為中營之策應，並嚴守水雷引爆站，擢勝右營龔占鼇埋伏於假港（按：今淡水公司田溪出海口一帶。）擔任法軍深入之後側翼進攻之角色，[30] 新砲臺山上則有劉銘傳銘軍劉朝祜帶領親兵砲隊把守，原定劉朝祜要帶領四營銘字軍抵臺馳援，但後來受到法軍之阻攔在滬尾戰前劉朝祜部隊僅有部分到防[31]，但有一名洋教習凱來博於陣中，當時的文獻也談到凱來博之指揮作戰狀況：「洋教習凱來博，臨敵調隊，奮勇爭先。」[32] 劉朝祜指揮新砲臺之火砲

1816856-0052700529-a001.txt〉

[28] 中央研究院近代史研究所，《中法越南交涉檔（v.3）》（台北市：中央研究院近代史研究所，1962年，影印本），頁1722-1736。國立台灣大學，《台灣歷史數位圖書館》，檔名：〈ntu-0804127-0172201736-0000827.txt〉

[29] 《軍機處檔摺件》（台北市，故宮博物院藏），文獻編號：126240。國立台灣大學，《台灣歷史數位圖書館》，檔名：〈ntu-GCA0050-0000100001-0126240.txt〉

[30] 劉銘傳撰，《劉銘傳文集》（合肥市：黃山書社，1997年，），頁101-105。國立台灣大學，《台灣歷史數位圖書館》，檔名：〈nthu-c286391-0010100105.txt〉

[31] 劉銘傳撰，《劉銘傳文集》（合肥市：黃山書社，1997年，），頁63-70。國立台灣大學，《台灣歷史數位圖書館》，檔名：〈nthu-c286391-0006300070.txt〉

[32] 中央研究院近代史研究所，《中法越南交涉檔（v.6）》（台北市：中央研究院近

陣地，命朱煥明防守於陣地之後，嚴防法軍從臺後襲擊[33]在10月1日深夜劉銘傳收到滬尾告急文書，先命提督章高元帶數百人回防滬尾與劉朝祜一同守衛新砲臺陣地[34]，也就是章高元是在滬尾砲戰10月2日才從基隆趕回滬尾協防，八里方面由柳泰和帶領春字營一營與少數砲勇、土勇防守[35]，並看守河道上之堵口物料，而八里方面其中一位土勇領袖，在馬偕博士的日記中寫到，名叫劉百總或劉大鑼（Lâu Tōa-lo'），福建興化人，在福州加入清軍曾前往廣西作戰，後晉身為管理百人的指揮，但作戰過程中遭到敵軍俘虜，最後被赦免，並提及他多年前跟著一位撫臺來到臺灣就沒有再回去了，清法戰爭時馬偕說他曾在八里指揮過500人的團練：「法國人在這裡的時候，他在八里坌指揮過500人，後來生病，他被送到教堂來醫治。」身體好一些後也去拜訪了傳道師了解關於基督教的事情：「聽了福音就開始精神振奮地討論，離開時十分憤怒，後來沒多久，我在路邊拔牙的時候，他過來跟我攀談，經過一些交談後，他答應要細察基督教的主張。」而後還跟馬偕的學生嚴清華做了朋友，因為都來自興化，後來這位團練領袖在1890年得了肺癆病逝8月5日：「下午1點到醫館，禮德醫生不在，我照料了46名新病患和36名舊病患，大部分是士兵都得了瘧疾，玖、順、天能跟著我去看劉大鑼，他罹患肺癆而奄奄一息。」馬偕在8月6日詢問他是否願意受洗，最後劉大鑼

代史研究所，1962年，影印本），頁3643。國立台灣大學，《台灣歷史數位圖書館》，檔名：〈ntu-0804130-0364303643-0002091.txt〉

[33] 劉銘傳撰，《劉銘傳文集》（合肥市：黃山書社，1997年，），頁101-105。國立台灣大學，《台灣歷史數位圖書館》，檔名：〈nthu-c286391-0010100105.txt〉

[34] 《軍機處檔摺件》，劉銘傳奏，〈奏為法船併犯臺北基隆滬尾同時危急移師保顧後路並接仗情形由〉，光緒10年08月15日，故機130296號，頁3，國立故宮博物院

[35] 中國史學會主編，《中法戰爭v.6》（上海市：上海人民出版社，1957年，新1版），頁507-510。國立台灣大學，《台灣歷史數位圖書館》，檔名：〈ntu-1816856-0050700510.txt〉

也同意受洗，馬偕寫：「他是一位真正的軍人，配得上他的長官給他的豐富賞賜。」8 月 8 日劉大鑼因肺病過世，8 月 9 日馬偕與學生們一同為他安葬，而在過世之前的幾日馬偕詢問他是否有想吃什麼，劉大鑼回應，想吃洋梨罐頭：「我想吃罐頭洋梨，幾分鐘之後，1 個罐頭被拿過來，打開然後給他吃一些，帶著微笑和許多感謝，他吃了一點，然後我們就離開了。」雖然這是一個微小的歷史，卻也是在嚴肅的戰爭歷史當中，一段人與人之間珍貴的交往印記，馬偕的紀錄也讓我們看到一個小人物參與清法戰爭的歷史足跡：「從 1885 年到他過世，為真理留下一次高貴的見證，上帝如何的引領啊。」馬偕在日記所提及劉大鑼與一位撫臺來臺：「幾年前他跟著欽差秦撫台（Khîm Bú Tâi）到這裡來。」而另一個線索為：「到達福州，在那裡他加入清帝國軍隊，並行軍到廣西省去和叛軍作戰。」當時譯本雖為「秦」，但福建巡撫當中接近此念法的巡撫可能為「岑」毓英，且岑毓英亦曾前往廣西作戰，初步判斷劉大鑼與岑毓英可能有所關連，但仍需更多證據。[36]

三、招募臺灣土勇

在 1884 年（光緒十年二月二十二日）臺灣道劉璈頒布《議辦全臺團練章程》大舉招募本地民眾成為團練以保家鄉治安，也招曾經的犯罪者加入，可將功贖罪但須在名冊上寫「改」字來辨別，[37] 劉璈內心中還是認為土勇政策僅能救急，不是長久之計，而初期招募土勇並不順利，中途逃離者也不在少數。

---

[36] 馬偕（Rev.George Leslie MacKay）譯者：王榮昌、王鏡玲、何畫瑰、林昌華、陳志榮、劉亞蘭《馬偕日記》（第二冊）玉山社2012年頁402-403
[37] 劉璈（1958）。巡臺退思錄。臺北市：臺灣銀行經濟研究室。頁246-253

「各營募補土勇，原擬參用練習，以開臺地風氣，免長借材異地，屢經陳明，無如該土勇野性難馴，每於各營開差時，仍多逃逸，實不可靠，因仍補外來客勇。」[38]

「招土勇未始非救急之謀，而器械不齊，紀律未諳，烏合尤難得力。」[39]

但劉璈最後還是找到了許多能戰的地方民勇，例如霧峰林家募集之兵勇，不吸洋菸，年輕精壯者眾，有禮、義兩營，而後林文欽協助劉璈，林朝棟則北上協助劉銘傳，劉璈談到霧峰林家的軍隊：

「迫近內山，捍禦生番，動資礮火；故居其地者，素於火器均極精練，銃具係自製造，長約一丈零，腹大而輕，善受鉛藥，兼能及遠，其中膂力精壯者，亦多可用。」[40]

兩廣總督張之洞也認為，臺灣應該要大舉採用土勇，並提及土勇之優勢，以及面對風土氣候相對有耐受力：

「一、土人頗強，兵食足用；二、瘴熱崎嶇，主利客否；三、非戰無策，軍民併力；四、法雖增兵大舉，斷不能深入全臺，鈍兵久畜，數月必困，外兵援閩勢有不及，敵注臺則閩解，他海口亦舒矣，擬請敕劉督辦設法誘之怒之，優旨懸賞，激勵軍民力戰固守，能使敵牽留於臺，即以為

[38] 劉璈（1958）。巡臺退思錄。臺北市：臺灣銀行經濟研究室。頁157-163

[39] 《光緒朝月摺檔》（台北市，故宮博物院藏）。國立台灣大學，《台灣歷史數位圖書館》，檔名：〈ntu-GCM0021-0006600068-0000582.txt〉

[40] （1969）。劉銘傳撫臺前後檔案。臺北市：臺灣銀行經濟研究室。頁53-54

功。」[41]

吏科給事中萬培因上奏，認為土勇之勝客軍，並推薦臺北兩大紳士林維源與陳霞林督辦團練，並提出採用土勇有五項優勢：

「無瘴癘之患，利一。習山蹊之險，利二。傷亡即補無轉載之艱，利三。各衛身家其戰必力，利四。游手無業者悉編伍，籍敵人無從誘脅，利五。第非假以重權則責成不專易致觀望。」[42]

戰爭結束後兵部尚書彭玉麟認為，暖暖之戰及月眉山之戰，臺勇多能得力，且臺灣島孤懸海外，外地兵勇來到臺灣就多一份薪餉，不如訓練臺人作為團練：「以臺產養臺人，而食不加多；即以臺人護臺地，而奮勇可必。」用臺灣物產養臺灣團練，比客軍渡海支援更佳，並舉例用臺勇有四項優勢：

「一也；好勇輕生，敢於戰鬥，二也；貲產殷沃，重顧身家，三也；進有所貲，退無所往，四也；近者暖暖村義民之戰、月眉山土勇之戰，皆能憤切同仇，力抗驕虜，若能認真舉辦，簡任賢能，專領其事，隨時隨地親身督勸，區畫經營。」[43]

---

[41] 苑書義，孫華峰，李秉新主編，《張之洞全集（v.7）》（石家莊市：河北人民，1998年，第一版），頁4927-4928。國立台灣大學，《台灣歷史數位圖書館》，檔名：〈ntu-2079347-0492704928.txt〉

[42] 洪安全總編輯，《清宮洋務始末臺灣史料（v.3）》（台北：國立故宮博物院，1999年，第一版），頁1771-1778。國立台灣大學，《台灣歷史數位圖書館》，檔名：〈ntu-2092609-0177101778.txt〉

[43] 奏摺彭剛直公奏稿v.1兵部尚書彭玉麟光緒11年7月7日（1885）國立台灣大學，《台灣歷史數位圖書館》，檔名：〈ntu-0905578-0018400189.txt〉

滬尾戰役－團練的主要人物

黃宗河

文山堡深坑人，因茶葉事務前往廈門，結識當時的總兵孫開華，[44]日後隨孫開華參與加禮宛戰爭：「軍功詹樹德、林遇春、李樹森、繆步南、詹興國、黃宗河、劉國昌、張際昌，隨勦加禮宛巾老耶社，打仗出力。」[45]1884年（光緒十年）法軍來襲時孫開華在臺灣本地自行招募土勇營：「自募之營兩營，已派人招集，昨日已有一營到滬，點驗成軍，名為勝勇左營。」[46]而勝勇左營是否即是黃宗河，可從戰爭之後閩浙總督楊昌濬認為黃宗河，戰守有功所以留用，奏摺所記載的名稱即為勝勇左營：「至黃宗河所帶勝勇左營，人皆臺北土著，熟悉地利、民情，上年戰守有功，足稱得力，請仍留紮滬尾隨時遣用。」[47]，在請賞名單當中也可看到藍翎五品軍功黃宗河：「黃宗河均擬請免補千總以守備留閩儘先補用。」[48]1895年（光緒二十一年）乙未割臺前黃宗河率兵駐防於八里。[49]

---

44 盛清沂總纂《臺北縣志》卷二十七：人物志臺北縣文獻委員會1960頁22

45 奏摺光緒朝月摺檔F閩浙總督何璟、福建巡撫李明墀光緒5年4月18日（1879）國立台灣大學，《台灣歷史數位圖書館》，檔名：〈ntu-GCM0016-0000500052-0000297-a001.txt〉

46 陳琴廬，〈臺北基隆滬尾中法之役的史料〉，《大風半月刊》89期（1941），頁2990-2993

47 奏摺光緒朝月摺檔M閩浙總督楊昌濬（等）光緒12年1月7日（1886）國立台灣大學，《台灣歷史數位圖書館》，檔名：〈ntu-GCM0023-0001200014-0000678.txt〉

48 清單光緒朝月摺檔L督辦臺灣防務福建巡撫劉銘傳（等）光緒11年8月19日（1885）國立台灣大學，《台灣歷史數位圖書館》，檔名：〈ntu-GCM0022-0021100258-0000663-a001.txt〉

49 洪安全總編輯，《清宮洋務始末臺灣史料（v.4）》（台北：國立故宮博物院，1999年，第一版），頁2462-2463。國立台灣大學，《台灣歷史數位圖書館》，檔名：〈ntu-2092610-0246202463.txt〉

張李成

　　文山堡木柵人，[50]土勇政策既已實行，臺北也開始招募土勇，李彤恩招募之土勇張李成在滬尾戰役助戰有功受嘉獎，根據左宗棠相關文獻所示，當時張李成帶領的土勇營名稱可能為健營：「擢勝三營敵其南，淮軍二營截其北，中間則有健營土勇數百人禦之，鏖戰至午，法兵不支紛紛逃竄。」[51]而滬尾戰役張李成所帶領的土勇擊退法軍的歷史，也成為了日後文人與史家時常提起的歷史與故事，張羅澄在《應變須才論》中則談到張李成受李彤恩之號召原因，張秉銓《禦夷制勝策》則談到有許多的善獵者加入團練：

　　《應變須才論》：
　　「光緒乙酉法蔺越南侵臺灣時，督師者為劉銘傳其營務處為李彤恩，彤恩在臺日久知臺人張阿虎者最桀驁不馴，然武勇有勁氣犯大案逃匿生番中，彤恩招之出令召集土人五百以殺賊立功，阿虎感之遂易名為張李成，逮及法夷犯滬尾彤恩先用石填港法船不能進，阿虎大呼五百人奮勇向前嘶殺毀法戰船一號法酋死者一人。」[52]

　　《禦夷制勝策》：
　　「滬尾之戰劉省帥飭李彤恩觀察募張李成帶土勇之善獵

50　王月鏡主修許水德監修臺北市志卷九人物志《宦績篇》臺北市文獻委員會編印1988年頁64
51　王彥威輯編，《清季外交史料（v.2）》（台北市：文海，1964年，再版），頁371。國立台灣大學，《台灣歷史數位圖書館》，檔名：〈ntu-0863577-0037100371.txt〉
52　中央研究院近代史料全文資料庫：清代經世文編，《皇朝經世文三編》陳忠倚，卷五學術五廣論中，應變須才論張羅澄。頁23-2

者，百餘名伏於岸路攻擊僅用火純索施槍竟斃夷五百數十
名法人大駭。」[53]

在劉銘傳方面的記載，談到張李成被分配到砲臺山之北路山
澗佈防，在法軍登岸後孫開華率李定明、范惠意等分途截擊，章
高元則從北路迎戰，鏖戰多時，法軍陣勢逐漸後退時派張李成
襲擊：

「復以小輪分道駁兵千人，猝登海岸，攻撲礮臺，孫開華
見敵兵既逼，立率李定明、范惠意分途截擊，章高元等自
北路迎戰，敵兵各執利鎗，自辰至午，槍聲不絕，屢挫復
進，鏖戰不衰，我軍拔短兵擊殺，張李成領隊襲之。」[54]
最後成功擊退法軍獲賞：「五品軍功張李成，擬請以守備
儘先補用，並賞戴花翎，並加都司銜」。[55]，

而新竹縣志初稿則有更細節的戰爭記載：

「張李成、黃宗河等率兵擊之，法軍敗績，是日未刻，
法軍各酋長率兵千餘名潛登滬尾口岸。有巡海兵遇之，
馳報；孫開華乃傳令各營布陣相當。兩軍鎗礮齊發，清軍
陣勢漸怯；將弁胡峻德奮勇爭先，手刃法兵數人，中礮斃
命，張李成在口岸外塗弅中揚旂突起，兵皆披髮赤身，橫
擊於後；法軍陣亡甚眾，驚惶急退，爭下小布船，船有不
堪重儎而沉者，法大將在兵輪望樓上見其兵敗，開大礮以

53 中央研究院近代史料全文資料庫：清代經世文編，《皇朝經世文三編增附時事洋
　務》三魚堂主人，時務，卷三十五時務三十五，禦夷制勝策張秉銓。頁40-1
54 劉銘傳（1958）。劉壯肅公奏議。臺北市：臺灣銀行經濟研究室。頁176-177
55 劉銘傳（1958）。劉壯肅公奏議。臺北市：臺灣銀行經濟研究室。頁379-380

擊追兵；誤傷其兵並小布船，擊沉港口，是役也，法軍陣亡過半，自是，不敢再犯滬尾。」[56]

清法戰後張李成與黃宗河都是被清政府留用的土勇團練：「臺南北土勇不下三十營，急應陸續裁撤，以節餉需，除林朝棟、張李成兩營士勇，能戰能守。」[57]1885年（光緒十一年）張李成也陸續參與幾場與原住民的戰爭，因淡水縣屈尺庄董事劉夙夜稟報屈尺庄多人被殺一案：「計本年正月至今，被殺男、婦十二人，本月十九日，復殺二人，居民相率移避，田園盡荒，懇請派兵剿撫。」劉銘傳派遣劉朝祜及張李成前往屈尺庄平定：「劉朝祜督帶張李成土勇一營，趁此隆冬，造橋開路，先通馬來八社，徐圖入山，相機辦理，但求成效，不計近功，此淡水東南生番歸化之情形也。」[58]當時的馬偕博士在傳教過程中經過屈尺也遇見過駐紮在屈尺的張李成並提及其個性親切：

「1885 年 12 月 11 日早上 10 點，阿華來，我們會合去「屈尺」（Khut Chhioh）拜訪劉秀才，也拜訪了張李成（TiuⁿLí-Sêng），他是 500 個本地兵勇的司令，他很親切有禮但不拘謹。」[59]

另外還可從臺灣大學人類學系所建置之海外民族學博物館系統中，進一步查詢現典藏在加拿大安大略博物館，張李成曾送兩

---

[56] （1959）。新竹縣志初稿。臺北市：臺灣銀行經濟研究室。頁215
[57] 劉銘傳撰，《劉銘傳文集》（合肥市：黃山書社，1997年，），頁325。國立台灣大學，《台灣歷史數位圖書館》，檔名：〈nthu-c286391-0032500325.txt〉
[58] 劉銘傳撰，《劉銘傳文集》（合肥市：黃山書社，1997年，），頁126-128。國立台灣大學，《台灣歷史數位圖書館》，檔名：〈nthu-c286391-0012600128.txt〉
[59] 馬偕（Rev.George Leslie MacKay）譯者：王榮昌、王鏡玲、何畫瑰、林昌華、陳志榮、劉亞蘭《馬偕日記》（第二冊）玉山社2012年頁103

幅旗幟給馬偕博士：「開通庸碌。」[60]，另一幅則是：「誘液愚頑。」落款為：「都閫府張李成叩頌。」[61]由此可證明馬偕與張李成確實有交情。

當時的報紙《述報》也報導了張李成相關的戰爭過程：

「統帶張魁（按：張李成。），謀勇兼全，少壯敢戰；善用火鎗，百不虛一，曾攻生番，屢立奇功；是時即率土勇由海濱沙溪而來，以斷法人歸路。」[62]當時的報紙述報形容淡水的作戰方式如：「臥虎吞羊之計，誘敵登岸，聚而殲旃。」[63]也就是讓法軍從沙崙深入內陸後，將其包圍猶如臥虎吞羊一般，其中也報導了土勇隊伍追擊到法軍軍官的過程：「並有「三畫」一名為土勇所殺，先是，該「三畫」於回船時，途中失路；至一茅舍，中有一老人，「三畫」向其求救，老人揮之使去，未幾，土勇追至，「三畫」燃鎗拒之，連斃二勇；後有一勇用鏢遠投，適中其腹，遂仆於地。」[64]述報也報導了土勇持盾手燃舊式火砲的描述：「土勇由附近而至者甚眾，惟言語不通，殊形不便，其人所執之軍器，雖是古製之塔匙磞，而勇於戰鬥，強悍無匹，有右手執盾而左手燃磞者；是真破敵之雄師也。」[65]

60　臺灣大學海外民族學博物館系統：原典藏地加拿大安大略省博物館Royal Ontario Museum典藏號：915.3.18.b
61　臺灣大學海外民族學博物館系統：原典藏地加拿大安大略省博物館Royal Ontario Museum典藏號：915.3.18.d
62　（1968）。述報法兵侵臺紀事殘輯。臺北市：臺灣銀行經濟研究室。頁30
63　（1968）。述報法兵侵臺紀事殘輯。臺北市：臺灣銀行經濟研究室。頁93-94
64　（1968）。述報法兵侵臺紀事殘輯。臺北市：臺灣銀行經濟研究室。頁83-84
65　（1968）。述報法兵侵臺紀事殘輯。臺北市：臺灣銀行經濟研究室。頁68

史家與文人的記述方面

徐珂在《清稗類鈔》當中寫下張李成與法人戰於臺北，雖非正史，但其中描述生動，可以做為清法戰爭滬尾之役的演繹作品：

> 「張李成，臺灣內山人，美風姿，操俳優業，媚目巧笑，傅脂粉登場，初不審其為勇士也，光緒乙酉，法人攻臺北，觀察李某以劉省三中丞命，練士兵拒敵，張忽舍所業應選，李呼張小字曰：「阿火！汝胡解兵事？」張慷慨言曰：「火生長是間，不欲變服飾為西人奴也！」山中善火者可千人，招之立集，善獵能鎗，可應敵，李善之，易其名曰「李成」，謂李氏所成就者也，時擢勝軍二千眾屯滬尾礮臺坡，李成則率新卒五百，分為兩隊，承其後，擢勝軍一與敵接，立敗，張以二百五十人出，散髮赤身，嚼檳榔，紅沫出其吻，時潮上，法人爭以小船抵坡下，坡上草深沒人，此二百五十人者，見敵皆仰臥，翹其左足，張趾架鎗以待敵，敵近，二百五十鎗齊發，法人死者百數，大駭而遁，山後復出二百五十人，作圓陣包敵。」[66]

洪棄生《寄鶴齋文集》中西戰記中也描寫了關於張李成的作戰過程：

> 「軍功張李成獨率一營伏北路山谿備衝盪，布置略定，而

---

[66] 徐珂（1965）。清稗類鈔選錄。臺北市：臺灣銀行經濟研究室。頁30-31

寇艦排礮連轟，煙燄蔽空、彈如星雨，望滬尾直擊不休；
則以無數小艇載兵千餘分三道上岸，排槍如爆竹，攻我軍
駐處，小艇駛回，示必死戰，孫開華見來勢兇猛，親搖旗
督戰，令各軍衝出奮擊；敵冒死而進，在槍火中不少挫，
忽張李成軍五百人分兩隊，長矛、火槍相間，從谷中大
呼，袒而出；李成當先抄其後，一隊衝其旁，寇猝不意勁
敵至，分一枝回顧，陣遂亂；各營見之爭進，刺以短兵，
一寇酋為李成禽，並奪其軍旗。」[67]

　　連橫《臺灣通史》在法軍之役文章中也將張李成描述為梨園
花旦：

「孫開華邀擊之，張李成率土勇三百截其後，往來馳驟，
當者辟易，法軍大敗爭舟，多溺死，陣斬五十，俘馘三
十，於是不敢窺臺北，李成小名阿火，為梨園花旦，姿質
斌媚，顧迫於義憤，奮不顧身，克敵致果，銘傳嘉之，授
千總，其後以功至守備。」[68]

　　林紓《記甲申馬江基隆之敗》一文寫到曾看過張李成出演
戲曲：

張李成為臺灣老哥班的花衫（按：旦角的一種。），因為
張李成面容：「明眸皓齒、嬌嬈如好女。」更寫到他曾看
過張李成出演戲劇：「余曾見其演蕩湖船。」因為張飾演
旦角，不知道張李成原來：「如此強健而勁捷。」末段寫

---

[67] 洪棄生（1972）。寄鶴齋選集。臺北市：臺灣銀行經濟研究室。頁416
[68] 連橫（1962）。臺灣通史。臺北市：臺灣銀行經濟研究室。頁408

到的內容則與徐珂的《張李成與法人戰於臺北》相似，
同樣是關於有富人購買戰事股票，希望張李成能夠手下留
情，但張李成用演員雌聲說：「吾不欲鬼子金也。」將敵
人擒而烹之於寶順洋行門外，雖不知其文獻真實性，但林
紓這段曾看過張李成演戲，確實也更增添張李成為演員的
傳說，可當作參考之用，但筆者認為仍需更確切與直接的
證據。[69]

滬尾戰役出戰的土勇是否為隘勇

　　在滬尾戰役出戰的土勇領袖當中，從名單中較可確認身分者
約有五人是臺灣本地土勇，分別為張李成、黃宗河、陳振泰、黃
國添，蔡國樑等五人，而從日後相關文獻比對，這幾個人可能本
身即是在山區開墾的墾民或者有隘勇背景，「隘」為清帝國領臺
之後，由民間或官方所設立，主要建立在移民與原住民之間生活
圈的邊界，用來守衛地方，維持治安[70]，1884年（光緒十年）擔
任團練局工作的陳霞林建議招募山區禦番土勇，因為他們在山地
時常有打仗經驗，故建議劉銘傳可以招募來支援作戰：

> 「陳霞林等屢言內山禦番土勇常見仗，可以挑募，臣告知
> 各軍，前往內山選募，一面令工匠連夜修理各營所繳舊
> 槍，分撥應用，搜查餉項，僅數月餘。各軍招募有尚未成
> 軍者，亦有成軍尚無器械者。」[71]

---

[69] 林紓《記甲申馬江基隆之敗》，任二北編《優語錄》上海文藝出版社出版，1982
　　年頁209-210
[70] 丁紹儀（1957）。東瀛識略。臺北市：臺灣銀行經濟研究室。頁48
[71] 劉銘傳撰，《劉銘傳文集》（合肥市：黃山書社，1997年，），頁63-70。國
　　立台灣大學，《台灣歷史數位圖書館》，檔名：〈nthu-c286391-0006300070.

而在滬尾戰役當中來的土勇，是否有禦番土勇的存在，是筆者想要追尋的部分，淡水洋商約翰陶德留下的紀錄來看，確實有一些相關的線索，陶德也描述了臺人在山地的作戰模式：

> 9月17日：「客家人善戰，擅長射擊固定距離內的靜止物體，此外他們也是用刀好手，與番人搏鬥時常獲勝。」[72]

> 10月17日：「淡水湧入更多客家民兵，這些雇傭的民兵其實令我們頗為不安，他們和孫將軍手下的正規部隊及官員操持不同語言，彼此無法溝通，可想而知開戰時應該很難理解上頭下達的指令。」[73]

> 10月18日：「不過最令人稱奇的，還是他們的躺姿射擊，他們認為這種方式比趴姿更好；持槍者首先仰躺地面，兩腳將槍管夾住固定，槍口置於腳尖之間，並用周遭植披掩護身體，頭微微抬起，眼睛直視槍管，瞄準發射，這種瞄準敵人的姿勢，每天都可以在番界見到，在四處長滿一簇簇草叢堆的空地上，他們是規模小卻十分專精的前鋒。」[74]

　　清法戰爭之後，朝廷上下認為臺灣應要分省而治，但最有希望成為巡撫的劉銘傳，卻認為朝廷應該要緩緩，其中一個原因即

txt〉
[72] 歐尼基（Niki J. P Alsford）著：王若萱、李鎧揚、魏逸瑩、黃瀨任譯，《寶順洋行杜特在淡水的見證》初版臺北市：南天書局有限公司，2022年頁66
[73] 歐尼基（Niki J. P Alsford）著：王若萱、李鎧揚、魏逸瑩、黃瀨任譯，《寶順洋行杜特在淡水的見證》初版臺北市：南天書局有限公司，2022年頁100
[74] 歐尼基（Niki J. P Alsford）著：王若萱、李鎧揚、魏逸瑩、黃瀨任譯，《寶順洋行杜特在淡水的見證》初版臺北市：南天書局有限公司，2022年頁101

是劉銘傳認為無法同時進行海防與撫番：

> 「即以防務論，臺疆千里，防海又須防番，萬一外寇猝
> 臨，陰結番民，使生內亂，腹心之害，何以禦之？誠令
> 全番歸化，內亂無虞，外患雖來，尚可驅之禦侮，既可減
> 防節餉，又可伐內山之木以裕餉源，此撫番之不容緩者
> 也。」[75]

但最後劉銘傳還是接任了巡撫一職，除了興建海防砲臺之外，展開了數年的撫番戰爭，由巡撫劉銘傳擔任撫墾大臣，1885年（光緒十一年）命林維源擔任幫辦撫墾大臣，並談到山地開墾之不易，以及面對原住民衝突等問題：

> 「曾經紳士內閣侍讀學士林維源集股開墾，嗣因無力禦番
> 成而復棄，該處界在淡新宜三屬之中，出產甚富，將來招
> 集墾民即可分設一縣。」[76]

1886年（光緒十二年）設撫墾總局於大嵙崁，並在各地設分局，[77] 將山地屬維護治安性質的「隘丁或隘勇」改制成勇營稱：「隘勇營」，北路方面由棟軍將領鄭有勤統帶：「統帶臺北隘勇都司鄭有勤。」[78]，棟軍領袖林朝棟雖管理中路撫墾局，但亦兼任臺北隘勇的指揮權：「兼統臺北隘勇各營道員林朝棟。」[79]故

[75] 劉銘傳（1958）。劉壯肅公奏議。臺北市：臺灣銀行經濟研究室。頁148
[76] 《光緒朝月摺檔》（台北市，故宮博物院藏）。國立台灣大學，《台灣歷史數位圖書館》，檔名：〈ntu-GCM0023-0006800069-0000690.txt〉
[77] 伊能佳矩，國史館臺灣文獻館編譯《台灣文化誌中卷》大家出版2017年頁414
[78] 劉銘傳撰，《劉銘傳文集》（合肥市：黃山書社，1997年，），頁159-165。國立台灣大學，《台灣歷史數位圖書館》，檔名：〈nthu-c286391-0015900165.txt〉
[79] 中國第一歷史檔案館，《光緒朝硃批奏摺v.42》（北京市：中華書局，1995年，

臺灣隘勇主要統轄者為林朝棟，滬尾戰役出戰的幾位土勇領袖，日後也有數名成為隘勇營的將領。

張李成

　　張李成在滬尾戰役後，史家與文人留下許多相關評論，而與隘勇或作戰方式相關的資料，如：「見敵皆仰臥，翹其左足，張趾架鎗以待敵。」[80]與陶德描述之戰法類似，當時的報紙寫到：「百不虛一，曾攻生番，屢立奇功。」[81]，戰爭之後，隨官軍參與攻打原住民相關戰爭，1885年（光緒十一年）張李成與銘軍劉朝祜共同駐防於屈尺[82]（按：新店。），1886年（光緒十二年）張李成也前往鹽菜甕（按：關西。）招撫原住民：「都司張李成各率所部一營，馳赴鹽菜甕乘勢招撫。」[83]1891年（光緒十七年）接任管帶隘勇右營：「管帶隘勇右營補用守備陳得勝撤委，檄委補用都司張李成，於光緒十七年十一月初一日接帶。」[84]故推測張李成本身具有隘勇經驗，故日後也成為臺灣清政府編列的隘勇營將領。

黃宗河

　　黃宗河在清法戰爭爆發前，曾與當時為漳州鎮總兵的孫開華一同參與1878年（光緒四年）的加禮宛戰爭，[85]1884年（光緒十

第一版），頁853-854。國立台灣大學，《台灣歷史數位圖書館》，檔名：〈ntu-2252963-0085300854-0000851.txt〉

[80]　徐珂（1965）。清稗類鈔選錄。臺北市：臺灣銀行經濟研究室。頁30

[81]　（1968）。述報法兵侵臺紀事殘輯。臺北市：臺灣銀行經濟研究室。頁30

[82]　劉銘傳撰，《劉銘傳文集》（合肥市：黃山書社，1997年，），頁126-128。國立台灣大學，《台灣歷史數位圖書館》，檔名：〈nthu-c286391-0012600128.txt〉

[83]　《光緒朝月摺檔》（台北市，故宮博物院藏）。國立台灣大學，《台灣歷史數位圖書館》，檔名：〈ntu-GCM0023-0012900137-0000711.txt〉

[84]　《光緒朝月摺檔》（台北市，故宮博物院藏）。國立台灣大學，《台灣歷史數位圖書館》，檔名：〈ntu-GCM0031-0015100155-0001269-a001.txt〉

[85]　《光緒朝月摺檔》（台北市，故宮博物院藏）。國立台灣大學，《台灣歷史數位

年）滬尾戰役以勝勇左營身分協助孫開華擊退法軍[86] 1886年（光緒十二年）大嵙崁因開發森林資源與原住民之間爆發衝突，劉銘傳親自攻打大嵙崁原住民，當時命黃宗河駐防於大嵙崁南雅一帶：「黃宗河土勇一營駐防南雅，派唐仁元代統劉朝祜一軍督同黃宗河修造石營一所。」[87] 1892年（光緒十八年）黃宗河也接任隘勇前營：「管帶隘勇前營降補遊擊林福喜，於光緒十八年閏六月十一日卸交，補用都司黃宗河接帶。」[88] 棟軍文書《光緒十八年九月陳鴻英造光緒十八年閏六月分隘勇前營十九天薪糧並隘軍八月份親兵兼統費恤賞中秋節賞等項四柱清冊》當中顯示黃宗河為隘勇前營之管帶：

> 「謹將請領光緒十八年閏六月分隘勇前營黃管宗河十九天薪，並隘軍八月分新親兵兼統費暨恤賞、中秋賞等項銀兩，除棟軍八月餉撥由臺灣府發給外，所有動用各，遵造四柱清冊，呈送。」[89]

蔡國樑

在滬尾戰役請賞名單當中可以看到有大家熟知的張李成與黃宗河外亦有：「陳振泰、黃國添、蔡國樑均著以千總儘先拔補，並賞加五品藍翎。」[90] 1889年（光緒十五年）在《剿辦埤南

　圖書館》，檔名：〈ntu-GCM0016-0000500052-0000297-a001.txt〉
[86] 《光緒朝月摺檔》（台北市，故宮博物院藏）。國立台灣大學，《台灣歷史數位圖書館》，檔名：〈ntu-GCM0023-0001200014-0000678.txt〉
[87] 《光緒朝月摺檔》（台北市，故宮博物院藏）。國立台灣大學，《台灣歷史數位圖書館》，檔名：〈ntu-GCM0023-0012900137-0000711.txt〉
[88] 《光緒朝月摺檔》（台北市，故宮博物院藏）。國立台灣大學，《台灣歷史數位圖書館》，檔名：〈ntu-GCM0032-0013800141-0001330-a001.txt〉
[89] 黃富三解讀，何鳳嬌，林正慧，吳俊瑩編輯《霧峰林家文書集：棟軍相關收支單》國史館2014年頁121
[90] 中央研究院近代史研究所，《中法越南交涉檔（v.4）》（台北市：中央研究院近代史研究所，1962年，影印本），頁2374-2375。國立台灣大學，《台灣歷史數

叛番、彰化土匪並歷年剿撫肅清各路番社尤為出力員》蔡國樑升至都司:「藍翎留閩補用守備蔡國樑,以都司各留原省原標儘先補用,並賞加遊擊銜。」[91] 1892年(光緒十八年)短暫接替因病請假的鄭榮,擔任隘勇中營負責人:「以都司蔡國樑接帶鄭榮中營。」[92] 棟軍文書《大嵙崁後路糧臺報賬單-棟隘各營領賞豬隻蕃薯銀派分單》中亦見:「隘勇中營蔡五股計大錢玖百七拾陸文。」[93] 1893年(光緒十九年)接任隘勇右營:「管帶隘勇右營儘先守備王亦全,於光緒十九年四月初一日,卸交遊擊銜留臺候補都司蔡國樑接帶。」[94] 乙未1895年臺灣割讓,三角湧義民名單當中亦見蔡國樑名字還有另一位也曾出戰過滬尾戰役的黃國添:

> 「一枝兵出三角湧,遇三角湧義民黃曉潭、蘇力、蔡國樑、黃國添、張龍安等率眾力拒,開地窟以陷馬足,沿山埋伏,日軍路徑生疏,為疑兵誘入,死傷亦百餘人,適臺北聞報,添兵派將,由大嵙崁馳援。有降將余清勝引導,由小路俯攻三角湧,遂破之。但平頂之民,恒聚眾劫糧,雜沓紛至,日軍頗形踟躕。」[95]

　　故推測蔡國樑與黃國添可能同為三角湧一帶居民,除了以上幾位較有相關史料驗證其隘勇營身分外,同在滬尾出戰名單的土

位圖書館》,檔名:〈ntu-0804128-0237402375-0001288.txt〉

[91] 《光緒朝月摺檔》(台北市,故宮博物院藏)。國立台灣大學,《台灣歷史數位圖書館》,檔名:〈ntu-GCM0027-0000500016-0000946-a001.txt〉

[92] 中國第一歷史檔案館,《光緒朝硃批奏摺v.117》(北京市:中華書局,1995年,第一版),頁197-199。國立台灣大學,《台灣歷史數位圖書館》,檔名:〈ntu-2253038-0019700199-0000119.txt〉

[93] 黃富三解讀,何鳳嬌,林正慧,吳俊瑩編輯《霧峰林家文書集:棟軍相關收支單》國史館2014年頁485

[94] 《光緒朝月摺檔》(台北市,故宮博物院藏)。國立台灣大學,《台灣歷史數位圖書館》,檔名:〈ntu-GCM0034-0012800130-0001456-a001.txt〉

[95] (1959)。割臺三記。臺北市:臺灣銀行經濟研究室。頁47

勇陳振泰，相關資料尚不足證明是否具隘勇身分，但陳振泰之名字亦出現於1889年（光緒十五年）《歷年剿撫肅清各路番社尤為出力員弁官紳》[96]名單當中：「五品藍翎千總陳振泰」。此名單當中亦同時出現：「藍翎留閩補用千總黃宗河。」、「都司銜儘先守備張李成。」、「藍翎留閩補用守備蔡國樑。」故推測陳振泰亦有參與相關撫番戰爭，但尚無法證明其是否具有隘勇身分。

　　而以上五位中史料較為明確者有，張李成接任隘勇右營，黃宗河接任隘勇前營，蔡國樑先後接任隘勇中營與右營，這三位出戰滬尾的土勇領袖，五位人員當中就有三位接任隘勇營將領，顯示過去可能是防守隘寮的禦番土勇或山地墾民，故才能在戰爭之後持續參與山地作戰，而由棟軍文書1892年（光緒十八年三月二十四日）《抄各協臺去米並糧局來米單》中亦可同時見到蔡國樑與黃宗河之姓名，顯示日後兩人也歸林朝棟節制。[97]

四、劉銘傳渡海督辦臺灣軍務

　　劉銘傳於1884年6月26日（光緒十年閏五月初四日）收到督辦臺灣防務的命令，朝廷授予劉銘傳巡撫銜督辦臺灣軍務：「前直隸提督劉銘傳，著賞給巡撫銜，督辦臺灣事務。所有臺灣鎮道以下各官，均歸節制。」7月6日（光緒十年閏五月十四日）抵達天津，於7月8日（光緒十年閏五月十六日）正式啟用關防：「巡撫銜督辦臺灣事務前直隸提督關防。」但因各地軍情吃緊，自己的銘軍舊部也無法分兵協助，最後商請提督劉盛休所部撥出人員支援：

---

[96] 《光緒朝月摺檔》（台北市，故宮博物院藏）。國立台灣大學，《台灣歷史數位圖書館》，檔名：〈ntu-GCM0027-0000500016-0000946-a001.txt〉
[97] 黃富三解讀，何鳳嬌，林正慧，吳俊瑩編輯《霧峰林家文書集：棟軍相關收支單》國史館2014年頁159

「十營內選派教陸操者百人、教礮隊者三十人、教水雷者四人，都計一百三十四人，並派銘軍舊將提督王貴揚等十餘員，給帶毛瑟後門槍三千桿，配齊子彈，並請南洋大臣曾國荃由上海機器局籌撥前門礮十尊。」

　　7月10日（光緒十年閏五月十八）往南至上海，並在上海訂購武器：「口徑一尺內外礮數十尊、後門槍數千桿。」清廷也緊急撥款：「撥銀四十萬兩，解交劉銘傳。」[98]，在上海時因為渡臺人員缺乏，遇上於當地就醫的記名道朱守謨委其辦理營務：「所有後路事務，均由該道一手經理，並保護淡水洋商，俱臻妥善。」[99]，以及另一位刑部候補郎中羅廷玉辦理軍械，日後也協助淡水港安放水雷，兩人與劉銘傳渡臺。

　　1884年7月16日（光緒十年閏五月二十四日）抵達基隆勘查砲臺形勢，數日後，於7月20日（光緒十年閏五月二十八日）移駐臺北府城，並談滬尾、基隆兩港對臺北的重要性：

「臺北形勢制全臺，滬尾通商，而基隆煤產著海外。法艦遠來數萬里，必踞基隆奪煤廠濟舟師，奪滬尾商埠資饋餉。基、滬相接，非速赴基隆保臺北。」[100]

　　劉銘傳也發現臺灣的砲臺地勢低下，皆在口門之內不能遠擊敵船，而滬尾方面劉銘傳談到：「滬尾海口距臺北府三十里，中

---

[98] 劉銘傳（1958）。劉壯肅公奏議。臺北市：臺灣銀行經濟研究室。頁163-165

[99] 《軍機處檔摺件》（台北市，故宮博物院藏），文獻編號：128463。國立台灣大學，《台灣歷史數位圖書館》，檔名：〈ntu-GCA0050-0009700097-0128463.txt〉

[100] 劉銘傳（1958）。劉壯肅公奏議。臺北市：臺灣銀行經濟研究室。頁12

外通商，輪船易入。」等所購火砲抵臺，需逐步設防。[101]，也與臺北兩位守將見面並談到：臺北統將孫開華：「器宇軒昂，精明強幹。」曹志忠：「性情樸實，穩慎過人。」[102]。並談到兩人皆久著霆軍，飽經戰陣，劉銘傳與兩人連日會談練兵之法。

五、劉銘傳與劉璈視察滬尾防務

　　1884年7月28日（光緒十年六月七日）臺灣道劉璈收到劉銘傳信函相約北上視察砲臺，劉璈也載兩營淮軍隊伍，乘伏波輪船北上，7月29日（光緒十年六月八日）抵達基隆，7月30日（光緒十年六月九日）與劉銘傳見面，8月2日（光緒十年六月十二日）兩人一同巡閱淡水的砲臺，據葉振輝研究英國領事報告也談到：「劉銘傳親赴淡水，擇定建築新砲臺的地點，並視察新到軍火。」（葉振輝，1999，頁139）[103]8月3日（光緒十年六月十三日）晚間劉璈準備搭乘萬利商輪南下，但因為上海運抵的軍裝尚未卸清，並且在等候潮汐，8月5日（光緒十年六月十五日）劉銘傳忽然接到基隆守將曹志忠來信表示：「十四日續到法輪，前後共到五隻，聲稱十五日七點半鐘升旂，八點鐘攻打礮臺。」於是兩人一同趕往基隆，曹志忠、章高元等將法軍登陸部隊擊退後，劉璈擔心府城防務，也從陸路先回防臺南。[104]

---

[101] 劉銘傳（1958）。劉壯肅公奏議。臺北市：臺灣銀行經濟研究室。頁60
[102] 劉銘傳撰，《劉銘傳文集》（合肥市：黃山書社，1997年，），頁90-92。國立台灣大學，《台灣歷史數位圖書館》，檔名：〈nthu-c286391-0009000092.txt〉
[103] F.O. 228 / 765, pp 159-160, No. 18, Frater to Parkes, 4th August, 1884葉振輝翻譯。淡水學學術研討會－過去、現在、未來論文集－《葉振輝－西仔反淡水之役》國史館1999年4月1日。頁139
[104] 劉璈（1958）。巡臺退思錄。臺北市：臺灣銀行經濟研究室。頁268-269

第二節：防禦工事與營務處

一、砲臺補強與興建

新砲臺

　　新砲臺建於淡水烏啾埔（按：今淡水高爾夫球俱樂部園區內。）法軍稱此砲臺為新砲臺（FORT NEUF），英國領事報告談到劉銘傳1884年8月1日（光緒十年六月十一）來到滬尾選定砲臺位置（葉振輝，1999，頁139）[105]，劉銘傳看重新砲臺的興建他談到：「現在趕催孫開華所部，修築砲臺，能得完工，方有把握。」[106]由孫開華負責督造，正式興工時間約於1884年8月12日（按：光緒十年六月二十二日興工。），然而完工日期在劉銘傳與英國領事館之說法則有所出入劉銘傳寫到：「至七月底（按：約西曆9月中旬。）尚無一分工程。」[107]英國領事則寫到：「九月十日，淡水新建砲臺即將完工，預備安裝三門克魯伯大砲，劉銘傳蒞臨巡視，並指示改善白砲臺，白砲臺要安裝一門克魯伯大砲，其前方要堆置沙包。」（葉振輝，1999，頁147）[108]，在9月4日英國領事報告中也談到，因為法艦魯汀（Lutin）號在淡水港

---

[105] F.O. 228 / 765, pp 159-160, No. 18, Frater to Parkes, 4th August, 1884葉振輝翻譯。淡水學學術研討會－過去、現在、未來論文集－《葉振輝－西仔反淡水之役》國史館1999年4月1日。頁139

[106] 附片光緒朝軍機檔C前直隸提督劉銘傳光緒10年7月19日（1884）國立台灣大學，《台灣歷史數位圖書館》，檔名：〈ntu-GCA0050-0011600117-0128872.txt〉

[107] 中國史學會主編，《中法戰爭v.6》（上海市：上海人民出版社，1957年，新1版），頁527-529。國立台灣大學，《台灣歷史數位圖書館》，檔名：〈ntu-1816856-0052700529-a001.txt〉

[108] F.O.228 / 765, pp. 192-194, No. 31, Frater to Parkes, 18th September, 1884. 葉振輝翻譯。淡水學學術研討會－過去、現在、未來論文集－《葉振輝－西仔反淡水之役》國史館1999年4月1日。頁147

外偵查，孫開華集結士兵持來福槍與兩門山砲至大砲臺警戒（葉振輝，1999，頁145）[109]，顯示新砲臺上面還有其他火砲，在10月2日滬尾砲戰後劉銘傳談到：「滬尾忽報同日來敵船五隻，直犯口門。該處砲臺尚未完工，祗安砲三尊以保沉船塞口之處。」也就是西曆8月12日興工，英國領事談到9月10日接近完工但也尚未安裝完火砲，在滬尾砲戰前將萬利輪船運來之克魯伯砲安裝設置於砲位上，至10月2日後劉銘傳還是認定大砲臺尚未完工，並於10月2日砲戰後提到：「砲臺皆新用泥土沙袋堆壅，不能堅固。」[110] 也可顯示情勢之緊迫，最終砲臺僅能以趕造方式啟用，法軍方面也談到：

> 「在10月1日，全日中有1000名中國人，顯明而且忙碌地在興建防禦工事，由一座正在建築中的砲臺所構成，在砲台的胸牆上，我們還看不見大砲，可是由於有起重機的設備，我們可以斷定他們正在裝設大砲。」[111]

火砲方面除了新砲臺所在之營區安設了三門新式克魯伯砲，日軍文獻《清佛海戰紀略》中提到營壘中有兩門野砲，[112] 孫開華與朱守謨信件中則談到劈山砲四尊、小開花砲兩尊[113]，顯示還

---

[109] F.O. 228 / 765, pp.189-191, No. 30, Frater to Parkes, 4th September, 1884葉振輝翻譯。淡水學術研討會－過去、現在、未來論文集－《葉振輝－西仔反淡水之役》國史館1999年4月1日。頁145

[110] 中國史學會主編，《中法戰爭v.5》（上海市：上海人民出版社，1957年，新1版），頁562-564。國立台灣大學，《台灣歷史數位圖書館》，檔名：〈ntu-1816855-0056200564.txt〉

[111] E.Garnot著，黎烈文譯，《法軍侵台始末》，臺北：臺灣銀行經濟研究室，1960。頁25

[112] 海軍參謀本部《清仏海戰紀略》明治二十一年七月國立國會圖書館檔案號000000432552

[113] 陳琴廬，〈臺北基隆滬尾中法之役的史料〉，《大風半月刊》89期（1941），頁2990-2993

有許多的舊式火砲安設在陣地上。當時的海關稅務司法來格也協助清軍安設火砲：「法來格贊助防務，相度地勢，安設炮基，均屬異常出力。」也在10月2日砲戰時在現場：「法船開炮攻擊炮臺，法來格幫同防禦，炮彈所及，堅守不搖。本年春間，復籌商轟擊法國鐵甲兵船，雖因攻具未備，奏效殊難，而急公助順之忱，實堪嘉尚。」[114]

　　由法軍情報顯示，新砲臺前有土堤遮蔽，法軍用Banquette來標註，而土堤也是清軍在淡水港防務中的一大重點，土堤分為內與外，淡水民間稱土堤為「城岸」，內城岸在今淡水高爾夫球俱樂部中在戰爭爆發前趕工興建，外城岸則在今淡海輕軌沙崙站一帶，從點石齋畫報滬尾形勢的資訊寫到，此段城岸為「新築長牆」，在10月8日登陸戰後陸續補強興建，目前兩者皆登錄為文化資產，而整個興建狀況也可從點石齋畫報中得知相關資訊：「大屯西麓圍以長城，有砲駐兵守之，南東地勢漸高，壘石為座方可數十畝置巨炮其上，是謂大炮臺分駐五營築城以為屏蔽。」[115] 日軍在文獻中記載了：「北方山丘上有四座土壘。」並寫到砲臺山陣地：「地勢層巒、溪澗縱橫是一夫當關、萬夫莫敵之天然要害。」[116]法軍醫官何內・科邦（Rene Coppin）記載：「他們還以泥漿建了兩座堡壘作為掩護槍隊之用。」[117]，而城岸的設置也阻礙了法軍轟擊新砲臺的視線，茶商陶德（John Dodd）也談到關於滬尾地區砲臺的位置與軍團駐紮狀況：「北

[114] 中央研究院近代史研究所，《中法越南交涉檔（v.5）》（台北市：中央研究院近代史研究所，1962年，影印本），頁3291-3292。國立台灣大學，《台灣歷史數位圖書館》，檔名：〈ntu-0804129-0329103292-0001893.txt〉
[115] 《點石齋畫報》丁集－滬尾形勢
[116] 海軍參謀本部《清仏海戰紀略》明治二十一年七月國立國會圖書館檔案號000000432552
[117] 季榮莉（Julie Couderc）《北圻回憶錄：清法戰爭與福爾摩沙》國立臺灣歷史博物館2013年頁115

岸（按：淡水港。）為平坦的沙灘及黑燈塔（按：望高樓。）再過去不遠有白砲臺，白砲台後方山崗即是新砲臺，新砲臺後面山坡及凹地駐紮清軍部隊，這個位置相當良好，無法從海上看到。」[118] 劉銘傳的選址加上孫開華的佈陣整體來說是成功的，唯時間緊迫，用趕造方式啟用，在開砲時也有地基不穩的狀況，所以整個新砲臺包含土堤、營壘、砲座、營帳等設施，1885年初（光緒十一年）福州將軍穆圖善也談到：「其滬尾港口業經孫開華、章高元各營分暇駐紮，預備地雷火箭及格林砲甚多，足資守禦。」[119]，顯示滬尾軍隊中於登陸戰後可能也有格林砲運抵。

小砲臺

小砲臺位於油車口，前身為1841年（道光二十一年）在鴉片戰爭時期所建，在臺灣鎮總兵達洪阿的報告中談到：「復於滬尾添設石砲臺一座，左右添築石牆，並將督臣顏伯燾發運新鑄之八千斤大砲四門、六千斤大砲二門，分置安平及雞籠、滬尾三口，以期鞏固。」[120] 1865年（同治四年）淡水開港初期，港口的船隻，時常把小砲臺當作進出港口時的顯著地標，但由於砲臺前面的灌木林生長快速，於是英國人請求地方當局要去剷除林木，以免遮蔽了這個被當作航道地標的砲臺，淡水的領港人擔心，若灌木叢砍得太乾淨，未來船隻可能就不會再聘請領港人導航，所以堅決反對砍伐樹木而爆發衝突，引發英國派遣砲艦來到淡水港，

---

[118] 約翰陶德（John Dodd）陳政三譯註《泡茶走西仔反：清法戰爭台灣外記》五南2015年頁35

[119] 洪安全總編輯，《清宮洋務始末臺灣史料（v.3）》（台北：國立故宮博物院，1999年，第一版），頁1890-1894。國立台灣大學，《台灣歷史數位圖書館》，檔名：〈ntu-2092609-0189001894.txt〉

[120] 文慶等，《籌辦夷務始末（v.1）》（臺北市：台聯國風，1972年，再版），頁741-743。國立台灣大學，《台灣歷史數位圖書館》，檔名：〈ntu-1086943-0074100743-0001220.txt〉

在砲艦的威懾下,順利砍掉砲臺旁的樹木,[121] 1881年(光緒七年)福建巡撫勒方錡在查勘臺灣各海口及營務奏摺當中提到:

> 「滬尾溪海口,其南岸名八里坌,從前舟行皆傍南岸,近因沙壅,又皆依北岸行,然亦不甚深,潮漲時僅一丈六、七尺,難駛大船,北岸舊有露天砲隄,不足以避風雨。臣與孫開華商度,他日能籌經費,當作砲臺,蓋泥沙時有變更,目前雖淺,異時未必不深也。」[122]

　　由此文獻可推知,早期鴉片戰爭時期所興建之石砲臺,可能為設備較為簡單的火砲陣地,不足以遮風避雨,福建巡撫勒方錡與守將孫開華談到若未來籌措經費應將其建立為砲臺,[123]1882年(光緒八年)孫開華卸下北臺灣防務與曹志忠換防,曹志忠抵臺也巡視了淡水河口的防務:「海口油車埠舊壘,與對河之鴨子尾(按:八里。)地方,適當衝要,皆宜起造礮。」[124]1883年(光緒九年)福建巡撫張兆棟巡視滬尾防務,也認為應當要將油車口舊砲台改築,[125]1884年(光緒十年)情勢日緊,福州將軍穆圖善指示,修築臺灣各地砲臺,各港口砲臺陸續完成改建,唯滬尾方面的改築工程一直尚未竣工,最後在曹志忠的督造下趕工完成,福州將軍穆圖善在1884年的防務報告中談到白砲臺之工程進度,

---

[121] 達飛聲(James w. Davidson)陳政三譯註《福爾摩沙島的過去與現在》上冊國立臺灣歷史博物館2014年頁228

[122] 中央研究院近代史研究所,《清光緒朝中日交涉史料(上)》(台北市:文海,1963年,精裝本),頁36-37。國立台灣大學,《台灣歷史數位圖書館》,檔名:〈ntu-0806613-0003600037-0000074.txt〉

[123] 《光緒朝月摺檔》(台北市,故宮博物院藏)。國立台灣大學,《台灣歷史數位圖書館》,檔名:〈ntu-GCM0017-0013800141-0000358.txt〉

[124] 劉璈(1958)。巡臺退思錄。臺北市:臺灣銀行經濟研究室。頁224

[125] 洪安全總編輯,《清宮洋務始末臺灣史料(v.3)》(台北:國立故宮博物院,1999年,第一版),頁1417-1425。國立台灣大學,《台灣歷史數位圖書館》,檔名:〈ntu-2092609-0141701425.txt〉

其中寫到已報興工，很快就可以竣工，顯示白砲臺約在1884年的年初左右完工。[126] 戰爭之後為了更了解臺灣，法國外交官于雅樂（Camille Imbault-Huart）撰寫福爾摩沙的歷史與地誌中一書寫到：「在進入此港時，人們會立即看到，左方有一個火砲射線貼近海面的小型要塞。」[127] 馬偕博士在搭船進出港口時也描述到：「那裡有一座老舊的中國堡壘（按：小砲臺。），其正後面更高的坡上，是另一座堡壘，有著新式很寬廣的泥土工事，把砲臺和軍隊掩蓋著。（按：形容清法戰爭後興建的北門鎖鑰。）。」[128]

關渡砲臺

在滬尾登陸戰結束過後，孫開華、劉銘傳為加強防禦，調遣楚軍楊金龍前往關渡修建砲臺：「原駐彰化之提督楊金龍所部楚勇兩營，練軍一營，先行馳赴台北，防守關渡要隘。」[129] 並撥洋槍五百桿以資守衛[130] 英人陶德在日記當中也寫到：「1885年2月9日關渡一側再往北一帶，則有一個大型軍營，守軍部隊早上自北山出發後，往北一英里處設立一道新防線，有了這道新防線，即便滬尾淪陷，守軍也能在此攔阻法軍，尤其守軍似乎在該區域加強防禦，這對攔阻法軍大有助益。」[131] 在1885年2月19日陶

[126] 《光緒朝月摺檔》（台北市，故宮博物院藏）。國立台灣大學，《台灣歷史數位圖書館》，檔名：〈ntu-GCM0019-0005500059-0000442.txt〉
[127] 于雅樂（Camille Imbault-Huart）譯者郭維雄、導讀戴麗娟《福爾摩沙的歷史與地誌》國立臺灣歷史博物館2019年頁236
[128] 馬偕（Rev.George Leslie MacKay）譯者林晚生、鄭仰恩校注《福爾摩沙紀事：馬偕台灣回憶錄》前衛出版2007年頁272
[129] 中國史學會主編，《中法戰爭v.6》（上海市：上海人民出版社，1957年，新1版），頁240-241。國立台灣大學，《台灣歷史數位圖書館》，檔名：〈ntu-1816856-0024000241-a002.txt〉
[130] 中國史學會主編，《中法戰爭v.6》（上海市：上海人民出版社，1957年，新1版），頁277-279。國立台灣大學，《台灣歷史數位圖書館》，檔名：〈ntu-1816856-0027700279.txt〉
[131] 歐尼基（Niki J. P Alsford）著：王若萱、李鎧揚、魏逸瑩、黃瀨任譯，《寶順洋行杜特在淡水的見證》初版臺北市：南天書局有限公司，2022年頁148

德也寫到守軍大規模的在整建防禦工事：「還在一兩處安裝了幾門克魯伯火炮，關渡附近起碼有大約 2 千人在趕工，即使日後淡水被佔領，法軍要想進入艋舺平原，也會遇到強力抵抗。」[132]

而關渡陣地的整建，或許可從李彤恩在 1884 年 10 月 2 日開戰後，回撤關渡的行動來看，那時關渡方面可能已有整建第二防線的想法。[133] 1895 年乙未割讓前根據陳昌基《臺島劫灰》也紀錄了關渡砲臺的管帶以及使用的火砲與軍械：「關渡砲台，管帶林發，六寸口徑英國前膛砲兩尊。」[134] 槍枝方面有：「九響吥啫士槍二十桿，毛瑟槍四十桿。」[135]，顯示在清法戰爭之後，關渡砲臺已成為一個正式的營區。

二、營務處－李彤恩、朱守謨、方策勳

道員朱守謨

劉銘傳從天津到臺灣的過程當中，途經上海，因為倉促成行，人員稀少，正好在上海遇上道員朱守謨約其一同東渡臺灣：「前敵所有後路事務，均由該道一手經理，並保護淡水洋商。」[136]「六月十五日，法攻基隆礮臺，臣赴前敵，後路無人，當委朱守謨辦理營務，轉運一切，會同府縣，彈壓地

---

[132] 歐尼基（Niki J. P Alsford）著：王若萱、李鎧揚、魏逸瑩、黃瀨任譯，《寶順洋行杜特在淡水的見證》初版臺北市：南天書局有限公司，2022年頁151

[133] 洪安全總編輯，《清宮洋務始末臺灣史料（v.3）》（台北：國立故宮博物院，1999年，第一版），頁2121-2129。國立台灣大學，《台灣歷史數位圖書館》，檔名：〈ntu-2092609-0212102129.txt〉

[134] 陳昌基《臺島劫灰》陳怡宏主編《乙未之役中文史料》國立臺灣歷史博物館2016年頁105

[135] 陳昌基《臺島劫灰》陳怡宏主編《乙未之役中文史料》國立臺灣歷史博物館2016年頁101

[136] 《軍機處檔摺件》（台北市，故宮博物院藏）文獻編號：128463。國立台灣大學，《台灣歷史數位圖書館》，檔名：〈ntu-GCA0050-0009700097-0128463.txt〉

方。」[137]也可以看到朱守謨在第一次基隆戰役後,將臺北戰情,傳達給臺南的劉璈,作為南北軍務的聯絡橋樑[138],在孫開華致朱守謨信件當中也談到與朱守謨聯繫軍務的過程,孫開華談到:「適有陳千總彙所募三百名,已報成軍,許幫帶三百人,雖未批准招募,據稱人數已齊。」並提及八里北岸柳泰和防禦薄弱,先命募到之勇前往八里駐紮,等待援軍到來,再回滬尾:「至弟自募之營兩營,已派人招集,昨日已有一營到滬,點驗成軍,名為勝勇左營,因警報紛紛,當漏夜開赴鴨仔尾,助柳營防守,立俟所撥兩營到防,即撤回北岸。」[139],而勝勇左營可能即為黃宗河所部土勇,往來信件中也談到現在新築砲臺上面已經安設劈山砲四尊、但擔心距離不足,再安裝小開花砲兩尊,但施放、安設等工作,滬尾方面無火砲專業人才,委託朱守謨借調熟練火砲之人來到滬尾:「竊慮不能及遠,擬再派小開花炮二尊,並就新築砲臺,安設炮位,以資防禦,惟安炮、放炮,及施放小開花炮、洋火箭等項,弟處皆無其人,基隆炮勇二百名,聞已到艋,請飭吳教習,就中挑選精壯膽大奮勇熟習之人數名。」隨著情勢緊迫河口已沉入石頭、帆船,孫開華也向朱守謨聯繫,派士兵前往軍械所領取水雷:「領白鐵水雷全套四個鐵墜,四個四頭,電線一盤,單頭電線三百丈,洋火藥一百桶,以應急需。」函請軍械負責人羅朗生(按:羅廷玉。)速發軍械,也請朱守謨聯繫水雷教習趕回:「暨調水雷教習鄒清遠,飛速趕回,安設水雷。」[140]

但朱守謨在10月因劉銘傳收到李彤恩的滬尾告急文書,而選

[137] 劉銘傳(1958)。劉壯肅公奏議。臺北市:臺灣銀行經濟研究室。頁421
[138] 劉璈(1958)。巡臺退思錄。臺北市:臺灣銀行經濟研究室。頁269
[139] 陳琴廬,〈臺北基隆滬尾中法之役的史料〉,《大風半月刊》89期(1941),頁2990-2993
[140] 陳琴廬,〈臺北基隆滬尾中法之役的史料〉,《大風半月刊》89期(1941),頁2990-2993。

擇保滬尾放棄基隆，在臺北傳播李彤恩收了法軍的金錢才會告急滬尾請劉銘傳回援：「皆李彤恩得銀數十萬賣於法人。」並請假南下府城，內渡回福州通報左宗棠，左宗棠聽其之詞後也震怒要將李彤恩革職處分[141]，事後清廷派遣楊岳斌來調查此案，楊岳斌寫到1884年（光緒十年）經過福州省城時，接見過朱守謨向其探詢臺灣之情形當時朱守謨回道：「李彤恩人小有才、難與為伍。」楊岳斌認為：「李彤恩在滬尾辦通商有年，中外交涉之事多、往來之人雜。又恰值基隆難守、臺北已危、滬尾喫緊。」不免受到眾人疑謗，但楊岳斌認為朱守謨身為劉銘傳之營務處當基隆軍情萬分緊急之時，請假內渡則無法被原諒：「輒乞假內渡就醫，規避之咎，實無可辭。」[142]最後朱守謨也遭到革職處分。

淡水通商委員李彤恩

李彤恩本為淡水港通商委員負責管理港口與監督稅務，劉銘傳於 1884 年（光緒十年）8 月來到滬尾巡視砲臺之際，任命李彤恩辦理滬尾前敵營務處，劉銘傳寫到李彤恩因體弱多病，想要乞退，但劉銘傳認為現在正值用人之際，不可任意乞退，並慰留委其兼辦滬尾營務[143]，1884 年 8 月 5 日（光緒十年六月十五）基隆戰役爆發，李彤恩建議買船隻填石塞口，此舉得到劉銘傳之認可[144]，然而封鎖河口，正好遇到茶葉出口季節，遭到洋商反對最後透過淡水海關稅務司法來格調停後順利封港[145]李彤恩在第一次

---

[141] 劉銘傳（1958）。劉壯肅公奏議。臺北市：臺灣銀行經濟研究室。頁422
[142] 楊岳斌（1959）。楊勇愨公奏議。臺北市：臺灣銀行經濟研究室。頁48-50
[143] 劉銘傳撰，《劉銘傳文集》（合肥市：黃山書社，1997年，），頁360-362。國立台灣大學，《台灣歷史數位圖書館》，檔名：〈nthu-c286391-0036000362.txt〉
[144] 劉銘傳撰，《劉銘傳文集》（合肥市：黃山書社，1997年，），頁63-70。國立台灣大學，《台灣歷史數位圖書館》，檔名：〈nthu-c286391-0006300070.txt〉
[145] 劉銘傳撰，《劉銘傳文集》（合肥市：黃山書社，1997年，），頁328。引國立台灣大學，《台灣歷史數位圖書館》，檔名：〈nthu-c286391-0032800328.txt〉

第二章 滬尾戰役前的軍事佈署 097

基隆戰役期間建議購買船隻進行塞口，最早可推至 1884 年 8 月 5 日左右（光緒十年六月十五），進行首波的緊急塞口，並與羅廷玉協同安設水雷[146] 李彤恩策劃填石塞港外，也協助北臺灣籌款，在 1884 年 10 月 31 日（光緒十年九月十三日）李鴻章在《急寄閩督楊石帥一文》談到：「臺事危急，朝廷盼救甚切，省三餉絕，公餉司解十二萬，由廈設法密運。」[147] 1884 年底（光緒十年）李鴻章電報談到劉銘傳從北臺灣傳來的消息：「孫病未痊，傳亦抱病，岌岌可危。餉由廈兌，全臺現銀無多，經李彤恩、鄭建忠設法借用。」[148] 也就是孫開華生病，臺灣的現金又不足，所以請李彤恩、鄭建忠設法籌借，劉銘傳在初抵臺北時，資金糧餉不足，幸得：「滬尾關報解稅銀五萬餘兩。」[149] 11 月開始作戰時更是幾近餉絕：「十月（按：西曆 11 月。）初臣因餉項支絀札，令李彤恩來城同福建候補知縣鄭建忠會同官紳辦理捐借餉事，該守到後，即同陳霞林等議，向城鄉殷戶借用銀票二十餘萬元，毫無勉強，現已辦成。」[150]

顯示李彤恩在清法戰爭期間除了參與軍事部署外，也參與了籌措北臺灣軍需銀兩工作，在清帝國援助款項未到之時，先向本地仕紳進行借款，讓北臺灣軍費不至於斷炊。滬尾海關報解的五

---

[146] 《軍機處檔摺件》（台北市，故宮博物院藏），文獻編號：128872。國立台灣大學，《台灣歷史數位圖書館》，檔名：〈ntu-GCA0050-0011600117-0128872.txt〉

[147] （清）李鴻章撰（清）吳汝綸編，《李文忠公全集一百六十六卷v.6》（台北市：文海，1962年，精裝本），頁101。國立台灣大學，《台灣歷史數位圖書館》，檔名：〈ntu-0801322-0010100101-0000002.txt〉

[148] 中國第一歷史檔案館、海峽兩岸出版交流中心，《明清宮藏臺灣檔案匯編（v.198）》（北京市：九州出版社，2009年，第一版），頁175-177。國立台灣大學，《台灣歷史數位圖書館》，檔名：〈ntul-3052807-0017500177.txt〉

[149] 光緒朝月摺檔L督辦臺灣防務福建巡撫劉銘傳光緒11年5月26日（1885）國立台灣大學，《台灣歷史數位圖書館》，檔名：〈ntu-GCM0022-0009600100-0000645.txt〉

[150] 《光緒朝月摺檔》（台北市，故宮博物院藏）。國立台灣大學，《台灣歷史數位圖書館》，檔名：〈ntu-GCM0022-0000800016-0000621.txt〉

萬稅收，應也與李彤恩有關，李彤恩則因為告急滬尾軍情，請劉銘傳回援滬尾一事，朝野抨擊，遭到革職，但因辦理通商多年加上處理馬偕淡水教案一事，官復原職，日後成為劉銘傳新政之骨幹人物。

河南知府方策勛抵臺接替朱守謨營務

劉銘傳似乎也感受到與朱守謨之間的配合問題，所以在首次基隆戰役之後，就傳訊請求過去曾合作過多年的方策勛渡臺協助營務：

> 「再，奴才渡台後，事務紛繁，需員差遣，查有河南候補知府方策勛（按：文獻上寫勳或勛均有，應為同一人，在此統一寫勛。），熟悉軍務，能以調和將士，曾隨多隆阿軍營總辦營務，久歷戰陣，辦事勤能，奴才督辦陝西軍務時，亦曾委辦營務，頗資臂助。可否請旨飭下河南撫臣鹿傳霖，轉飭該員迅速赴臺，以備差遣之處。」[151]

在朱守謨離去之後河南知府方策勛，冒險渡海抵達，劉銘傳命其為營務處，劉銘傳談方策勛最早是以書生身分投效在前督辦陝西軍務荊州將軍多隆阿軍營，後隨劉銘傳平捻亂並參與多場戰事：「轉戰數省，功績丰彰，洊保二品銜升用道鹽運使銜河南候補知府。」因為過去兩人多次配合，也正好在朱守謨爭議事件後讓方策勛支援營務：「經臣於光緒十年六月，奏以熟悉軍務，辦事勤能，調臺差遣。時值法人封港，冒險潛來。」[152] 方策勛在朱

---

[151] 《軍機處檔摺件》（台北市，故宮博物院藏），文獻編號：128415。國立台灣大學，《台灣歷史數位圖書館》，檔名：〈ntu-GCA0050-0009400094-0128415.txt〉
[152] 劉銘傳撰，《劉銘傳文集》（合肥市：黃山書社，1997年，），頁339-340。國立台灣大學，《台灣歷史數位圖書館》，檔名：〈nthu-c286391-0033900340.

守護離去後協助劉銘傳處理臺北營務，如援軍王詩正帶領恪靖親軍三營，從泉州蚶江扮成漁夫在夜間航行成功渡臺，在抵達臺北前劉銘傳認為臺北知府陳星聚年老且生病，一人無法處理軍務，所以請方策勳配合淡水縣知縣劉勳置備柴草，整理營壘、以便讓軍團居住，[153] 戰後方策勳也總辦全臺營務，參與監修基隆砲臺、以及參與攻打原住民等戰役，1887年（光緒十三年）在臺染疫病逝。從《道員方策勳病沒請恤片》可以看到劉銘傳對其之重視：

> 「十一年冬，監造基隆炮臺，並管健軍營務，海濱嚴寒，雨多風肅，日催工作，寒暑不休。上年六月，調辦宜蘭剿番，適當炎夏，瘴疫方深，水土惡劣。方策勳深入內山，剿平溪頭小坡塘等十餘社，回營後即染瘴癘，瀉痢月餘。九月初臣督剿中路叛番，方策勳復同銘、健兩軍，由北路進剿白阿歪等社，力疾率隊，開路造橋，勤能倍至，不料瘴疾復作，於十一月十四日病亡淡水營。」

方策勳病逝劉銘傳亦留有悼念之詞：

> 「臣伏查方策勳才兼文武，果敢耐勞，為軍營不可多得之選，經臣奏調來臺，方期得收臂指之助，遽以歷受瘴疫，中道遽亡，勞苦一生，家貧如洗，追念三十年來，久同患難，心實傷之，合無仰懇天恩，俯准敕部照軍營立功後病故例從優議卹，以慰忠魂。」[154]

txt〉
[153] 中國史學會主編，《中法戰爭v.6》（上海市：上海人民出版社，1957年，新1版），頁280-281。國立台灣大學，《台灣歷史數位圖書館》，檔名：〈ntu-1816856-0028000281-a002.txt〉
[154] 劉銘傳撰，《劉銘傳文集》（合肥市：黃山書社，1997年，），頁339-340。國立

第三節：淡水河道的防務

一、海防觀念的引入

　　江南製造局從1868年（同治七年）起在：「借洋人以為引導，不令洋人以把持。」的原則下請來英、美等人才翻譯西方重要軍事及工業著作，如克魯伯砲法、製火藥法、水雷祕要、行軍測繪、開煤要法、御風要術、防海新論等書籍，希冀透過西方之知識增強清帝國對西學之掌握[155]，而其中希里哈著《防海新論》一書對清帝國海防觀念有不少的影響，此書主要描述美國南北戰爭時南方聯盟與北方聯盟在戰爭過程中所運用的方法，尤其南方聯盟在北方聯盟的戰艦攻擊下，未進行封口設水雷的港口，無論有再多的砲臺，都無法阻止砲艦進逼，而此書的出版也讓清廷方面注意到新式海防觀念的重要性，如當時直隸總督李鴻章在奏摺中引用防海新論寫到港口防務要分輕重緩急並選緊要之處防禦，否則兵力過度分散則全局失勢，[156] 兩江總督李宗羲在奏摺中也引用防海新論中的理論談到砲臺數量與火力，不足以抵擋新式砲艦，並寫到：「是火器之不足深恃，可為明證。」[157]江西巡撫劉坤一也寫到經常閱讀防海新論，並談到其中的海防觀念：「並稱

台灣大學，《台灣歷史數位圖書館》，檔名：〈nthu-c286391-0033900340.txt〉
[155] 其他近代中國對西方及列強認識資料彙編第二輯v.2馬烺光同治11年4月（1872）國立台灣大學，《台灣歷史數位圖書館》，檔名：〈sinica-0056782- 0103501042-0000684.txt〉
[156] 《軍機處檔摺件》（台北市，故宮博物院藏），文獻編號：117632。國立台灣大學，《台灣歷史數位圖書館》，檔名：〈ntu-GCA0046-0014900166-0117632.txt〉
[157] 《同治朝月摺檔》（台北市，故宮博物院藏）。國立台灣大學，《台灣歷史數位圖書館》，檔名：〈ntu-GCM0010-0012300133-0000346.txt〉

水中無物攔阻，即岸上之砲臺林立，亦不足以抵禦兵船。」[158] 劉坤一不只自己閱讀，更命上海製造局印刷分配給各營：「六十部分給江南各營，以四十部咨送總理衙門，轉發東三省，並飭該製造局另刷多部，呈送沿海各省，務使人人閱習。」[159] 在1884年（光緒十年）臺灣清法戰爭爆發前李鴻章也提醒劉璈辦理海防時可以參閱防海新論中的概念並寫到：「中國海岸形勢與美國略同，該道可速移取此書，細加察閱仿辦，則思過半矣。」[160] 然而無論在1884年（光緒十年）8月底的馬江海戰，礙於貿易條約，未完成如防海新論中的戰守理論，時任防守馬江的指揮官張佩綸也寫到：

> 「查防海新論，水深六十五尺，臨戰倉卒，祇能用水雷阻船路；通商口岸，雷惟電發為宜，李鳳苞代閩所購之德雷，仍是碰雷，戰後始到五十具，設法試塞，均恐誤觸商船，必須照會各國。查碰雷本屬祕謀，立標則不啻明告法人，去管則安能觸沉敵艦。雖經臣飭令多立疑竿，以誤敵人偵牒，然亦事同掩耳。」[161]

張佩綸雖看到防海新論寫到戰情倉促時可使用水雷阻船路，但又礙於福州為通商口岸，所擁有之水雷為碰雷，一經安裝恐讓

---

[158] 《軍機處檔摺件》（台北市，故宮博物院藏），文獻編號：117880。國立台灣大學，《台灣歷史數位圖書館》，檔名：〈ntu-GCA0047-0007800084-0117880.txt〉

[159] 歐陽輔之，《劉忠誠公（坤一）遺集pt.4》（臺北縣永和市：文海，1968年，初版），頁2159-2165。國立台灣大學，《台灣歷史數位圖書館》，檔名：〈ntu-0961851-0215902165.txt〉

[160] 劉璈（1958）。巡臺退思錄。臺北市：臺灣銀行經濟研究室。頁240-243

[161] 中國史學會主編，《中法戰爭v.6》（上海市：上海人民出版社，1957年，新1版），頁82-85。國立台灣大學，《台灣歷史數位圖書館》，檔名：〈ntu-1816856-0008200085.txt〉

商船誤觸爆炸，還須使用電線觸發之水雷較為安全，據陳悅研究張佩綸在佈防時仍在擔心法軍未正式宣布封鎖前若先行封港則可能有礙通商，而將封港方案與英、美兩國公使商談，最後均遭到反對（陳悅，2018，頁 166-167）[162]，張佩綸就算參照防海理論，在進行封港時所面臨的政治與經貿問題，仍然讓他在辦理防務時有所遲疑與限制，而且法艦也已逼近港口，最後福州船政局艦隊遭法軍砲擊，幾近全軍覆沒，眾人雖然都了解堵口與安設水雷的重要，但孤懸海外的臺灣島，兵力缺乏的北臺灣，淡水港一直到了 1884 年（光緒十年）8 月都尚未在河口設置沉阻物，一直到了 8 月 5 日基隆戰役前夕才由淡水通商委員李彤恩提出，請示劉銘傳是否能在淡水實行填石塞港，最後得到首肯，從整個滬尾戰役的過程當中，可以看到防海新論提出的海防觀念，都在此戰中運用，也因為佈置得當，最後成功退敵，而此次的封港也是臺灣島運用新式海防理論並參與實戰退敵的一次重要案例。

二、填塞淡水河口之物料與人員

　　沉阻物、水雷、砲臺三者合一的防禦模式是防海新論一書提出的海防理論，而堵口時需面對潮水高低、河流走向、港口寬窄等知識方面都須仰仗專業的工程人員才有辦法完成，從劉銘傳在天津時從提督劉盛休所部挑選的百餘名精銳當中包含了四名水雷教習，[163]加上戰爭後劉銘傳提出的防務案內軍需用款開具簡明清單中可以進一步了解詳細的職位區分，其中滬尾海口水雷募僱教習、弁勇、薪費當中有寫到僱用熟諳西法雷械之人：

---

[162] 陳悅《中法海戰》台海出版社2018年頁166-167
[163] 軍機處原檔編，《清光緒朝中法交涉史料v.3》（臺北縣永和鎮：文海，1967年，臺初版），頁1379-1380。國立台灣大學，《台灣歷史數位圖書館》，檔名：〈ntu-0935653-0137901380-0000691.txt〉

「滬尾港內安放水雷，募僱正教習，每名月支銀二十兩；
副教習每名，月支銀十二兩；頭目每名，各月支銀八兩；
水勇每名，各月支銀五兩。」[164]

　　加上熟悉港道的領港人，在淡水港方面則有英籍領港人班特
利（Bentley）協助清軍防務後投靠法軍，除了班特利（Bentley）
外應有本地領港人參與，在日本時代所發現之古文書提及封港時
尚有留下一個小通道僅有四、五位領港人知情，[165]而工作完成後
還需時刻看護，於是還有專門守護水雷及堵口物料的人員[166]點石
齋畫報中提及：「濠外沙灘築有水城藏兵其中看守堵口物料與陸
兵相互呼應。」而在滬尾戰役爆發時停泊在港口內的福建馬尾船
政局的船隻萬年青，管駕張澤錦與水勇三十名也協助河口防務，
並負責守護沉船之重責，另外河道上除沉船外亦有水雷，而看護
水雷的工作則交由本地的防務單位滬尾守備蕭定邦帶領水勇五十
名看守，[167]統整填石塞港人員有：

《填石塞港－工作職掌名單》：
策劃與驗收：滬尾前敵營務處李彤恩。
軍械水雷：刑部候補郎中羅廷玉與水雷教習。

[164] 中國第一歷史檔案館、海峽兩岸出版交流中心，《明清宮藏臺灣檔案匯編
　　（v.202）》（北京市：九州出版社，2009年，第一版），頁152-171。國立台灣
　　大學，《台灣歷史數位圖書館》，檔名：〈ntul-3052811-0015200171.txt〉
[165] 臺灣日日新報1919（大正8年）12月1日「淡水港を復活せよ港口の沉船埋石を發
　　見す」
[166] 中國第一歷史檔案館、海峽兩岸出版交流中心，《明清宮藏臺灣檔案匯編
　　（v.202）》（北京市：九州出版社，2009年，第一版），頁326-350。國立台灣
　　大學，《台灣歷史數位圖書館》，檔名：〈ntul-3052811-0032600350.txt〉
[167] 中國第一歷史檔案館藏：《清單》檔案編號：03-6099-008《全臺裁撤內渡營勇
　　清單》

守護沉船：萬年青管駕張澤錦與水勇三十名。

守護水雷：滬尾水師守備蕭定邦與水勇五十名。

堵口物料看守：八里水城兵勇。

　　防海新論將攔阻船路之物分為兩大類一種為沉物，也就是沉入河底之物料，一種為浮物，固定於河底但漂浮於河道上之物體，在滬尾戰役當中兩者兼用，在防海新論卷十六中談到：「但用水雷不足以攔阻敵船。」[168]也就是堵口一事單憑水雷是無法發揮防禦效果，因為敵方只要派數艘小船刻意去衝撞水雷打開水路後，船隻就可直接通過，所以堵口方面還需要其他物料。

　　首先從點石齋畫報滬尾形勢由河口至內河分別為沉石大船、水雷、竹網、竹捆[169]，沉船方面在臺灣光緒十年六月至十一年六月法防軍需收支款目中談到為了守護水雷及沉船，清軍方面也租用民船以便在河上作業[170]到了1884年冬季水淺劉銘傳也在奏摺當中談到命張澤錦設置八百浮椿增強防衛[171]在臺灣光緒十年六月至十一年六月防務案內軍需用款當中也寫到關於浮椿船隻木石價銀：

　　　「遵於滬尾、旗後等口購船，裝石鑿沉海底，製造浮椿，
　　　布置水面。」[172]

　　法國軍官羅亞爾在著作《L'escadre de l'amiral Courbet》中的

---

[168] 希里哈《防海新論》卷十六（論攔阻船路之理）江南製造局譯書彙刻

[169] 《點石齋畫報》丁集－滬尾形勢

[170] 明清宮藏臺灣檔案匯編（v.202）臺灣巡撫劉銘傳光緒12年11月16日（1886）國立台灣大學，《台灣歷史數位圖書館》，檔名：〈ntul-3052811-0032600350.txt〉

[171] 其他劉銘傳文集福建巡撫劉銘傳光緒10年11月9日（1884）國立台灣大學，《台灣歷史數位圖書館》，檔名：〈nthu-c286391-0010700110.txt〉

[172] 中國第一歷史檔案館、海峽兩岸出版交流中心，《明清宮藏臺灣檔案匯編（v.202）》（北京市：九州出版社，2009年，第一版），頁152-171。國立台灣大學，《台灣歷史數位圖書館》，檔名：〈ntul-3052811-0015200171.txt〉

AFFAIRES DE TAMSUI篇章的附圖當中所示，最外層是沉石與中式帆船外，還有椿並綁上鐵鍊，固定這些沉於河口的物料，[173] 防海新論卷十：「立椿者則用植椿之法甚有益於阻船之事。」[174]，此法與防海新論卷十之定椿阻船法相似：「長而性重之木為之兩端用鐵鏈連於各上，其鏈之長須令淨壩可以隨潮長落片將各簇之椿大鐵鏈相連使之齊得穩固。」[175]

就相關文獻所提及繪圖之內容，大致可列出沉石、沉船、水雷、竹網、竹捆、椿、鐵鍊、並租用民船來施工，沉船一事有其缺點與耗費，防海新論卷九也直言：「攔阻船路乃是困守一隅之計。[176]」防海新論卷十中談到沉船阻路的缺點：

一、因船路塞斷則本國軍需之物從此不能接濟。
二、因此種阻路之法所費極大。
三、因沉船既多則運貨之船從此缺乏。[177]

也就是破釜沉舟之計，非萬不得已才使用，根據劉銘傳臺灣光緒十年六月至十一年六月法防軍需收支款目所示：「填塞海口港道船石錨椗價值銀八萬零八百六十四兩一錢一分。」但此費用可能也包含旗後港因另一份防務案內軍需用款開具簡明清單寫到：「遵於滬尾、旗後等口購船，裝石鑿沉海底。」還有守護水雷之兵勇薪水以及守護水雷民船之租金：「支給滬尾守護水雷弁勇薪糧銀四千六百一十三兩零九分一釐一毫、支給守護滬尾水雷

[173] Loir Maurice (1852-1924)《L'Escadre de l'amiral Courbet, notes et souvenirs, par Maurice Loir, (Novembre 1885.)》1886
[174] 希里哈《防海新論》卷十（論沉物阻船之法）江南製造局譯書彙刻
[175] 希里哈《防海新論》卷十（論沉物阻船之法）江南製造局譯書彙刻
[176] 希里哈《防海新論》卷九（論攔阻船路之理）江南製造局譯書彙刻
[177] 希里哈《防海新論》卷十（論沉物阻船之法）江南製造局譯書彙刻

沉船民船租價銀一百三十三兩九錢三分一釐四毫。」[178]

　　由此反映填石塞港是一項耗費不小的工程，還需要許多專業
人士以及工程人員的日夜守護才能維持阻擋艦艇水路之功能。法
國軍官羅亞爾在著作中談到，兩艘小艇去偵查河口阻礙物，看到
大量浮標，並試圖將其拖曳，但突然間水雷引爆震耳欲聾，[179] 也
就是法軍雖然發現河口當中可能有電發水雷，而且是從陸上操控
引爆，但他們還是未見水雷本體，顯示水雷安設於水深之處，從
防海新論卷十五：「水雷近於水底或貼水底而放則所顯之平力比
直力更大。」並有攻擊船底效力更大之說：「凡用水雷需攻打船
底比攻打船邊及首尾者更為得。」、[180] 由前述文章所示滬尾戰役
中填石塞港背後是有許多人員日夜維護，並透過持續補強以延續
其效能。

三、李彤恩主持填塞海口

　　劉銘傳在 1884 年 7 月 16 日（光緒十年五月二十四）抵達基
隆，之後往臺北府駐紮，劉銘傳也命淡水通商委員李彤恩兼辦前
敵營務處，辦理滬尾的營務，監造修築砲臺並且辦理塞口：「監
修炮臺，辦理沉船塞口各事，李彤恩堅辭薪水，辦事認真。」
1884 年 08 月 02 日（光緒十年六月十二日），劉銘傳與劉璈一同
至滬尾視察砲臺地基，劉銘傳首次見到李彤恩，初見劉銘傳的李
彤恩當時的狀況並不好，劉銘傳寫到：「扶病出見，瘦弱不堪，

---

[178] 中國第一歷史檔案館、海峽兩岸出版交流中心，《明清宮藏臺灣檔案匯編
　　（v.202）》（北京市：九州出版社，2009年，第一版），頁326-350。國立台灣
　　大學，《台灣歷史數位圖書館》，檔名：〈ntul-3052811-0032600350.txt〉
[179] Loir Maurice (1852-1924)《L'Escadre de l'amiral Courbet, notes et
　　souvenirs, par Maurice Loir, (Novembre 1885.)》1886
[180] 希里哈《防海新論》卷十五（論水雷之力）江南製造局譯書彙刻

臣令其趕緊調養，不必請假，當委兼辦滬尾營務。」談到李彤恩因體弱多病，想要乞退，但劉銘傳認為現在正值用人之際不可任意乞退，慰留委其兼辦滬尾營務[181]，從基隆通判梁純夫回報給臺灣道劉璈的信函當中也可得知，李彤恩被任命為營務處後也有屬於自己的部隊三百人：「孫提督係久經戰陣有勇之人，兼有劉統領新勇營并另柳春和一營，李彤恩三百豈不能為一日之守，不日新勇到又多生力數百，總請放心。」[182] 民間方面淡水燕樓李氏族譜[183]也寫到為防法船進港，李彤恩主持填石塞港工作：「橋公李彤恩，兼領營務處，聞風破膽，買船載石塞於港門矣。埋伏水雷沉於港底以防法船入港之患。」08 月 02 日原定從上海要運往基隆的砲、水雷，遭到法軍船隻的驅退，而後萬利輪（welle）又回淡水：

> 「上海運解砲械委員游學詩，因中國各輪船皆憚於南下，
> 於初九日設法商雇德商萬利輪船前來，甫於十二日抵滬
> 尾海口，其時奴才正在滬尾督令孫開華所部與工修築砲
> 臺，見軍裝運到，即令將基隆應用之礮位水雷等件，仍由
> 萬利船運基隆布置，該船駛到基隆，法船兵酋堅阻，不
> 令卸載，而德商輪船不能久耽時日，仍即由原船裝回滬
> 尾。」[184]

---

[181] 劉銘傳撰，《劉銘傳文集》（合肥市：黃山書社，1997年，），頁360-362。國立台灣大學，《台灣歷史數位圖書館》，檔名：〈nthu-c286391-0036000362.txt〉

[182] 王彥威輯編，《清季外交史料（v.2）》（台北市：文海，1964年，再版），頁392-393。國立台灣大學，《台灣歷史數位圖書館》，檔名：〈ntu-0863577-0039200393-a001.txt〉

[183] 李子成《重修燕樓李氏族譜（全冊）回馬巷李厝鄉記略並述與法戰爭》。台北縣：祭祀公業李協勝公記1995年

[184] 《光緒朝月摺檔》（台北市，故宮博物院藏）。國立台灣大學，《台灣歷史數位圖書館》，檔名：〈ntu-GCM0019-0016400168-0000470.txt〉

英商陶德也寫到：

> 「萬利（按：welle。）輪船原定去基隆而後又回淡水，並
> 且將大砲安裝在碼頭後方山坡上，因為山上的射擊角度能
> 夠控制整個淡水河口。」[185]

1884 年 8 月 05 日（光緒十年六月十五）基隆戰役爆發前後，
李彤恩建議買船填石塞口，此舉得到劉銘傳同意[186]，防海新論卷
一寫到：「防守海岸之法惟擇尤為緊要之數處防守極其堅固必大
有利益，最忌散漫設防，致一處受創全局失勢也。」[187] 所以最後
選定的尤為緊要之處淡水港，開始進行封港工事，而此時的滬尾
僅有一座小砲臺，又無水師，填塞河口是港口大事，又正值茶葉
出口季節遭到洋商的反對：「秋茶上市，英商阻撓，李彤恩同英
領事往復辯論，始將口門堵塞。」最後透過淡水海關稅務司法來
格調停後順利封港：「各洋商以秋茶上市，恫喝阻撓，經淡水關
稅務司法來格諭以利害，開導多方，始得沉船封塞。」[188] 李彤恩
在滬尾戰役中又再次展現其北臺灣調停者的能力，成功說服外商
妥協，讓軍隊將淡水港封鎖，在第一次基隆戰役左右建議購買船
隻進行塞口，劉銘傳談到 1884 年 9 月 9 日（光緒十年七月二十日）
孤拔也親坐兵船來探淡水港水道，並托英船代巡引港人，若不是
李彤恩預先塞口，則可能讓法軍長驅直入進攻臺北。[189] 但此舉也

---

[185] 約翰陶德（John Dodd）陳政三譯註《泡茶走西仔反：清法戰爭台灣外記》五南
2015年頁12
[186] 劉銘傳撰，《劉銘傳文集》（合肥市：黃山書社，1997年，），頁63-70。國立台
灣大學，《台灣歷史數位圖書館》，檔名：〈nthu-c286391-0006300070.txt〉
[187] 希里哈《防海新論》卷一（紀花旗國南北交兵）江南製造局譯書彙刻
[188] 劉銘傳撰，《劉銘傳文集》（合肥市：黃山書社，1997年，），頁328。引國
立台灣大學，《台灣歷史數位圖書館》，檔名：〈nthu-c286391-0032800328.
txt〉
[189] 劉銘傳撰，《劉銘傳文集》（合肥市：黃山書社，1997年，），頁63-70。國

讓北臺灣茶市停頓，茶商陶德提到：「自從 8 月 5 日以來，大稻埕茶市幾已陷入停頓。」但因為大稻埕相對安全，所以很快的 8 月 12 日又恢復往日的盛況，陶德談到：「買茶、揀茶、製茶、裝茶忙得不可開交，每家洋行也都有 5 位士兵把守。」[190] 雖然大稻埕持續運作茶市，但仍然無法將茶葉出口，陶德在北臺封鎖記當中寫到，河口已經進行了一波填石塞港，並設置水雷：

> 「1884 年 8 月 9 日淡水河口已被載著石塊的帆船半堵塞了，形成了一道人工沙洲，內側佈置水雷，每枚水雷用引線牽至岸邊，守軍可隨時操控引爆，海龍號、福建輪、萬利輪，出淡水港皆由佈雷守兵導引進出，以免誤觸呈半圓形的佈雷區。」[191]

陶德寫到每枚水雷用引線牽至岸邊，守軍可操控引爆，從此處可以得知清軍水雷可能為電發水雷，所以在尚未完全閉鎖港口時，船隻進入需要守兵嚴格導引以免將電線撞斷，防海新論卷十三寫到：「用電氣以發水雷者其通電之線入水必深否則必為往來經過之船碰斷。」、「電氣水雷最宜於深水之用。」[192] 這也是水雷點火哨設立在滬尾方面的可能原因，淡水港南面八里河道較淺，北面滬尾較有深度可以設置電發水雷。

水雷設置較早完成，但填石塞港的防禦工事仍然持續進行，在基隆開仗 1884 年 8 月 5 日左右，李彤恩進行緊急堵口，若依

立台灣大學，《台灣歷史數位圖書館》，檔名：〈nthu-c286391-0006300070.txt〉

[190] Alsford, Niki J.P. 《The Witnessed Account of British Resident John Dodd at Tamsui》南天書局 2010 年頁 52

[191] Alsford, Niki J.P. 《The Witnessed Account of British Resident John Dodd at Tamsui》南天書局 2010 年頁 51

[192] 希里哈《防海新論》卷十三（用電線發火之法）江南製造局譯書彙刻

照陶德記載，至少在 8 月 9 口前就已有水雷部署，防海新論卷十六寫到設置水雷之利除了造價較低、定位方便、攜帶方便、戰事結束後易回收外也提到：「水雷攻船其轟發之力甚大比今之新式大砲尤為猛烈。」、「且敵人知我有水雷則來攻之時必多疑慮則其來必不能速。」[193]，用水雷堵港之舉，也為興建大砲臺，爭取更多的時間。

1884 年 8 月 16 日陶德記載淡水港雖然已經進行了塞港工事但港口北岸仍可通行：

> 「在河口沙洲的缺口，停泊幾艘裝滿石塊待沉的中式帆船，只要法船試圖闖關，守軍將以沉船塞口，完全封港，雖然線內有佈雷區，但一般船隻只要沿淡水河口北岸航行仍然尚可進出。」[194]

談到河口的封鎖是有留下一個通道，從防海新論卷六預留航道，讓已方船隻通行：「專用水雷阻此船之路，惟于水道中若置滿水雷，則本國之船或避難之船從此處行過必遇水雷而受害故于水雷之間留一甚窄之船路，以便自己之船能往來其所留之路。」[195]

而在進行緊急性堵口後，根據日本時代山本正一《淡水港の整備に就て》一書中談到城崎彥五郎找到當年李彤恩在填石塞港的相關史料《防滬尾留牘》寫到1884年8月16日（光緒十年六月二十六日）李彤恩回報劉銘傳填石塞港的狀況，李彤恩在書信談

---

[193] 希里哈《防海新論》卷十六（論排列水之法）江南製造局譯書彙刻
[194] Alsford, Niki J.P.《The Witnessed Account of British Resident John Dodd at Tamsui》南天書局2010年頁54
[195] 希里哈《防海新論》卷六（論船路若不全阻雖有礮臺亦不能阻多兵船行過）江南製造局譯書彙刻

到，滬尾港口最狹窄之處的深度以及沉船數量：

> 「竹滬寮灣一帶測量港道，最狹窄處，河幅約一百丈，滿潮時水深二丈四尺，用商船四隻載二千餘擔、中式砲船六隻，橫列於港門，鑿破船底沉塞，預計日後從上海請器械船打撈。」[196]

防海新論卷九中提到攔船阻路之法不可不知之事，從水路之寬窄深淺、底泥之軟硬是否能打樁、潮水漲落之流勢、大潮與低潮時水的漲落是幾尺、還要注意攔阻之物是否會改變水道等，[197]據前文所示，李彤恩也注意到港口寬窄與河道在大潮、低潮時的水深狀況。

8月24日、30日葉振輝研究之英國領事報告可以看到24日清軍裝備運抵淡水港的紀錄，以及銘軍劉朝祜的抵達，而30日則提到海龍號帶來福州遭到法艦攻擊的訊息，更讓淡水港守軍嚴加戒備：

> 「8月24日空載入港的萬利輪，載來劉銘傳的姪子劉朝祜和兩個德國人，其中一人是槍枝（Firearms）軍火商，後來沒做成生意，另一人是布海斯特（Buchheister）來收取軍火款同日，載運軍火的英國輪船「Ingeborg」英格堡也入港，這些軍火包括，9箱克魯伯砲、88箱來福槍、12箱裝備、528箱彈夾、43箱炸藥。」（葉振輝，1999，頁143）[198]

---

[196] 山本正一淡水港の整備に就て1927年台灣圖書館藏jpli2008-bk-sxt_0798_46_1927。頁8
[197] 希里哈《防海新論》卷九（論攔阻船路之理）江南製造局譯書彙刻
[198] F.O.228 / 765 pp. 181- 182.; No.28, Frater to Parkes, 30th August, 1884.葉振

1884 年 8 月 26 日英商陶德在這日也寫到清軍載運石塊與船隻到淡水河口：「淡水港內那些滿載石塊的小船皆已準備好，隨時可炸沉封港。」[199] 1884 年 8 月 30 日英國領事報告中談到：

> 「8月29日海龍輪入淡水港，帶來福州被轟的消息，引起震撼，從次日起守軍連日載滿石塊的帆船，開始弄沉，把航道上的信號和浮標去除，只留出供友船出入的空隙，海關將提供免費的引水服務。」（葉振輝，1999，頁143）[200]

8 月底 9 月初正好是福州海戰的期間，海龍號帶來福州被攻打的消息，讓淡水港嚴加戒備，也是整個封港動作的關鍵時刻，剛來到淡水還在學習語言的黎約翰牧師 1884 年 9 月 1 日給總會之信件也談到淡水港的軍隊正在進行河口防衛工程，也提到用石塊、帆船封鎖河口：

> 「目前淡水還沒有看到法國戰艦，但誰也說不準，他們什麼時候會來攻打這裡。中國人已經預備好防守河港，在河口設置了水雷；還有幾艘平底木帆船，用許多石塊沉入海中，聽說他們打算儘量完全封鎖入口，雖然這些事情就發生在我們周圍，我們還是努力把精神集中在宣教上。」[201]

輝翻譯。淡水學學術研討會－過去、現在、未來論文集－《葉振輝－西仔反淡水之役》國史館1999年4月1日。頁143

[199] 歐尼基（Niki J. P Alsford）著：王若萱、李鎧揚、魏逸瑩、黃瀨任譯，《寶順洋行杜特在淡水的見證》初版臺北市：南天書局有限公司，2022年頁58

[200] F.O.228 / 765, p. 184, No.28, frater to Parkes, 30th August, 1884.葉振輝翻譯。淡水學學術研討會－過去、現在、未來論文集－《葉振輝－西仔反淡水之役》國史館1999年4月1日。頁143

[201] 陳冠州，甘露絲（Louise Gamble）總編輯《北台灣宣教報告》馬偕紀念醫院與私立淡江高級中學2015年共同發行。第一套第二冊頁18

1884 年 9 月 1 日英國領事通告，領事費里德收到了來自清軍方面的消息：

「清國官方當局通知本館，他們即將完全封堵淡水河口，在採取封港行動前會事先通知本館。部分帆船已沉港道，官方將提供領港員導引友善國船隻進出港道。」[202]

防滬尾留牘與英國領事報告，在 1884 年 9 月 3 日都寫到港口即將封鎖的消息：

防滬尾留牘：「淡水港即將於明（9月4日）半夜12點港口全部閉鎖。」[203]

1884年9月3日英國領事通告：

「本館接獲官方通知：淡水港即將於明（9月4日）晚午夜封港，所有洋商船皆須在沙洲外起卸貨：外僑選擇離開淡水港或繼續停留，悉聽尊便，英國金龜子砲船明天將繫泊於港外。」[204]防滬尾留牘與英國領事報告兩者均寫到9月4日為正式封港日。

《防滬尾留牘》1884 年 9 月 4 日（光緒十年七月十五日）正式封港日後，李彤恩向劉銘傳報告，沉船在潮水較高時仍然有一

[202] Alsford, Niki J.P. 《The Witnessed Account of British Resident John Dodd at Tamsui》南天書局2010年頁60
[203] 山本正一淡水港の整備に就て1927年台灣圖書館藏jpli2008-bk-sxt_0798_46_1927頁4
[204] Alsford, Niki J.P. 《The Witnessed Account of British Resident John Dodd at Tamsui》南天書局2010年頁61

定深度：「經過測量後沉船之處在大潮時仍有一定的深度，擬再次將石船沉塞。」[205] 顯示沉塞是接連、多次，而非單次完成。馬偕日記也正好記載到 1884 年 9 月 4 日這天填石塞港的狀況：「英國砲船航向一邊，因為要將裝石頭的船鑿沉。」[206]

劉銘傳於 1884 年 9 月 8 日（光緒十年七月十九日）談到李彤恩填石塞港的工作狀況：「李彤恩頗有謀略，急購沙船十餘隻，裝載巨石，預備塞口。」[207] 而從 9 月 4 日防滬尾留牘談到：「四艘商船、六艘舊式砲船。」約十艘，與 9 月 8 日劉銘傳奏摺所示急購船十餘隻，相互呼應，也就是沉船數量至少為十艘，9 月 11 日陶德寫到：「地方官府則持續購買大量大型中式帆船，並將其裝滿石塊來阻擋水道。金龜子號入港後，他們索性將入口完全堵死。」[208] 9 月 4 日為官方公告的正式封港日，但 9 月 11 日為了要讓英軍艦艇金龜子號入港，還是開放北岸河道上的秘密通道讓船隻進入，[209]（葉振輝，1999，頁 145）1884 年 9 月 21、22、26 日茶商陶德在著作《北臺封鎖記》寫到與天氣相關的文獻：

> 21 日：「強風終於襲來，從風吹拂的方向判斷，轉成颱風了，整天都狂風豪雨，積水成災，這種天氣夠基隆港的法國佬受的。」
>
> 22 日：「早上風雨停歇近10點又是一陣狂風，直颱到下午

---

[205] 山本正一淡水港の整備に就て1927年台灣圖書館藏jpli2008-bk-sxt_0798_46_1927頁5

[206] 馬偕（Rev.George Leslie MacKay）譯者：王榮昌、王鏡玲、何畫瑰、林昌華、陳志榮、劉亞蘭《馬偕日記》（第二冊）玉山社2012年頁24

[207] 《軍機處檔摺件》（台北市，故宮博物院藏），文獻編號：128872。國立台灣大學，《台灣歷史數位圖書館》，檔名：〈ntu-GCA0050-0011600117-0128872.txt〉

[208] 歐尼基（Niki J. P Alsford）著：王若萱、李鎧揚、魏逸瑩、黃瀨任璋，《寶順洋行杜特在淡水的見證》初版臺北市：南天書局有限公司，2022年頁64

[209] F.O.228/765 pp. 192-194, No. 31, Frater to Parkes, 18th September, 1884葉振輝翻譯。淡水學學術研討會－過去、現在、未來論文集國史館1999年4月1日頁145

四點，傍晚則驟雨隨西風直撲而來，典型的颱風
天。」

26日：「颱風帶來的河水暴漲，把沉港的載石帆船沖出海
口，幸好金龜子仍安全地停泊在港內。」

這些記載彌足珍貴，讓我們能得知，天氣對於整個戰情的影
響，填石塞港，也會因為潮水的大小、天氣的變化，而去影響到
河口的防禦工事，甚至許多的沉船還被沖走。[210]

防滬尾留牘1884年10月1日（光緒十年八月十三日）李彤恩
向劉銘傳稟報填石塞港的狀況：「先前用十隻船隻沉塞，購大商
船五隻裝石沉塞。而後又購大商船五隻，三隻裝載石條至門口，
二隻未載，而港口實已穩固，敵船已難入口。」[211]李彤恩認為這
樣的程度，淡水港應該已經穩固。

據張建隆研究雷俊臣口述柯設偕整理之《淡水ニ於ケル清
佛，日清両役》一文中談到1884年10月1日（光緒十年八月十三
日）：

「舊曆甲申八月十三日，法艦四艘在淡水港口下錨，當夜
清兵急忙以興源、興慶兩隻老帆船利用晚間退潮時分，滿
載石頭填塞港口，並沉埋水雷，以防軍艦強行入港。」
（張建隆，2015，頁122）

並在備註欄則寫到兩艘船，是向進順商店主人王守以1300圓

---

[210] 約翰陶德（John Dodd）陳政三譯註《泡茶走西仔反：清法戰爭台灣外記》五南
2015年頁28-29
[211] 山本正一淡水港の整備に就て1927年台灣圖書館藏jpli2008-bk-sxt_0798_46_
1927頁5

買到的舊船，此船可裝米3000石，[212] 但事實上憑藉兩艘船是無法堵住河口，也可判斷興源、興慶兩艘可能為10月2日砲戰前，最後沉入的幾艘帆船之一。

《淡水港の整備に就て》一文當中除了展示了防滬尾留牘外，最後也寫到，大量的沉船與石頭就如同固定放兩千噸汽船三、五艘在河口堵住水道，過幾年河中央之沙洲擴大說不定會出現農村，由此顯示此舉，雖成功擋住法軍，但對淡水港未來的運作，也造成不小的傷害。10月8日登陸戰後清法兩軍持續僵持，法軍封鎖海口，10月15日英商陶德談到，風浪對填石塞港工事可能會造成影響：

> 「1884年10月15日外頭風浪仍十分強勁，但暴風圈看似已經開始消散，應該再過不久天氣便會好轉，大浪打入港內，先前那些用石塊沉入水道的帆船必定受到極大衝擊，而巨大捲浪的直擊，大概會造成多數帆船損毀。」[213]

風暴離去之後，劉銘傳認為冬季時水較淺，法軍有許多小輪，所以必須增設更多的防禦工事，命張澤錦前往河口增設浮樁：「冬令水淺，因敵到小輪船隻，當令把總張澤錦在海口添設浮樁八百箇。」[214] 而在隔年1885年2月20日陶德日記寫到清軍再次對於河口填石進行了維護與補強：

---

[212] 黃繁光主持《淡水第一期口述歷史研究調查案成果報告書附冊》新北市立淡水古蹟博物館2015年頁122

[213] 歐尼基（Niki J. P Alsford）著：王若萱、李鎧揚、魏逸瑩、黃瀨任譯，《寶順洋行杜特在淡水的見證》初版臺北市：南天書局有限公司，2022年頁99

[214] 中國史學會主編，《中法戰爭v.6》（上海市：上海人民出版社，1957年，新1版），頁196-198。國立台灣大學，《台灣歷史數位圖書館》，檔名：〈ntu-1816856-0019600198.txt〉

「守軍忙著在一艘大型帆船內填入石塊。今天早上10點，他們用舢舨將這艘船拉至阻絕線一帶，直接在法軍面前擊沉，眾人原以為法軍會向舢舨開火，但法軍卻毫無反應。」[215]

1885年3月13日陶德寫到清軍再度補強河口阻絕線並提到是用竹筐來裝載石塊：

「守軍持續在港內河道中沉入裝滿石塊的圓形竹筐，這些竹筐直徑約4-5英呎，密密麻麻的大型石塊塞在河口最狹窄之處，幾乎完全阻擋住河道，僅容貨船或小艇勉強從岸邊的狹小通道進出，而一旦進入河道，兩岸還有駐紮守衛的士兵嚴密監視。」[216]

1885年4月（光緒十一年三月初）發行的點石齋畫報滬尾形勢，此報紙談到資訊來源是來自於擢勝營的友人，並標示河口上有哪些防禦工事，防禦工事最外層是沉船與石頭：「其護水雷者則沉溺之石船。」也就是外層的大量沉船是要保護水雷，水雷之後為竹網、竹捆，擔心法軍會突破防禦工事，於是又在竹製堵口物料後方，再放置一排水雷，另一方面則談到八里方面的防務，陸路方面是由：「三營為前敵，一營為後援不設砲臺挖壕數重以自守，濠外沙灘築有水城藏兵其中看守堵口物料與陸兵相互呼應。」八里地區原僅有柳泰和與楚勇一營，防務吃重，劉銘傳也命柳泰和招募八百名土勇協防：「滬尾南岸觀音山一帶，僅總兵

215 歐尼基（Niki J. P Alsford）著：王若萱、李鎧揚、魏逸瑩、黃瀨任譯，《寶順洋行杜特在淡水的見證》初版臺北市：南天書局有限公司，2022年頁151
216 歐尼基（Niki J. P Alsford）著：王若萱、李鎧揚、魏逸瑩、黃瀨任譯，《寶順洋行杜特在淡水的見證》初版臺北市：南天書局有限公司，2022年頁161

柳泰和楚勇一營，該處甚為吃重，曾令添募土勇八百名，祇可聊助聲勢，地段綿長，無險可據；該處離省城祇十餘里，大為可慮。」[217] 滬尾形勢中也並標記水城的地點約於今八里挖仔尾：「一千餘步，寬兩丈」。

臺灣道劉璈提出之《議辦全臺漁團章程》當中提到水城一詞：

> 「築堤掘坑，藉資護藏也，前議臺疆沿海一帶，挑築長堤，約寬十丈，高六丈為長城，基堤內外，開濠通船，廣造魚塭，藉作水城。」[218]

從八里與滬尾海濱皆是以土堤或壕溝為主要防禦設施，然而為何八里方面要築水城而淡水方面則無，筆者推測因八里方面有一塊向北面淡水港延伸之沙洲，法軍若以小船即可登陸，所以又在河口沙洲興築水城，或許可以推論「水城」是建在可能會有潮汐漲退的沙洲堤防，故稱「水城」。

1885 年 4 月 10 日清軍為了聯繫南北兩岸從八里至滬尾領港人村（按：油車口一帶。）架設一座竹橋：「守軍在法軍眼皮下，用石塊與竹子搭建了一座橫跨入港處南岸沙嘴、至北岸領港人村的橋。」[219] 1885 年 4 月 4 日清法雙方商討簽訂停戰草約[220]，停戰協議逐步完成，4 月 15 日法國通知艦隊司令孤拔解除海峽

---

[217] 中國史學會主編，《中法戰爭v.6》（上海市：上海人民出版社，1957年，新1版），頁196-198。引國立台灣大學，《台灣歷史數位圖書館》，檔名：〈ntu-1816856-0019600198.txt〉

[218] 劉璈（1958）。巡臺退思錄。臺北市：臺灣銀行經濟研究室。頁275

[219] 歐尼基（Niki J. P Alsford）著：王若萱、李鎧揚、魏逸瑩、黃瀨任譯，《寶順洋行杜特在淡水的見證》初版臺北市：南天書局有限公司，2022年頁172

[220] 中國近代經濟史資料叢刊編輯委員會，《中國海關與中法戰爭》（北京市：中華，1983年，第一版），頁188-201。國立台灣大學，《台灣歷史數位圖書館》，檔名：〈ntu-1811078-0018800201.txt〉

封鎖，[221] 1885 年 4 月 16 日淡水英國領事館收到法軍解除海上封鎖的消息：「法國遠東艦隊司令孤拔接獲剛在巴黎簽署的停戰協議，在此宣布法軍將解除對福爾摩沙海岸和港口的封鎖，福爾摩沙封鎖解除令。」洋商皆歡欣鼓舞。[222]

　　但守將孫開華方面，則無收到相關可打開封鎖的命令，1885 年 4 月 18 日陶德紀錄到清軍的竹橋受到連日大雨的影響而開始坍塌，而就算封鎖解除，清軍持續的在八里方面架設障礙物：「幾天前的大雨過後，竹橋開始坍塌，掉下來的碎片在河道上漂浮著，雖然封鎖已解除，但昨天在河道南岸沙嘴仍看到有守軍士兵在架設障礙物。」[223]

　　淡水港的防務雖稍稍得到喘息，但還是沒有放鬆，1885 年 6 月 9 日（光緒十一年四月二十七日）清帝國與法國在天津議和簽訂中法新約，清帝國派出北洋通商大臣直隸總督李鴻章、總理各國事務大臣刑部尚書錫珍以及總理各國事務大臣鴻臚寺卿鄧承修三人代表，法國方面由法國駐大清公使巴德諾（Jules Patenôtre des Noyers）代表，[224] 6 月 9 日簽訂條約後當日開始計算，法軍在基隆與澎湖的所有軍隊必須在一個月內全數退出，由於已經正式簽訂條約，兩天後 1885 年 6 月 11 日守軍終於得到了喘息，原本都在大稻埕一帶舉行的划龍舟比賽，陶德談到孫開華認為因為去年 10 月 8 日擊退法軍，所以將活動改在淡水港來舉行，一連舉行多天，[225] 陶德在 6 月 14 日寫到整個比賽的過程，也是在枯燥的

[221] 《法國黃皮書225號佛萊斯納致巴德諾1885年4月10日》張雁深譯
[222] 歐尼基（Niki J. P Alsford）著：王若萱、李鎧揚、魏逸瑩、黃瀨任譯，《寶順洋行杜特在淡水的見證》初版臺北市：南天書局有限公司，2022年頁175
[223] 歐尼基（Niki J. P Alsford）著：王若萱、李鎧揚、魏逸瑩、黃瀨任譯，《寶順洋行杜特在淡水的見證》初版臺北市：南天書局有限公司，2022年頁177
[224] 《中法會訂越南條約十款（中法越南新約）》，光緒11年04月27日，910000046號，國立故宮博物院
[225] 歐尼基（Niki J. P Alsford）著：王若萱、李鎧揚、魏逸瑩、黃瀨任譯，《寶順洋行杜特在淡水的見證》初版臺北市：南天書局有限公司，2022年頁212

封鎖期間，軍隊與民眾放鬆的在進行活動：

> 「孫將軍的划船比賽正熱火朝天地進行中，長長的蛇型船
> 載著20多人，個個打著赤膊奮力較量，他們從頭到尾拼命
> 划槳，各個氣喘如牛，自起點划至100多碼左右，會達到
> 驚人的高速，並於剩下的100多碼中，奮力維持船速，直
> 到抵達終點。」

然而淡水河道的封鎖依舊沒有解開，各種物資禁運仍未解除[226] 最後到了 6 月 21 日英國領事館收到遠東艦隊司令李士卑斯的通知：「法軍將於今日撤離基隆，所有在基隆擁有房產的英國公民，應檢查其房產狀態，若有損壞，可向法軍提出索賠，本館已派出彼得森警官（Peterson）持此公告前往基隆，有意者也可派人一同前往，處理清點基隆資產。」[227] 確定法軍完全離開之後，淡水港才逐步的解開封鎖，而這一封鎖到開放，從 1884 年 8 月初至 1885 年 6 月中旬淡水港才逐步告別這場戰爭。

四、從馬偕日記當中探究領港人Bentley動向

在滬尾戰役爆發前淡水港英籍領港人班特利（Bentley），在第一次基隆戰役 1884 年 8 月 5 日結束後，法軍就開始向班特利（Bentley）提出邀請，詢問他是否有意願協助提供港口訊息，據葉振輝研究 1884 年 9 月 3 日法國砲艇魯汀號（Lutin），開到淡水，在港外下錨，用信號和港內的英國砲艇金龜子號聯繫，要求

---

[226] 歐尼基（Niki J. P Alsford）著：王若萱、李鎧揚、魏逸瑩、黃瀨任譯，《寶順洋行杜特在淡水的見證》初版臺北市：南天書局有限公司，2022年頁212
[227] 歐尼基（Niki J. P Alsford）著：王若萱、李鎧揚、魏逸瑩、黃瀨任譯，《寶順洋行杜特在淡水的見證》初版臺北市：南天書局有限公司，2022年頁214

班特利（Bentley）登艇導航，艦長鮑特勒（Boteler）下船詢問領
事費里德（Alexander Frater），領事引 1865 年樞密院令（中國與
日本）第八十一款：「禁止英國人協助和教唆對中國皇帝作戰的
人。」以免違反中立原則，於是未幫其導引入港，領港人班特利
（Bentley）將法軍的草約提供給英國領事，因違反中立原則，班
特利（Bentley）表示未來不會協助李士卑斯更多的事情。（葉振
輝，1999，頁 141）[228]

　　根據法國方面的記載，領港人九月之後離開淡水港，軍官
羅亞爾寫到：「這裡的領港人是淡水唯一的領港人，他在九月
離開淡水港，而後出現在香港法國領事館，他立即被聘用，一
年五萬法郎。」[229]，筆者認為在馬偕日記當中時常寫到班特利
（Bentley）相關的事情，推測此人可能就是在滬尾戰役當中，時
常被提起協助法軍的淡水港領港人，以下將馬偕日記中1877年至
1888年間提到班特利（Bentley）之日記做一個匯整。[230]

　　1877 年 7 月 13 日馬偕與學生前往基隆探訪英籍礦師翟薩，
馬偕寫到：「班特利（Bentley）先生帶我和裕、林孽、劉和、騰
去八斗仔，翟薩（Tysack）先生邀我喝茶。」

　　1878 年 4 月 18 日：「與班特利（Bentley）去看一個病人，10
點搭舢版出航。」1878 年 7 月 7 日馬偕寫到班特利夫婦來訪：「歐
德先生來，一整天時間和我們在一起。晚上班特利夫婦來訪。」

　　1879 年 5 月 4 日馬偕前往基隆傳道，沿途在各地佈道，也和
西洋人社群朋友們吃飯：「拜訪保澄士和 james mann 醫生，和海

[228] F.0.228 / 765, p. 182, No.27, Frater to Parkes, 25th Agust, 1884葉振輝翻譯。
淡水學術研討會－過去、現在、未來論文集－《葉振輝－西仔反淡水之役》國
史館1999年4月1日。頁141
[229] Loir Maurice (1852-1924)《L'Escadre de l'amiral Courbet, notes et souvenirs,
par Maurice Loir, (Novembre 1885.)》1886
[230] 馬偕（Rev.George Leslie MacKay）譯者：王榮昌、王鏡玲、何畫瑰、林昌
華、陳志榮、劉亞蘭《馬偕日記》（第一、二、三冊）玉山社2012年

關人員保澄士一起吃飯，也去探望歐德和班特利（Bentley）。」1879 年 5 月 18 日馬偕：「我和 james mann 醫生與班特利（Bentley）到附近的煤港，在那裡一直待到天亮然後回來。」1879 年 11 月 28 日：「與閏虔益牧師去八斗子煤港，張聰明坐轎子，當日看到一些礦工和礦師瞿薩，晚上保澄士夫婦邀請我們，年輕的班特利（Bentley）也在那裡。」1879 年 11 月 29 日馬偕寫到：「與年輕的班特利（Bentley）一起去基隆附近的島嶼看看，然後回到基隆。」1879 年 11 月 30 日馬偕因為之後就要回國述職，去基隆跟友人道別：「去海關人員保澄士那裡，向他們還有班特利（Bentley）和醫生告別。」1880 年 5 月 27 日馬偕回國述職期間，也去了英國並寫到拜訪班特利的姊妹：「拜訪班特利（Bentley）的姊妹。」

1884 年 2 月 27 日這天談到他在社寮等地：「在班特利（Bentley）家。」1884 年 8 月 9 日此時第一次基隆戰役已經打完，馬偕前往巡視基隆的狀況，而在這天馬偕寫到他與：「侯德（Thomaesos Hood）、班特利（Bentley），在 welle（按：威利輪船。）逛逛，看到被摧毀的堡壘等等。」1884 年 8 月 14 日馬偕從基隆回淡水非常炎熱：「在班特利（Bentley）這，我忙著研究。」此時班特利還在，但到了 9 月 3 日法國船艦魯汀號（Lutin）想進入淡水港商請班特利（Bentley）協助導引入港事件，此舉英國領事認為違反中立原則，故拒絕讓英籍領港人，替法軍導航入港，法軍文獻寫到領港人約於 9 月時，在香港法國領事館被聘用，馬偕滯留香港期間 1884 年 10 月 27 日寫到他在香港滯留期間拜訪班特利夫人：「在香港，拜訪班特利夫人（Mrs. Bentley）。」

1885 年 3 月 20 日馬偕持續滯留香港，他收到柯爾曼、班特利（Bentley）和金龜子號的史金拿（Skinner）等人的信：「寫信給費里德附上給阿華的信，也寫信給班特利（Bentley）和史金

拿。」關鍵在 1885 年 5 月 30 日這天，馬偕巡視淡水河流域的戰爭災損完成後，要通過基隆前往宜蘭，過程遇上法軍士兵，馬偕與學生被法軍帶往基隆港，他寫到傍晚 6 點來到基隆海關被帶去見司令，然後坐上快艇前往軍艦亞特蘭大號（Atalanta）班特利（Bentley）在船上，5 月 30 日馬偕日記原文：「at 6 P.M. came to Kelung at Customs brought to the Commander then on a gig off to Man of War "Atalanta" Bentley on board」。

加上馬偕福爾摩沙紀事[231]原文寫到：「The good old Frenchman said he had heard about our mission work， for they had an English pilot in the fleet who was an old Formosa friend of mine.」[232] 馬偕說這是我福爾摩沙的好友，從日記、福爾摩沙記事綜合來看，推測班特利（Bentley）可能已經前往協助法軍，而且他們還在船上相遇，也因為班特利（Bentley）的緣故，法船艦長對馬偕相關的事蹟也有初步的了解，給予馬偕一行人方便，馬偕也繼續往宜蘭方面視察戰爭的災損。

在戰爭結束數年後 1888 年 3 月 1 日馬偕寫到班特利（Bentley）來訪的消息，他談到美好的日落，福建號在中午進港：「班特利（Bentley）與麥金泰爾來訪，還有其他 2 位從汽船上來的人也一起來訪，晚上很多人參加禮拜。」

從馬偕日記一連串的記載，可以得知，馬偕在往返淡水與基隆之間的旅程，時常與班特利（Bentley）同行，馬偕在基隆時也時常與他見面，返國述職期間途經英國也寫到拜訪班特利的姊妹，滯留香港時馬偕也去拜訪班特利夫人，並在 1885 年巡視毀

---

[231] 馬偕（Rev.George Leslie MacKay）譯者林晚生、鄭仰恩校注《福爾摩沙紀事：馬偕台灣回憶錄》前衛出版2007年頁187

[232] Mackay, George Leslie, 1844-1901; MacDonald, James A. (James Alexander), 1862-1923 From far Formosa: the island, its people and missions1896年頁198

壞教堂的過程當中，在基隆的法國船艦上與班特利（Bentley）相遇，馬偕首次提到班特利（Bentley）是在 1877 年，當時的馬偕是 33 歲，因為馬偕時常以年輕的班特利來形容他，或許可以推測在 1877 年時，班特利（Bentley）的年齡是 33 歲以下，馬偕日記中提及的班特利（Bentley），大部分可確認為領港人班特利，但仍有部分文獻，還需更多證據，但在法軍艦上與馬偕見面的英國籍水手是班特利的可能性很高，筆者透過整理馬偕日記中的相關資訊，試圖找出更多關於淡水港領港人班特利（Bentley）相關的線索。

小結

臺灣面臨法軍艦隊進逼北臺灣，臺灣道劉璈指示北路防務指揮官曹志忠修建淡水河口砲臺、營壘，清廷也授予湘軍將領孫開華為幫辦臺灣軍務，帶擢勝三營渡海來到北臺灣布置防務，戰情日緊李鴻章又命淮軍將領劉銘傳為督辦臺灣軍務，並帶教習團隊渡海，陸續整修了小砲臺，又在淡水港的山丘上興建一座大砲臺，並配有德制克魯伯砲以護衛河口，臺灣本地的土勇，也參與這場戰爭，並有多位在日後成為隘勇營的將領，而李彤恩向劉銘傳提出填石塞港計畫，與英國領事往來辯論，最後終於說服洋商同意封港，並緊急購買船隻、石材將河口封鎖讓法軍不得其門而入，本章也將填石塞港相關史料匯整，試圖釐清，填石塞港行動中的分工狀況，希冀看到此防務工程的更多細節，以及對於整體戰局的重要性。

第三章｜滬尾戰役爆發

前言

　　法國政府因為淡水港有眾多的西洋商行及外國人社群在此生活，所以一直猶豫是否要攻打淡水港，因擔心打了淡水港，會造成與其他各國的糾紛，所以最後決議，摧毀河道上的防禦工事及陸地上的砲臺，將淡水港控制，若無法控制則封鎖港口，但從法軍各方文獻來看，法國艦隊指揮官孤拔認為佔領北臺灣兩個港口並不能使清帝國上談判桌，他認為應該要北上進逼清帝國京師附近港口才具有威嚇力，但意見未被採納，最後法國政府在權衡利弊之後仍然決定攻打北臺灣為目標，而淡水的守將幫辦臺灣軍務的福建陸路提督孫開華則嚴陣以待，指揮各軍禦敵，港口外也來了日本帝國的天城艦，觀察淡水港的情勢演變。

第一節：滬尾砲戰

一、法軍行動前的想法

　　法國方面為了增加與清帝國的談判優勢，雖在首次基隆戰

役中敗退，八月底的福州海戰大獲全勝，但清廷方面的態度並未軟化，許多戰爭時的往來信件與電報，可以讓我們了解當時法國方面的想法，當時內閣總理茹費理（Jules François Camille Ferry）認為在沿海作戰砲擊，不足以讓清廷走向談判桌，所以必須要取得更多的「抵押品」，才可能將其逼上談判桌，並認為進行任何往北方攻打威海衛與旅順的行動前，需先佔領並守住基隆港為重要前提，但茹費理並不希望再將兵力大量投入在清帝國大型陸戰當中，法軍直到9月初之後，決定將淡水港列入攻打目標，其原因是因為，淡水港有不少歐洲人社群在此貿易，總理茹費理最後還是同意摧毀這座港口的防禦工事，然而這樣既要攻打又不能全力攻打的狀態，則給日後法軍在進攻淡水港時，帶來了不少限制[1]，此時法國駐大清公使巴德諾（Jules Patenôtre des Noyers）透過清帝國海關稅務司德璀琳（Gustav von Detring）探問清帝國對於談判的看法，他表達希冀清帝國讓一到兩個港口給法國租用：

> 「如果把基隆、淡水兩港及附近的礦山在一段指定的時間內租讓給我們，例如為期九十年，那麼共和國政府一定情願免除一切賠償，當然，法國只是享樂土地的受益權，契約屆期時中國可收回其產權，既不用花錢，也不用償付發展這些港口，改善公共設施。」[2]

軍官羅亞爾（Loir Maurice）在著作中談到法軍也評估淡水與基隆兩座港口的商業價值：

---

[1]　《1884年9月7日內閣總理兼外交部長茹費理致裴龍》張振鶤主編《中法戰爭第6冊》中華書局2017年頁548

[2]　《1884年9月11日巴德諾致中國海關稅務司德催琳》張振鶤主編《中法戰爭第6冊》中華書局2017年頁581

「1880年商船294艘、帆船1937隻對外貿易的價值2686800法郎，1881年兩個港口關稅合計為2225000法郎，1882年2139000法郎，1883年2053000法郎，煤礦方面全年產量為55000噸，以20法郎一噸總價值為1100000法郎，估價佔據北臺灣北部可能提供我們的每年資源總數相當於3000000萬法郎。」

顯示法軍想要以北臺灣港口收入，作為戰爭的補償金，[3]法軍雖然想佔領港口，但當下實際上能抽調出來的兵力依舊不足，遠東艦隊司令孤拔將軍（Anatole-Amédée-Prosper Courbet）談到：「海軍及殖民地部長電報通知他，援軍無論如何不會超過兩千人。」也就是短時間內，支援孤拔艦隊攻打淡水、基隆的增援部隊不會超過兩千人[4]，孤拔也發現持續有德國威利號、英國船隻協助清國載運彈藥、士兵來到基隆，然而因為英、德船隻均為中立國之船隻，孤拔艦隊也無法對其展開攻擊，僅能將其驅趕，而孤拔方面認為取得基隆當作抵押品，不如直接從海上封鎖旅順及渤海或許比基隆更有價值，但此想法一直未獲得法國政府同意，[5]孤拔也談到巴德諾提及若攻打淡水卻無法立即佔領的話則沒有實質的意義，[6]海軍及殖民地部長裴龍（Peyron）再次電告孤拔：「您可以將艦艇只停於港口，以便在必要時使用武力禁止船隻進入，國際法允許在沒有宣戰的情況下，以和平封鎖作為強

---

3 Loir Maurice (1852-1924)《L'Escadre de l'amiral Courbet, notes et souvenirs, par Maurice Loir, (Novembre 1885.)》1886
4 《1884年9月12日巴德諾致外交部長急電》張振鵾主編《中法戰爭第6冊》中華書局2017年頁602
5 《1884年9月13日孤拔致海軍及殖民地部長電》張振鵾主編《中法戰爭第6冊》中華書局2017年頁611
6 《1884年9月13日孤拔致海軍及殖民地部長電》張振鵾主編《中法戰爭第6冊》中華書局2017年頁611

制手段，因此您應盡可能避免奪取任何中立國的船隻。」[7]也就是法國方面也擔心抓捕或攻擊任何中立國船隻，可能引發歐洲國家的追究，希望孤拔避免奪取任何其他國家的船隻，在進行攻打基隆、淡水行動前，孤拔將軍依舊對於佔領基隆成為抵押品這點感到很懷疑：

> 「我很懷疑佔據基隆會對中國的決策產生多大的影響，中國正在備戰，決心打仗，倘若您不派遣必要的兵力在北方取得決定性的戰果，那就必須作好長期應付這種局面的準備。」

　　孤拔表示若不在北方取得戰果，則必須要面臨持久戰，就算封鎖禁運糧食可能也要到隔年才會有所效果，孤拔也在電報中談到如果要讓基隆港成為抵押品的話，那必須同時攻擊淡水港，因為攻打基隆時淡水港則會成為軍隊補給的來源，兩個港口必須同時攻打，才能達成目標[8]，海軍及殖民地部長裴龍與孤拔持相同看法，認為攻打北方港口比較有效，他也認為摧毀淡水可能沒有太大用處，還可能引起外交糾紛[9]，戰爭在即孤拔再次確認是否同意摧毀淡水港防禦工事並和平封鎖，最後決議：

> 「1、淡水是中立港，因而不能佔領。2、將軍只能在行動可能時，摧毀工事，但不能影響城市。3、同意和平封鎖。」[10]

---

[7]　《1884年9月16日海軍及殖民地部長致孤拔電》張振鶤主編《中法戰爭第6冊》中華書局2017年頁616

[8]　《1884年9月17日孤拔致海軍及殖民地部長電》張振鶤主編《中法戰爭第6冊》中華書局2017年頁617

[9]　《1884年9月18日海軍及殖民地部長致孤拔電》張振鶤主編《中法戰爭第6冊》中華書局2017年頁622

[10]　《1884年9月20日畢勒致內閣總理電》張振鶤主編《中法戰爭第6冊》中華書局

9月22日孤拔收到電報，表示法國政府決議，佔領淡水，但是佔領時不能危害歐洲人的產業，並提到兩個抵押品比一個抵押品好，但若無法佔領淡水則只好封鎖，由於是和平封鎖所以沒有扣押權。

> 「政府同意您有權佔領淡水，不管與基隆同時或事後佔領都可，但是佔領時，不能危害歐洲人的企業，兩個抵押品總比一個好。佔領海關對我們有利。但進行時不能影響中立國的貿易。如果您認為在上述條件下無法佔領淡水，那麼就只好封鎖淡水，並禁止運入戰時違禁品和部隊。」[11]

軍官羅亞爾（Loir Maurice）也談到既然政府決定佔領基隆港，就勢必要佔領淡水港其原因是：

> 「這兩個城市由一條大路連接起來，它們近在咫尺所以佔據了這一個，就絕對必須佔領另一個。」[12]

公使巴德諾認為政府要針對基隆港的行動感到擔憂，因為他認為：

> 「我擔心這一佔領（按：基隆。）對中央政府（按：清政府。）不會有任何作用，甚至會使它感到放心，因為他將知道孤拔司令所能支配的援兵，從此都被牽制於臺灣了。」

2017年頁641
[11] 《1884年9月22日海軍及殖民地部長致孤拔電》張振鵾主編《中法戰爭第6冊》中華書局2017年頁642
[12] Loir Maurice (1852-1924)《L'Escadre de l'amiral Courbet, notes et souvenirs, par Maurice Loir, (Novembre 1885.)》1886

而且若兵力投入在北臺灣，那這樣北上進逼旅順、渤海灣的計畫可能又將延後[13]，但佔領基隆仍具重要意義因為那是北上的第一步，巴德諾也談到：「佔有基隆就必然要佔有淡水。」[14]法國方面在經過眾多的討論後，最後由海軍及殖民地部長裴龍致電給孤拔將軍談到：「今天上午政府進行了討論，希望首先佔領基隆和淡水以取得抵押品。」[15]在馬祖待命的孤拔將軍收到電報後也回電給裴龍：「我於今日動身前往基隆。」[16]在戰爭前法國駐天津領事林椿（Paul Ristelhueber）在領事的報告中談到：

> 「我深信我們與中國方面唯一能打交道的人是直隸總督，我留下來並與之打交道可以起到一個中間人作用，以避免他向外國人求救。」[17]

　　此句話也是耐人尋味，由此也顯示，法國方面還是希望可以透過談判來解決事端，而希望避免大規模發動戰爭，然而「據地為質」策略在陸戰兵力不足的狀況下，又難以在清帝國本土重要港口實現，所以這時防禦較為薄弱的淡水、基隆，則被法軍認為可以攻擊並佔領的目標，於此同時法國外交官巴德諾也慢慢發現，李鴻章其實是在拖延談判時間，並且試圖聯合其他國家反對法國，他認為讓孤拔延遲北上行動是錯誤的，也就是讓孤拔攻打

---

[13]　《1884年9月25日巴德諾致外交部電》張振鵾主編《中法戰爭第6冊》中華書局2017年頁656

[14]　《1884年9月25日巴德諾致茹費理電》張振鵾主編《中法戰爭第6冊》中華書局2017年頁656

[15]　《1884年9月27日海軍及殖民地部長裴龍致孤拔電》張振鵾主編《中法戰爭第6冊》中華書局2017年頁666

[16]　《1884年9月29日孤拔致海軍及殖民地部長裴龍電》張振鵾主編《中法戰爭第6冊》中華書局2017年頁675

[17]　《1884年9月30日天津領事館重要政治事件紀錄－林椿》張振鵾主編《中法戰爭第6冊》中華書局2017年頁684

臺灣反而讓李鴻章可以爭取更多時間，而且再兩個月天津港口就會因冬季而冰封，[18] 法國艦隊雖知道清帝國透過英、德船隻運補支援臺灣戰事，但因為查扣船隻問題也讓英國感到不滿，並且提出抗議，許多的限制，讓孤拔以及他的艦隊在滬尾戰役中有許多戰略上的束縛。[19]

二、法軍記載的滬尾砲戰

　　孤拔（Courbet）將軍在進攻淡水港前，給負責淡水行動的指揮官李士卑斯（Lespès）一些行前建議以及兵力部署，孤拔將拉加利桑尼亞（La Galissonnière）當作李士卑斯的旗艦並調派凱旋（Triomphante）、德斯丹（D'Estaing）等砲艇，當作進攻淡水港時使用，值得一提，孤拔談到，李士卑斯應在10月1日清晨將艦艇停泊於淡水港外，領港員會在那裡等候您，這裡指的可能是1884年9月投靠法軍的領港員班特利，因為領港員會將淡水港的草圖以及水雷位置圖繪製給李士卑斯參考，孤拔指示的行動目標為摧毀大砲、掃除水雷及障礙，最後完全暢通水道，而且必須要清除航道的所有水雷，並待砲臺停止射擊後請技師雷諾（Renaud）繪製水雷布置圖，孤拔認為最保險的辦法就是佔領水雷引爆站，並逐一炸毀，引爆站的詳細位置會由領港人指出，或用小船切斷引線也是可行的方法，孤拔請李士卑斯評估登陸的兵力是否足夠，若不足夠可以請求增員，淡水港比較棘手的部分，也就是淡水港有眾多的洋商與各國領事，孤拔建議要事先發布開戰通知：

---

[18] 《1884年10月2日巴德諾致茹費理》張振鶤主編《中法戰爭第6冊》中華書局2017年頁687-688

[19] 《1884年10月2日英國約翰．沃爾沙姆致法國內閣總理》張振鶤主編《中法戰爭第6冊》中華書局2017年頁690

「淡水有一名美國領事（按：約翰陶德。），也許還有其他國的領事，不管怎麼說，還有各國商人，因此，必須在開戰前二十四小時內通知他們，要想在免受攻擊的情況下與陸上取得聯繫，您可利用停泊在錨地的英國砲艦艦長作為中間人，請他通過國際電碼與領事，商人及商船取得必要的聯繫。」

　　孤拔也給予李士卑斯隨機應變的空間並全權將任務交給李士卑斯：「我上面這些有關方法，不應束縛您的創造精神，用小型艦艇絕對安全地佔領淡水港內錨地，並加以封鎖，就是我期待的目的，我極其信任地將使命託付於您。」[20]

　　而關於領港人加入法軍一事小水手Jean也有一些較為生動的記載：

「李士卑斯還在香港雇了一位領航員，你知道戰時我們支給領航員多少錢嗎？五萬法郎、十萬法郎，一直到二十萬法郎！拜託，我知道他們是冒著生命的危險可是十萬法郎可以買很多條領航員的命啊！而現在替我們服務的這位領航員，正是負責指揮淡水港防務工程的傢伙，他會領錢去興建，現在人家又付錢給他去摧毀，可以讓你見識一下什麼是真正的人性。」[21]

　　10月1日李士卑斯艦隊包括拉加利桑尼亞、凱旋、德斯丹

---

[20]　《1884年9月29日孤拔致李士卑斯》張振鶤主編《中法戰爭第6冊》中華書局2017年頁762-763

[21]　約翰（Jean L.）鄭順德譯《孤拔元帥的小水手》中央研究院臺灣史研究所2004年頁46

以及負責偵查及封鎖的蝮蛇號集結於淡水港，發動砲擊24小時前先行通知了英國砲艦金龜子號（Cockchafer），並發布通告：「我們將於24小時後砲擊該地的防禦工事，從而給予歐洲僑民必要的時間以躲避至安全地帶。」而法軍也觀察到淡水港的防禦工事正在如火如荼的進行，分別觀察了山丘上的新建砲臺以及河岸旁的白砲臺：

> 「一千名左右的中國人正在公開整日加緊修築防禦工事，這些防禦工事由兩個堡壘組成：一個正在建築中，其胸牆上未見大砲，不過從起重吊杆可以看出，可能正在安裝，還有一個堡壘的地面部分呈現白色，用土袋構築，從他的射孔窺見鋼砲砲口。」而艦隊離新砲臺約3400公尺、白砲臺則是2500公尺，並看到淡水港內的防禦工事：「此外中國人在港灣的沙洲內以滿載石頭的沉船構成壩堤，根據所得情報，在壩堤外布有水雷。」[22]

參與淡水河口偵查行動的技師羅列德（Rollet de l'Isle）與李士卑斯的說法相似：

> 「我們可以清楚區分中國堡壘，其中似乎只有一個新的在堤岸上，一群士兵和工人在熙熙攘攘，而其中大型井架無疑是用來設置大型器械使用，目前仍然立著，但我們看不到這些器械，在新砲臺的左邊可以看到一個營地。」[23]

---

[22] 《1884年10月13日淡水作戰報告李士卑斯致孤拔》張振鵾主編《中法戰爭第6冊》中華書局2017年頁758-759

[23] Au Tonkin et dans les mers de Chine: souvenirs et croquis (1883-1885) / Rollet de l'Isle, Charles-Dominique-Maurice (1859-1943)1886年

10月2日行動早晨，發動攻擊前的法軍，卻在早晨約6點左右，遭到清軍先發制人，法軍遭到新砲臺的砲擊，李士卑斯下令還擊，但早晨的濃霧擋住了視線，法軍只能借助火砲擊發時所發出的火光與黑煙來判斷砲臺的位置，發了許多發砲彈，都無法擊中，但局勢在時間來到上午7點30時分，濃霧散去，法軍立即校正，攻擊清軍的砲臺，法軍也記載清軍的砲手一直堅持到大砲相繼被摧毀才罷休，法軍記載德斯丹號也遭到清軍的彈片擊中，顯示清軍的火砲手也有一定的實力，李士卑斯繼續談到，在攻擊白砲臺時，因為有英軍砲艇在附近，干擾他們的射擊，但之後英軍砲艇往上游移動後，很快就摧毀了白砲臺，陸續讓兩座砲臺無法動作後，法軍持續在一段時間就向清軍陣地砲擊，直至傍晚。[24]

　　法國軍官羅亞爾（Loir Maurice）記載：

> 「因為折射，砲擊目標過高，中國方面的砲彈，只打到法軍艦艇前面一點點，只有德斯丹被碎片擊中，直到7點左右霧散去，折射也停止了，在很短的時間就將白砲臺摧毀，而新砲臺方面儘管火砲都落在他們身邊，他們回擊了幾個小時，展現了非凡的勇氣，在9點55分中國人的反擊都停止了，之後每十分鐘發砲一次（按：法軍。），長達4小時直到傍晚的停火信號響起。」[25]

　　小水手jean記載：

> 「不相信就是這些該死的中國人在準備打仗！十月二日他

24　《1884年10月13日淡水作戰報告李士卑斯致孤拔》張振鵾主編《中法戰爭第6冊》中華書局2017年頁758-759

25　Loir Maurice (1852-1924)《L'Escadre de l'amiral Courbet, notes et souvenirs, par Maurice Loir, (Novembre 1885.)》1886

們從紅堡（按：新砲臺。）向我們開槍，這些笨蛋射不準，因為當時處境很糟糕，正好碰到洗船的時間，若要每個人各就各位還需要一段時間，有人甚至對此加以指責，認為在戰場上，這種習慣性的規定有它的缺點，對我們規定同樣熟悉的敵人非常清楚，那個時候我們沒有準備，不過，摧毀紅堡（按：新砲臺。）時卻沒有那麼順利聽說那些該死的中國人氣得發瘋似的！我們發射了一大堆的砲彈都沒有用，他們不放手就是不放手，抵抗了將近兩個鐘頭。」[26]

法軍水文技師羅列德（Rollet de l'Isle）也寫到清軍砲擊時法軍正在洗甲板：

「10月2日非常平靜的夜晚，岸上沒有一點聲音，在洗甲板的時候，傳來爆炸聲，砲彈在突出的岩石上爆裂，距離德斯丹（D'Estaing）幾公尺，他的碎片穿過凱旋號的後方，隨即人員騷動，男人們跑到射口前。」

因為太陽升起，法軍處於逆光視角，陽光刺眼法軍初期所發射的砲彈都無法命中目標：

「不幸的是，太陽從我們面前的海岸後面升起。一個濃霧籠罩著整個大地，我們蒙蔽了雙眼，無法分辨，什麼都沒有，而中國人則以非常清晰的眼光看著我們。」[27]

---

[26] 約翰（Jean L.）鄭順德譯《孤拔元帥的小水手》中央研究院臺灣史研究所2004年頁46

[27] Au Tonkin et dans les mers de Chine: souvenirs et croquis (1883-1885) / Rollet de l'Isle, Charles-Dominique-Maurice (1859-1943) 1886年

三、清軍記載的滬尾砲戰

臺灣道劉璈收到的軍情：

臺灣道劉璈主要的情資來源，基隆方面來自基隆通判梁純夫，與駐守臺北府的營務處朱守謨，得知相關的戰情，在《稟基隆失守大隊拔回臺北府城緣由》中寫到滬尾兩座砲臺的損毀狀況：「至滬尾十四日開仗，相持一日，小礮臺被燬、大礮臺少損，炸壞大礮一尊，我軍傷亡二、三十人。」[28]

幫辦臺灣軍務孫開華與廈門水師提督彭楚漢信件：

> 「滬尾新築砲臺安八十磅大砲三尊，於六點鐘先行轟攻，彈落彼船開花，法人受傷不少，臺外築有圍牆，彼未能窺測，轟有三時之久，見我砲出煙之處，始就此處還擊，攻壞圍牆一缺，砲架略被擊壞，油車口小砲臺亦經開放，至午後始被攻毀，僅傷二人，餘均無恙，大小砲未大傷。」[29]

孫開華的信件當中與法軍描述的狀況也有相似之處，法軍因為擔心傷及外國人，所以事先約定十點開砲，而孫開華也如法軍文獻記載所說，清軍提前了數小時在未到十點之前先行發動攻勢，開打初期讓法軍有些措手不及，因為當時大家正在做船隻清潔工作，但兩座砲臺，終究還是不敵法軍的艦隊，小砲臺被攻毀，而大砲臺則是因為圍牆（按：土堤。）遭到攻毀一角，法軍

---

[28] 劉璈（1958）。巡臺退思錄。臺北市：臺灣銀行經濟研究室。頁284-285

[29] 歐陽利見，《金雞譚薈v.1》（台北縣：文海出版社，1968年，初版），頁281-284。國立台灣大學，《台灣歷史數位圖書館》，檔名：〈ntu-0939663-0028100284.txt〉

便從缺口看到清軍火砲的冒煙之處來攻擊，孫開華則說大砲臺也就是新砲臺的砲架略被擊壞，而另一封孫開華與彭楚漢信件寫到法軍似乎僅剩下砲擊別無他法：

> 「駐防扈口（按：滬尾。），日夜巡防，十四日，法人轟擊終朝，究竟別無伎倆，連日埋伏各營在樹林以內，將士努力，不敢稍安。」顯示法軍持續的砲轟滬尾，但暫時未有其他行動。[30]

幫辦臺灣軍務孫開華與臺北營務處朱守謨信件：

孫開華與臺北營務處朱守謨聯繫的信件當中寫到，十三日有法船四艘，停泊於滬尾口外，表示會於隔日十點開仗，孫開華率領部隊漏夜安設八十磅大砲三尊，於十四日清晨完成祭砲儀式於卯時（清晨5-7點），先行砲擊法軍，其中三砲有兩砲落在近海處，另一發碎片擊中法船：「十四日清晨祭炮後，即於卯刻開炮轟擊，內二尊炮力過小，未能及遠，幸有一尊，擊中其船，開傷法人不少。」法船在遭到砲擊後，開始還擊，彈如雨下，直至傍晚才停：「彼即行還擊，彈如雨下，專注炮臺，轟至傍晚始行息聲。」而關鍵的砲臺損傷情報則寫到新砲臺外土牆遭攻壞一角，大砲之鐵柱亦被擊壞，臺基則無大礙，油車口小砲臺，則是沙袋傾倒壓到火砲上，造成砲門塌陷：「炮門轟塌，沙囊隨下，致壓炮位，一時不可復用。」而砲擊造成擢勝後營的營房延燒，兵勇傷及數人，孫開華也表示帶領眾軍一同埋伏以待反擊之機：「士皆用命，炮聲絡繹，我軍皆埋伏，以待兜擊，未敢懈怠。」[31]述

---

[30] （1968）。述報法兵侵臺紀事殘輯。臺北市：臺灣銀行經濟研究室。頁131
[31] 陳夔廬，〈臺北基隆滬尾中法之役的史料〉，《大風半月刊》89期（1941），頁2991-2993

報也描述到小砲臺受損的狀況：「是處之白礮臺平於水面，其前用沙包遮蔽至丈餘厚；法船「剌嘉理順尼亞」曾將大礮擊之，彈陷沙中，礮臺無損，但守臺有數礮手為礮所傷，即昇至醫院調理，蓋因礮彈擊入沙中，其沙飛揚，至傷厥目及其肌膚焉。」[32]

從孫開華與彭楚漢或朱守謨之信件，所描述之戰場狀態大多相符，如大砲臺之鐵架損壞與小砲臺受損較為嚴重等情形。

督辦臺灣軍務劉銘傳的說法：

劉銘傳方面也有談到關於砲戰的狀況，又更一進步的提到主攻的砲手為張邦才：

> 「滬尾忽報同日來敵船五隻，直犯口門，該處砲臺尚未完工，祇安砲三尊以保沉船塞口之處，敵砲如雨，孫開華、劉朝祜等飭張邦才等用砲還擊，砲臺皆新用泥土沙袋堆壅，不能堅固，被砲即毀，陣亡砲勇十餘名，張邦才亦受重傷。」[33]

張邦才安徽省無為州人，參考1892年兩江總督劉坤一《為揀員請補陸路參將員缺恭摺仰祈聖鑒事》一文得知1892年張邦才53歲補揚州參將缺的公文來看，推知1884年時應為45歲[34]，劉銘傳在文中談到幾點重要內容，砲臺因為趕造使用大量新土，導致大砲轟擊時地基不穩，且在法軍砲擊時陣亡十餘名士兵以及火砲的砲手為張邦才，從文獻中得知，張邦才曾參與開山撫番，並且當

---

[32] （1968）。述報法兵侵臺紀事殘輯。臺北市：臺灣銀行經濟研究室。頁68
[33] 劉銘傳撰，《劉銘傳文集》（合肥市：黃山書社，1997年，），頁99-101。國立台灣大學，《台灣歷史數位圖書館》，檔名：〈nthu-c286391-0009900101.txt〉
[34] 《光緒朝月摺檔》（台北市，故宮博物院藏）。國立台灣大學，《台灣歷史數位圖書館》，檔名：〈ntu-GCM0031-0007300074-0001241.txt〉

年帶領開花砲隊來到臺灣，1884年（光緒十年）隨劉銘傳調赴臺灣堵剿法軍：

> 「咸豐六年投效軍營，轉戰各省，多立戰功，洊保以副將
> 留於兩江儘先補用，同治十三年督帶開花砲隊調援臺灣，
> 復於剿服番社開山出力案內，經前督臣沈葆楨保奏，光緒
> 元年十月十六日奉上諭：著以總兵記名遇缺簡放，欽此，
> 迨由臺灣凱旋駐紮揚州江陰一帶，修築砲臺，十年六月經
> 督辦臺灣防務福建巡撫臣劉銘傳調赴臺灣堵剿法船，身受
> 重傷。」[35]

　　張邦才也是一位有經驗的砲手，法艦彈如雨下的狀況，還能
與法軍鏖戰多時，也讓法軍感到敬佩，而1884年10月1日深夜劉
銘傳下令從基隆後撤援救滬尾，同為湘軍的福甯鎮總兵曹志忠先
撤回臺北後帶親軍百人馳救滬尾，但最後法軍未登岸而銘軍朱煥
明一隊三百人，正好從新竹登陸北上支援滬尾，故劉銘傳命曹志
忠先調往水返腳一帶駐紮：

> 「曹志忠一軍，由基隆退回淡水（按：臺北。），該總兵
> 自帶親隊二百人於十五日趕至滬尾助防，嗣因朱煥明所部
> 銘軍三百人由新竹抵滬，奴才當以滬防之兵稍可騰挪，而
> 淡水東路至基隆大道水返腳以下，三十里平原，無險可
> 扼，兵單處處堪虞，不能不先顧東面門戶。」[36]

---

[35] 《光緒朝月摺檔》（台北市，故宮博物院藏）。國立台灣大學，《台灣歷史數位
圖書館》，檔名：〈ntu-GCM0031-0007300074-0001241.txt〉

[36] 中國史學會主編，《中法戰爭v.5》（上海市：上海人民出版社，1957年，新
1版），頁579-580。國立台灣大學，《台灣歷史數位圖書館》，檔名：〈ntu-
1816855-0057900580-a002.txt〉

探報委員楊文燦的說法：

清軍方面的資料還有由廈門進入滬尾的探報委員楊文燦所留下的紀錄，透過《述報》的報導讓大眾知道當時的景況：

> 「滬尾有法船六隻，十四日華兵先開礮轟之，是日法兵開礮，有三百門之數；十四日至十八日，共開礮有八百餘門，幸華兵死者祇六人，礮臺亦未傷；惟下面空礮臺已被打壞，我軍祇開八礮，而礮口已炸。」

楊文燦紀錄的死者人數跟孫開華、劉銘傳、陶德也互有落差，但人數方面可能較難準確，但可以判斷在砲戰時傷亡是小的，接著楊文燦談到下面空砲臺被打壞，也就是白砲臺遭到攻毀，但新砲臺未有嚴重的損害，清軍方面在法軍連番砲擊下僅回擊約八砲，其中也有砲口炸裂的狀況，楊文燦也寫到滬尾街百姓紛紛逃去避難，劉銘傳回防臺北之後，也新招募了土勇1500名，板橋林家也來了練勇600名，亦有民眾攻擊教堂之事：10月4日：「十六夜，府城中有百姓約千餘人欲將洋人教堂燒燬，經府、縣各官出署彈壓勸諭，始得安靜。」並提到要離開臺灣時，楊文燦想雇船出港，但滬尾僅剩下舢舨小船可以進出登船，如要離開每人需洋元十元：「滬尾只有杉板小艇進出，如欲出口以登輪船，每人索洋十元。」離開淡水港前，楊文燦寫到因風浪過大法軍也無法登陸：「十七、八兩日，連發大風，法兵不能登岸。」最後船無法順利停靠，楊文燦還是硬上此船，但出海時又遇大浪，同船24人掉入水中，楊文燦等12人獲救，楊文燦表示法軍亦有救到2人，最後船主於十七日（按：10月5日。）將船順利開回，楊文燦也把探得軍情回報。[37]

---

[37] （1968）。述報法兵侵臺紀事殘輯。臺北市：臺灣銀行經濟研究室。頁46

四、淡水外僑記載的滬尾砲戰

英商陶德（John Dodd）的說法：

英商陶德在滬尾砲戰時與員工們暫時避難在淡水的鼻仔頭辦公室當中，他就像是戰地記者一般留下了許多珍貴的紀錄，10月2日早晨：「清軍竟在約6點40分率先向法軍開火，持續了20分鐘左右，到7點停止。」[38]這個記載與法軍、清軍都類似，也就是孫開華先行開砲攻擊，但陶德也寫到法軍的反應速度很快，在短暫的時間內就展開反擊：「法軍反應迅速，在幾分鐘之內，4艘船以最快的速度連續發動猛烈攻擊。」[39]陶德也記錄了兩座砲臺的狀況：「上午10點之後，砲火稍息，據測白砲臺已被摧毀，新砲臺的大砲也因過熱而暫時無法開火，不過我們認為新砲臺應該還是安全無虞，除了有天然屏障，守軍還挖了供砲兵躲藏的坑洞。」[40]

陶德在10月3日寫到拉加利桑尼亞號，不定時會對砲臺附近砲擊，也曾有幾砲打到鼻仔頭一帶似乎是想展現：「只要他想，就可以攻擊我們。」4日則談到砲擊的位置接近傳教士住所不遠，[41] 5日：「整天下來，法軍偶而發射1、2砲，砲彈多數打在懸崖處外交居住所的右方。」[42] 6日：「今天是個不鹹也不淡的

---

[38] 歐尼基（Niki J. P Alsford）著：王若萱、李鎧揚、魏逸瑩、黃瀨任譯，《寶順洋行杜特在淡水的見證》初版臺北市：南天書局有限公司，2022年頁71

[39] 歐尼基（Niki J. P Alsford）著：王若萱、李鎧揚、魏逸瑩、黃瀨任譯，《寶順洋行杜特在淡水的見證》初版臺北市：南天書局有限公司，2022年頁73

[40] 歐尼基（Niki J. P Alsford）著：王若萱、李鎧揚、魏逸瑩、黃瀨任譯，《寶順洋行杜特在淡水的見證》初版臺北市：南天書局有限公司，2022年頁75

[41] 歐尼基（Niki J. P Alsford）著：王若萱、李鎧揚、魏逸瑩、黃瀨任譯，《寶順洋行杜特在淡水的見證》初版臺北市：南天書局有限公司，2022年頁80

[42] 歐尼基（Niki J. P Alsford）著：王若萱、李鎧揚、魏逸瑩、黃瀨任譯，《寶順洋行杜特在淡水的見證》初版臺北市：南天書局有限公司，2022年頁82

日子，法軍總共發射了 4 枚砲彈。」[43] 陶德的記錄當中顯示除了 2 日法軍對淡水港展開砲擊外，時間一路至 6 日法軍幾乎是採取天天砲擊的動作，7 日則開始將小船放下準備做登陸前的準備，而綜合陶德與法國方面的文獻在滬尾砲戰時，各方記載均有談到孫開華在法軍砲擊時的沉穩作風，法軍小水手 Jean 寫到清軍守將在法軍砲擊時喝著香檳，一派沉穩的模樣：

> 「中國人由一位我不知道有多少鈕釦的官員指揮，叫做孫將軍，聽說他心裡一點也不焦急，我們摧毀他的堡壘的時候，他卻在喝香檳吃午飯，他的士兵很會打仗，他覺得這樣就夠了。」[44]

茶商約翰陶德方面亦有提及孫開華喜愛西方的飲料與食物：

> 「孫將軍個性親和，與外僑相處融洽，也喜愛洋食洋酒，還特別嗜飲香檳和庫拉索酒。」[45]

在 10 月 4 日的日記也提到：「孫將軍其實挺欣賞法式料理，還特別喜歡喝香檳。」[46] 戰爭之後法國相關文獻也有提到指揮淡水的孫將軍在戰爭時留在他的崗位上，並不受到影響：「他在轟炸期間喝香檳吃午飯。」[47] 接著也談到：「這個在轟炸中喝香檳

---

43 歐尼基（Niki J. P Alsford）著：王若萱、李鎧揚、魏逸瑩、黃瀨任譯，《寶順洋行杜特在淡水的見證》初版臺北市：南天書局有限公司，2022年頁83

44 約翰（Jean L.）鄭順德譯《孤拔元帥的小水手》中央研究院臺灣史研究所2004年頁47

45 歐尼基（Niki J. P Alsford）著：王若萱、李鎧揚、魏逸瑩、黃瀨任譯，《寶順洋行杜特在淡水的見證》初版臺北市：南天書局有限公司，2022年頁89

46 歐尼基（Niki J. P Alsford）著：王若萱、李鎧揚、魏逸瑩、黃瀨任譯，《寶順洋行杜特在淡水的見證》初版臺北市：南天書局有限公司，2022年頁80

47 Huard, Charles-Lucien (1839-1900)《Guerre illustrée. Chine, Tonkin,

的軍人,他知道如何利用一切。」[48]

傳教士黎約翰（Rev.John Jamieson, B.A）的說法：

耶穌教會的牧師黎約翰在 1884 年 9 月 1 日寄出一封給海外宣教部的沃卓帕牧師的信（Rev. Dr. Wardrope），內容寫到淡水港目前情勢與心境由信件可以得知,剛到淡水的黎約翰牧師每天除了積極的學習語言,也從報紙中得知清法兩國在越南的戰火一觸即發,雖然淡水尚未遭到攻擊,但因為 8 月初法軍攻擊基隆,讓人在淡水的黎約翰（Rev.John Jamieson, B.A）感到憂心,基隆之後 8 月底福州也遭到砲擊,淡水的守軍也如火如荼的進行著防禦工事,雖然黎約翰盡量將精神集中在宣教與學習日常語言,但也擔心人身安全,他認為漢人容易情緒激動而做出暴力行為,很有可能會因為無法分辨誰是法國人或者其他國家的人而遭到攻擊:「他們大多數分辨不出法國人、英國人、德國人或其他歐洲國家的人,他們一律稱這些人為西洋番。」無論牧師或者教徒們都有可能遭到攻擊,馬偕博士也在所有設立禮拜堂的鄉鎮都張貼告示,表示宣教士與戰爭無關,滿清官員也願意協助維護教堂的安全,這樣的措施似乎暫時的安撫下了民眾,[49] 1884 年 10 月 22 日,黎約翰避難於香港時,在信件中回憶到,1884 年 10 月 1 日他與馬偕正在討論宣教事務,突然有本地的信徒跑來通知他們,有幾位法國軍人逼近港口,馬偕與黎約翰直覺要出大事了,法軍上岸後過了兩個小時,馬偕與黎約翰也收到正式通知:

Annam》Éditeur: L. Boulanger (Paris)

[48] Huard, Charles-Lucien (1839-1900)《Guerre illustrée. Chine, Tonkin, Annam》Éditeur: L. Boulanger (Paris)

[49] 陳冠州,甘露絲（Louise Gamble）總編輯《北台灣宣教報告》馬偕紀念醫院與私立淡江高級中學2015年共同發行。第一套第二冊頁201

「法軍要轟炸對準河口的那座防禦堡壘。由於歐洲人的住宅區在火線的堡壘後方，所以建議我們登上停泊在河上的英國砲艦，它將會駛離到法國砲彈的射程之外。」

隔天上午黎約翰談到，砲轟並非在 10 點而是 6 點半，聽說是當地軍人想要測試火力而對空試射，沒想到法軍誤以為守軍先開戰了，因此也展開反擊，但立即遭到強烈的砲火攻擊，黎約翰也趕緊跑往撤僑砲艦：

「一路躲開從天轟下的砲彈和碎片，當我們聽到接連不斷的砲火，從那些漂浮的巨大要塞發射過來，感覺可怕極了，因為致命的槍砲就從我們頭頂或身旁掠過。戰火激烈持續到上午11點，最後堡壘才安靜下來。幸好沒有歐洲人受傷，跟宣教區有關的所有人也安然無恙，宣教區的建物損壞不大。」

黎約翰也談到自己的宿舍在 10 月 4 日也被擊中兩回：「我自己的房子被擊中兩回，有一塊砲彈碎片擊穿了我的屋頂。傍晚我們返回家園，一切都平靜了。」[50] 因為忙碌教務而得到腦膜炎的馬偕博士也有寫到關於砲擊的景況，顯示馬偕在 10 月 8 日以前身體狀況尚可支撐，到了接近 8 日時則較為嚴重：

「當砲火開始轟炸時，我們把小孩子都放到地下室，以免他們受驚，在這段艱難的時段，我的妻子，時進時出屋子，而當砲彈發射並在我們的四周爆開時，我則和阿華在

---

50 陳冠州，甘露絲（Louise Gamble）總編輯《北台灣宣教報告》馬偕紀念醫院與私立淡江高級中學2015年共同發行。第一套第二冊頁204

屋前不停的踱步著。」

　　馬偕也提到理學堂、女學堂也都有遭到砲火的攻擊，在砲戰
過後他與學生們將未爆彈小心的沉入河中：

> 「砲火停息後，我們在我們屋子四周約一百呎內找到了
> 六顆未爆炸的砲彈，每顆都有四十磅重，我們小心翼翼
> 的把這些搬到河邊，放到一條船上，然後讓這些沉到河
> 底。」[51]

稅務司法來格（E. Farago）的說法：

　　當時的淡水稅務司法來格，回報給清帝國總稅務司赫德的報
告中談到，1884 年 10 月 1 日，法來格在早晨看到法國戰艦停泊
在淡水港，並升起旗號傳信，表示隔日的 10 點，要向淡水港的
砲臺開砲，法來格隨即將緊要文件等重要物品，拿上英國的船艦
金龜子號（Cockchafer）號，並通知淡水海關工作人員，於次日 8
點在海關集合，當日晚上法來格就寢後認為至隔日早晨十點開戰
前應該不會有什麼事情，沒想到清晨六點半，聽到砲聲一次，之
後又聽聞數次砲火聲，法來格前往探查究竟，遂整裝持來福槍抵
達紅毛城觀戰，得知是守軍向法船施放兩、三砲，法船立即還擊，
清守軍在河岸的砲臺，也用沙袋保護著，法來格記載：「砲臺發
出砲彈可命中擊打法船，將法國維伯（Vipère）戰船頭桅打成兩
截，復於其船旁擊一大洞，是維伯戰船，為前數日開來本口者。」
法國方面的砲彈則一直無法擊中砲臺，法船的砲聲至下午兩點鐘
停止，之後就一發一發開砲，直到傍晚才停止，法來格記錄守軍

---

[51] 馬偕（Rev.George Leslie MacKay）譯者林晚生、鄭仰恩校注《福爾摩沙紀
　　事：馬偕台灣回憶錄》前衛出版2007年頁183-184

約死傷 50 人，而在淡水港的外國人則無一受傷，但外國人宿舍群則遭到大小不等的損毀：「我住之室有砲彈之碎片，由房瓦穿入，服役人之室打進炸彈一具，炸裂毀滅物件不堪，公所中亦受毀傷，鈴字手查驗外班人等之住室院，亦遭砲彈擊壞。」法來格也談到孫開華與部隊埋伏於海岸叢林後，並讚賞孫開華之勇氣：「我見有多士兵在海灘叢林後埋伏，俟法兵登岸，乘便截擊，孫總兵乃舉動自若，有膽量，有勇氣，身當敵鋒，毫無懼色，本關在事之諸人員，今俱無恙。」[52]

五、淡水民間記載的滬尾砲戰

柯設偕1933年筆記《淡水二於ケル清法，日清兩役ノ概況》：

過去由張建隆先生所提出之柯設偕整理自雷俊臣先生的口述筆記中也談到關於砲臺的狀況：

> 「鎮守淡水總統提督軍門孫開華氏建造的砲台，還有三分之一未完成，大砲亦未曾試用，已擬十四日發砲，特意指示先向法艦射擊，可是砲台距軍艦甚遠，六十磅重的砲彈發射七、八門，全未達目標，不得已叫停。」[53]（張建隆，2015，頁122-123）

而文中還有一點也值得參考，也就是雷俊臣談到，砲臺還有

---

[52] 其他中法越南交涉檔（v.4）總稅務司赫德光緒10年9月13日（1884）國立台灣大學，《台灣歷史數位圖書館》，檔名：〈ntu-0804128-0225602263-0001213.txt〉

[53] 黃繁光主持《淡水第一期口述歷史研究調查案成果報告書附冊》新北市立淡水古蹟博物館2015年頁122-123

三分之一未完成這點，各方資料顯示新砲臺確實是在趕造的情況下啟用，所以開戰前，法軍看到有上千位工人正在趕工，可以做為相互驗證。

李戀足《回馬巷李厝鄉記略並述與法戰爭》：

淡水忠寮燕樓李氏族譜，也留下滬尾砲戰相關的珍貴記載李氏家族成員李俯仰、李秋波二人，從淡水出發搭船回故鄉馬巷處理祖墳事宜，過程中聽到：「且又耳聞法國之番，有備戰船二十隻，欲攻打台灣，未知是虛是實，故我二人回家之心切。」回到滬尾之後看到街上的人都在擔心法軍可能要來攻打臺灣，孫開華已經先抵達淡水，數日後劉欽差也就是劉銘傳也到來，文中也談到關於法軍開砲攻擊淡水的過程，內容也是寫著孫開華先行開砲，但法軍回擊的砲，有許多都是未爆彈：「孫提臺忠心耿耿，先行開砲，法船亦回砲，連打數百響，未見其砲開花。人皆不驚，見其砲子爭先取奪，大者二百二十餘斤，小者亦有百餘重。」[54]

六、法軍探查淡水河道的阻絕工事

砲戰當晚，法軍派出技師雷諾前去查看水雷以及沉船所組成的堤壩，技師雷諾一行人，抵達河口處時，船隻被許多的浮標線所攔住，他們不敢隨意跨過去，因為不知道那些線到底有什麼功能，只好在隔日早晨派小船探查，法軍推測這些浮標主要是要纏住船隻的螺旋槳，技師雷諾也發現浮標中似乎設有水雷，這時在小船前發生猛烈的爆炸，差一點炸到法軍的偵查小船，因為河口

---

[54] 李子成《重修燕樓李氏族譜（全冊）》。台北縣：祭祀公業李協勝公記。1995年

水雷無法解除，李士卑斯最後還是決定，向孤拔調兵準備做登陸淡水港的行動。[55]

李士卑斯給孤拔的報告當中，主要提到河口調查人員為技師雷諾（Renaud），在軍官羅亞爾（Loir Maurice）著作中又進一步提到除了技師雷諾之外，還有另一位技師羅列德（Rollet de l'Isle），加上水雷軍官梅林（Merlin）、武若姆（Vuillaume）、盧瑟爾（Rouxel）隔日一行人再次來到淡水河口試圖疏濬電線，其中提到：

> 「4點20分，兩艘獨木舟，一邊疏濬電線，輕輕地拖著，突然聽到水雷的低沉爆炸聲，水雷引爆站在白堡（按：白砲臺。）的相鄰。」[56]

小水手Jean又多提到當時的船是由夏利德旅葉（Charil de Ruillé）船長指揮：

> 「我們馬上意識到蝮蛇號在漲潮的時候才可以通過，不過，麻煩的事情出現了，討厭的浮標上繫有繩子，這並不是什麼好事，應該動動腦筋，現在不是做傻事的時候，我們小心翼翼地尋找，突然，轟的一聲！按照他們的說法，要看到才知道，水像花束般猛烈地冒出來，高度有聖母院的樓塔一般高，原來是中國人引爆了一枚水雷，只不過，他們性子急了一點，並沒有等我們的船隻進入爆炸範圍，總之是花了一筆冤枉錢，更妙的是敵人沒想到他們把發射

---

55 《1884年10月13日淡水作戰報告李士卑斯致孤拔》張振鵾主編《中法戰爭第6冊》中華書局2017年頁758

56 Loir Maurice (1852-1924)《L'Escadre de l'amiral Courbet, notes et souvenirs, par Maurice Loir, (Novembre 1885.)》1886

水雷的地點給暴露了出來，五萬法郎雇來的領航員並沒撒謊，的確是躲在白堡後面。」[57]

而另外一位技師羅列德（Rollet de l'Isle）談到：「在到達阻絕物前有許多的浮標，繩索有將螺旋槳捲入的風險，工作推遲到了隔天。」隔日一行人再次前往探查：「雷諾先生在阻礙物附近乘小舟前進，這一刻我們聽到低沉的爆炸，數次噴水，這些是中國人剛剛引爆的水雷。」而技師雷諾也發現河道上還有通道：「雷諾先生注意到阻礙物旁邊有一條通道，足夠砲艇通過的航道，但李士卑斯將軍寧願等待，要佔領白堡附近的引爆站，炸毀水雷，所以請求孤拔將軍，給他一個海軍步兵營。」[58]而這個通道是提供清軍船隻進出的秘密通道，在當時也被法軍的技師所發現，但因為阻礙物複雜，雖試圖清除卻差點遭到水雷攻擊，所以指揮官李士卑斯決定登陸並佔領水雷引爆站來完成預定的目標，而基隆的援軍在10月5日晚間抵達有三艘船隻杜居土路因（Duguay-Trouin）、雷諾堡（Château-Renaud）、膽（Tarn）運輸艦，加上淡水的部隊組成一支六百人的登陸營，由馬丁（Martin）擔任指揮官[59]小水手Jean也談到關於這場登陸戰的指揮官：

> 「五日晚上我們到達淡水海面，登陸時我們一共有六百人，這不是一個很大的數字，不過當他們往前衝的時候，我們沒有習慣去數到底我們有多少人，上面派了一位海軍

---

[57] 約翰（Jean L.）鄭順德譯《孤拔元帥的小水手》中央研究院臺灣史研究所2004年頁47

[58] Au Tonkin et dans les mers de Chine: souvenirs et croquis (1883-1885) / Rollet de l'Isle, Charles-Dominique-Maurice (1859-1943) 1886年

[59] Loir Maurice (1852-1924)《L'Escadre de l'amiral Courbet, notes et souvenirs, par Maurice Loir, (Novembre 1885.)》1886

中校馬丁（Martin）來指揮我們，他是曾經在基隆大顯身手的拉加利桑尼亞號艦上的副艦長。」[60]

　　預定 6 日早晨進行登陸，目標新砲臺摧毀其大砲，並轉往白砲臺，佔領公路旁的水雷引爆站後回到船上，總計路程約 6000千公尺，並請技師雷諾繪製一份草圖，李士卑斯親自選定地點，發現僅有一處可以登陸，也就是今沙崙海岸偏北之處，但預定 6日的作戰，卻因為連日的風雨海浪無法登陸，一直遲延至 8 日天氣才轉為穩定，[61] 法軍因為調兵支援加上氣候因素，讓清軍整整多了將近一周的時間備戰。而海軍及殖民地部長裴龍也在 10 月10 日傳來訊息表示要調走水道測量工程師離開淡水，[62] 法軍將工程師調離淡水，也顯示法軍可能認為港口圖資已完成繪製，不再抱持於河道上處理水雷以及阻礙物問題，最後改用登陸方式進攻淡水港。

第二節：滬尾登陸戰

一、法軍記載的滬尾登陸戰

　　法軍艦隊登陸前由南到北的位置是蝮蛇（Vipère）、拉加利桑尼亞（La Galissonnière）、杜居土路因（Duguay-Trouin）、凱旋（Triomphante）、膽運輸艇（Tarn）、德斯丹（D'Estaing）、

---

[60] 約翰（Jean L.）鄭順德譯《孤拔元帥的小水手》中央研究院臺灣史研究所2004年頁47

[61] 《1884年10月13日淡水作戰報告李士卑斯致孤拔》張振鵾主編《中法戰爭第6冊》中華書局2017年頁760

[62] 《1884年10月10日海軍及殖民地部長致孤拔》張振鵾主編《中法戰爭第6冊》中華書局2017年頁716

雷諾堡（Château-Renaud），時間來到 8 日，天氣終於轉為晴朗但馬丁中校，突然風濕病發，交出指揮權給雷諾堡號的布里諾（Boulineau）[63] 來指揮，副官則為凱旋號的迪瓦勒（Duval），擔任登陸作戰正副指揮官，[64] 當天法軍人數為 600 人，分為五個連隊，兩個魚雷艇班，攜帶一天食物，配備槍枝的人有十六盒子彈，而法軍的主要目標有 2 個，1、爆破掉清軍新砲臺上面的火砲。2、佔領水雷引爆站，並備註登陸行動盡可能迅速，隨後立即返回船上。顯示此戰為任務型攻擊行動。

　　10 月 8 日法軍各船派出武裝小艇以及數艘小船，於上午 9 點 30 分抵達海灘，在登陸前法軍再度用艦砲轟擊清軍堡壘，掩護軍團上岸，登陸時雖未遇困難，但士兵下船時還是必須通過水深及膝的海岸，10 點開始進軍，第一隊、第二隊先行向新砲臺右方挺進，第三隊、第四隊相距兩百公尺為預備隊，第五隊則朝偏左方對左翼敵人嚴加監視，這時候問題來了，法軍發現情蒐的地圖與實際有所不同：

> 「我們穿越過與海濱相接、荊棘叢生的小沙丘之後，便會看到有一塊地，他與我根據所得的情報而做出的判斷完全兩樣，出現在我們面前的這塊地，非是稻田和一塊塊樹叢，而是樹木覆蓋的林地，從地圖上看，該山谷約有 1 千公尺寬，裡面有幾小塊莊稼地，莊稼地四周皆是綠籬，帶刺的植物，繁茂的樹木，有水或無水的溝渠。」[65]

---

[63] Loir Maurice (1852-1924)《L'Escadre de l'amiral Courbet, notes et souvenirs, par Maurice Loir, (Novembre 1885.)》1886

[64] 約翰（Jean L.）鄭順德譯《孤拔元帥的小水手》中央研究院臺灣史研究所2004年頁48

[65] 《1884年10月11日布里諾致利士比報告》張振鶹主編《中法戰爭第6冊》中華書局2017年頁764

也就是原來情報應該是稻田跟小樹叢，結果實際上卻是帶刺植物與密林，法軍陸續進入密林之後，已經互相看不見各自所在的位置，出了密林之後，來到一塊空曠之地，此時最前頭的第一隊、第二隊遭遇了清軍的攻擊，兩軍火線也綿延至左翼的隊伍，這時法軍布里諾眼見清軍火力猛烈，命第四隊上前支援第一隊，第三隊支援左翼火力，而一直沿著河流旁行走的第五隊受到地形阻礙，回頭與第三隊會合。

　　而這時法軍提到：「山谷裡的中國軍隊在我們左側出現，另一群敵人不顧我艦為掩護我左翼部隊，連續而準確無誤的砲擊，從東北方向的山丘上猛衝下來。」而這波攻勢由第五隊與清軍展開駁火，戰火全面展開，布里諾也在報告中談到，此時各隊的位置：「右翼是二、四，中間是一、三，左翼是第五連。」而這時布里諾認為，開火速度過於急促，準備下令各隊將射速減慢，但就在此時，負責傳訊號的士兵被擊中倒下，布里諾最後只能選擇用口頭方式傳令，但似乎沒有太大效果，布里諾談到他能理解為何開槍速度如此的快，因為已經非常接近敵軍的陣地，這時清軍從白砲臺派出大量的士兵，試圖包圍法軍，與此同時左翼也遭到敵軍迂迴包抄的危脅，布里諾擔心若左翼遭到攻擊，恐讓全軍遭到包圍，立即派遣第三隊增援第五隊，戰鬥持續了將近一個小時後，法軍有部分士兵開始後撤，布里諾再度下達衝鋒的命令，但此時很快得知：「第一連連長楓丹先生，二連連長德歐特先生、三連中尉德曼先生在戰鬥一開始便受了傷。」[66]

　　右翼軍團受傷嚴重，雖未後撤但受到灌木林的影響也無法再前進，右翼狀況危急時，左翼後方也遭到射擊，並看到許多的清軍出現，在法軍一連串的回擊，暫時阻止敵人的前進，但法軍的

---

[66] 《1884年10月11日布里諾致利士比報告》張振鵾主編《中法戰爭第6冊》中華書局2017年頁776

子彈迅速在減少，此時又有清軍從山丘往下衝，試圖將第五隊切斷。

李士卑斯給孤拔報告補充寫到：

「左翼儘管有砲火掩護，仍有被包圍的危險，小艇上有幾人被從該方向射來的子彈擊中，我們甚至發現了幾艘船，還有一支約五百名的中國人部隊從遠處向我們衝來，我們立即用砲火堵住他們的前進。」[67]

上尉杜博克（Emile Duboc）寫到：

「我們聽到遠處槍聲，上午10時30分左右，我看到一支強大的中國人隊伍，從新砲臺所在的高地上下來，一個垂直於海岸的峽谷，他們可以從側面和後方攻擊水兵，我們立即向他們發射了幾發砲彈，這些砲彈落在他們面前爆裂，並分散了他們。」[68]

幾個文獻跡象顯示，法軍用砲擊支援左翼火力，試圖阻擋新砲臺上以及埋伏於叢林的清軍前進，但最後還是沒有奏效，杜博克（Emile Duboc）寫到：「不顧我們艦艇的砲彈，從新砲臺下來站穩腳步成功地包抄了左邊的水手，以切斷他們的退路。」[69]

但此時右翼快要遭到突破，布里諾這時下達了全軍後撤的

---

[67] 《1884年10月13日淡水作戰報告李士卑斯致孤拔》張振鵾主編《中法戰爭第6冊》中華書局2017年頁760

[68] 35 mois de campagne en Chine, au Tonkin, Courbet-Rivière (1882-1885)263-266

[69] 35 mois de campagne en Chine, au Tonkin, Courbet-Rivière (1882-1885) 頁263-266

命令，部隊陸續抵達海灘，這時風浪又起增加了法軍上船的困難度，布里諾在此時也得知，第一隊連長楓丹傷重被後送的同時，遭到清軍捕獲，首級遭到砍掉，一直到了下午 13 點 30 分登陸小艇陸續離開海灘。[70]

　　布里諾在上船之後也統整了此次傷亡的人數：「陣亡 9 人、失蹤 8 人、受傷 49 人。」並談到：「中國軍隊在此次戰鬥中表現出極大的勇敢與頑強，而這種品質通常是不為人們所承認的。」也寫到清軍武器精良，使他們更加有勇氣，並表示也有清軍只拿長矛作戰，但在與法軍刺刀交戰時，持長矛的清軍能與持槍的清軍協同作戰，熟練的用長矛來抵擋攻勢，李士卑斯給孤拔報告也補充說到：「拉加利桑尼亞號陸戰隊與敵人展開了白刃戰，好幾個傷兵與用長矛的敵人展開搏鬥，不過絕大部分中國士兵都配有速射槍。」[71] 布里諾最後談到敗戰原因：

> 「這些士兵由於進入這塊使他們無法與同伴保持接觸並脫離了長官監視的地形，在阻擊戰鬥中失去了足夠的信心和必要的鎮靜，只是利用手中的武器拼命地盲目射擊。」[72]

　　李士卑斯在給孤拔的報告當中又多談到了關於一門哈乞開斯砲因為翻船掉入水中：

> 「最後我得告訴您一件令人遺憾的事，杜居吐路因號的一

[70]　《1884年10月11日布里諾致利士比報告》張振鵾主編《中法戰爭第6冊》中華書局2017年頁767

[71]　《1884年10月13日淡水作戰報告李士卑斯致孤拔》張振鵾主編《中法戰爭第6冊》中華書局2017年頁761

[72]　《1884年10月11日布里諾致利士比報告》張振鵾主編《中法戰爭第6冊》中華書局2017年頁768

隻小艇在海濱被海浪打翻，船上的一門哈乞開斯砲沉入海底，據該艦軍官說幸好水深中國人未曾發現。」[73]

艦隊指揮官孤拔也對於此戰表達了看法，顯示除了缺乏鎮定以外，清軍也非常的頑強，導致右翼損失過大而退卻：

「我們的士兵在彈藥耗盡時，缺乏鎮靜是導致下達退卻令的部分原因，布里諾艦長補充說，作戰開始不久，由於埋伏於灌木叢中的中國軍隊的頑強狙擊，我右翼隊開始退卻。」[74]

上尉杜博克（Emile Duboc）描述：

「楓丹上尉腳部中彈，他的傷很輕，但他已經不能走路了，他連隊的四名水手衝向他，將他扛在肩上，突然，拐彎處，中國人拿裝著鐮刀的長竹竿，將他們擋在了路上，小隊陷入困境，二十支長矛刺穿他們，其中一名成功逃脫的水手看到中國人，他們切斷法國人的頭後在爭吵，再往前走一點，德歐特胸部中彈，還有狄亞克和羅朗也受了傷，但我們設法把它們帶回了岸邊。他們逃脫了頭部切割者的可怕毒牙。」[75]

---

[73] 《1884年10月13日淡水作戰報告李士卑斯致孤拔》張振鶤主編《中法戰爭第6冊》中華書局2017年頁760

[74] 《1884年10月18日遠東艦隊總司令孤拔致海軍及殖民地部長》張振鶤主編《中法戰爭第6冊》中華書局2017年頁757-758

[75] 35 mois de campagne en Chine, au Tonkin, Courbet-Rivière (1882-1885) 頁263-266

法國的 Le Matin 報紙也報導了第   隊連長楓丹上尉的死訊，並有相關身平背景：「現年 37 歲，生於 1847 年 8 月 5 日，1864 年進入海軍學院，1867 年成為一級海軍見習官，1869 年成為少尉，1877 年晉升為中尉，獲榮譽軍團騎士勳章。」[76] 除了楓丹上尉死亡外，德歐特也因為中彈而傷重病逝：「德歐特在凱旋號得到醫生和他的同志們的悉心照料，但在抵達法國土地前就在西貢病倒了。」[77] 1884 年 12 月 23 日陶德日記談到：「據聞劉銘傳懸賞 200 兩尋找 10 月 8 日遇害的法國軍官屍體。」[78] 1885 年 2 月 24 日：「守軍已經找到 10 月 8 日在丘陵區陣亡之法國軍官的頭顱，他的頭顱被埋在艋舺，身體則被埋在登陸點附近的丘陵區。」[79] 顯示楓丹的家人試圖想找他的遺體。

二、清軍記載的滬尾登陸戰

督辦臺灣軍務劉銘傳的說法：

清代奏摺當中記載滬尾戰役較具官方正式戰鬥報告性質者為劉銘傳的《敵攻滬尾血戰獲勝摺》[80]，前面談到法軍砲擊滬尾的景況：「巨炮日擊滬尾炮臺，守兵茫無駐足，孫開華、章高元、劉朝祜等，晝夜率軍分伏海濱林莽，風餐露宿，不敢少休。」10 月 8 日早晨，劉銘傳寫到孫開華看到法船散開，料敵勢必登岸，

[76] Le Matin: derniers télégrammes de la nuit 1884年10月15日

[77] 35 mois de campagne en Chine, au Tonkin, Courbet-Rivière (1882-1885) 頁263-266

[78] 歐尼基（Niki J. P Alsford）著：王若萱、李鎧揚、魏逸瑩、黃瀨任譯，《寶順洋行杜特在淡水的見證》初版臺北市：南天書局有限公司，2022年頁134

[79] 歐尼基（Niki J. P Alsford）著：王若萱、李鎧揚、魏逸瑩、黃瀨任譯，《寶順洋行杜特在淡水的見證》初版臺北市：南天書局有限公司，2022年頁153

[80] 劉銘傳撰，《劉銘傳文集》（合肥市：黃山書社，1997年，），頁101-105。國立台灣大學，《台灣歷史數位圖書館》，檔名：〈nthu-c286391-0010100105.txt〉

孫開華將擢勝各營分別部屬在滬尾各地，其餘軍團則駐紮於新砲臺所在的山丘上：

> 「親督右營官龔占鰲伏假港中，營官李定明伏於油車口，別令後營官范惠意為後應，章高元、劉朝祐各率營官朱煥明等伏北臺山後，防襲我臺，李彤恩所募土勇張李成一營伏北路山澗。」

軍隊部屬完成後，法軍先用砲擊掩護軍團上岸並派出小船登岸：「敵炮轟數百響，煙塵漲天，炸彈如雨，復以小輪分道駁兵千人，猝登海岸。」法軍進逼海岸，孫開華指揮擢勝中營李定明、范惠意分頭禦敵，章高元則從北路迎戰，張李成也帶隊攻擊，在另一份奏摺《密陳孫開華在臺情形事》劉銘傳也談到：「孫開華堵住橋口，督隊甚嚴，敵兵三面受敵，狂奔敗北。」[81]，顯示防守區域可能有橋梁的存在，劉銘傳寫到和法軍戰至中午：「屢挫復進，鏖戰不衰。」兩軍鏖戰之際，孫開華斬法軍旗手，奪其軍旗，此時清軍士氣大振，法軍開始後撤，追擊法軍至海岸：「敵兵溺海者更七八十人，敵船急護敗兵，開炮亂擊，自傷小輪一隻。」並獲法軍格林砲一尊，劉銘傳也寫到傷亡較為嚴重的是鏖戰最久的擢勝中營與後營：「陣亡哨官三員，傷亡勇丁百餘人，其餘各營弁勇，俱有傷亡。」而擢勝右營龔占鰲部分則寫到殺敵最眾，可能原因是法軍在後撤時，埋伏於假港的龔占鰲軍從旁追擊導致法軍在後撤時傷亡較重：「記名提督綽羅泰巴圖魯龔占鰲陷陣衝鋒殺敵最眾，可否仰懇天恩，賞穿黃馬

81　《光緒朝月摺檔》（台北市，故宮博物院藏）。國立台灣大學，《台灣歷史數位圖書館》，檔名：〈ntu-GCM0022-0032700329-0000676.txt〉

褂，以示優異。」[82]

龔占鰲之相關背景：

「龔占鰲，四川巴縣人，由重慶右營入伍，咸豐元年奉調
隨征粵匪，轉戰數省，及投入霆軍立功，先後荷蒙特恩，
賞給綽羅泰巴圖魯勇號、賞換花翎，並給獎武銀庫牌，累
擢至總兵，記名請旨簡放，並加提督銜，同治六年，請假
回籍修墓，復於光緒元年來閩投効，經前該署督臣文煜奏
請，留於閩浙補用，委帶擢勝營勇，於光緒三、四年間，
隨同勦撫台灣後山各番社案內，賞給一品封典，以提督
記名簡放，十年八月，法人攻樸滬尾，衝鋒陷陣，卓著戰
功。」

並寫龔占鰲從軍四十年，大小戰陣百餘次，尤其是滬尾之戰
奮勇爭先：「該故提督束髮從戎，効命四十餘年，大小百餘戰，
均能身先士卒，迭著功勳，前年滬尾之戰，不避鎗砲，奮勇突
前，尤非尋常對壘可比。」龔占鰲除帶領擢勝右營外，日後也是
成為統管擢勝全軍的營務處負責人。[83]

左宗棠根據劉璈所回報的戰況也有法軍誤擊小船的記載：

「鏖戰至午，法兵不支紛紛逃竄，被我軍尾追迫入沙崙之

[82] 劉銘傳撰，《劉銘傳文集》（合肥市：黃山書社，1997年，），頁101-105。國
立台灣大學，《台灣歷史數位圖書館》，檔名：〈nthu-c286391-0010100105.
txt〉
[83] 《光緒朝月摺檔》（台北市，故宮博物院藏）。國立台灣大學，《台灣歷史數位
圖書館》，檔名：〈ntu-GCM0025-0014300145-0000860.txt〉

草蓁，法船頭目望見遽開礮轟擊，迎救夷卒上船，然已傷
斃百餘名，沉溺數小划矣。」[84]

海關稅務司法來格方面也寫到法軍誤轟己方的小船：

「法兵終不獲已而退，此時尚皆竭力攜扶死傷，回至諸小
船內，華軍尾進至岸時，法船向華軍開砲，反自斃法兵數
名，並自擊沉二小法艇。」[85]

幫辦臺灣軍務孫開華與廈門水師提督彭楚漢信件：

孫開華談到自己親自督隊，眾將士皆用命進攻，法國人於中
午時敗北後撤，並寫到後撤時翻覆數艘小船：「二十日辰刻，法
人四路上岸；經我軍攔頭迎擊、四面拴擒，鎗礮兼施，彈子如雨
下。」法軍開始後撤之際，孫開華也帶領部隊展開追擊：「我師
又復尾追，斬將賽旗，毀船奪礮，斬馘甚多，其逃上小船者又因
潮漲風狂，覆去四艘。」但擢勝營方面則損失數名哨官，受傷加
死亡約兩百人，登陸戰之後法國人持續探查並將燈光照向南岸，
孫開華也請劉銘傳補充兩營土勇扼守八里以防法軍進攻：「法船
電燈時向南岸四照，又以小輪船赴對岸鴨子尾海口窺探，彼處僅
有岳營一哨，未免兵單；已函屬兵營全隊駐紮，並函致省帥請其
飭土勇兩營一同前往協防。」[86]

---

[84] 王彥威輯編，《清季外交史料（v.2）》（台北市：文海，1964年，再版），
頁371。國立台灣大學，《台灣歷史數位圖書館》，檔名：〈ntu-0863577-
0037100371.txt〉

[85] 其他中法越南交涉檔（v.4）總稅務司赫德光緒10年9月13日（1884）國立台灣大
學，《台灣歷史數位圖書館》，檔名〈ntu-0804128-0225602263-0001213.txt〉

[86] （1968）。述報法兵侵臺紀事殘輯。臺北市：臺灣銀行經濟研究室。頁131

幫辦臺灣軍務孫開華與臺北營務處朱守謨信件：

孫開華在信件中談到他從十三日，也就是1884年10月1日起他就露宿於油車口小砲臺後的樹林中，各部隊勇丁也都日夜露宿於此，十六日1884年10月4日接到李迪臣也就是淡水通商委員李彤恩來信，表示法軍通知英國領事館，會於當晚或明早將會登陸上岸，孫開華指揮部隊分頭埋伏，待其上岸一舉殲滅，但最終法軍仍沒有上岸，孫開華談到一直有即將登陸的消息與傳言，他認為這幾天過後必有一場大戰：「頃聞明日又有上岸之謠，虛者實之，實者虛之，恐一二日內，必有一場大戰。」並由於大砲臺之火砲受損，暫時無法開砲，所以用鋼砲兩尊與銅砲一尊代替，十八日黎明與朱守謨之通信表示：「弟受國深恩，既任滬尾，定當勵我將士，戮力同心，或者上仗天威，復賴福庇，得于上岸時，聚而殲滅。」十九日也就是1884年10月7日時，法艦將各船一字排開，他認為法軍即將登陸，令擢勝右營龔占鼇埋伏於假港，張李成所部土勇為策應，並通知臺灣鎮總兵章高元與銘軍劉朝祜埋伏於山後，以防法軍登山，並隨時接應各營，二十日也就是10月8日法軍登陸先以艦砲轟擊大小砲臺，緊接著約巳時（按：九點。）派出小船二十餘艘，往返載運士兵分四路，以兩路攻大砲臺、兩路攻小砲臺，孫開華令擢勝中營李定明前趨於大砲臺山腳下出擊，范惠意則從小砲臺出擊，將法軍衝散為數段，法軍開槍回擊，船艦也發砲阻止支援的清軍部隊前進：「該夷各執數響洋槍，極力衝突，彈如驟雨，而船上開花炮，仍從兩旁攻擊，斷我援兵。」一隊法軍拿著三色大旗，往小砲臺攻擊，此時孫開華親自帶隊，衝至陣前，斬旗手奪大旗，法軍此時開始後撤：「我軍見奪旗斬酋，士氣益雄，攻勤益力，戰至午刻，該夷已不能支，勢將潰敗。」此時埋伏於假港的龔占鼇與張李成所部從後方夾攻，臺灣鎮總兵章高元也出兵截擊法軍，最後眾人一路追擊法軍

至海邊但人數過少無法將敵軍殲滅：「我軍追奔逐北，直至海邊，該夷上船不及，多有落水，其爭渡者，為我軍槍擊，致踏翻划船數隻，溺斃尤多，所恨敵部太少未能聚而殲滅。」最後孫開華表示，自己擢勝中營、後營及衛隊，傷亡比過去征剿叛亂時還多：「中後兩營及弟衛隊，皆在前敵，血戰於槍雨中，莫不奮勇直前，殺敵致果，以至陣亡兩員，弟之巡捕，亦亡一員，其於各哨兵，皆帶重傷，弁勇傷亡，合計不下一百，如此惡戰，實為從前征剿髮捻各逆所罕有。」也因為如此孫開華也通知營務處朱守謨會自行招募土勇補充戰力，因為他認為此戰過後傷亡多人，兵力不足，並要嚴防法軍攻擊南岸虛弱之處，故也請撥調數營協防八里：「並請飭撥數營，駐紮南岸鴨仔尾一帶，以防該夷之搗我虛，惟勝不可恃，仍應嚴防。」[87]

三、外僑記載的滬尾登陸戰

英商陶德（John Dodd）北臺封鎖記：

陶德談到大約在早上 9 點，正在吃早餐時，法軍同時開砲：「法軍終於不忍了！它們試圖以雷霆風暴般的手段佔領淡水。」陶德起初認為清軍可能抵擋不了法軍的攻勢：「法軍這種傾巢而出的打法，清軍必定節節敗退，淡水在日落前便會淪陷。」接著寫到孫開華自 1874 年日本擾臺後，便駐紮於福爾摩沙，深受部隊愛戴，陶德認為孫開華在過去幾個月對外僑最大的貢獻就是維護安全：「外僑社群安全的貢獻，遠勝於其他地方官員，孫將軍個性親和與外僑相處融洽。」並寫孫開華於 10 月 7 日晚上曾向身邊友人表示：「寧願戰死也不會撤退。」法軍於當天針對守軍

---

[87] 陳琴廬，〈臺北基隆滬尾中法之役的史料〉，《大風半月刊》89 期（1941），頁 2991-2993

的新砲臺與白砲臺兩地砲擊，似乎是想要替登陸部隊開路，以控制連接到港內的水雷點火哨，陶德推測若此行動成功，法艦蝮蛇號便能直接開入港內，直搗孫開華的總部。

法軍於黑燈塔（按：淡水港望高樓。）的北面海灘登陸，他談到不論紅毛城或鼻仔頭，都無法看清他們的詳細動向（按：可能是樹蔭遮蔽。），於此同時法艦也持續砲擊，時間到了9點半時，開始聽到類似步槍的槍聲，並有規律性的槍聲，陶德推測：「法軍應該是使用機關槍在為登陸部隊作掩護。」陶德寫到山底下一帶戰況激烈，他認為守軍應該會節節敗退，當時許多的外僑都躲在紅毛城中：

> 「鮑特勒船長（按：金龜子號船長。）、費里德領事，海
> 關官員和其他外僑等人，早已躲進紅毛城，紅毛城這座由
> 荷蘭人所遺留下來的石造堡壘，牆壁足足7-8英尺厚，這
> 些實心石牆與灰牆與磚一樣堅固異常。」

許多的砲彈從紅毛城上掠過，有的則打到女學堂，到了11點蝮蛇號用大砲或機關槍瘋狂開火，陶德亦提到有一顆砲彈打中領事館反彈到一樓的監獄外側，炸毀廚房，陶德談到：「法軍根本是不分對象，毫無顧忌地濫射，當攻擊與砲彈不斷落於堡壘周遭，躲在紅毛城裡的眾人一致同意，堡壘雖然堅固，但他們的處境仍舊十分危險。」

法軍砲擊的過程，陶德見到大部分的砲彈都落在女學堂附近，和沒有守軍的山坡樹下，但大量的砲擊，造成許多村落的房舍重創，也有一枚砲彈打到滬尾市集，一枚摧毀寺廟的外牆，一位老婦人也被炸飛的磚塊，擊中腳踝，老婦被送到救護站（按：偕醫館。）因為當時醫館的布朗醫生（按：金龜子號醫生。）正

忙著救治守軍的傷兵，無暇處理，由金龜子號的醫護兵替他做暫時性的包紮，陶德談到法艦此次的砲擊比上回小些，但還是對外國人社群與傳教士住處都造成了莫大的威脅：「不論天性勇敢或懦弱，大家內心皆萬分恐懼不安。」陶德也列舉了砲彈擊中的地方他談到：

> 「一名藍夾克（原書按：水兵。）被派遣從紅毛城前往傳教士住處，途中便差點被砲彈擊中，一枚砲彈擊中海關助理官員的花園，一枚掉在得忌利士洋行倉庫對面的泥坑中，一枚掉在洋行的網球場上，一枚在醫館的院子裡，另一枚則在買辦阿生的店鋪。」

而關於陸戰的實際狀況，陶德因為沒有親身在現場，是他在與其他外僑詢問之後整理相關訊息得到的結果，他談到法軍約有500-800名部隊登陸，法軍先用機槍放置於船頭射擊掩護登岸，接著攻擊丘陵區，清守軍則埋伏於稻田兩側的山坡，法軍一出現，守軍便衝出突襲，他也談到法軍雖對於地勢不甚熟悉，但由守軍湧入醫館的人數來看，初期前鋒部隊可能處於劣勢，但在後方步槍兵的掩護下，造成清軍許多的傷亡：

> 「前鋒部隊在初始可能處於劣勢，但登陸軍全員迅速地展開激烈對抗，從湧入醫館的守軍傷兵人數來看，登陸部隊後方的步槍兵應是確實地捍衛了前方衝鋒的士兵。」

而被送至醫館的人數眾多，醫護人員先將輕傷者的傷口包紮好，幫重傷者檢查，並給予嗎啡止痛，許多的傷者同袍也徹夜守在旁，陶德也概略統計清守軍死傷超過 200 人，約有 120 人被送

至醫館，50 人輕傷，70 人重傷甚至失去行動力，而這些傷兵是被用木板抬著走了 1、2 英里路送到醫館，從陶德的統計數字來看，清守軍可能陣亡 80 人，輕傷與重傷合計約 120 人，雖不一定是準確數字，但也可以由此了解清軍的死傷狀況，最後陶德也根據一位目擊者的說法表示法軍撤退時，軍隊在登陸艇前排成一列，向守軍射擊，待人員登船後才離開，也有聽聞有登陸小艇，在撤離過程中翻船，但不確定是不是傳言，陶德也談到看到有 6 名法軍的首級被高掛於市集中，在清軍營地也有 8 名法軍首級，沙灘上看到共 14 具屍體，英領事方面對於梟首示眾的習俗提出抗議，致函給孫開華，孫開華承諾類似的情形不會再發生，下令埋葬那些首級，[88] 10 月 10 日陶德寫到先前被送到醫館的 120 人當中，有 11 人死亡，2 人情況嚴重，尚有約 50 人還在院中 [89]

傳教士黎約翰（Rev. John Jamieson, B.A）的說法：

黎約翰牧師在當時除了記載了法軍砲火的猛烈，也談到陸戰的狀況：

> 「8 日又發生一次驚險，有 600 名法國士兵登陸，攻擊駐紮在港口的滿清士兵，大約上午 9 點開始槍砲攻擊，攻勢佈滿整片土地，接著是一場猛烈的短槍對決，結果滿清軍隊占了上風，法國士兵不得不急忙撤回軍艦，預估死了 20 名士兵，然而雖然這次擊退了法軍但滿清軍隊深知，法國正在等待更龐大的軍隊支援，然後發動更猛烈的攻

88　歐尼基（Niki J. P Alsford）著：王若萱、李鎧揚、魏逸瑩、黃瀨任譯，《寶順洋行杜特在淡水的見證》初版臺北市：南天書局有限公司，2022年頁88-93
89　歐尼基（Niki J. P Alsford）著：王若萱、李鎧揚、魏逸瑩、黃瀨任譯，《寶順洋行杜特在淡水的見證》初版臺北市：南天書局有限公司，2022年頁96

擊，而中國也正募集更多的火力。」[90]

稅務司法來格（E. Farago）的說法：

法來格記載，法軍約有 600-800 人登陸，戰鬥時間約四個小時，孫開華率領士兵 1300 名與上勇 200 名[91]，力退法軍，法來格也記錄了當日的詳細情形，法軍約於早上 8 點半開始下船，並分頭登上小船，在 9 點之後，法船先行向岸上砲擊，分為三隊，一隊朝沙灘南行，直撲華軍砲臺（按：小砲臺。），一隊向北，一隊向內地行，孫開華亦將隊伍分為三隊，眾人皆埋伏於小樹叢中掩蔽，緊接著法軍靠近清軍陣地，開槍後退回隊伍中佈置等待，讓清軍衝出，法軍則在原地對衝出之清軍開槍：「施即退去，一任華兵衝出，法軍如是佈置。」接著清軍派出兩翼守軍，夾攻法軍，法軍也竭力抵抗，試圖向前推進，稅務司談到清軍在戰役中鮮少後退：「初不料華軍儼然不動，概無少退。」法來格也寫到法軍有攜帶機關槍的記載：「法兵皆持來復鎗，並多帶有輪旋施放之新式炮，加以法船皆開炮相助，乃力戰四點鐘之久。」最後法軍無法支撐戰線，開始後撤：「竭力攜扶死傷，回至諸小船內。」清軍追擊至海岸，法軍向清軍開砲，反而擊中法兵數名，並擊沉小艇，到下午一點半整場戰事完畢，守軍將二十餘名法兵屍體首級取回領賞：「斬取其首，標於槍上，歡呼入城，各以一法兵之首，依諸賞格請洋百元。」法來格談到此戰孫開華嚴格督戰是成功退敵關鍵：「孫總鎮之軍令嚴明，得保無恙。」觀戰時也有砲彈打到紅毛城底下的監牢圍牆並炸開，外僑們受到砲彈震撼均跌坐於地：

---

[90] 陳冠州，甘露絲（Louise Gamble）總編輯《北台灣宣教報告》馬偕紀念醫院與私立淡江高級中學2015年共同發行。第一套第二冊頁204
[91] 按：稅務司法來格所說1500名可能僅計算孫開華所帶領的擢勝營隊伍，而非所有隊伍之加總。

「同事人等在紅色砲台（按：紅毛城。）時，有炸彈由足下穿過深入於牢牆中，彈炸開，震動勢甚大，使我與同事人等無一不實跌地面，我之右臂似曾受物擊，幸我未嘗受傷，同人等均未被傷。」稅務司也談到10月9日法軍降半旗致哀死者：「法國兵船未開砲，旗懸半杆，間似有誌哀埋死屍狀。」[92]

四、淡水民間記載的滬尾登陸戰

柯設偕1933年筆記《淡水ニ於ケル清佛，日清両役ノ概況》：

筆記中寫到法軍約上午9點多，載著陸戰隊由假港登陸（按：公司田溪出海口。），分三路前進，守軍得知法軍於沙崙上岸，立即組隊禦敵，並且談到孫開華嚴格督戰指揮前線：「孫開華督戰甚嚴，手裡執刀，若有人退縮，立即斬殺，清兵悉數未敢逃逸，在瓦店埤對壘交鋒。」此時龔占鼇率500人從法軍背後猛烈射擊，法軍遭到前後夾攻，認為難以勝利，開始後撤，或拖著同袍的屍體退後，而此時清軍開始追擊法軍，筆記談到清軍之所以奮力追擊可能是因為取得一個首級，可獲賞金百兩的緣故：「取得敵軍首級一顆，即賞金百兩之故。」筆記中談到清兵約有2500百人，大多奮勇作戰，並提到團練張李成所部的狀況：「少年幹過戲妲的張李成氏所轄之一營士兵全為三角湧人，約四百餘名。」而筆記中記載清軍死傷約七、八十人，法軍方面掌旗者中彈斃命：「法

---

92 其他中法越南交涉檔（v.4）總稅務司赫德光緒10年9月13日（1884）國立台灣大學，《台灣歷史數位圖書館》，檔名：〈ntu-0804128-0225602263-0001213.txt〉

軍掌旗者也中彈斃命，軍旗遺失，首級被割。」柯設偕寫到清軍
中被認為最勇敢者為武進士胡峻德：「唯武進士胡峻德；他自己
是哨官，取得法軍首級兩顆，且追擊到海岸捕虜法軍時，自己中
彈身亡，法艦砲手見清兵追擊，立即開砲射擊。」胡峻德最後戰
死孫開華在滬尾街上的媽祖廟為其悼念：

> 「福佑宮內舉行誦經超渡，親自為胡峻德及諸英靈祭拜，
> 涕泗如雨，且痛歎胡峻德愚忠，孫開華氏既已為死者超
> 渡，安置其英靈，更獎勵生者褒其忠勇，為此誦經超渡
> 後，表演鬥船以慶祝勝利，收軍民同樂之功。」

　　光緒皇帝也因為此戰勝利，以及掉入街中的砲彈悉數未爆，
賜御筆匾額：「一賜福佑宮天上聖母：「翌天昭佑」、一賜龍山
寺觀音佛祖：「慈航普渡」、一賜清水巖清水祖師：「功資拯
濟」。[93]（張建隆，2015，頁122-123）

李戀足《回馬巷李厝鄉記略並述與法戰爭》：

　　在燕樓李氏族譜中，除先前提及砲戰外，亦有陸戰的相關描
述：「二十日法兵由假港上山，掩旗息鼓來至油車口，孫提臺見
之，興兵接戰。命李大人（按：李定明。）為先鋒，強禦硬敵，
龔大人（按：龔占鰲。）折衝陷陣。張李成背後攻打，法兵敗走
失陣，著傷沉船落海，死者不計其數。」並稱讚此戰為孫開華之
功：「法船回國豈非孫提臺之功哉。」[94]

　　而法軍開始封鎖之後，清軍則開始面對看不見的敵人也就是

---

[93] 黃繁光主持《淡水第一期口述歷史研究調查案成果報告書附冊》新北市立淡水古
蹟博物館2015年頁122-123
[94] 李子成《重修燕樓李氏族譜（全冊）》。台北縣：祭祀公業李協勝公記。1995年

疾病，在文獻當中也多有記載：「將士病漸愈，能戰尚少，孫病未痊，傅亦抱病，岌岌可危。」[95]、「將士血戰兩月，日在炎瘴潦濕之中，病者十居八九，八營之眾，能戰不過千人。」[96] 英商陶德記載：「11月1日駐紮在丘陵區的守軍部隊也爆發瘧疾，每天都有士兵來醫館買奎寧，但還是有不少人病死，日日都舉辦好幾場葬禮。」[97] 而淡水的清軍在法軍離開之後，持續加強防禦工事：「章高元督修暗穴，安設地雷。」法軍也買通人員情蒐，但遭到孫開華抓獲：「孫開華拿獲奸探五人，訊明正法。」[98] 而前陝甘總督楊岳斌在抵臺調查棄基保滬一事，也巡視了滬尾的防衛狀況：

> 「臣先往滬尾海口，具知營壘扼要，海口堵塞，兩岸復築長牆，開挖深溝攔截，提臣孫開華等布置有方，分統營哨官勇用命，故上年屢挫法寇兇鋒，嗣後不敢進攻。」[99]

各種文獻顯示清軍擊退法軍後，還是持續的增強防禦，而在滬尾戰役的研究當中，法軍死亡兩位登陸連隊的隊長，而清軍其實也死亡兩位帶隊軍官，而一般較少提及的原因是，在請賞奏摺當中都還可以看到兩人的姓名，但實際上他們之後就已經過世：「副將銜閩浙補用游擊范惠意、盡先游擊孔光治二員，均擬請免

---

[95] 中國第一歷史檔案館、海峽兩岸出版交流中心，《明清宮藏臺灣檔案匯編（v.198）》（北京市：九州出版社，2009年，第一版），頁175-177。國立台灣大學，《台灣歷史數位圖書館》，檔名：〈ntul-3052807-0017500177.txt〉

[96] 其他劉銘傳文集福建巡撫劉銘傳光緒10年8月15日（1884）國立台灣大學，《台灣歷史數位圖書館》，檔名：〈nthu-c286391-0009900101.txt〉

[97] 歐尼基（Niki J. P Alsford）著：王若萱、李鎧揚、魏逸瑩、黃瀨任譯，《寶順洋行杜特在淡水的見證》初版臺北市：南天書局有限公司，2022年頁113

[98] 其他劉銘傳文集福建巡撫劉銘傳光緒10年11月9日（1884）國立台灣大學，《台灣歷史數位圖書館》，檔名：〈nthu-c286391-0010700110.txt〉

[99] 楊岳斌（1959）。楊勇愨公奏議。臺北市：臺灣銀行經濟研究室。頁38-39

補游擊參將，以副將留於閩浙，盡先補用，並加總兵銜，范惠意仍擬請賞給清字勇號。」[100]在劉銘傳提出的陣亡或病故名單當中分為三類，分別為接仗陣亡、因傷身故、積勞病故三種，在柯設偕整理雷俊臣口述歷史當中談到，孫開華哨官胡峻德陣亡，孫開華還為了他到福佑宮悼念，胡峻德的名字則可以在接戰陣亡名單中看到：「儘先衛守備胡峻德。」而范惠意、孔光治的名字則出現在因傷身故名單當中：「總兵銜留閩前先副將范惠意、花翎留閩儘先副將孔光治。」[101]，關於這兩人傷重不治的推論，從清軍與法軍文獻來看，范惠意、孔光治一隊為擢勝中營的策應，也就是中營接戰後，隨時出動，而他們待命的地點為油車口小砲臺，法軍的記載當中，當法軍與擢勝中營接戰到一半時，突然從小砲臺衝出一隊清軍，試圖包圍法軍側面，但遭到法軍猛烈開槍與短兵接戰而停下，故推測應是此時兩人受傷過重而在戰後傷重不治，擢勝後營在這裡也扮演關鍵力量，從法軍的角度來看，是從河口往內陸看，法軍的右翼則是接近油車口小砲臺，左翼則是接近新砲臺山腳下，法軍多次提到整個戰局就是從右翼開始退卻，所以中營與後營的合作，確實對於法軍造成不小的傷害，但也因此傷亡不少人，包含了擢勝營的這兩位軍官，而這點也是過去比較少提及，故筆者在此做一些闡述，在登陸戰之後，法軍封鎖海峽，福州將軍穆圖善認為，現今臺灣通商口岸被法軍封鎖，各國的商輪也無法進港，命臺灣道劉璈將各港口所有的燈塔熄火：

> 「今臺灣口岸既不通商，所有各處前建燈樓自應一律封
> 禁，定於本年十月初八日（1884年11月22日）以後撤燈息

[100] 劉銘傳撰，《劉銘傳文集》（合肥市：黃山書社，1997年，），頁101-105。國立台灣大學，《台灣歷史數位圖書館》，檔案：〈nthu-c286391-0010100105.txt〉
[101] 《光緒朝月摺檔》（台北市，故宮博物院藏）。國立台灣大學，《台灣歷史數位圖書館》，檔名：〈ntu-GCM0022-0026000263-0000664-a001.txt〉

火，不准燃照海口，免資敵船游劫之用，並飭由就近營縣
屬期派撥兵役前往看守，以重防務。」[102]

但當時的援臺部隊與物資在沒有燈塔引導的狀況之下，要如
何跟岸上的人聯繫，於是清軍就想出了一套暗號分辨敵我，若船
隻在白天抵達臺灣港口：

「桅懸龍旂一面，頭桅、後桅各挂外國旂號一面。」

船隻於夜間抵達：

「桅身連懸白燈三盞，約各離三四尺。」

港口無敵方船艦，岸上日間掛五色旗，夜間懸掛一盞白燈：

「臺灣各口白日於岸上豎五色旂一面，夜間挂白燈一盞，
此即通知無寇在此，來船可駛近；起運之暗號。」

港口有敵方船艦，岸上日間掛黑色旗，夜間懸掛兩盞白燈：

「又白日於岸上挂黑旂一面，夜間直懸白燈兩盞，上下離
數尺，許此即通知有寇在此，來船須駛開，少停再來之暗
號。」

---

[102] 其他中法越南交涉檔（v.4）福州將軍穆圖善光緒10年12月10日（1884）國立
台灣大學，《台灣歷史數位圖書館》，檔名：〈ntu-0804128-0252902529-
0001390.txt〉

並通知臺灣道知會各港口此暗號：「臺道通飭各廳、州、縣，如臺灣之安平口，鳳山之旂后、東港、枋藔、嘉義之布袋嘴、笨港，彰化之鹿港、王功、梧棲，恆春之鵝鑾鼻迤東大坂轉卑南、琅嶠，淡水之滬尾，新竹之中港、香山等口。」而這些珍貴的記載也可以幫助我們了解當時臺灣各港口的狀況。[103]將港口熄燈的策略，也影響各國到清帝國貿易船隻的安全，間接造成法軍在封鎖海峽行動時，會同時受到國際輿論的壓力。

五、法軍於滬尾登陸戰後的內部討論

　　登陸失敗之後法國駐大清公使巴德諾（Jules Patenôtre des Noyers）獲悉消息後，談到先前一直推遲的旅順行動也已經來不及了，因為各地都已經加強防備：

> 「我由孤拔海軍將軍處得悉淡水失敗的消息，他同時把他向你請示的計劃通知我，臺灣封鎖似有必要可以防止中國援軍的接濟，且對於阻止我們失敗的消息傳播到中國，在北方直隸採取行動只有孤拔將軍一人能知道，以他剩餘的艦隊是否可作此企圖（按：攻打旅順、威海衛等港口。）這樣是抵消我們失敗結果的最好方法但旅順今日已防備堅固。」[104]

　　巴德諾也將相關傷亡人數傳訊給法國總理茹費理：

---

[103] 其他盾墨留芬v.1光緒（清）國立台灣大學，《台灣歷史數位圖書館》檔名：〈ntu-1137808-0036700374.txt〉

[104] 《法國黃皮書107號巴德諾致茹費理1884年10月10日》張雁深譯

> 「淡水嚴重失敗，七艘軍艦的海軍步兵均被擊退死六人失
> 蹤十一人、傷四十八人、軍官四人，我們軍隊勉強足供基
> 隆之用，孤拔將軍放棄佔領淡水並擬以八艘至十艘軍艦由
> 李士卑斯指揮封鎖台灣西海岸。」[105]

　　而法國總理茹費理也傳訊給巴德諾，他同意合約不出現賠償
字樣，但仍想保留淡水與基隆的佔領權作為補償：「法國保留據
有基隆及淡水的海關及礦區若干年作為同等價值補償。」[106] 巴德
諾認為清帝國必定擴大淡水失利的消息，巴德諾認為援軍是當務
之急，他認為清帝國從不認為會贏，但卻突然取得優勢而感到自
信：「因中國人原無自信心得此意外的勝利將獲得自信心。」然
而以當下的兵力，無法佔領淡水，建議政府封鎖臺灣西海岸，[107]
而巴德諾深知想要取得媾和是困難的因為現今之情勢：「中國人
完全知道我們可用的部隊缺乏，不能補救淡水的失敗。」也就是
巴德諾認為清帝國知道法國方面沒有多餘的兵力攻打淡水，所以
要有更明確的戰果才有可能完成。[108]
　　孤拔從 10 月 23 日起開始封鎖，並給中立國三天的時間離開
各港口，開始封鎖後禁止任何船隻通航，公告內容為：

> 「福爾摩沙島（按：臺灣。）上包括南岬與蘇澳灣之間，
> 向西向北，所有的港口和錨地，實行有效封鎖，友好船隻
> 將允寬限三天以完成其裝貨並離開封鎖地，凡試圖破壞上
> 述封鎖的船隻，將按照國際法和現行條約予以起訴。」[109]

[105] 《法國黃皮書109號巴德諾致茹費理1884年10月11日》張雁深譯
[106] 《法國黃皮書110號茹費理致巴德諾1884年10月11日》張雁深譯
[107] 《法國黃皮書112號巴德諾致茹費理1884年10月12日》張雁深譯
[108] 《法國黃皮書136號巴德諾致茹費理1884年11月8日》張雁深譯
[109] 1884年10月20日《孤拔封鎖福爾摩莎公告》張振鵾主編《中法戰爭第6冊》中華

滬尾戰役的失利，對於法國而言軍事上的損失是小的，但在外交談判上卻是不小的傷害，滬尾失利後，法國總理茹費里原本要求賠款，但因為滬尾失利，自知無法將賠款寫入議和條約中，由法國駐大清公使巴德諾的電文可以看到登陸失利的事情引起了不小的騷動，且法國開始透漏出想要將此戰役設下停損，希望可以盡快解決兩國的爭端：「主要的是不要讓人看出我們想了結此事。」[110]公使巴德諾收到來自法國駐天津領事林椿的來電其中也談到：

> 「劉銘傳電告總督，他最近擊斃約六十名法國士兵後，把法國人趕出了淡水，幾個小時受到極大的歡迎，尤其在北京，人們歡欣鼓舞達到頂點。」

　　法國方面甚至擔心，就算在越南北邊東京（Tokin）的戰役勝利，也無法抵銷淡水的小失利，巴德諾也讓駐天津領事林椿對外宣布：

> 「我已經讓林椿先生向總督宣布，共和國政府以命孤拔將軍併吞基隆和淡水，且要併吞整個臺灣島，聲明進行封鎖是刻不容緩的。」

　　巴德諾也向總理茹費理談到要攻佔淡水還需更多增援部隊：
「孤拔將軍認為如果沒有增援部隊，佔領淡水是不可能的。」[111]

書局2017年頁774-775
[110] 1884年10月18日《巴德諾致外交部長電》張振鵾主編《中法戰爭第6冊》中華書局2017年頁769
[111] 1884年10月21日《巴德諾致茹費理》張振鵾主編《中法戰爭第6冊》中華書局2017年頁776-778

巴德諾也陸續收到淡水戰役中陣亡士兵首級遭到清軍於淡水市場
示眾的消息：

> 「中國人的野蠻行為，他們把在戰鬥中陣亡的我們六名不
> 幸士兵的首級在淡水市場上示眾，英國駐上海總領事已經
> 把這些慘不忍睹的細節告訴了我。」[112]

　　在開始封鎖之後擔任稅務司的洋員德璀琳，詢問法國駐天
津領事林椿，探問法國方面對於談判的想法，磋商之後得知法國
希望能夠租用港口以獲取淡水港、基隆港的海關稅收與煤礦利
權，[113] 稅務司德璀琳也試圖說服清帝國朝廷加緊談判進度，他表
示他曾在淡水當過稅務司兩年，他認為臺灣非常富庶，比越南東
京更好，清帝國此時不想辦法，若是被法國佔據，恐怕是永遠不
能歸還，若讓法國收稅，並把基隆煤礦租給法國數年，對於中國
也就是清帝國來說並不是損失，總稅務司赫德也認為可行，德璀
琳再說，若屆時法國又增加更多兵船，大隊向北洋行駛，攻打旅
順等砲臺就更難處理[114]，並表示租用港口給法國，並不損清帝國
之體面，也可保障臺灣要地，若臺灣全失或許還要花更多的錢來
贖回，屆時若有不測，恐此後東南七省之屏障，恐無安寧之日，
德璀琳也在臺北尚未淪陷之前就寫下：「目下遙想台北一帶，恐
已被法人進踞，而銘軍餘存之兵勇退入內山矣。」希冀清政府趕

---

[112] 1884年10月20日《巴德諾致茹費理》張振鶤主編《中法戰爭第6冊》中華書局
2017年頁794-795

[113] 中國史學會主編，《中法戰爭v.6》（上海市：上海人民出版社，1957年，新1
版），頁3-4。國立台灣大學，《台灣歷史數位圖書館》，檔名：〈ntu-1816856-
0000300004.txt〉

[114] 中國史學會主編，《中法戰爭v.6》（上海市：上海人民出版社，1957年，新1
版），頁3-4。國立台灣大學，《台灣歷史數位圖書館》，檔名：〈ntu-1816856-
0000300004.txt〉

緊上談判桌談判，此時的時間為 1884 年 10 月 28 日，也就是基隆港遭到攻佔的期間，德璀琳更表示若在越南北部東京一帶擊退法軍，法軍出動更多的船艦攻擊：「至華軍若在東京力擊法軍，諒法軍必在中國各海口肆擾，亦覺得不償失。」他認為在越北擊退法軍是不明智的，因為會讓法國出動更多戰艦，襲擾清帝國港口，且法國政府已經決議進攻臺灣各地營盤，屆時劉銘傳恐腹背受敵，難以突圍：「係謀佔台南北全郡，並毀各砲台營盤，兼使銘軍腹背受敵，難出重圍。」但實際上由前述法國內部電報及往來信函所示，眼下兵力僅能守住基隆，甚至連佔領淡水的兵力都不足夠，稅務司德璀琳作為談判中間人，試圖說服朝廷避免將法軍擊退，以免引來更多的戰艦襲擾港口，進而導致無法促成談判。

德璀琳與林椿商議四條：[115]

一、係中國如將北圻各軍調回邊界，法國則飭在華各水軍不再進擾沿海各處。

二、係中國再批准天津簡明條約，並照第三款會議通商詳細條款。

三、法軍在淡水、基隆暫不撤回，以俟津約辦妥後，再行退出，至法國雖駐淡水、基隆而該處地方官仍照舊辦事，有自主之權。

四、兵費一事，法國可以不索，亦可毋庸載在章約。法國要在淡水基隆暫管煤礦、海關若干年，中國如不願照

---

[115] 中國史學會主編，《中法戰爭v.6》（上海市：上海人民出版社，1957年，新1版），頁4-6。國立台灣大學，《台灣歷史數位圖書館》，檔名：〈ntu-1816856-0000400006.txt〉

辦，可由兩國公請一國調處，由調處之國秉公詳查孰
是孰非，或法國不應管理煤礦、海關，或法國應管若
干年，均由該調處之國覈定，倘覈定法國應管，而中
國仍不願其管，自由調處之國酌定應給銀若干兩。

北洋通商大臣李鴻章收到消息後則不同意基隆與淡水由法
掌管：「鴻以基隆、淡水暫由法保守；基煤、淡稅由法管理若干
年，可公請諸友邦評議兩節，礙難轉商。」[116]天津海關道盛宣懷
再與法國駐天津領事林椿磋商訂出七條，但訂出之條款仍有法國
能暫時駐紮基隆之條款，加上要向法國借款，上述兩條款，引起
朝廷一陣譁然，眾多大臣均上奏反對。

盛宣懷與林椿磋商七條：

一、四月十七日兩國所議天津和約仍照辦理。但現在情形
　　稍有不同，自應酌量續議，另增數款，附列於後。
二、兩國所有臺灣、越南之兵，即日電令停戰。
三、停戰之後，中國之兵暫紮諒山、保勝、高平，法國之
　　兵暫紮基隆；俟將天津條約第五款所載之詳細條約會
　　議定奪，即將兩國之兵各自退回。
四、兩國即派大臣會議天津和約內之詳細商約稅則。
五、中國允向法國借銀二千萬兩，分作四十年歸還；按公
　　道利息計算，先以海關作保；候中國鐵路造成，法國
　　看中國鐵路可以作保，即改用鐵路作保，以示兩國
　　和好。

---

[116] 李鴻章（1961）。李文忠公選集。臺北市：臺灣銀行經濟研究室。頁431

六、此二千萬之內，中國准以一千萬購買法國兵船、鎗礮
　　等以及鐵路應用之鐵件、機器等，價目准歸公道；並
　　准以一千萬，聽中國取現銀為鐵路等項之用。

七、兩國軍士平復後，中國須自辦鐵路等事，允向法國借
　　用監工、匠役等人，悉照僱用別國人一律辦法。[117]

　　然而無論德璀琳或盛宣懷所談的草約內容，均引起朝廷官
員的反對，如內閣學士周德潤談到：「法欲在淡水、基隆暫管煤
礦、海關若干年，是直欲據我臺灣也，未掘煤，榷稅則，瀕海必
有兵船，要隘必設砲臺，城市必開教堂，十餘年中始而盤居臺
北，繼而蔓延臺南，陽託收礦關之利，陰肆吞臺境之謀，令墮其
術中而不覺，又故作婉商，藉詞調處，其詭譎豈待言哉。」[118]他
認為日後法國勢力便會蔓延至南方，最後恐併吞全臺。

　　內閣侍讀學士延茂反對德璀琳將淡水、基隆給予法國，認為
西洋人在共謀得利：

「惟第四條名為不索兵費，實則踞我淡水、基隆，要我海
關、煤礦，謂非據地索償，其誰信之。更欲華法公請一國
調處。夫所請者，不過英、俄、德、美耳；彼皆同類，早
結奸謀，彼處局外，尚不免暗助法夷，若延至局中，少拂
其求，必更橫生枝節，直不啻引虎禦狼，虎狼同謀而人斃
矣，此法稅司德璀琳所議四條，萬不可行者也。」[119]

---

[117] 王彥威（1964）。清季外交史料選輯。臺北市：臺灣銀行經濟研究室。頁85
[118] 《光緒朝月摺檔》（台北市，故宮博物院藏）。國立台灣大學，《台灣歷史數位
　　圖書館》，檔名：〈ntu-GCM0020-0022000225-0000541.txt〉
[119] 中國史學會主編，《中法戰爭v.6》（上海市：上海人民出版社，1957年，新1
　　版），頁33-35。國立台灣大學，《台灣歷史數位圖書館》，檔名：〈ntu-1816856-

辦理南洋海防事宜的陳寶琛談租基隆的傷害更甚於賠款：

> 「暫租基隆，即盤踞全臺之漸，以地資敵，尤非計，二事
> 之害，均甚於賠費。」[120]

戶科掌印給事中洪良品也認為此風氣一開各國將群起效尤：

> 「此端一開，臣恐各國郡起效尤，則中國利權漸歸外夷掌
> 握，其將何以立國乎。」[121]

太常寺卿徐樹銘談到，各國均想要基隆煤礦之利，將無理之
事加諸在清帝國之上：

> 「然各邦皆豔基隆煤廠之利，安知不於調處之時，各懷
> 私意，顛倒是非，且聞法人日報，事事以無理加中國，
> 而我亦未嘗以日報告知各國，仍恐彼之激怒各國者，無日
> 無之，而我之誠信相持者，各國不能盡知，又安能為我用
> 乎，而海關、煤廠之不可許。」[122]

光祿寺卿沈源深認為，從過去與法國交手的經驗，越南事件

0003300035.txt〉

[120] 中國史學會主編，《中法戰爭v.5》（上海市：上海人民出版社，1957年，新1版），頁541。國立台灣大學，《台灣歷史數位圖書館》，檔名：〈ntu-1816855-0054100541.txt〉

[121] 洪安全總編輯，《清宮洋務始末臺灣史料（v.3）》（台北：國立故宮博物院，1999年，第一版），頁1752-1758。國立台灣大學，《台灣歷史數位圖書館》，檔名：〈ntu-2092609-0175201758.txt〉

[122] 中國史學會主編，《中法戰爭v.6》（上海市：上海人民出版社，1957年，新1版），頁37-39。國立台灣大學，《台灣歷史數位圖書館》，檔名：〈ntu-1816856-0003700039.txt〉

當中，起初用三省為質押，卻在日後佔據越南六省，故認為將基隆、淡水許與法國，不可不慎，屆時租用時間一到，法國是否將兩個港口返還，還未可知：

> 「至法人暫駐基隆、淡水管煤礦、海關若干年，彼族陰謀詭計，以漸而入，暫駐基隆、淡水，即為窺伺全臺之計，不可不為之防，即云僅管基隆煤礦，定限退還，屆時退還與否，殊無把握，同治二年，法索越南兵費，以嘉定三省為質，厥後乘機佔踞六省。」[123]

右春坊右庶子陳學棻認為德璀琳與林椿之談判內容，是試圖在臺灣情勢危急之時，想要漁翁得利，藉機恐嚇朝廷，巧立名目：

> 「德璀琳、林椿無非乘臺灣、淡水危急之時，故作恐喝，以期朝廷必允所請，伊等即從中漁利。又知中國不肯賠償兵費，特巧立名目以為餌，使中國受無窮之害，此固不待知者而其肺肝如見也。」[124]

國子監司業治麟認為，此等作法，包藏禍心連孩童也知道不可行：

> 「恃其詐力，任意取巧，處處包藏禍心，雖三尺之童皆知其不可；而李鴻章竟據以入告，此何說也，果如所請，中

---

[123] 中國史學會主編，《中法戰爭v.6》（上海市：上海人民出版社，1957年，新1版），頁39-41。國立台灣大學，《台灣歷史數位圖書館》，檔名：〈ntu-1816856-0003900041.txt〉

[124] 中國史學會主編，《中法戰爭v.6》（上海市：上海人民出版社，1957年，新1版），頁51-53。國立台灣大學，《台灣歷史數位圖書館》，檔名：〈ntu-1816856-0005100053.txt〉

國必日見貧弱；加以各國群起效尤，天下之要隘利藪盡為
彼族分據，我將何以自立乎。」[125]

刑科掌印給事中秦鍾簡，則針對盛宣懷所談之內容，認為
清帝國向法國借兩千萬兩，分四十期還，加計利息恐達到八千萬
兩，認為不可簽訂此條約：

「林椿猶是法人，盛宣懷我之臣子，乃欲餂我以借款之虛
利，而貽我以無窮之實害，其言曰：法人借我二千萬兩，
作四十年歸還，聞其息銀係八釐，以每年一百九十餘萬計
之，是四十年中取我息銀八千萬矣，較之賠款二百五十兆
佛郎，名目雖更，取利反重，我四十年而喪資八千萬，國
何以立，民何以堪。」[126]

在法國於10月23日開始封鎖臺灣之後，稅務司德璀琳與法國
駐天津領事林椿所談的草約，引起了朝廷極大的討論，淡水港的
持續堅守，1884年11月初法國攻下基隆口岸，因為兵力暫時不足
的關係，無法進行大規模推進，雙方也在這個時候，積極商討議
和之問題，而從中國海關報告第一九八號函中談到：「孫開華在
淡水的勝利，使皇帝終於決心主戰。」顯示滬尾戰役擊退法軍對
外交、軍隊以及士氣，都有一定的影響。[127]

---

[125] 中國史學會主編，《中法戰爭v.6》（上海市：上海人民出版社，1957年，新
1版），頁60-62。國立台灣大學，《台灣歷史數位圖書館》，檔名：〈ntu-
1816856-0006000062.txt〉

[126] 中國史學會主編，《中法戰爭v.6》（上海市：上海人民出版社，1957年，新
1版），頁64-66。國立台灣大學，《台灣歷史數位圖書館》，檔名：〈ntu-
1816856-0006400066.txt〉

[127] 中國近代經濟史資料叢刊編輯委員會，《中國海關與中法戰爭》（北京市：
中華，1983年，第一版），頁175-176。國立台灣大學，《台灣歷史數位圖書
館》，檔名：〈ntu-1811078-0017500176.txt〉

1884年11月24日法國駐順化公使李梅（Lemaire）在信件中向法國總理茹費理談到，他認為從過去的國際情勢來看，清帝國政府如果不會感到直接性的威脅，法國方面將不會有所獲得，他認為：「用必要的兵力獲取大沽炮台直向天津。」並封鎖直隸的海灣：「並毀壞旅順以數艦遊弋兩地之間這樣可封禁北直隸。」他認為要讓清政府妥協，需要集結三十艘船艦及7000千兵力北上，但最後這樣的計畫沒有實現。[128] 孤拔將軍認為北上戰略沒有在上年1884年夏天施行，已經是為時已晚：「北上直隸的封鎖現在恐怕已不能發生去年夏天所希望的效果。」[129] 法國駐大清公使巴德諾給總理茹費理的信函中可以看到，巴德諾與孤拔對於政府最後選擇撤守基隆感到失望，也認為最初選擇佔領基隆是個錯誤，日後孤拔帶領海軍前往佔領澎湖，也建議法國政府務必保留澎湖：「澎湖自己的出產不多，只勉強能養活漁業的居民，但這些島內有一個極好停泊之所，為這一帶所絕無僅有者，我們可以把這地方作為煤炭貯藏站和補給的中心，這些對於我們可能將有極大的重要性。」並認為取得澎湖可以維持更長的利益，希望政府在談判中不要放棄這個佔有澎湖的選項，但最後法國政府在戰況不佳的狀態僅能放棄澎湖並從基隆撤軍。[130]

1884年12月海軍及殖民地部長裴龍在閱讀完孤拔將軍給他的戰鬥報告，裴龍認為滬尾登陸作戰的行動計畫做的不好，他談到行動計畫中先攻打新砲臺這點讓他感到疑惑因為：「新堡壘經過前幾天的砲擊已經毫不足懼了。」而淡水行動原定計畫是前往新堡壘爆破掉上面的火砲，裴龍認為這些火砲經過戰艦的砲擊已無戰力，這個行動讓他感到疑惑，接下來就是隊伍冒著風險經

[128] 《法國黃皮書142號順化法國常駐公使盧眉哳（Lemaire）致茹費理上海1884年11月24日》張雁深譯
[129] 《法國黃皮書168號巴德諾致茹費理1885年2月1日》張雁深譯
[130] 《法國黃皮書189號巴德諾致茹費理上海1885年3月20日》張雁深譯

過約一千公尺的樹林與荊棘，登陸的時間點選在早上的9點半，非常容易曝光軍隊的準備工作，應在清晨時分進行突襲才能出奇不意：

> 「只有出其不意方能成功，這次偷襲本應在黎明時分進行的，因此在我看來，從要達到目的來說，作戰計畫制定的不好，計畫的執行也有問題。」[131]

也希望孤拔能盡快消除眾人對於淡水失利的不良印象，但因為疾病以及兵源不足等問題，讓孤拔開始擔心：「這是一場沒完沒了也不可能有結果的戰爭。」而孤拔得知法國官方沒有將攻佔淡水港再放入行動當中他感到失望：「放棄佔領淡水不僅僅是放棄在福爾摩沙（按：臺灣。）建立海關，更重要的是說明我們無能力彌補10月8日的失敗。」[132] 而且孤拔對於政府一直不批准北上行動感到不滿：

> 「只要北京尚未感到我們的威脅，他們是絕不會俯首屈服，為了盡快解決這場爭端，維護我們的聲譽從陸、海兩路向北方大軍進攻勢在必行，如若政府僅將軍事行動侷限於臺灣，此戰就未必能操勝券，我軍及法蘭西在遠東的威望將因此日益受損。」[133]

孤拔在基隆也感受到清軍不斷與他們交戰，其意不在趕走他

---

[131] 1884年12月4日《海軍及殖民地部長致孤拔》張振鵾主編《中法戰爭第6冊》中華書局2017年頁1059-1060

[132] 1884年12月24日《巴德諾致茹費理》張振鵾主編《中法戰爭第6冊》中華書局2017年頁1138

[133] 1884年12月24日《孤拔致海軍及殖民地部長密電》張振鵾主編《中法戰爭第6冊》中華書局2017年頁1144

們，而是志在牽制，隨著事態的發展：「他們如願以償，佔領基隆已屬無益而有害。」[134]

軍官羅亞爾（Loir Maurice）對滬尾戰役的評論：

> 「李士卑斯少將對於登陸部隊沒有太大信心，絕對不要讓水兵登陸，他在10月2日晚上喊過，而一種嚴酷的宿命，卻要那樣明白表示出他的意見，在他眼前得到最悲慘的確證，這一失敗延遲阻礙了北方的行動，也對談判產生了影響。」[135]

並指出淡水戰役的失敗讓全軍都為之喪氣，原因是因為在戰前大家都認為這是一場：「軍事散步。」應該很快就可以取得戰果，但因為登陸作戰的部隊缺乏陸地作戰經驗，所以導致失敗，他認為並不是發給每個人海軍槍（kropatschek）就能夠使他們成為一位步兵[136]而滬尾的失利也影響法國原本希望能佔領基隆、淡水兩港的想法，因為淡水的失利而間接影響了談判結果：

> 「總理衙門正準備要屈服我們的要求，卻得知我們在淡水的登陸失敗了，而想從談判條件中刪除同意佔領福爾摩沙北部，該協議不再可能，10月8日嘗試登陸淡水的行動未再上演，此外中國人在那裡堅固了自己的防禦工事，並派

---

[134] 1884年12月24日《孤拔致海軍及殖民地部長密電》張振鶤主編《中法戰爭第6冊》中華書局2017年頁1143

[135] Loir Maurice (1852-1924)《L'Escadre de l'amiral Courbet, notes et souvenirs, par Maurice Loir, (Novembre 1885.)》1886

[136] Loir Maurice (1852-1924)《L'Escadre de l'amiral Courbet, notes et souvenirs, par Maurice Loir, (Novembre 1885.)》1886

了很多人去那裡，船隻只是靠在河口前面，封鎖了港口，直到簽署和平協議。」[137]

非洲兵團加諾（Garnot）步兵上尉，在著作《法軍侵臺始末》也談到關於敗戰原因，其中人數不足是一個不爭的事實但戰術方面也卻乏經驗：

「沒有任何前衛來保護戰線向前移動，不曾有過準備，便冒著那些，埋伏著有堅強掩護的中國狙擊兵的射擊，將戰線投入在一片困難而又未經探查過的土地。」

也談到部隊在混亂中開始射擊，且沒有統一指揮的能力，卻乏鎮靜，加諾談到清軍的實力不容忽視，他認為海軍槍手唯一任務就是對著敵艦的甲板與船橋射擊，大多都是短暫的軍事行動，加諾也提到不能讓海軍上岸面對有組織的敵軍：

「決不可讓他們登陸，而且軍事行動要受到艦隊大砲的掩護，並且要在沒有任何類似有組織的軍隊存在，某些幾乎可說是未開化的國度行之，學會了歐式操練，能夠散開、集合，從事潛伏射擊的中國人，對於海軍槍手已是太強了。」[138]

據白詩薇研究之譯文摘錄，法軍上尉杜博克（Emile Duboc）也針對淡水失利做出評論，海軍長年在艦上，習慣船艦上的工作

---

[137] Loir Maurice (1852-1924)《L'Escadre de l'amiral Courbet, notes et souvenirs, par Maurice Loir, (Novembre 1885.)》1886
[138] E.Garnot著，黎烈文譯《法軍侵台始末》臺北：臺灣銀行經濟研究室，1960年頁29

與戰鬥模式，而陸地作戰相對陌生可能是導致作戰失利的主因：
「閩江大捷後，淡水失利使我們驚慌失措，我們的海軍士兵因為過於勇猛而受害，他們那令人欽佩的表現以及帶來輝煌勝利的英勇，只有當他們在軍艦甲板上打仗時才充分發揮作用。」（白詩薇，2001，頁15）[139]

1885 年初法國政府透過清帝國總稅務司赫德傳達法國草擬的善後專條四款交由總理各國事務衙門詳閱，赫德指派助理金登幹於 1 月 10 日前往與法國政府磋商[140]，其中清帝國也囑咐金登幹表示不同意第三條禁運軍火至臺灣，原因是：「彼此停運軍火前往臺灣一節，但臺灣乃巡撫鎮道駐紮之地，尋常操防運解軍火，與戰事無涉，擬令赫德再與言明，不在停運之列。」[141]

善後專條四款：

一、中國奉旨允准津約，即將北圻各防營調回邊界，彼此停戰，由兩國速電各處軍營將官照行，以免歧誤，法國不得擾中國邊界。

二、中國之兵調回邊界之文一到，法國即開臺灣及北海封口，並派大臣前來會同中國所派之大臣商訂修好通商詳細條約，並訂法兵由臺灣回國日期。

---

[139] DUBOC, Émile 35 mois de Campagne - En Chine, au Tonkin - Courbet-Rivière白詩薇翻譯（1882-1885）國史館《二〇〇一年淡水學學術研討會歷史、生態、人文論文集》2001年頁15

[140] 中國近代經濟史資料叢刊編輯委員會，《中國海關與中法戰爭》（北京市：中華，1983年，第一版），頁188-201。國立台灣大學，《台灣歷史數位圖書館》，檔名：〈ntu-1811078-0018800201.txt〉

[141] 中國近代經濟史資料叢刊編輯委員會，《中國海關與中法戰爭》（北京市：中華，1983年，第一版），頁201-202。國立台灣大學，《台灣歷史數位圖書館》，檔名：〈ntu-1811078-0020100202.txt〉

三、兩國大臣會商之時，兩國言明彼此將調兵以及運軍火
前往臺灣等事停止不辦。

四、詳細條約商妥由兩國批准後，法國即將搜查海面兵船
全數撤回本國。

　　談判過程當中，3月底法國將軍尼格里（François Oscar de
Négrier）在廣西邊境鎮南關失利遭到馮子才軍團擊退並中槍一事
的消息傳出後，[142] 3月30日茹費理再度要求議會通過二億法郎和
五萬軍隊以備持續作戰，但議會最後對茹費理投下不信任票，內
閣因而辭職，而雙方進入談判草約階段，張之洞在給部屬的電
報中提及：「有旨停運渡臺軍火，暫勿運，稍俟之，和約成則
運，款局敗亦運。」顯示在尚未簽訂合約之前張之洞依舊保持警
戒[143]，1885年4月4日法國方面由外交部政務長官畢樂代表，清國
方面由金登幹代表商討停戰草約：「一、解除對臺灣的封鎖，和
停止敵對行動；二、延長自北圻撤兵日期；三、退出澎湖群島；
四、關於阻撓運米。」[144] 和議初步達成，法國也致電駐清公使巴
德諾，致電海軍中將孤拔解除封鎖並停止戰鬥：

　　「請告知李鴻章及赫德先生我們已電令孤拔將軍於四月十
　　五日停止戰爭，並立刻解除臺灣封鎖依約定日期停止戰鬥
　　並解除北海封鎖的命令亦已寄與我們在東京遠征軍團的司

---

[142] （清）李鴻章撰（清）吳汝綸編，《李文忠公全集一百六十六卷v.6》（台北市：
　　文海，1962年，精裝本），頁145。國立台灣大學，《台灣歷史數位圖書館》，
　　檔名：〈ntu-0801322-0014500145-0000001.txt〉

[143] 苑書義，孫華峰，李秉新主編，《張之洞全集（v.7）》（石家莊市：河北人民，
　　1998年，第一版），頁5035。國立台灣大學，《台灣歷史數位圖書館》，檔名：
　　〈ntu-2079347-0503505035-0000001.txt〉

[144] 中國近代經濟史資料叢刊編輯委員會，《中國海關與中法戰爭》（北京市：
　　中華，1983年，第一版），頁188-201。國立台灣大學，《台灣歷史數位圖書
　　館》，檔名：〈ntu-1811078-0018800201.txt〉

令。」[145]

5月3日兩廣總督張之洞，寄電給負責簽約的李鴻章希望他可以在簽約中據理力爭：

> 「雲、桂並捷，款議驟成，稍一堅持，臺口開矣，我兵既退，諸事難商，公老於戎行，何不慮此，今議詳約，萬望力爭，天下責望，惟在公也，近狀速示，以便籌備。」[146]

5月5日李鴻章回電給張之洞，他表示這些款項由內主持，暗喻條款方面可能已由慈禧太后決定，並專門由二赤來處理，這個二赤隱喻「赫」字，則可能是負責主導清法戰爭談判的總稅務司赫德（Sir Robert Hart），李鴻章表示雖然表面上是全權大臣，但只不過是奉命行事，也談到合約會在一個月左右完成：

> 「款議始終由內主持，專倚二赤，雖予全權，不過奉文畫諾，公徒責望，似未深知，月內外續約當成，臺、澎兵退，我亦必議裁遣　鴻。」[147]

張之洞認為赫德這樣的談判模式是有問題的，也就是雙方先撤兵而後議約，而如今越南諒山擊退法軍，法軍便來請和，若將北寧克復，臺北雖失，法軍也必定要還，如今要先撤兵回防，而

---

[145] 《法國黃皮書225號佛萊斯納致巴德諾1885年4月10日》張雁深譯
[146] 苑書義，孫華峰，李秉新主編，《張之洞全集（v.7）》（石家莊市：河北人民，1998年，第一版），頁5026。國立台灣大學，《台灣歷史數位圖書館》，檔名：〈ntu-2079347-0502605026-0000001.txt〉
[147] 苑書義，孫華峰，李秉新主編，《張之洞全集（v.7）》（石家莊市：河北人民，1998年，第一版），頁5026。國立台灣大學，《台灣歷史數位圖書館》，檔名：〈ntu-2079347-0502605026-0000002.txt〉

後議約，已經是為時已晚，最後雙方於 6 月 9 日正式簽約，但法國艦隊指揮官孤拔將軍於簽約後兩天即 1885 年 6 月 11 日已病逝澎湖 [148]。

> 「今諒山克，而法已請和，若北寧、興化克，臺北雖失，亦必還我，況不失乎，撤兵而後議約，悔之晚矣。」[149]

中法新約主要討論法國在越南的相關權利，以及與清帝國之間的邊境丈量，在第九款談到臺灣方面的議題：「此約一經彼此畫押，法軍立即奉命退出基隆，並除去在海面搜查等事，畫押後一個月內，法兵必當從臺灣、澎湖全行退盡。」[150] 法國政府一直不同意北上進逼旅順、天津等地原因，或許可從外交官查姆斯的（Francis Charmes）文章中可以略知一二背後的原因：

> 「雖然李鴻章有他的許多弱點，但在中國人談判上，他是對我們最有利的，他是最能給我們服務的，我們應當盡我們一切的努力，重新樹起他的威望，我們的意見正是這樣，還是不毀壞這個權威比較好些。」[151]

顯示法國了解若要談判成功，是盡量不要破壞李鴻章在朝廷的威望，所以或許也因為如此，法國始終沒有採取孤拔將軍的意

---

[148] 《法國黃皮書274號法國駐上海總領事館代理館務葛林德（Collin de Plancy）致法來西訥1885年6月18日》張雁深譯
[149] 苑書義，孫華峰，李秉新主編，《張之洞全集（v.7）》（石家莊市：河北人民，1998年，第一版），頁5037。國立台灣大學，《台灣歷史數位圖書館》，檔名：〈ntu-2079347-0503705037.txt〉
[150] 《中法會訂越南條約十款（中法越南新約）》光緒11年04月27日，910000046號，國立故宮博物院
[151] De Semallé, Quatre ans à Pékin, aoû 1880-août 1884, Le Tonkin1886

見北上進逼直隸、旅順、天津等李鴻章負責防區，而讓孤拔困戰在基隆，最後導致戰局日益艱困，而當時淡水與基隆戰況並不如法軍所預想的容易，反倒是遭遇了不小的困難，雖然在中法新約當中北臺灣淡水港、基隆港、澎湖島被排除在條約之外，但卻也承認法國成為越南新的保護國，清法戰爭中，清帝國與法國可以說是互有勝負，但最後依舊選擇放棄藩屬國越南之權利，讓與法國，也可說清帝國最後在外交戰上讓步了，此戰役也持續動搖清帝國在東亞的地位，清帝國在戰後也開始意識到臺灣海防建設的重要性，清法戰爭也促成臺灣從福建分省的主要原因。

六、日軍於淡水港的情資蒐集

　　根據當時日軍天城艦艦長海軍少佐東鄉平八郎與艦隊司令官松村淳藏少將的報告，日軍於 10 月 5 日上午 10 點 30 分從香港航行至淡水港外，抵達淡水港後也詢問了法軍相關的戰況，而後得知，在 10 月 2 日砲戰時清軍砲臺約回擊五、六發，法艦大致未損，日軍也得知淡水港北面山丘上有數個軍營與土壁，人數約三千餘人，也談到在 10 月 3 日法軍乘小汽船去勘測水雷，清軍引爆水雷，但未傷及法軍人員，10 月 5 日法艦約每三十分鐘朝淡水的砲臺攻擊，也有數艘艦艇從基隆過來淡水港支援作戰，法軍原定 10 月 6 日清晨五時三十分要向淡水港發動登陸作戰，但東北方黑雲漸起，海浪也較大，天氣轉為惡劣，於是暫時取消了登陸作戰 [152]，而當時的海軍參謀本部所編纂書籍《清佛海軍紀略》則有進一步談到關於淡水港的地勢與作戰情形，其中寫到淡水港河口的形貌如同一個漏斗狀，南岸八里河濱有不少的淤沙，

---

[152] 小笠原長生編《東鄉平八郎全集》第2卷平凡社昭和5頁228-231

北岸淡水方面則有較多石頭，內文還談到清軍的營地也就是新砲臺（按：今淡水高爾夫球俱樂部。）這個軍事要地，地勢層疊，溪澗縱橫，為一夫當關、萬夫莫敵之天然要害，10 月 8 日法軍約在九點時派出水兵六百名，從淡水港北面海岸登陸（按：今沙崙海水浴場。），大約在十點時向清軍堡壘攻擊，法國艦艇也用砲擊掩護隊伍登岸，但推進一段路之後，法軍遭到清軍力戰擊退，法軍死亡加上受傷約六十五名，而此時風浪漸大，法軍在後撤時頗為困難，[153] 因淡水行動失利，法軍即將施行海上封鎖，松村淳藏少將得知此事後，也用電報傳訊給海軍卿川村純義，讓軍政高層掌握戰爭的發展。[154]

　　日軍在 1885 年 5 月 14 日派遣磐城艦來到淡水港進行訪問，想要了解更多戰爭時的細節，紀錄寫到孫開華擔任幫辦臺灣軍務，年齡 46 歲湖南人，過去主要征戰太平天國，因為淡水之役擊退法軍之功，而讓世人所知，日軍也詢問孫開華去年的戰況，孫開華談到他親自指揮每個營，竭盡全力防禦敵人，最後在靠近海濱之處，對敵人先鋒隊展開了反擊，並抓獲士兵數十人，也包含了軍官，日軍談到孫開華談及此事時，神情為之振奮，也談及過去與太平天國作戰的經驗，孫開華談到他從軍 30 年，大小戰陣約 800 場（按：日軍對此數字感到難以置信。）日軍也談到孫開華之官邸位於淡水街入口處，房間有一張西式辦公桌，極為簡單，具有軍人簡潔率真的風格，除了拜訪孫開華外，日軍也去拜訪稅務司法來格，法來格與他們談到法軍當時約四、五百人，但清軍數量也不多，法軍登陸之後往白砲臺前進，孫開華眼見情勢危急，指揮團練、原住民兵勇，從側翼攻擊法軍並與正面清軍形

[153] 海軍參謀本部編纂《清佛海戰記略》明治21年七月頁44-45
[154] 清国派遣中艦隊司令官海軍少将松村淳蔵電報台湾封港ノ件番号：別00133100JACAR（アジア歴史資料センター）

成犄角之勢，擊退法軍，日軍在淡水港訪查時，也寫到清軍所持之武器，有德國的毛瑟槍（モーザル）美國的林明敦槍（レミングトン），而於當日也目擊有清軍手持法國的夏賽波槍（シャスポー）等槍枝[155]，日軍在離開之前，寫到孫開華是一位勇敢且聰明的人，在與外國人打交道時，非常的友善、親切、坦率沒有猜疑心，從日軍之文獻也可以得知，當時日本帝國對此戰役之想法，以及提供第三方觀點，英商陶德也於同日 5 月 14 日寫到：「有艘日本軍艦抵達淡水，其指揮官要求會見孫開華，見面時，雙方先是不免俗地寒暄一番，爾後才進入主題，傳聞該日軍指揮官表示，希望能參觀新砲臺和其他防禦工事，但孫將軍作為一位勇敢、忠誠、並且極度愛國的軍人，委婉地拒絕了。」[156]陶德的記載，也可以和日軍的報告做相互的印證。

小結

　　法軍在滬尾戰役爆發前，因為眾多西洋人社群在此生活與工作，所以法國政府一直猶豫著是否要攻打淡水港，但為了取得更進一步的戰果，命孤拔與李士卑斯，拿下淡水、基隆兩港，在10月2日使用砲擊的方式攻擊淡水港的兩座砲臺，淡水守軍也用火砲與法國艦艇鏖戰數回後敗陣，砲戰後法國試圖破解河口的水雷但以失敗告終，10月5日基隆的援軍抵達淡水，原定隔日10月6日清晨5點30分要進行登陸作戰，但天氣不佳取消行動，等於從10月2日至8日，讓清軍多了快要一周的時間備戰。

---

[155] 「6月29日磐城艦迴航記事進達の件」JACAR（アジア歴史資料センター）Ref. C10101766200、明治18年受号通覧巻16，8月分（防衛省防衛研究所）

[156] 歐尼基（Niki J. P Alsford）著；王若萱、李鎧揚、魏逸瑩、黃瀨任譯，《寶順洋行杜特在淡水的見證》初版臺北市：南天書局有限公司，2022年頁194

因河道封閉，法軍最後僅能選擇深入陌生地帶進行作戰，而清軍以臥虎吞羊之勢，指揮左、右翼包夾法軍，最後將法軍擊退，此戰雖是小規模的敗退，但對於戰局以及國際觀感均有不小的影響，也可從文獻發現，清法雙方持續在檯面下進行磋商，清帝國方面稅務司德璀琳試圖說服清政府應該盡速和談，避免將法軍擊退，以免法軍重整艦隊攻打港口，則可能損失更多。

　　我們也許會疑問，法軍若選擇從八里登陸是否會有不同的結果，歷史雖沒有如果，但八里軍力較為薄弱，也無大型砲臺，而法軍還是選擇了清軍核心的守備區域進行登陸作戰，顯示法軍可能期望快速取得成果，而在戰爭之後，滬尾前敵營務處李彤恩則因為向劉銘傳告急回援滬尾一事，準備面臨被彈劾的窘境。

　　此次將清國、日本、英國、法國以及淡水在地等各種觀點匯聚，希冀能更清楚描述這場戰役的各種面貌，而將每個主觀的說法與觀點呈現出來，似乎就能讓我們看見更客觀的歷史過程。

第四章｜李彤恩於清法戰爭後的危機

前言

　　清法戰爭期間李彤恩因為獨自連發三次告急文書請劉銘傳回援滬尾，以致基隆港遭法軍佔領，而此事也引發朝廷上下的抨擊，李彤恩因此遭到革職，本章主要探索李彤恩告急劉銘傳的事件起因，而在戰爭之後北臺灣各地也留下大大小小的歷史與傳說，北臺灣許多的廟宇至今也懸掛著與這場戰爭有關的匾額，並仍有許多紀念這場戰爭的祭祀活動持續進行著。

第一節：棄基保滬朝野抨擊

一、棄基保滬成職涯最大危機

　　在過去的研究當中，對於劉銘傳回防臺北而失基隆一事，已有許多的研究成果，本文則再次整理相關文獻，著重於李彤恩的部分，李彤恩在清法戰爭當中，受到較多討論的不是主持了填石塞港與安設水雷成功阻擋法軍，而是在1884年10月1日時連發三封

告急文書請求支援滬尾，而此事被當作一個內部疏失引發廣泛討論，從基隆通判梁純夫給臺灣道劉璈的信件，其中談到劉銘傳拔隊回援臺北的理由，梁純夫談到，十三日（按：西曆10月1日。）基隆獲勝，他在當天也跟章高元、曹志忠、蘇得勝等將領一同商討隔口要如何進剿，然而此時滬尾的營務處李彤恩，已經兩度發函，談到法軍明日定攻滬尾，其中李彤恩認為若單仰仗孫開華不派兵馳援，滬尾必失，法軍把隔日準備攻打淡水港的消息傳達給英方撤僑船、英領事與稅務司均得知此事：「領事費里德、稅務司法來格云，法人十四日十點鐘定攻滬尾。」而梁純夫又進一步談到李彤恩引用李鴻章電報：「又引李傅相電信，基隆兵單力弱，可守則守，不必強爭，此孤注為難，一連兩信所云大略如是。」也就是李彤恩寫到李鴻章認為不一定要死守基隆，而根據梁純夫之說法，此時收到兩封告急文書的劉銘傳尚未有拔營回援之意，但到深夜時又收到第三封八百里排單告急文書，此時梁純夫寫到劉銘傳指示回防艋舺，各將領雖不願但仍拔隊回防：「漏夜密傳章、曹、蘇三軍門即時拔隊下艋舺，經各軍門力求而帥意不肯，仍飭拔隊各統領無可如何，不得不勉遵將令。」此時梁純夫聽聞拔隊，建議劉銘傳暫緩拔隊：「待兩、三日後看滬尾信息如何再行打算，並回以孫提督係久經戰陣有勇之人，兼有劉統領新勇營弁另柳泰和一營，李彤恩三百豈不能為一日之守，不日新勇到又多生力數百，總請放心。」梁純夫趕在大軍抵達臺北前，10月2日上午趕往會見臺北知府陳星聚詢問滬尾戰況，其中談到：「孫軍門勇氣異常，法人泊口之船不敢登岸，卑職隨與陳守會銜飛稟爵帥，請其傳令各隊伍仍回基隆，但大隊早發已不及矣。」也就是滬尾沒有被攻破，而且法軍也尚未登岸，但大軍已回，已經來不及再回去基隆了，並談到李彤恩與孫開華之間不合的問題：「此事之誤皆由李彤恩不滿意於孫軍門，專講孫軍門壞話，

甚至謂孫軍門三營之勇不及五百人，且斷不能戰，以致將爵帥之心搖惑，直令數月苦守苦戰之功廢於一旦。」而且失基隆之責應當由李彤恩來承擔責任：「皆誤於李彤恩之張皇妄報，不斬李彤恩無以謝臺北及基隆百姓矣。」由此開始關於「棄基保滬」一事受到一連串的討論。[1]收到梁純夫訊息的臺灣道劉璈也對此事感到不滿：「前敵營務處李守彤恩密稟爵帥云，滬尾將弱兵單，萬不可靠，等語，時已三更，爵帥傳令拔隊齊起，馳回郡城，以救滬尾，為專顧後路。」也寫到：「臺北人心頗亂，現經朱道及紳士等力請爵帥，已准曹統領調往七堵駐紮，以圖進復。」而其中提到朱守謨，也顯示劉璈與朱守謨有較為密切之聯繫，[2]而當時被派到淡水與基隆調查情報的探報委員楊文燦記載：

> 「接得滬尾前敵營務處李八百排單，驚悉滬尾吃緊求救，帥意以滬尾離府城不滿三十里，恐府城有變，隨即回城扼守；而將軍裝先運入城，並分兵一半往援滬尾，其餘一半兵丁退至七堵防守。」[3]

而失基隆一事也開始傳到朝廷官員的耳中，其中內閣學士兼禮部侍郎銜周德潤也寫到：「忽於八月十四日聽信委員李彤恩捏稟，以淡水危急竟棄基隆不顧。」周德潤也舉滬尾不需劉銘傳救援就已擊退敵軍：「查二十日淡水大捷，孫開華力足殲敵，其不待劉銘傳之救明矣。」並質疑劉銘傳駐守於淡水郡城（按：臺北府城。）卻不到前線指揮：「主帥安居淡水郡城，軍士露處胡天

---

[1] 王彥威輯編，《清季外交史料（v.2）》（台北市：文海，1964年，再版），頁392-393。國立台灣大學，《台灣歷史數位圖書館》，檔名：〈ntu-0863577-0039200393-a001.txt

[2] 劉璈（1958）。巡臺退思錄。臺北市：臺灣銀行經濟研究室。頁284-285

[3] （1968）。述報法兵侵臺紀事殘輯。臺北市：臺灣銀行經濟研究室。頁46

嶺上，不能身先士卒，欲其力挫兇鋒也，得乎此性躭安逸。」是否是為了等待和局所以觀望戰局：「難保非希冀和局之成，以為息肩之地，此意存觀望。」[4]

在福建坐鎮的左宗棠也加入討論，收到從臺灣來的軍情後也對此做出評論：

> 「始知八月十三日基隆之戰，官軍已獲勝仗，因劉銘傳營務處知府李彤恩帶兵駐紮滬尾，平日以提督孫開華諸軍為不能戰，是夕三次飛書告急，堅稱法人明日來攻滬尾，兵單將弱，萬不可靠，劉銘傳為其所動，遽拔大隊往援，而基隆遂不可復問，其實二十日滬尾之捷，仍係孫開華諸營之功；即無大隊往援，亦未必失滬尾也。」

左宗棠認為從淡水大捷的戰況顯示，孫開華或許不需要劉銘傳之回援也能抵擋法軍，並認為李彤恩為罪魁禍首：「李彤恩不審敵情，虛詞搖惑，基隆久陷，厥惟罪魁，擬請旨將知府李彤恩即行革職，遞解回籍，不准逗留台灣，以肅軍政。」[5]總理各國事務衙門鴻臚寺卿鄧承修整理基隆通判梁純夫與淡水新關稅務司法來格之情報時，也表達自己對於此事之看法：「徒以知府李彤恩與孫開華同往軍滬尾，挾其宿怨飾詞告急，簧鼓眾心，劉銘傳驟為所惑，遽令撤師，將士雨泣百姓遮道攀留莫及，關稅務司來稟，西人言之尚為憤懣。」再次提及孫、李不合，但對於李彤恩引李鴻章之密電這點鄧承修就持保留態度，他也提到許多的傳聞

4　《光緒朝月摺檔》（台北市，故宮博物院藏）。國立台灣大學，《台灣歷史數位圖書館》，檔名：〈ntu-GCM0021-0007700079-0000586.txt〉
5　中國史學會主編，《中法戰爭v.6》（上海市：上海人民出版社，1957年，新1版），頁179-181。國立台灣大學，《台灣歷史數位圖書館》，檔名：〈ntu-1816856-0017900181.txt〉

例如上述：「李傳相私電劉銘傳，謂基隆可守則守不必強爭。」
他認為：「虛實均應根究。」也就是尚未下定論，並希冀朝廷派
遣前陝甘總督楊岳斌前往調查。[6]

劉銘傳回應棄基保滬一事

劉銘傳在《奏為法船併犯臺北基隆滬尾同時危急移師保顧
後路並接仗情形由》奏摺當中可以得知劉銘傳的想法，[7]首先劉
銘傳使用的詞語就很值得注意，他使用的是「移師保顧後路」一
詞，首先談到劉朝祜的部隊載運江陰淮勇的船雖然抵達，但因風
浪問題未成功登岸，其他運輸船部分由新竹上岸，但至今都尚未
抵達滬尾口，也談到基隆方面作戰的狀況：

> 「敵兵千人於口門外之西山登岸，恪靖營營官陳永隆、武
> 毅右軍營官畢長和，各帶勇百餘名接戰，往復衝盪，相持
> 兩時之久，敵軍復從山頭抄擊，章高元、陳永隆等退出山
> 口，拚命抵禦，直至酉刻，敵人猛撲我隊，復經陳永隆等
> 擊退，斬法酋一名，我勇傷亡百餘人。」

就在兩軍相持之際收到滬尾敵船五隻，直犯口門，而滬尾地
區，砲臺尚未完工，只有安砲三尊、以保沉船，劉銘傳認為若不
回防，恐臺北府城遭到攻佔則功虧一簣：

6　洪安全總編輯，《清宮洋務始末臺灣史料（v.3）》（台北：國立故宮博物院，
　　1999年，第一版），頁1841-1854。國立台灣大學，《台灣歷史數位圖書館》，
　　檔名：〈ntu-2092609-0184101854.txt〉
7　劉名譽，《越事備考（四庫全書未收書輯刊）v.7》（北京市：北京，2000年，
　　第一版），頁155-156。國立台灣大學，《台灣歷史數位圖書館》，檔名：〈ntu-
　　2046287-0015500156.txt〉

「滬尾又被急攻，基隆絕無兵力可分，而滬尾為基隆後路，離府城只三十里，僅恃一線之口，藉商船稍通，聲問軍裝糧餉盡在府城，儻根本有失，則前軍不戰立潰，必至全局瓦解，不可收拾，不得已止有先其所急。」

所以採取「移師顧守後路」，最後談到臺北局勢以成坐困，他未能保住基隆海口，咎無可逃，請求從重治罪，以示嚴懲，隔年1885年初（光緒十一年）從劉銘傳戰情相關奏摺中，可以得知他的戰略方針是固守待援，來消耗想要速戰的法軍戰力：

「若為基隆一隅之地而失臺北大局，獲咎更重法兵，勞師遠涉利在速戰，久亦不支，我軍惟固有守待援相機進取，此臣因海島孤懸，兵單餉乏，接濟為難，期保危局。」[8]

1885年（光緒十一年）劉銘傳在《復陳臺北情形請旨查辦李彤恩一案以明是非摺》[9]針對各方的評論展開解釋，他談到滬尾的兵力稀少：「滬尾只孫開華三營，劉朝祜一百餘人，並張李成新募土勇一營。」並且防禦工事尚未完工，而砲臺尚未完工這點，則與英國領事提及9月中，新砲臺完工劉銘傳來巡視的說法有所不同，顯示雙方對於砲臺是否完工的看法不一：

「砲臺尚未完工，又無營壘，地勢坦平，無險可扼，危

---

8   《光緒朝月摺檔》（台北市，故宮博物院藏）。國立台灣大學，《台灣歷史數位圖書館》，檔名：〈ntu-GCM0021-0013600138-0000605.txt〉

9   劉銘傳撰，《劉銘傳文集》（合肥市：黃山書社，1997年，），頁63-70。國立台灣大學，《台灣歷史數位圖書館》，檔名：〈nthu-c286391-0006300070.txt〉

迫情形,不待旁言,臣早已憂慮及之,曾函致孫開華、李彤恩,如果敵犯滬尾,臣即撤基隆之守來援。」劉銘傳認為:「十二日(按:9月30日。),孤拔率大幫兵船進口,臣料敵兵必由仙洞登岸,當同曹志忠等密商,如敵兵明日戰後,即繫仙洞,則不致遽攻滬尾;如戰後收隊下船,我軍即須預備回援滬尾,以保後路。」

隔天劉銘傳表示陸續接到:

「孫開華、李彤恩、劉朝祜先後來信,俱稱法船五隻直犯口門,升旗開炮。臣同孫開華、李彤恩已有成約,無用李彤恩虛詞搖惑,左宗棠疏稱李彤恩三次飛書告急,即孫開華、李彤恩、劉朝祜三人三次之書,非李彤恩一人之書也。」

也就是劉銘傳方面寫到飛書傳信非李彤恩一人之書,而他也對眾人指責他倉促拔隊一事做出回應:

「當即傳令拔隊,惟四十磅大炮二尊,不能運動,埋於山下,其餘軍裝鍋帳,以及傷病勇丁,毫無遺棄,若果因李彤恩三次飛書告急,倉猝拔隊退回,軍裝焉能毫無遺失。」

劉銘傳認為讓敵人上岸,使其分兵讓滬尾不致於遭到敵軍全隊攻擊:

「基隆退後,敵兵上岸住營,兵勢已分,往攻滬尾,不

足千人，若不撤基隆之守，敵必全隊攻犯滬尾，無兵往
援。」

　　劉銘傳進一步談到孫開華的部分，表示孫開華雖然驍勇善
戰，但也不能完全保證滬尾不失，也針對 10 月 8 日滬尾戰役做
出分析：「雖提臣孫開華驍勇敢戰，器械不敵，眾寡懸殊，何能
保其不失。」他也對於左宗棠提及若敵人進攻滬尾，地方官員會
通報等語作出回應：「五里安設一站往來通信，尚恐聞警應援不
及，若俟地方官稟報，必至滬尾失後，敵至臺北城下，方能回
援。」劉銘傳認為就算五里安設通信站，經過時間的傳遞，敵人
必定已經攻陷滬尾，而進逼到臺北城下，要回防也來不及，還有
關於左宗棠、陳星聚提及為何不反攻基隆，劉銘傳則以軍民俱病
來回應：

　　「時值疫氣染至臺北、滬尾一帶，軍民俱病，提臣孫開
　　華、署臺灣鎮總兵章高元、總兵柳泰和等，俱抱重病，曹
　　志忠六營營官，無不病者，臣隨從文武員弁日殞數人。」

　　也指出，單使用陸軍之力將法軍逐出，若不能使法船離港也
是徒勞：「且敵營據山傍海，兵船聚泊其下，若不能逐其兵輪出
口，縱窮陸師之力，攻亦徒攻，克猶不克。」劉銘傳也引地方官
員之說法，來回應尚未反攻基隆的原因：「皆陳、劉二人明白曉
暢，見將士多病，土勇尚未募齊，器械缺乏，俱知不能前進。」
北臺灣在地仕紳陳霞林以及淡水縣知縣劉勳可能與他立場較為接
近，抑或無論自願或非自願的為移師保後路一事背書，劉銘傳為
李彤恩緩頰，並談到他起用李彤恩的原因是孫開華稱他有才能懂
洋務：「本係滬尾通商委員，臣到臺北，提臣孫開華稱其辦事勤

能，熟悉洋務。」但初見李彤恩時正好他生病，還是委任其兼辦滬尾營務處，並表示若沒有李彤恩提議填塞河口，後果將苦不堪言，李彤恩亦有招募土勇張李成以及協助北臺灣籌款等功勞回應左宗棠等人，還有指責原是臺北營務處但在戰爭期間請假離營的朱守謨聯合劉璈一同攻擊他：「朱守謨挾嫌傾陷、顛倒是非之言，率行奏參。」[10]

朱守謨請病假離去

　　道員朱守謨為劉銘傳於上海時遇見的人員，劉銘傳渡海時同行人員甚少，所以在上海又多請了兩個人員隨行，一位是朱守謨一位是羅廷玉，劉銘傳命朱守謨擔任臺北的營務處，掌管調度物資及聯繫，一開始兩人的合作是順利的，但根據劉銘傳之說法來到臺灣之後他結識了滬尾通商委員李彤恩，認為他素有幹才、勇於任事，命其辦理營務以及沉船塞口一事，因為劉銘傳欣賞李彤恩，他談到只要對李彤恩稍微重視，朱守謨就感到不快：「李彤恩堅辭薪水，辦事認真，臣應稍為優視，該道憤甚，嫉之如仇，遇事齟齬，已非一日。」而讓朱守謨與劉銘傳正式分裂的主因則為，基隆退守一事，劉銘傳指責朱守謨散播謠言：

> 「基隆退守，該道遂造言傾陷，遍告紳民，謂基隆未敗忽退，皆李彤恩得銀數十萬，賣於法人。」

　　朱守謨在臺北城散播基隆之所以會撤退是因為李彤恩得銀

---

[10] 劉銘傳撰，《劉銘傳文集》（合肥市：黃山書社，1997年，），頁63-70。國立台灣大學，《台灣歷史數位圖書館》，檔名：〈nthu-c286391-0006300070.txt〉

十萬，所以透過加急文書使劉銘傳回防臺北，讓法軍可以輕易佔領基隆，朱守謨也因與李彤恩關係不佳，遂直接請假離開臺北，劉銘傳稱其：「臣因其宦氣過深，留之轉累，准其給假。」因北部遭到封鎖，朱守謨繞往臺南，而後前往福州省城，劉銘傳認為當時在福州的左宗棠，止期盼能多了解臺灣戰事，又有朱守謨來報，遂而相信朱守謨之詞，除了造謠李彤恩得銀十萬以外，劉銘傳也談到朱守謨擅自大修公館住宅動用庫銀兩百餘，以及在戰時花銷過大揮金如土等語，但是否為事實，可從日後楊岳斌的調查來相互檢視：

> 「月給薪費銀一百五十兩，稍慰其私，該道素性奢侈，揮金如土，未及一月，即稟稱薪費不敷火食用度，月需銀三百餘兩，聲明實報實銷，不能限制，當經批駁，月增公費銀五十兩，旋即請歸，語多不遜，因見臺軍危迫，規避敵鋒。」

朝廷得知此事之後認為造謠茲事體大需要詳細調查此案：

> 「參該員招搖播弄及傾陷李彤恩各節，如果屬實，厥罪更重，非永不敘用所能蔽辜，著楊岳斌即將朱守謨飭提赴臺，歸入前案秉公研究，孰是孰非，務得確情，奏明嚴行懲辦，不准稍涉偏私。」[11]

---

[11] 劉銘傳撰，《劉銘傳文集》（合肥市：黃山書社，1997年，），頁360-362。國立台灣大學，《台灣歷史數位圖書館》，檔名：〈nthu-c286391-0036000362.txt〉

孫開華與左宗棠回應劉銘傳之說詞

棄基保滬一事的爭議持續延燒，終於也讓負責指揮滬尾戰役取得勝利的孫開華感到不滿，孫開華透過左宗棠寫了一封密函談棄基保滬，孫開華對於劉銘傳輕棄基隆感到不滿，而後劉銘傳又在奏摺中突顯防禦滬尾的功勞，孫開華談到：

> 「為保李彤恩守彤恩，不獨將滬尾戰功一筆抹殺，且欲將輕棄基隆之罪硬坐防滬之人，比以軍務孔亟，滬防各營餉糈、槍械皆需取給於伊，未便與之齟齬，致有掣肘，轉誤大局，且以朝廷明聖，終難欺罔，是以隱忍至今。」

由孫開華之文字顯示，他與劉銘傳雖同時辦理臺北軍務，但實際上掌握糧餉與槍械的則是劉銘傳，所以孫開華在棄基保滬一事過後，還是不願與其爭吵，憂雙方爭吵，會貽誤大局，故一直忍耐至今，也談到劉銘傳後撤一事，臺北人人皆知：「亦以當日情事，臺北婦孺皆知終。」並且有多位證人都還在臺灣，如慶祥營曹志忠、恪靖、巡緝營陳永隆以及臺北府陳星聚、基隆廳梁純夫、艋舺營參將張欣、淡水知縣張景祁等，如果一一探詢應不難得知真相，[12]左宗棠在戰爭之後，再度針對此事上奏給朝廷，左宗棠談到劉銘傳所提及的三次飛書告急分別為李彤恩、劉朝祜、孫開華等，因為左宗棠提及自己不在臺灣，所以無法確定劉朝祜是否有發信求援，但左宗棠表示，孫開華本人並未發信告急，並

---

[12] 中央研究院近代史研究所，《中法越南交涉檔（v.5）》（台北市：中央研究院近代史研究所，1962年，影印本），頁2946-2947。國立台灣大學，《台灣歷史數位圖書館》，檔名：〈ntu-0804129-0294602947-0001644.txt〉

提及孫開華認為李彤恩時常接觸洋人，所以不想與他討論軍務：

> 「孫開華咨中有李彤恩未歷戎行，不諳軍務，平日與西人
> 最稔，恐軍機洩漏，並未與講求戰事。」

孫開華認為與李彤恩討論軍情恐有洩密之虞，顯示孫、李不合這點較可以確定，左宗棠也說滬尾開戰時孫開華並未與李彤恩見面，因為那時李彤恩已在關渡，而這裡的滬尾開戰之時可以推測為 10 月 1 日至 2 日這段時間，棄基保滬一事也發生在這個時間點左右，從孫開華所述，他表示於夜間接到艋舺營參將張欣的軍情，表示基隆防軍盡退回郡城也就是臺北，並聽聞李彤恩有三次飛書告急之事，左宗棠說孫開華當即傳訊給劉銘傳告知：「滬防無恙，請督諸軍折回，迅圖規復。」所以當天僅有章高元所部百餘人在滬尾助剿，其餘兵力仍在水返腳一帶（按：今汐止。），而左宗棠表示，劉銘傳說五里安設一站傳遞軍情速度過慢，所以拔隊回防臺北以保後路，但為何李彤恩多次告急文書可以迅速抵達，他認為劉銘傳是在為李彤恩掩飾，左宗棠最後再次談到李彤恩之身分背景他認為李彤恩不懂軍務，劉銘傳反用他為營務處，差點誤了臺北大局：

> 「李彤恩曾充晉江縣葉丙霖家人，後過臺灣，充當滬尾海
> 關書辦，性情巧滑，閩省無人不知，孫開華與該革員同駐
> 滬尾，謂其不諳戎機；而劉銘傳反用之為營務處，且信其
> 屢次虛詞搖惑，致誤臺北大局，臺北紳民言及李彤恩，即
> 為切齒。」

李彤恩告急一事加上劉銘傳後撤，左宗棠認為劉銘傳有失地

之責：

> 「故也劉銘傳失地辱國，其罪遠過於徐延旭、唐炯，不知惶
> 悚待罪，反欲以棄基援滬自託於顧全大局，李彤恩貽誤軍
> 情，臺北軍民共聞共見，反為多方粉飾，變亂是非，在劉銘
> 傳不過為李彤恩粉飾一分，即可自為開脫一分，而以畏敵之
> 一念，遂至於誤軍，以文過之私心，遂至於罔上。」

　　然而最後朝廷給左宗棠的回覆是：「劉銘傳倉猝赴臺，兵單
餉絀，雖失基隆尚能勉支危局，功罪自不相掩，該大臣輒謂其罪
遠過於徐延旭、唐炯，實屬意存周內，儗不于倫，左宗棠著傳旨
申飭，原摺擲還。欽此。」也就是朝廷認為劉銘傳雖失基隆但能
勉強支撐戰局，而把左宗棠之彈劾奏摺退回。[13]

二、楊岳斌渡海查案

　　清政府在得知了李彤恩與朱守謨一案後，派遣前陝甘總督楊
岳斌來臺灣調查兩案，一為李彤恩三次飛書告急一案，二為朱守
謨指責李彤恩收賄一案及朱守謨在戰爭期間告假內渡，根據楊岳
斌之調查，他談到李彤恩雖知滬尾兵力單薄，但不知孫開華之軍
力就足夠防守，雖知道臺北為重，卻不知道失掉基隆難以迅速收
回，他認為李彤恩應非捏造情資，而是因為非軍人身分而過度緊
張所致：「實由平日未聞軍旅，臨事即倉皇失措，似與捏造虛詞
意圖搖惑者有別。」朱守謨一案方面，楊岳斌在福州曾接見過朱

---

[13] 中國史學會主編，《中法戰爭v.6》（上海市：上海人民出版社，1957年，新
1版），頁507-510。國立台灣大學，《台灣歷史數位圖書館》，檔名：〈ntu-
1816856-0050700510.txt〉

守謨向他探詢臺灣之情況，朱守謨談到他沒有從滬尾離臺是因為滬尾港口已封鎖，所以繞道從臺南內渡，沿途經過新竹、彰化、嘉義等地，並衍伸出一些費用如請人抬轎之費以及與地方官員餐食之費用，也談到劉銘傳指責其盛修公館一案，因當時臺北府正在興建行臺，動用費用為洋銀二百二十九元四角還有行臺至軍裝局修鋪石路用洋銀五十八元五角均列冊在案，由臺北城工委員方學李辦理，檔案現存臺北府署當中，而朱守謨當時正好住在行臺當中，所以有自行修建公館之嫌：「朱守謨暫寄行臺，致有盛修公館之嫌。」但朱守謨身為營務處卻在基隆軍情萬分緊急之時請病假內渡就醫這點則無法被原諒：「朱守謨身任營務處，當基隆軍情萬緊之際，自應力疾從公，而輒乞假內渡就醫，規避之咎，實無可辭。」朱守謨也向楊岳斌談到關於與李彤恩相處之部分他認為：「李彤恩人小有才，難與為伍。」但未聽聞朱守謨指控李彤恩收洋人十萬之事，楊岳斌認為李彤恩辦理通商多年，在臺北危急、滬尾吃緊時不免遭到他人毀謗，應非朱守謨之造言構陷，清廷最後分別裁定兩人：「李彤恩著即驅逐回籍，不准逗遛臺灣，朱守謨著即革職，永不敘用。」也就是兩人均被革職處置，朱守謨又更嚴重一些遭到永不錄用之懲處。[14]

劉銘傳因為李彤恩遭到革職處分，用密奏方式再度回應關於孫開華、左宗棠、劉璈方面對李彤恩之指責，劉銘傳談到，湘系等人認為不需回防，孫開華就能獨保滬尾，對於這點他感到不滿，他談到孫開華當時幫辦臺北軍務，三營分別駐紮基隆、淡水（按：臺北。）、滬尾，其中營官楊龍標營務廢弛，而且在8月初的基隆之戰時，未戰即後撤十餘里，遭到劉銘傳摘去頂戴，而後派其去燒毀八斗子煤礦，劉銘傳將其統管部隊併入滬尾，讓楊

[14] 奏摺楊勇慤公奏議前陝甘總督楊岳斌光緒11年6月5日（1885）國立台灣大學，《台灣歷史數位圖書館》：檔名〈ntu-0862939-0004800050.txt〉

龍標的隊伍去修築砲臺：「自六月十二日興工至七月底，尚無一分工程。」尚無一分工程的說法或許有待商榷，但確實工程進度較為緩慢，才會在最後一刻還在修築砲臺，因為楊龍標在接戰時後撤，劉銘傳將此事告知孫開華，也將其撤換，換成李定明、范惠意接管部隊並提及孫開華與楚、淮部隊相處不和等問題：「孫開華始將楊龍標、向興貴兩營官時撤換，以李定明、范惠意接帶三營，共領毛瑟槍五百桿。」接著也談到關於孫、李之間的關係，劉銘傳談到孫開華與李彤恩同居一室，李彤恩負責填塞海口等事務，最後寫到他認為孫開華若打土寇可能還可以僥倖成功，但若面對海疆事務，也就是如清法戰爭這樣的事件，憑藉他的血氣之勇，未來恐貽誤大局，從種種文字也可以看到劉銘傳與孫開華之間的嫌隙頗深。[15]廣東籍的文人羅惇曧評論此事件，是因朝廷正要倚重劉銘傳處理臺灣事務，又不願意指責左宗棠，故負責調查棄基保滬事件的楊岳斌也避免得罪雙方，所以用模稜兩可之詞來回覆朝廷：「是時朝廷方倚銘傳，又不欲正左宗棠之誤，楊岳斌遂以囫圇之詞覆奏。」[16]

三、追尋棄基保滬與撤基援滬之問題根源

在過往的研究當中對於此事件多有研究與討論，本文的主題為李彤恩，筆者從李彤恩的角度試圖探索此事件的根源，首先來談孫開華與李彤恩的關係，從基隆通判梁純夫：「此事之誤皆由李彤恩不滿意於孫軍門，專講孫軍門壞話。」[17]，臺灣道劉璈：

[15] 《光緒朝月摺檔》（台北市，故宮博物院藏）。國立台灣大學，《台灣歷史數位圖書館》，檔名：〈ntu-GCM0022-0032700329-0000676.txt〉
[16] 廣雅出版有限公司編《中法戰爭文學集》廣雅出版社1982年頁321
[17] 王彥威輯編，《清季外交史料（v.2）》（台北市：文海，1964年，再版），頁392-393。國立台灣大學，《台灣歷史數位圖書館》，檔名：〈ntu-0863577-

「前敵營務處李守彤恩密稟爵帥。」[18]，劉璈使用密稟一詞，還有因為不滿李彤恩而脫離劉銘傳請病假前往府城後內渡的臺北營務處朱守謨向劉璈等人訴說李彤恩一事，強化了李彤恩在這個事件的責任問題，並提及他個人覺得李彤恩這個人的個性：「李彤恩人小有才，難與為伍。」[19]，這三個訊息來源為臺灣島上的幾個重要說法，而後這個說法也陸續傳到清帝國本土，如禮部侍郎周德潤特別用「捏」稟也就是他認為有捏造事實之嫌：「忽於八月十四日聽信委員李彤恩捏稟，以淡水危急竟棄基隆不顧。」鴻臚寺卿鄧承修也寫孫、李不合：「李彤恩與孫開華同往軍滬尾，挾其宿怨飾詞告急，簧鼓眾心。」[20]，人在福建的左宗棠也直接點名李彤恩是棄基保滬的罪魁禍首：「李彤恩不審敵情，虛詞搖惑，基隆久陷，厥惟罪魁。」[21]而孫開華本人表示：「李彤恩未歷戎行，不諳軍務，平日與西人最稔，恐軍機洩漏，並未與講求戰事。」[22]，這個部分就顯現出，兩人溝通已經產生極大的問題，並根據左宗棠之說法：

> 「當敵犯滬尾，孫開華靜以待之，並無隻字乞援等語，又稱當滬尾開戰之時，李彤恩先已潛回關渡，孫開華親臨前敵，既未與之晤面，亦未據有稟緘，忽於是夜接據艋舺營參將張欣單報，基隆防軍盡退回郡城。」[23]

0039200393-a001.txt〉

[18] 劉璈（1958）。巡臺退思錄。臺北市：臺灣銀行經濟研究室。頁284-285
[19] 楊岳斌（1959）。楊勇愨公奏議。臺北市：臺灣銀行經濟研究室。48-50
[20] （1968）。清奏疏選彙。臺北市：臺灣銀行經濟研究室。頁91-93
[21] 王彥威輯編，《清季外交史料（v.2）》（台北市：文海，1964年，再版），頁404-405。國立台灣大學，《台灣歷史數位圖書館》，檔名：〈ntu-0863577-0040400405.txt〉
[22] 洪安全總編輯，《清宮洋務始末臺灣史料（v.3）》（台北：國立故宮博物院，1999年，第一版），頁2121-2129。國立台灣大學，《台灣歷史數位圖書館》，檔名：〈ntu-2092609-0212102129.txt〉
[23] 中國史學會主編，《中法戰爭v.6》（上海市：上海人民出版社，1957年，新

孫開華表示李彤恩不諳軍務而且與西方人特別熟識，與他交談軍務恐有洩密之虞，所以未與他商討軍務，而左宗棠說孫開華在滬尾開戰時並無與李彤恩會面，也沒有留有任何信函，並說當他知道基隆軍隊撤回臺北時，是透過艋舺營參將張欣得知，所以根據以上文獻所得出的跡象，滬尾戰役前孫、李已經不合，而孫開華表示並不願與李彤恩商討軍務，而當時法軍在 10 月 1 日宣告 24 小時後即將砲擊淡水，所以 2 日的 10 點就是關鍵的時刻，左宗棠、孫開華異口同聲表示，並未與李彤恩見面，所以李彤恩可能在滬尾或退回關渡時連續發信給基隆的劉銘傳，又根據基隆通判梁純夫在基隆劉銘傳營中看到李彤恩來信之內容其中談到：「領事費里德稅務司法來格云，法人十四日十點鐘定攻滬尾。」[24]一事，所以 2 日法軍必定攻打滬尾，劉銘傳猶豫至夜間回防臺北而失掉基隆，所以在這個過程當中可以看到劉銘傳在奏摺中談到：「臣同孫開華、李彤恩已有成約，無用李彤恩虛詞搖惑。」[25]孫開華是否有與劉銘傳約定一事較無法證明，但由李彤恩積極飛信傳書的行動，顯示李彤恩與劉銘傳可能有事先約定，所以劉銘傳才會在法軍確定攻滬尾時回防臺北，且可能排除孫開華戰勝的可能性，而孫開華與李彤恩兩人雖然共同防禦滬尾，且李彤恩為滬尾營務處，孫開華的情報管道卻不是李彤恩，而是艋舺營參將張欣，顯示孫開華在戰前與李彤恩的關係已經產生問題，1884年（光緒十年）年初時法軍戰艦來到基隆換煤的事件，李彤恩將事件始末，匯報給劉璈，當時都還能順暢溝通，且過去李彤恩在

1版），頁507-510。國立台灣大學，《台灣歷史數位圖書館》，檔名：〈ntu-1816856-0050700510.txt〉

24 王彥威輯編，《清季外交史料（v.2）》（台北市：文海，1964年，再版），頁392-393。國立台灣大學，《台灣歷史數位圖書館》，檔名：〈ntu-0863577-0039200393-a001.txt〉

25 劉銘傳撰，《劉銘傳文集》（合肥市：黃山書社，1997年，），頁63-70。國立台灣大學，《台灣歷史數位圖書館》，檔名：〈nthu-c286391-0006300070.txt〉

淡水港工作 20 餘年來也都受到福建省官員的讚賞，因為清法戰爭的關係，劉銘傳抵達臺北指揮作戰，並任命李彤恩為營務處開始，臺灣方面的派系對於李彤恩的態度可能有所轉變，而在戰爭情勢緊繃下，李彤恩與孫開華之間的信任危機，導致出現未經孫開華同意就告急劉銘傳回防，劉銘傳也寫到孫、李的關係：

> 「孫開華毫不預聞，七月間敵信日緊，臣函囑李彤恩轉勸孫開華整頓隊伍，速修砲臺營壘并請其住營督防，李彤恩屢言不聽。」[26]

內文不一定能完全反應事實，如砲臺營壘方面孫開華亦有在積極整建，但也可呼應孫、李之間的問題，事後數個月兩方針對棄基保滬或者移師保顧後路之爭，而針鋒相對，筆者認為此事的根源或許不在基、滬或臺北之孰輕孰重，而是在於滬尾戰場當中孫、李在溝通上的問題，而讓李彤恩僅能獨自決定將告急訊息傳給劉銘傳，導致這樣的結果，而棄基保滬事件後孫、李之間是否還有聯繫？從孫開華與朱守謨聯繫之內容談到：「十六日（按：西曆10月4日。），接李迪臣（按：李彤恩字迪臣。）兄函知法人簽字，英領，法軍擬今晚明早上岸云云。」[27] 顯示後撤事件之後，李彤恩可能持續辦理滬尾營務，亦擔任清軍與英國領事之聯繫管道，而李彤恩除了因為棄基保滬一事遭到圍剿外，亦可能因為提出填石塞港計畫，而讓多國洋商感到不滿，從清帝國英國籍總稅務司赫德的說法或許可略知一二：

---

[26] 《光緒朝月摺檔》（台北市，故宮博物院藏）。國立台灣大學，《台灣歷史數位圖書館》，檔名：〈ntu-GCM0022-0032700329-0000676.txt〉
[27] 陳琴蘆，〈臺北基隆滬尾中法之役的史料〉，《大風半月刊》89期（1941），頁2991-2993

「今中國堵口，各國有三層意思：一、沉石堵口，一時不能即開；二、有礙各國商務；三、於中國亦無益。」[28]

顯示外商也透過總稅務司表達對於封港的不滿，但沉石堵口安設水雷，成功阻擋法軍船艦入港，但對於不同立場、想法的人，許多的措施，也會產生截然不同的看法，這也是清法戰爭中值得讓人深思之處，而孫、李就算有不合的問題，在孫開華督戰有方，盡出擢勝營精銳與法軍鏖戰下成功守住，法軍也因為天氣因素一直遲延至10月8日才攻打滬尾，最後孫開華成功擊退法軍，劉銘傳後來因為失基隆問題，對於眾人指責李彤恩，也試圖為李彤恩緩頰，雖然最後負責調查此案的楊岳斌認為李彤恩是緊張而報信，而非造謠，但朝廷也將李彤恩做革職處分，朝廷決議後，李彤恩必須要依旨回原籍但劉銘傳仍不放棄在文獻《奏留李彤恩》片當中可以看到他對於李彤恩之重視，劉銘傳表示是他個人與其他同僚的不睦，連累他人：「因臣德望淺薄，不洽同僚，累及無辜，實深慚歉。」並寫到李彤恩在臺相關事蹟與地方仕紳願意背書等說法：

「查李彤恩自同治元年到臺，至今二十餘年，歷辦通商事務，遇有中外交涉大端，無不立時完結，其才識敏斷，勇於任勞，臺北紳民共相欽服。」

較為關鍵的理由是無論是教案或者礦務、通商等業務若不是熟悉之人，並無法勝任此工作，於是請求留用李彤恩，[29]而這

---

[28] 中國史學會主編，《中法戰爭v.6》（上海市：上海人民出版社，1957年，新1版），頁16-18。國立台灣大學，《台灣歷史數位圖書館》，檔名：〈ntu-1816856-0001600018.txt〉

[29] 劉銘傳撰，《劉銘傳文集》（合肥市：黃山書社，1997年，），頁332-333。國立

樣力保其他派系人員的狀況，也是劉銘傳在歷史中較為少見的動作，此時的李彤恩，若沒有劉銘傳之力保，也無法在海關繼續工作，整個棄基保滬之爭，或許它的根源在於在淡水20餘年的通商委員李彤恩在戰爭當中，兼任軍隊營務工作，並被劉銘傳賦予填石塞港以及監督砲臺興建之責，從幾個文獻來看，孫開華認為李彤恩非武職，而在戰時擔任營務處，並成為劉銘傳在淡水的一個聯繫管道，戰爭前監督孫開華整軍及興建砲臺一事，兩人關係因此降到冰點，而淡水港方面又收到法軍在1884年10月1日通知淡水英國領事館確定於24小時後展開砲擊，而此情報極為關鍵，但孫開華認為以現在之軍力即能面對此戰，未曾想通知劉銘傳分兵救援，而因為孫開華、李彤恩在戰爭時並未見面，故在滬尾決策圈外的李彤恩則因為被劉銘傳委其擔任滬尾前敵營務處工作，加上孫開華認為李彤恩與洋人接觸頻繁，故避免與其討論軍情，但法軍即將於隔日攻打淡水港的確切情報，又不能不通知劉銘傳，在此情況下，根據基隆通判梁純夫之說法，李彤恩自行發出告急文書請劉銘傳救援滬尾，而且早晨至中午就連發兩封，晚間又再發一封，劉銘傳收到三次信件後，決定於深夜回防臺北，而失掉基隆的防區，進而導致後續一連串對於此事件的討論，雙方爭論的根源，或許還是因為孫開華與劉銘傳分屬湘、淮兩大派系，且雙方的高層對於主戰、主和的意見不同，在信任度方面，也有些疑慮，再來更不容易解析且多有討論與爭議的文獻則是1884年10月3日法來格所寫：「劉爵帥先令孫總鎮退回扈衛地方，孫不遵，回言吾今誓死於吾汛地內矣。」從描述之內容來看，這時的劉銘傳已經退回艋舺：「劉爵帥退至板加（按：艋舺。）地方，該地人地民怒而圍之。」[30]從這點可以看到時間點已經是10月2

台灣大學，《台灣歷史數位圖書館》，檔名：〈nthu-c286391-0033200333.txt〉

[30] 中央研究院近代史研究所，《中法越南交涉檔（v.4）》（台北市：中央研究院近

日滬尾砲戰之後，英商陶德談到孫開華於10月7日的晚間談到：「寧願戰死也不會撤退。」似乎也與[31]：「吾今誓死於吾汛地內矣。」說法類似，但是劉銘傳是否有請孫開華後撤一事，負責調查的楊岳斌則暫無發現相關調查記錄，孫開華現存相關文獻也暫無提及。

但從廈門電局寄臺北劉督辦（光緒十年八月二十三日辰刻）電文所示：

> 「滬尾礮臺雖燬，法船進口否，有河通，府城可慮，如城難守，祇可退南路扼險，出奇擾擊，使彼不得休息，敵意踞地索償，我仍不償，必圖久踞，設法勿令多佔地為要。」[32]

顯示朝廷方面認為，若港口守不住，退臺北城守、若臺北城守不住，可往南，另一個線索則是基隆通判梁純夫表示李彤恩引李鴻章之密電的說法：

> 「李傳相電信，基隆兵單力弱，可守則守，不必強爭，此孤注為難。」[33]

代史研究所，1962年，影印本），頁2256-2263。國立台灣大學，《台灣歷史數位圖書館》，檔名：〈ntu-0804128-0225602263-0001213.txt〉

[31] 歐尼基（Niki J. P Alsford）著：王若萱、李鎧揚、魏逸瑩、黃瀨任譯，《寶順洋行杜特在淡水的見證》初版臺北市：南天書局有限公司，2022年頁89

[32] 其他李文忠公全集一百六十六卷v.6直隸總督李鴻章光緒10年8月23日（1884）國立台灣大學，《台灣歷史數位圖書館》，檔名：〈ntu-0801322-0008900090.txt〉

[33] 王彥威輯編，《清季外交史料（v.2）》（台北市：文海，1964年，再版），頁392-393。國立台灣大學，《台灣歷史數位圖書館》，檔名：〈ntu-0863577-0039200393-a001.txt〉

顯示部分高層認為，可後撤之後再進行騷擾，而孫開華透過左宗棠傳達之內容談到後撤之部隊似乎想要往南移動：

> 「艋舺飭縣雇夫搬運軍裝、餉項前赴新竹，商民罷市聚眾阻止各情形。」[34]

　　但因為遭到商民阻擾最後作罷，但是否如稅務司法來格描述那樣嚴重，例如文中描寫出現對劉銘傳肢體衝突等情事：「捉爵帥髮由轎中拽出肆毆，且詬之為漢奸，為懦夫。」[35]稅務司寫到，戰爭過程當中有許多事情是「傳聞」，還是要多加確認較為妥當，筆者認為孫開華有艋舺營張欣為情報聯繫管道，應是比法來格更清楚臺北艋舺之情勢，孫開華僅寫商民聚眾阻止隊伍前進，亦無出現民眾與劉銘傳本人的肢體衝突，因此後撤回防之軍隊在艋舺受到民眾阻擋一事，是較為可以確認的，但劉銘傳也在此時於艋舺招募土勇加入：

> 「爵帥惟曰，好好爾輩欲我戰乎，我今即回基隆去，但爾輩誰為願隨我去者，言甫畢，計挺身前立願隨爵帥去者約有千五百人，爵帥即以火鎗、銀錢分給此眾，師之而行，聞沿途添收樂從人民已計有七千之多。」[36]

　　法來格之說法，時常會陷入正反兩極之看法，但本文還是希

---

[34] 其他中法越南交涉檔（v.5）欽差大臣左宗棠光緒11年4月17日（1885）國立台灣大學，《台灣歷史數位圖書館》，檔名：〈ntu-0804129-0294602947-0001644.txt〉

[35] 中央研究院近代史研究所，《中法越南交涉檔（v.4）》（台北市：中央研究院近代史研究所，1962年，影印本），頁2256-2263。國立台灣大學，《台灣歷史數位圖書館》，檔名：〈ntu-0804128-0225602263-0001213.txt〉

[36] 其他中法越南交涉檔（v.4）總稅務司赫德光緒10年9月13日（1884）國立台灣大學，《台灣歷史數位圖書館》，檔名：〈ntu-0804128-0225602263-0001213.txt〉

望能討論上述文獻，故引孫開華之說法來表示，聚眾阻擋較有可能，但民眾對於劉銘傳本人之肢體衝突如抓劉爵帥的頭髮等，筆者則持保留意見，畢竟想要強調此事的孫開華也無此描述，由前述文獻所示，劉銘傳所收到的情報，確實隱約透露出不一定要堅守某一處，從高層方面來看李鴻章在稅務司德璀琳的建議下，認為失掉淡水與基隆或許比失掉整個臺灣來得好：

> 德璀琳：「我在淡水做過二年稅務司，地勢情形一切了然，臺灣富庶，法國屬意比越南東京更甚，中國此時不想辦法，若被法國佔去，怕是永遠不能還的。若淡水聽法國收稅若干年，基隆煤礦租與法國若干年，中國尚不損失。」[37]

顯示部分高層，可能已有做好失掉淡水與基隆的心理準備，但最後法軍在臺灣沒有明顯的戰果，且淡水港始終未拿下，故最後在條約中還是放棄租用淡水、基隆與澎湖，從各項文獻來看，戰爭的過程不只是戰場上的對決，也是雙方國家高層或者主戰、主和兩派之政治角力。

第二節：戰爭經驗與記憶

一、淡水築港倡議再度被憶起的填石塞港

淡水港是一座天然港口，隨著居住人數日益增加，山區砍伐經濟作物等水土保持問題，港口深度日益變淺，逐漸影響港口的

---

[37] 其他中法戰爭v.6總理各國事務衙門光緒10年9月10日（1884）國立台灣大學，《台灣歷史數位圖書館》，檔名：〈ntu-1816856-0000300004.txt〉

運作，1884 年清法戰爭時通商委員李彤恩策劃的填石塞港，成功阻擋法軍進攻的腳步，封鎖的日程從 1884 年 8 月到隔年 1885 年 6 月，淡水港的防禦工事一刻都沒有鬆懈，直到清法雙方簽訂合約後，才逐漸解封，造成港口運作不小的傷害，日本時代臺灣各地掀起一股港口改造的聲浪，希冀透過現代化設施，將港口設備更新，根據松葉隼研究當時日本政府將主要資源投入在北臺灣的基隆港與南臺灣的打狗港，（松葉隼，2022，頁 1）[38] 清代臺灣第一個國際港淡水港則停在調查研究的階段。

本節主要論述對象為淡水築港倡議時期所找到清代填石塞港的史料，在臺灣日日新報 1919 年（大正八年）12 月 1 日 [39]，中有一則報導談到，淡水港口的沉船埋石，文中首先談到在基隆築港後淡水港日益衰微，而且港口中有一大障礙物，也就是沙洲淺灘大量的產生，並談到發現清法戰爭時期的古文書，他寫到淡水港守備隊長李船恩（按：原文寫船應是彤。）稟告，法國軍艦來襲，用船載運八千擔與兩千擔的石頭沉入淡水河，也通知英、美兩國領事因為封港造成貿易無法進行，敬請諒解，雖然已經封港，但仍然有留出入口，但這個事情只有少數幾位領港人知情，並將此資料交給總督府土木局當作築港之參考，另一篇報導則是1919 年（大正八年）12 月 16 日，兩篇報導的內容類似，但這篇報導進一步闡述了古文書在哪裡發現的，報紙寫到古文書是在一處古民家中發現，並寫到要將古文書當作淡水築港的參考資料，時任淡水郡守山本正一也將淡水築港的相關調查研究製作成《淡水港の整備に就て》手冊，其中便收錄了關於李彤恩的《防滬尾留牘》，文中談到古文書由城崎彥五郎發現，並且寫到李彤恩探

---

[38] 2022淡水學國際學術研討會－產業與社會－松葉隼〈港口的現代化與淡水港：從戎克船到蒸汽輪船的運用與建港論的盛行〉2022年頁1

[39] 臺灣日日新報（大正8年）1919月12月1日「淡水港を復活せよ港口の沉船埋石を發見す」

查河口水深，並且購買大量的船隻與石頭將港口堵塞，以防法軍
進入的珍貴史料。然而淡水築港不只限於倡議與宣傳手冊，亦有
更深入的調查研究，在 1927 年（大正八年）12 月 24 日～1928
年（大正九年）1 月 23 日由台北廳的技師梅田清澤撰寫的《淡
水築港計畫書》[40] 當中所示，計畫在今淡水竿蓁林一帶興建倉庫
並用輕便軌道運輸貨物，也在油車口河岸興建造船工廠，八里方
面也要建立軍用設施，並於淡水河口興建防波堤擴增港口空間，
在整個調查研究當中也提及，港口發生淺灘淤積的原因，並對住
在淡水街 179 番地的駱福進行訪談，其中談到清法戰爭之際為防
法艦進港，所以將港口封鎖：「辦理前敵營務處浙江補用知府李
彤恩，在夜間集結船隻載石，前往河口排列，並將底部鑿穿，將
船用沉。」梅田技師認為淡水港天生的地質與地形，本就容易造
成河道淤積，填石塞港則加速了淤積的速度，在日本時代因為調
查研究的關係，訪談淡水居民駱福，寫到李彤恩曾經在深夜集結
船隻、載運石塊於河口，並將船鑿沉入港的歷史，填石塞港在日
本時代又再次的被人們談起。

二、地方歷史、傳說、俗諺

　　用現今科學的角度來看，我們會如何看待傳說與歷史，這些
記憶時常留存於口耳相傳之中，亦有官方編寫地方志時被寫入到
正式的歷史當中，隨著時間推移，漸漸成為一種說法，而一般我
們在地方聽到的傳說，有時也能與歷史相互佐證，從廟宇中的匾
額、傳說去看見許多官方與地方的互動關係，還有民眾與神明的
關係，或許我們可稱傳說是歷史的另外一種形式，而這些帶有故

---

[40] 「淡水港計画の件（1）」JACAR（アジア歷史資料センター）Ref.
　　C08021685200、大正9年公文備考卷105土木31（防衛省防衛研究所）

事色彩的歷史，也值得我們去抽絲剝繭找出其中的端倪。

匾額與傳說

在清法戰爭之後，劉銘傳奏請光緒皇帝賜匾，滬尾方面也獲贈了三個光緒皇帝匾額，這個說法也非空穴來風，雖然未明確提到清法戰爭，但有提到保衛地方，並有確切的文字記載在光緒朝起居注當中寫到：

> 「內閣奉諭旨：劉銘傳奏神靈顯應，請頒扁額，等語，福建滬尾地方，歷來崇祀天后及觀音大士、清水祖師，遇旱潦、災祲、瘟疫等事，祈禱輒應，並保衛地方，神靈疊著，實深寅感，著南書房翰林恭書扁額各一方，交劉銘傳祗領，分別敬謹懸卦，以答神庥。」[41]

淡水地方文獻〈淡水ニ於ケル清佛，日清両役ノ概況〉中也談到：

> 「清廷光緒皇帝據聞此一捷報，不可思議的是，射入市街之砲彈悉數未爆，以及陸戰獲大勝利，認為全屬淡水神佛之庇佑，於是御筆親書，一賜福佑宮天上聖母「翌天昭佑」，一賜龍山寺觀音佛祖「慈航普渡」，一賜清水巖清水祖師「功資拯濟」，是故時人咸信見及神將神兵保護市街，以致法艦砲彈全數射擊街外。」[42]（張建隆，2015，頁124）

---

[41] 聯合報文化基金會國學文獻館整理，《清代起居注冊（光緒朝）v.25》（台北市：聯經，1987年，初版），頁12935-12936。國立台灣大學，《台灣歷史數位圖書館》，檔名：〈ntu-1466000-1293512936.txt〉
[42] 黃繁光主持《淡水第一期口述歷史研究調查案成果報告書附冊》新北市立淡水古蹟博物館2015年頁124

在此也談談這三座寺廟與滬尾之役相關的傳說故事與文化資產，福佑宮獲賜的匾額為「翌天昭佑」，在淡水地方文獻〈淡水二於ケル清佛，日清兩役ノ概況〉記載孫開華在清法講和後為了悼念死去的哨官胡峻德與士兵，而在福佑宮內誦經超渡死去將士：

> 「親自為胡峻德及諸英靈祭拜，涕洟如雨，且痛歎胡峻德愚忠，孫開華氏既已為死者超渡，安置其英靈，更獎勵生者褒其忠勇。」[43]（張建隆，2015，頁124）

關於媽祖的部分，加拿大作家華羅德（Dr. Thurlow Fraser）也曾撰寫一本關於西方人社群在淡水港的故事，書名為遠東的呼喚《The call of the East: a romance of far Formosa》其中也寫到關於清法戰爭期間淡水河的地方民俗，此書雖是歷史小說而不是正式文獻，但也可從故事當中看到一些對於淡水地方民俗的描述，可以當作參考資料：

> 「有幾艘船剛收起船錨，鄰近的寺廟來的道士乘著小船圍繞在它們身邊，打鼓吹奏樂器驅散惡魔，取悅海洋之神（按：媽祖。）以確保船員出航的順遂與豐收。」[44]

顯示民眾可能因為戰爭的原因，擔心漁船沾染到邪靈或不潔，所以在回港時透過宗教儀式來去除這些不好的事物，淡水龍山寺方面則獲賜「慈航普度」匾額，以及曾在滬尾戰役中出戰的

---

[43] 黃繁光主持《淡水第一期口述歷史研究調查案成果報告書附冊》新北市立淡水古蹟博物館2015年頁124

[44] FraserThurlow《The call of the East: a romance of far Formosa》Toronto: W. Briggs1914頁85

欽命記名提督統領武毅湘淮各軍臺澎掛印總鎮世襲雲騎尉年昌巴圖魯隨帶軍功加一級紀錄兩次章高元所贈的1885年（光緒十一年）「慈航普覆」匾額，章高元還敬獻了龍山寺石板1885年（光緒十一年）「敬獻石庭四大有方。」其碑文今仍存於龍山寺當中，寺中還有兩個與通商有關的匾額，一個為督辦台北通商稅務鑲藍旗協領得泉「南海朝宗」匾額，得泉的這個匾額雖然是在1881年（光緒七年），滬尾戰役之前，但得泉則與清法戰爭有不少的關聯，如1884年協助撥款閩海關經費給當時在臺北的劉銘傳：

> 「發交廈門口委員協領得泉，飭令就於該口撥出庫平銀三千兩，剋日隨同文批移交興泉永道孫欽昂，即速派委妥員解赴臺灣，呈交劉銘傳兌收。」[45]

在1887年（光緒十三年）文獻談到：

> 「且稅關實近在海口，當法船逼攻滬尾之時，該員得泉協力防禦關口，得保無恙。」

也就是得泉協防稅關得力，受到官方的嘉獎，[46]另一面匾額1879年（光緒五年）浙江補用知府李彤恩、頂戴花翎特辦台北通商稅務福州旗營協領劉青藜、頂戴花翎辦理滬尾通商董余金三位通商人員敬獻「慈航廣濟」匾額，亦是清法戰爭前的匾額，淡水

---

45 中央研究院近代史研究所，《中法越南交涉檔（v.4）》（台北市：中央研究院近代史研究所，1962年，影印本），頁2297。國立台灣大學，《台灣歷史數位圖書館》，檔名：〈ntu-0804128-0229702297-0001243.txt〉

46 臺灣歷史數位圖書館－附片光緒朝月摺檔〇古尼晉布等光緒13年6月21日（1887）國立台灣大學，《台灣歷史數位圖書館》，檔名：〈ntu-GCM0025-0001600017-0000808.txt〉

通商委員李彤恩在滬尾戰役時擔任滬尾營務處負責人，主持填石塞港一事，是滬尾戰役中的關鍵人物之一，而龍山寺方面在日本時代也有留下相關的文字傳說，淡水公學校校長報告：

> 「清佛戰爭期間，淡水被法艦發射的砲彈攻擊，觀音與神兵出現阻擋砲彈，當時的清國皇帝因此賞賜匾額。」[47]

清水巖的部分則是有眾多的討論，就目前現狀匾額「功資拯濟」是在艋舺清水巖當中，現址的淡水清水巖是在日本時代昭和後期完工，而滬尾方面當時清水巖是否就在現址，抑或在其他地方？這點或許可以從文獻中來做驗證，在淡水公學校校長報告當中寫到：「祖師公宮所在地芝蘭三堡淡水街土名東興十四番地，本尊清水祖師。」[48]而另一份臺灣寺廟總覽當中也談到：「清水岩東興十四，主祀清水祖師。」[49]

顯示清水巖原在今淡水老街上，而日後合併進入現址清水巖的蕭府王爺廟，在當年的地址則是在米市三十一接近現今清水巖現址：「王爺廟米市三十一蕭王爺。」[50]也就是當時清水巖在今淡水老街的機率較高，而現址清水巖一帶則原為蕭府王爺廟之廟址，當時的文獻也提及孫開華向清水祖師祈求後戰勝法軍的歷史：

> 「距今三十二年的清佛戰爭時，清水祖師曾顯神蹟，並提到淡水司令官孫開華曾捐金八百円給廟宇的歷史。」[51]

---

[47] 淡水公學校校長報告《社寺廟宇ニ關スル調查台北廳》臺北廳出版1915年
[48] 淡水公學校校長報告《社寺廟宇ニ關スル調查台北廳》臺北廳出版1915年
[49] 曾景來《臺灣宗教と迷信陋習》發行者加藤豐吉臺北市榮町臺灣宗教研究會1939年
[50] 曾景來《臺灣宗教と迷信陋習》發行者加藤豐吉臺北市榮町臺灣宗教研究會1939年
[51] 淡水公學校校長報告《社寺廟宇ニ關スル調查台北廳》臺北廳出版1915年

而接下來談到「功資拯濟」匾額目前存於艋舺清水巖，其原因大多指向鈴木清一郎撰寫的《臺灣舊慣冠婚葬祭と年中行事》當中寫的相關史料，一開始提到清水巖的由來，是來自福建省安溪為清水巖之本山，並寫來到臺灣並不是因為正式分派，而是由個人攜帶而來，而其中特別靈驗者則稱為落鼻祖，目前有七個神像，首先談到清水祖師原供奉於淡水的翁某家中：「元淡水の翁某が淡水の自宅に私に祀ったものであるが。」[52]清法戰爭時，陸軍總司令孫開華向神明祈求後將法軍擊退：「清佛戰爭の際陸軍總司令官孫開華之祈につて佛軍を擊退し。」此事上奏朝廷賜下了匾額，然而匾額放置在民家位置太小，沒有空間：「後朝廷に奏上して勅額を賜はつた，然れども民家に祀れること、て其の敕額を懸くるの餘地もなかった。」其後因為艋舺的本廟重新修建完成於是將匾額放置在本廟：「其の後艋舺に本廟新築されたので，該敕額は本廟に揭ぐること。」或許也可推測安溪人在臺北主要的信仰中心為艋舺清水巖，且翁氏亦在艋舺清水巖留有許多落款，如翁有來、翁有麟、翁種玉、翁瑞玉，依照文獻所示，位於淡水東興十四的祖師公宮，則較屬於個人私廟，所以將其掛到同為安溪人族群的寺廟，亦是翁氏有參與修建的艋舺清水巖。現今位於淡水清水街 87 號的清水巖雖是日本時代所建，但當時的人們仍然記得此事，淡水清水巖廟門龍邊入口寫到：「祖德師石門昔日震災殫佛力　師勳建沙崙當時制敵顯神通。」前段談到清水祖師在石門大地震時護佑了眾人，後段為清軍在沙崙灘岸擊退法軍之歷史，此對聯石碑為三芝庄的信士江茂城、江瑞裔所捐贈並附說明碑文：「光緒甲申八月二十日西人犯淡水，神威顯相退敵全滬安然，清帝國感護國祐民，恩賜匾額功資拯濟。」廟中

---

[52]　鈴木清一郎《臺灣舊慣冠婚葬祭と年中行事》臺北日日新報社1934年

還有工藝家邵來成繪製清水祖師在清法戰爭期間與僧人們在空中守護滬尾的繪畫「護國佑民」等多幅壁畫。

淡水方面還有位於油車口的蘇府王爺廟當中有一幅:「蘇府王爺遣神兵退法兵。」的彩繪壁畫,蘇府王爺廟相關匾額有臺灣鎮總兵章高元敬獻的 1885 年(光緒十一年)「威靈赫濯」。

而閩西汀州人會館鄞山寺雖無戰爭相關匾額,但在日本時代臺灣日日新報的報導當中寫到與清法戰爭相關的爭議:

「法清之役,以助清軍得勝之迷信故,大受當地方之官民崇拜,神產租谷,逐年所得約五百石左右,舊管理人臺北廳下擺接堡大安寮人江大崑管理多年,大崑管理多年,大崑頗有信用,神產之關係者雖不聞異議。然歷年收入既多,支出又少,有艋舺廈新街人江抱然者,見而垂涎,陰謀同志,於去年間爭而管理之先是抱然之信用,不如大崑,運動之際大部分之人士,起而反對,嘗赴臺北廳民事調停,抱然與協議員數人,當官立約,謂每年七月二十日及正月初六期定光佛之神產收支清算帳簿,付眾閱覽以便覆查,租谷照歷年六月末日及十二月末日,時價結算,餘金至百圓時,即寄存臺灣銀行生利,其餘皆關於管理之權限者,當其時數十餘名之關係者尚主張不肯,抱然乃向法院訴舊管理人大崑之承諾管理變更事,竟不履行,大崑亦面陳其有是事,逐判歸抱然管理,惟新舊管理皆接手轉卸之際,帳簿毫不清算,迄今數次延期,言託左右,尚不提出,關係人士慎其曖昧,又聞利用餘金數千圓經營義源質屋,擬向法院申訴,請求帳簿檢查,並有餘金務要寄存銀行,庶免為個人所吞卻云云,神產之紛糾,大都如

是。」[53]

　　也就是因為清法戰爭的關係，鄞山寺受到信徒更多的關注，由於收到捐款增加，寺廟日益興盛，也引起有心人士覬覦寺廟管理之職，進而中傷管理廟產的工作人員奪取管理權，也是一則因為清法戰爭而造成糾紛的特別紀錄。

　　而除了淡水之外，艋舺清水嚴有光緒皇帝匾額「功資拯濟」還有章高元所獻1885年（光緒十一年）「佛化蓬萊」，艋舺龍山寺亦有光緒皇帝匾額「慈暉遠蔭」只可惜原件在二戰時遭到美軍攻擊燒毀[54]在今台北大稻埕霞海城隍廟也有一個1885年（光緒十一年）由當時守備八里的將軍柳泰和所獻之匾額「正直無私」，瞿公真人廟原在大稻埕得勝街三十三番地（按：而後寺廟移至現址在台北市大同區天水路49之1號。）在大稻埕公學校報告當中，也有相關之記載，其中談到因為楚軍的駐防帶來了瞿公真人的信仰，當時的人聚資為其蓋廟，而此廟之相關記載傳說，則是當時協助劉銘傳辦理團練的板橋林家曾因家族成員想要生男丁之願，向瞿公真人祈求後順利得子之傳說，而此廟也象徵著，因為戰爭的緣故從清帝國本土調派過來臺灣的軍人，也將其族群原鄉信仰一併帶到臺灣來。[55]

　　而同為清法戰場的基隆方面也留下許多相關歷史傳說，其中部分也能與正史做連結，蔡慶濤整理之基隆相關歷史筆記談到，基隆慶安宮媽祖，在法軍佔領之前，傳說有一女性在夜間去敲住在基隆草店尾居民的家門，告知法軍來襲希冀將金身移至安全之地，乃商議：「乃議即夜雇人，奉神轎遠赴石碇堡之五堵店

---

[53] 臺灣日日新報1913年（大正二年）2月27日「古佛財產紛糾」
[54] 李火增，《艋舺龍山寺－慈暉遠蔭牌匾》夏綠原國際有限公司，財團法人台北市艋舺龍山寺1941年
[55] 大稻埕女子公學校校長報告《社寺廟宇ニ關スル調查台北廳》臺北廳出版1915年

安置，乃因而免遭法兵之蹂躪。」戰爭後也獲賜「戴德二天」匾額（按：今已佚失。）基隆獅球嶺土地公也有相關傳說：「土地公廟福德正神，於法軍肉搏該地之時，變形為一老翁，立於嶺上，振杖作擲打敵人狀，而目擊之法兵多發熱而殛。」基隆慈雲寺觀音則有相關傳說寫到：「於法軍登岸港口之際，化形為一美女，舉扇，扇走近來之敵，後即消失，而接觸之法兵感污寒而病。」[56] 第一則慶安宮反映當時民眾面臨戰爭時的景況，而後兩則無論是熱或冷之病則可以與正史當中記載法軍多有病死之狀況做連結，過去較少人提及關於目前已消失，曾位於基隆哨船頭街的龍神廟[57]建立之背景也與這場戰爭有關，文獻記載當時福寧鎮總兵曹志忠在清法戰爭期間駐紮基隆與法國人對壘，每當陰雨綿綿，士兵受困泥沼之際，祈求龍神後，天空就會忽然由陰雨轉晴，讓營勇得以從泥沼脫困前進：「每苦陰雨沈綿，士卒困於泥淖，時經虔禱龍神，俄蒙開霽，營勇得以併力滾營前進。」1885年（光緒十一年）曹志忠感念龍神之護佑而奏請在基隆建廟，1887年（光緒十二年）基隆又遇旱災，民眾酷熱致病，祈求之後：「獲沛甘霖，疫氣頓消。」龍神廟的建立，也反映了在戰爭時人在艱困的環境當中，透過信仰與神明的連結，而讓自身有更大的信心去度過難關，[58] 而為什麼受困大雨之中的軍隊要祈求龍神，其可能原因為龍神司掌水，指揮官透過祈求龍神，讓眾人度過受困泥濘的難關：「龍神司掌雨水，澤庇生民，廟制既崇，享

---

56 伊能嘉矩手稿，《蔡慶濤－基隆地方研究資料》臺大圖書館「伊能文庫」檔案號：ntul-mn-M021_00_0000_0068

57 〈明治三十一年臺灣總督府公文類纂乙種永久保存第三十二卷戶籍人事社寺軍事〉（1897-12-03），《臺灣總督府檔案．總督府公文類纂》，國史館臺灣文獻館，典藏號：000-00291。

58 中國第一歷史檔案館，《光緒朝硃批奏摺v.27》（北京市：中華書局，1995年，第一版），頁797。國立台灣大學，《台灣歷史數位圖書館》，檔名：〈ntu-2252948-0079700797-0000700.txt〉

祀益肅；將見靈爽昭垂，海邦永慶神庥矣。」[59] 故曹志忠在戰爭之後奏請興建龍神廟，而戰後兩年又因旱災，眾人向龍神祈求獲甘霖，在地疫病也消失。

　　離開基隆後孤拔帶領艦隊攻打澎湖，澎湖也有許多關於清法戰爭的記載，澎湖城隍廟也獲賜「功存捍衛」匾額：

> 「光緒十年二月，法夷犯澎，十三日，媽宮百姓扶老攜幼，北走頂山，皆口呼城隍神保佑，時夷砲沿途雨下，顆顆墜地即止，無一炸裂傷人者，亦足異也，及事平，廳主程公據實請大憲，奏明加封，號為靈應侯，御賜「功存捍衛」匾額。」[60]

　　除了匾額之外，地方也有出現各種因為戰事告緊而出現的異象：「十年甲申夏六月，大疫，冬十一月每夜有大聲，發於海滋，蓋地鳴也，又雄雞亂鳴，井水變味，甘鹹相反，未幾法夷來犯。」[61] 除了天氣與神祇護佑之記載外亦有關於民眾逃亡之遭遇：

> 「許引娘，風櫃尾顏光眼妻也。光緒乙酉年二月十三日，法兵犯澎，光眼與顏生挈兩家男女共八人，駕小舟將逃避虎井嶼，舟至中流，被法輪窺見，即出通板追挈，引娘見其勢凶惡，恐受污辱，遂奮身投水而死，屍首無蹤。時年二十六歲，懷孕已數月矣，其餘七人，俱遭法夷挈入輪船傭工，不勝辛苦，二十餘天始釋回。」[62]

---

59 蔣元樞（1970）。重修臺灣各建築圖說。臺北市：臺灣銀行經濟研究室。頁67
60 林豪（1964）。澎湖廳志。臺北市：臺灣銀行經濟研究室。頁383
61 林豪（1964）。澎湖廳志。臺北市：臺灣銀行經濟研究室。頁378
62 林豪（1964）。澎湖廳志。臺北市：臺灣銀行經濟研究室。頁258

漢醫的角色

　　《臺灣列紳傳》記錄黃玉階的家族大約於乾隆時期遷居臺灣，於同治年間拜醫生李清機為師學習醫術，光緒初年時自立門戶，當時法軍攻打臺灣時，黃玉階招募義勇抵抗法軍：

> 「玉階即募義勇，教練籌侪，縛袴執刀，奮然挺起以從，
> 人情頗覺鼓舞，翌年欽授五品軍功。」

　　但戰爭之後各地疾病頻傳，黃玉階苦思療法，將醫療方法寫成《療養新方》一書，刊行於各地，造福許多受疾病所害的民眾[63]，淡水鎮誌方面亦有相關漢醫鄭木筆的記載：

> 「鄭木筆（1859-1945）曾至三峽與名醫學習中醫，因當
> 時的守將孫開華歸營時猛灌冷茶水而禍疾病，當時軍中缺
> 乏良醫部屬幾經打聽後，得知鄭木筆為名醫之傳人，因此
> 延其診治，果然藥到病除，除了獲得孫開華賞給龍銀之
> 外，木筆仙也因此聲名大噪，成為北部一代的名醫。」[64]

　　根據當年的報紙述報《題名：紳民愛戴》中寫到：

> 「孫軍門開華駐防滬尾，屢屢得獲勝仗，法人為之氣沮，
> 近日因軍務過勞，致抱採薪之憂；該處紳民以孫軍門在滬
> 尾不啻長城之倚，爰各代申祈禱，自願減算以延軍門之

---

[63] 臺灣總督府《臺灣列紳傳》1916-06-15臺灣圖書館藏：jpli2010-bk-sxt_0742_8_
1916
[64] 黃繁光等編纂《淡水鎮誌》淡水區公所2013年頁306

壽，茲聞得軍門果邀天眷，已占勿藥；是亦可見該處紳民之愛戴軍門者，深且至矣。」[65]

而劉銘傳之奏摺中寫：「自六月既望以來，將士血戰兩月，日在炎瘴溽濕之中，病者十居八九，八營之眾，能戰不過千人。」[66] 劉銘傳寄給李鴻章的電報：「孫（按：孫開華。）、章（按：章高元。）皆病，營哨勇丁病故太多，兵單弱。」[67] 顯見眾人面臨疾病之苦，戰爭之後軍情較鬆，閩浙總督楊昌濬也上奏朝廷讓擢勝營與孫開華移防回福建，主因是因為擢勝營從1874年（同治十三年）起成軍，已歷十年，三次戍臺，前往臺灣後山受瘴癘，又在光緒十年時統領擢勝營東渡辦理臺北防務，雖然成功擊退法軍，但因為在滬尾督師餐風露宿，舊疾復發：「臺地水土惡劣，風濕交加，前在後山勤番時受瘴太深曾患欬喘之症。」[68] 楊昌濬也認為孫開華帶領有方，在臺已久，軍隊也需休養生息：

> 「提督所帶各營，有勇知方，間推勁旅，第念戍臺已及兩載，必須休息拊循，方足順軍情而作士氣，現在臺事略定，而內地陸路提督遙制為難，誠恐日久廢弛。」

且福建地區的防務在臺灣也無法辦理，恐日久廢弛，故奏請

65 述報法兵侵臺紀事殘輯。臺北市：臺灣銀行經濟研究室1968。頁275
66 劉銘傳撰，《劉銘傳文集》（合肥市：黃山書社，1997年，），頁99-101。國立台灣大學，《台灣歷史數位圖書館》，檔名：〈nthu-c286391-0009900101.txt〉
67 （清）李鴻章撰（清）吳汝綸編，《李文忠公全集一百六十六卷v.6》（台北市：文海，1962年，精裝本），頁107-108。國立台灣大學，《台灣歷史數位圖書館》，檔名：〈ntu-0801322-0010700108.txt〉
68 《光緒朝月摺檔》（台北市，故宮博物院藏）。國立台灣大學，《台灣歷史數位圖書館》，檔名：〈ntu-GCM0023-0001200014-0000678.txt〉

讓孫開華回省休養，[69]而從民間鄭木筆之史料以及述報之報導，並跟楊昌濬的奏摺比對，或許可以解釋成，孫開華在滬尾戰役後，咳喘之症復發，在鄭木筆的治療之下，稍有緩和，而報紙為了振奮人心，也報導孫開華已經接近康復，但畢竟軍官的身體狀況也屬重要機密，楊昌濬深知孫開華督戰之辛勞，奏請讓孫開華帶擢勝營移防回福建。

在官方或者民間之文獻都顯示當時的戰爭，人們除了面臨砲火，還要面對無形的敵人「疾病」而除了淡水、大稻埕外，基隆也留下一些關於戰爭中漢醫的角色，根據基隆市誌寫到范元成：

> 「范元成（1845-1922）字瑞嘉，原籍福建泉州府同安縣，幼隨父渡臺居基隆及長潛醫術，精攻外科，1884年（光緒十年）法艦犯臺，傷患枕籍，元成悉心診治，獲愈者眾，一時醫名大揚。」[70]

由三人在清法戰爭時的年齡約為鄭木筆25歲、黃玉階34歲、范元成39歲三位醫師用自己的醫療專長在戰爭期間做出了許多的貢獻。

俚語

因為清法戰爭的緣故，臺灣也留下了許多與戰爭有關的俚語，如激勵士氣的：「西仔來打咱臺灣、百姓和齊要征番。」[71]而關於滬尾戰役民間文獻則不得不提到柯設偕整理自雷俊臣先生

---

[69] 《光緒朝月摺檔》（台北市，故宮博物院藏）。國立台灣大學，《台灣歷史數位圖書館》，檔名：〈ntu-GCM0023-0001200014-0000678.txt〉
[70] 鄭俊彬編纂《基隆市誌人物誌列傳篇》基隆市政府出版2001年頁51
[71] 伊能佳矩，國史館臺灣文獻館編譯《台灣文化誌下卷》大家出版2017年頁196

的筆記〈淡水二於ケル清佛，日清両役ノ概況〉中寫有一段關於填石塞港的內容：

「淡水出有孫軍門，就叫李鼓公（按：李彤恩。）來談論，議論港口真無穩，就叫紀清源買破船，滬尾thūn（按：填。）到八里坌，不驚法國鐵甲船。」[72]（張建隆，2015，頁105）

內容談到主帥孫開華與李彤恩討論淡水河口的情勢危急，於是透過紀清源購買船隻，從滬尾填到八里，這樣就不怕法軍長驅直入淡水港，在清法戰爭之後，孫開華為了慶祝戰勝，在端午時邀集官民至淡水港划龍舟同樂，商人陶德也在1885年6月11日至13日的日記中寫到：

「孫開華將軍熱衷於本年在淡水舉行的龍舟賽，連駐守滬尾的官兵也都聚資共襄盛舉，往年扒龍船都在艋舺與大稻埕間的淡水河舉行，今年為了慶祝去年10月8日擊敗法軍捷仗，孫將軍特別指示在淡水碼頭附近水面舉行，參賽的人在長如蛇形的船中競划，賽事已經舉行了數天。」

6月14日到19日的日記也有提及划龍舟盛況：

「孫將軍指定在淡水舉行的划龍船仍然熱鬧進行，每艘長蛇形船上的二十名船員赤裸上身，手持長槳，拚命在二百多碼的距離，奮力划水，從出發點即開始衝刺，搞得氣喘

---

[72] 黃繁光《淡水第一期口述歷史研究調查案成果報告書附冊》新北市立淡水古蹟博物館2015年頁105

吁吁的，好像有用不完的體力。」[73]

划龍舟一事在書籍刊物《民俗臺灣》當中再次被談起：

> 「西仔反後在滬尾，提督叫眾龍船去彼扒，第一會扒是洲尾，贏過十三庄頭家。」[74]

因為淡水港從1884年至1885年整整被封鎖將近半年，而此時舉辦水上活動，似乎也象徵著戰爭結束，生活回歸正軌的感覺，1895年日人領臺後，淡水支廳在行政及事務報告當中採集了民間流傳的民謠，其中也收錄了一首關於清法戰爭的作品：

> 「基隆嶺頂做煙墩、滬尾港口騰破船、番仔相刣唔不恐、著刣番頭來賞銀。」[75]

文中指基隆山上做煙墩一詞則為烽火臺之意，而滬尾港口停著破船，意指用帆船填石塞港堵口一事，接著就是與外國人作戰沒有膽怯之意，最後拿著外國人之首級來領賞，臺灣日日新報當中也有一則關於填石塞港的詩詞作者為木舟生：

> 「淡水港口沙洲，浚渫殆不可能評，誰知沉默船骸，清佛戰爭時犧牲。」[76]

---

[73] 約翰陶德（John Dodd）陳政三譯註《泡茶走西仔反：清法戰爭台灣外記》五南 2015年頁127-128

[74] 金關丈夫《民俗臺灣一》武陵出版社1990年頁223-228

[75] 國史館台灣文獻館：明治二十八年十月中淡水支廳行政事務及管內概況報告（臺北縣）典藏號：00000024003

[76] 臺灣日日新報1919年（大正八年）12月14日「木舟生戰犧牲」

除了關於當時戰事相關的記載外，亦有關於飲料方面的記載，如：「法蘭西水、食一點氣。」[77]（曹銘宗，2016，頁142）氣泡水是將二氧化碳融入水中，使其在飲用時能有氣泡之口感，所以有：「食一點氣。」之說法，也有引申為賭一口氣之意，隱喻遇到艱難的狀況時，要拚一口氣度過難關。

祭祀活動方面

　　在今淡水地區沙崙、大庄一帶會在農曆8月20日舉行祭拜滬尾戰役時死亡的士兵，淡水鎮誌祭典節慶與祭祀寫到：

> 「沙崙和港子平一帶的居民，於此日午後備飯菜拜門口，是為祭拜八月二十西仔反死難者的孤魂，現在已較為少見。」[78]

　　時至今日祭祀活動已逐漸式微，這項民間習俗，過去也有外國傳教士記載過，西班牙道明會傳教士白若瑟（José María Álvarez）在著作中寫到曾在1900年時在淡水沙崙一帶目睹了這個儀式：

> 「法國人登陸，並在戰役中損失十四名士兵與一名軍官之地，在離現今淡水市場與淡水港北方約一個小時處，在1900年，當我駐足當地時，8月24日沙崙（Soa-lun）小鎮的居民會以米、肉、紙錢、線香來到士兵喪命之處以求死者之魂勿對小鎮作惡，因居民認為其魂魄仍滯留於當地，

---

[77] 曹銘宗《臺灣史新聞》貓頭鷹出版2016年頁142
[78] 黃繁光等編纂《淡水鎮誌》淡水區公所2013年頁75

並以前述供品使其高興滿足。」[79]

　　也是目前關於這場祭祀活動，少數留存於歷史文獻的珍貴記載，而基隆方面在農曆7月4日舉辦異國靈情活動，祭拜民族英雄墓與法國公墓，近年法國在臺商務代表也都會出席此活動，筆者也曾參與過一次，活動當中可以看到，地方社區貼心的準備中、西式的食物供品，有法國麵包、洋酒、刀叉，也有中式餅乾、傳統點心等，是一項珍貴的祭祀活動，並且連動在地社區持續舉辦。

小結

　　在戰爭結束之後，也是李彤恩考驗的開始，因為向劉銘傳告急滬尾危急一事，遭到朝廷官員們的抨擊，甚至讓清廷在戰爭期間就派出前陝甘總督楊岳斌來臺查案，了解過程始末，可以得知李彤恩被劉銘傳任命為營務處後，就開始與幫辦臺灣軍務的孫開華有了嫌隙，根據孫開華與左宗棠之說法，在10月2日戰爭爆發前李彤恩甚至已經在關渡，顯示雙方在軍務上的溝通，出現了問題，而也因為如此，李彤恩在法軍通報英國領事即將攻打淡水的消息出來之後，李彤恩選擇告急劉銘傳回援，在這個事件當中，最後劉銘傳帶來的道員朱守謨在戰爭期間倒向劉璈一系，而原本在臺已久與劉璈關係尚稱正常的淡水通商委員李彤恩則轉向劉銘傳一系，最後朱守謨與李彤恩雙雙遭到革職，但在劉銘傳的力保之下，李彤恩續留在臺灣辦理各項善後事務，棄基保滬與撤基援

---

[79] 白若瑟（José María Álvarez）譯者黃建龍等《福爾摩沙詳細的地理與歷史第二冊》國立臺灣歷史博物館2017年頁120

滬之爭可以說是李彤恩人生中一個重要分水嶺。

除了官方正式紀錄的滬尾戰役外，地方志書與民間寺廟，也留下了許許多多關於清法戰爭的歷史痕跡，許多的傳說也能與正史相互的印證，日本時代後為了改築港口，淡水港填石塞港一事再度見報、甚至發現李彤恩相關的古文書，日本人也從古文書得知，過去淡水河口為防範法軍入港而進行的防禦工事，戰爭雖然已經遠去，但人們仍然用不同的方式在紀念這段歷史，戰爭是瞬間衝突的極致，而和解則是需要漫漫長路，時至今日世界依舊脫離不了戰爭的摧殘，紀念戰爭則是要讓人們記得，戰火所帶來的各種殘酷，戰爭之後人們也藉由儀式撫慰有形與無形。

第五章 | 參與臺灣建省洋務新政

前言

在清法戰爭棄基保滬爭議當中,遭到革職留任的李彤恩,劉銘傳以:「非熟悉洋務之員不能接辦,數月以來,無人可委,思維再四,惟有仰懇天恩。」[1] 請求派李彤恩處理教案、通商,劉銘傳也想請朝廷開放原本被禁止出口的硫磺礦[2] 而對這些業務熟悉之人也只有李彤恩,1886 年(光緒十二年)李彤恩正式回任,然而他的生命僅剩兩年,在這兩年的時間,也順利解決棘手的淡水教案,修復與耶穌教會的關係,李彤恩也陸續協調威利輪官商並用爭議案、購辦臺灣水陸電報線,為增加財政收入,從南洋招閩商共辦臺灣商務,以及協助劉銘傳的鐵路建設做最早期的招商募股計畫,鐵路工程雖然開始興工,但李彤恩於 1888 年(光緒十八年)病逝,民眾對於募股一事從期待轉為觀望,也讓鐵路政策轉向,收回官方辦理。

---

[1] 《光緒朝月摺檔》(台北市,故宮博物院藏)。國立台灣大學,《台灣歷史數位圖書館》,檔名:〈ntu-GCM0023-0006900070-0000691.txt〉

[2] (1969)。劉銘傳撫臺前後檔案。臺北市:臺灣銀行經濟研究室。頁263-264

第一節：善後與建省

一、淡水教案的善後

在談淡水教案善後一事之前，或許可先從馬偕博士與滬尾海關的交集開始說起，從 1873 年（同治十二年）2 月開始，這年是馬偕來到北臺灣傳教的第二年，一日經過艋舺、錫口、大稻埕、八芝蘭等地發現各地的寺廟住家、樹下、橋上以及木板上、都貼著可怕的告示：「呼籲漢人團結起來，將這些外國鬼趕出台灣島外。」[3] 馬偕寫到地方領袖試圖威嚇城市的住民，如果有人膽敢聆聽這些邪惡的教義，將會被逐出，也是馬偕來到臺灣早期所面臨的衝突，亦是滬尾海關需要處理的外國人問題，[4] 而北部由滬尾海關處理的耶穌教會教案還有，1875 年（光緒元年）新店教會林瓊、林甘因地方領袖林四全向教民收取普渡款項而爆發的鬥毆事件[5]，1876 年（光緒二年）三重埔教堂犯人莊宗德因犯強姦罪而連夜入教躲避追緝，引發地方官差、民眾等衝入三重埔教堂搗毀事件。[6]

1877 年（光緒三年）馬偕透過教民陳永順到艋舺草店尾街向鄭士筆租屋欲設立禮拜堂與醫院並訂定租約，而此事遭到艋舺

---

[3] 馬偕（Rev.George Leslie MacKay）譯者：王榮昌、王鏡玲、何畫瑰、林昌華、陳志榮、劉亞蘭《馬偕日記》（第一冊）玉山社2012年頁105

[4] 馬偕（Rev.George Leslie MacKay）譯者：王榮昌、王鏡玲、何畫瑰、林昌華、陳志榮、劉亞蘭《馬偕日記》（第一冊）玉山社2012年頁104-105

[5] 中研院近史所，《教務教案檔第三輯v.3》（台北市：中研院近史所，1974年，），頁1472-1476。國立台灣大學，《台灣歷史數位圖書館》，檔名：〈ntu-1498058-0147201476-0001074.txt〉

[6] 中研院近史所，《教務教案檔第三輯v.3》（台北市：中研院近史所，1974年，），頁1457-1459。國立台灣大學，《台灣歷史數位圖書館》，檔名：〈ntu-1498058-0145701459-0001073.txt〉

領袖三邑總理蔡達淇、貢生林紹唐、職員黃龍安、白其祥、吳解元等人反對，最後屋舍遭到地方領袖派人拆毀，因禮拜堂遭拆毀問題涉及開港條約中傳教之自由，臺灣道夏獻綸指示由滬尾海關劉青藜、李彤恩共同辦理，李彤恩在過程試圖緩和雙方情緒並透過英國領事轉達給馬偕：「因告示尚未繕便，轉請本署飭知教士，於七日後再開教堂。」希望馬偕在公告製作好之後，再重開教堂，李彤恩一方面也與地方領袖商議，最後雙方同意房屋不得高於其他房舍，而拆毀房子的費用，則可以用賠銀方式補貼屋主興建，了結此案。

　　1882 年（光緒八年）7 月 26 日馬偕建立並開設牛津學堂，當日邀集了許多來賓，與會者有，領事館費里德（Alexander Frater）、好博遜（Hobson）、費里德夫人、（Lullaw Laidlaw）、福建號的亞伯拉特船長（Ablott）和所有船員、約翰森醫師（Dr. C.H. Johansen）出席，也包括李高公（Lí-ko-kang）也就是李彤恩[7]據陳宗仁研究，李彤恩也在現場發表了談話並引用文人所寫之勸學內容，感謝馬偕對本地教育的付出，也請馬偕將他的講稿貼在牛津學堂內，（陳宗仁，2022，頁 89）[8] 而此動作也極富深意，除了向學子們表達勸學之外，也可能向民眾傳達牛津學堂為滬尾海關官員認同之機構單位，1884 年 7 月 13 日馬偕談到：「李高公的太太病了 Lí-ko-kang's wife sick。」[9]，這裡馬偕特別寫到李彤恩的妻子生病，顯示馬偕曾因得知李彤恩妻子生病而前往探望。

[7]　馬偕（Rev.George Leslie MacKay）譯者：王榮昌、王鏡玲、何畫瑰、林昌華、陳志榮、劉亞蘭《馬偕日記》（第一冊）玉山社2012年頁512

[8]　The North - China Herald and Supreme Court & Consular Gazette 1870-1941); Aug11, 1882; ProQuestHistoricalNewspapers: ChineseNewspapers Collectionpg. 147陳宗仁翻譯，陳宗仁《淡水開港相關展示史料蒐集成果報告書》新北市立淡水古蹟博物館2022年頁89

[9]　馬偕（Rev.George Leslie MacKay）譯者：王榮昌、王鏡玲、何畫瑰、林昌華、陳志榮、劉亞蘭《馬偕日記》（第二冊）玉山社2012年頁22

在華雅各醫生1876年（光緒二年）淡水醫館的帳目報表（按：
滬尾偕醫館的前身在今淡水三民街一帶租用民宅開設醫館稱淡水
醫館。）當中有捐款贊助醫院的人員與單位名單，可以看到有許
多的洋行與個人捐贈，大多都是西方人社群，而李彤恩也用個人
名義大力贊助醫館款項，或許也因為如此，從一開始畫像張貼事
件、艋舺禮拜堂租屋事件到淡水醫館的成立，都可以看到李彤恩
與馬偕之相關連結，李彤恩也時常在馬偕傳教遇上問題時給予協
助或調停，更親身出席了牛津學堂的開設，逐步了深化了兩人
友誼。

1876年的帳目報表[10]

項目	金額	項目	金額
友人	99.00	英國領事霍布森（H.E.Hobson）	25.00
海關	20.00	李高功（按：李彤恩。）	20.00
德記洋行（Tait&Co.）	25.00	雷勞先生（F.E.Laidlaw）	10.00
怡記洋行（Elles&Co）	25.00	克里斯帝先生（W.Christy）	10.00
和記洋行（Boyd&Co.）	25.00	W.雷勞先生（W.Laidlaw）	10.00
布朗洋行（Brown&Co.）	25.00	史考特先生（Grant Scott）	10.00
英國領事弗拉特（A.Frater）	10.00	維朗先生（H.Vieron）	10.00
拉肯先生（M.Larkin）	5.00	邦甸先生（P.Bondaine）	5.00
"Alerta"號拓巴特船長	5.00	格茨先生（W.Gotz）	5.00
彼得生先生（W.Petersen）	5.00	洛根先生（J.H.Logan）	3.00
陳阿順	15.00	Yeap Theau-Lye	5.00
出售醫院庫存藥品	42.92	從加拿大教會入帳	108.28
總計			523.20

10　陳冠州，甘露絲（Louise Gamble）總編輯《北台灣宣教報告》馬偕紀念醫院與
　　私立淡江高級中學2015年共同發行。第一套第一冊頁135

馬偕博士在 1884 年 7 月 20 日時處理教會事務來到了社寮島（按：今和平島。），當時在港口看到有法國軍人在港內[11]，他說清國軍人因為清法兩國的糾紛，對於外國人產生許多的仇視與敵意，也聽聞有軍人說若法國艦隊有任何行動，教會的人將是第一個被殺的對象[12]，1884 年 8 月 5 馬偕在社寮島期間收到本地傳道師的來信，請求馬偕到基隆郊區去探視一位生病的基督徒家庭，在離開社寮島的同一日，法軍展開砲擊摧毀了大沙灣砲臺、二沙灣砲臺、仙洞砲臺、仙洞鼻砲臺，並派遣馬汀（Martin）中校發動登陸作戰遭到曹志忠、章高元等將領擊退，馬偕博士於 1884 年 8 月 9 日提到與英國友人侯德（Thomaesos Hood）、班特利（Bently）在「welle」逛逛[13]，這個 welle 應是清國支援基隆戰場運送軍火的德國船「威利」號，但因為遭到法軍封鎖，無法上岸而轉往滬尾，在獲得許可之下，也去看了被摧毀的砲臺，馬偕描述：

> 「士兵們面仆向地，身體都被炸開了，看起來像是在逃離的時候被彈片擊斃。這些砲彈的威力非常強大，甚至連樹幹直徑半尺粗的樹都被削斷，有一座火藥庫爆炸並把水泥塊拋到難以相信的遠處。」

而後馬偕與學生葉順等人被邀請至法國艦隊拉加利桑尼亞號（La Galissonnière）並看了船隻的每個部位，當到達下層時有一個直徑約一呎大的洞，法軍表示是被清國砲臺那邊射中的（按：

---

[11] 馬偕（Rev.George Leslie MacKay）譯者：王榮昌、王鏡玲、何畫瑰、林昌華、陳志榮、劉亞蘭《馬偕日記》（第二冊）玉山社 2012 年頁 22
[12] 馬偕（Rev.George Leslie MacKay）譯者林晚生、鄭仰恩校注《福爾摩沙紀事：馬偕台灣回憶錄》前衛出版 2007 年頁 180
[13] 馬偕（Rev.George Leslie MacKay）譯者：王榮昌、王鏡玲、何畫瑰、林昌華、陳志榮、劉亞蘭《馬偕日記》（第二冊）玉山社 2012 年頁 24

此人可能為二沙灣砲臺營官姜鴻勝。），三個直徑約一呎大的
洞，副司令對於那些砲手們射得那麼精準極力讚賞，因為船上士
兵正在操練，全副武裝的衝來衝去，讓馬偕學生葉順感到害怕，
李士卑斯表示：

> 「看他這樣我真的很難過，請告訴他不要怕，我們並不喜
> 歡殺人。」[14]

　　基隆砲戰過後，商人約翰陶德（John Dodd）於 1884 年 8 月
17 日的日記中談到許多受傷的士兵自行前往大稻埕或淡水就醫，
他在淡水看到兩名重傷病患一位脛骨被射穿，一位是雙腿被砲彈
炸得稀爛。陶德談到希望他們能平安的找到馬偕牧師開的偕醫
館[15]，隔日 1884 年 8 月 18 日馬偕在日記中談到關於治療傷兵的事
情，許多西洋人社群聽聞此事也都來探視：

> 「為士兵動手術，談到截斷一隻手臂等等。傷勢駭人，
> 當天來到偕醫館的有金龜子號（Cockchafer）的醫師布朗
> （Dr.Brown）、阿施頓（Ashton），偕醫館的醫生約翰森
> 醫師（Johansen）、費里德（Alexander Frater）海關的捷克
> 夫婦（Jackes）福建號的麥金泰爾（MacIntyre）金龜子號
> （Cockchafer）的史金拿（Skinner, blue jacket）。」[16]

---

[14] 馬偕（Rev.George Leslie MacKay）譯者林晚生、鄭仰恩校注《福爾摩沙紀
　　事：馬偕台灣回憶錄》前衛出版2007年頁180

[15] 約翰陶德（John Dodd）陳政三譯註《泡茶走西仔反：清法戰爭台灣外記》五南
　　2015年頁13-14

[16] 馬偕（Rev.George Leslie MacKay）譯者：王榮昌、王鏡玲、何畫瑰、林昌
　　華、陳志榮、劉亞蘭《馬偕日記》（第二冊）玉山社2012年頁25

淡水教案爆發

馬偕在戰爭期間得了急性腦膜炎由約翰森醫師（Dr. C.H. Johansen）加上陶德先生的冰塊讓馬偕度過危險：

> 「海龍號汽船上運冰塊來，陶德給他所有的冰塊以便冷卻馬偕博士發燒的頭部。在敷了冰塊後，他就立刻開始沉睡，一睡三十六個小時。冰塊後來雖然用完，但等他醒時已無大礙。」[17]

1884 年 10 月 1 日劉銘傳收到李彤恩三次飛書求援，劉銘傳大隊從基隆開拔，撤回正在興建中的臺北城，章高元轉往滬尾協防，北臺灣民心震動，淡水教案的爆發與清法戰爭的時間點有密切關聯，可以從 4 月法國樓打兵船換煤事件與 8 月 5 日首次基隆戰役過後，均尚未傳出攻擊教堂之情事，顯示民眾攻擊教堂與戰情有所關聯，然而在 10 月 1 日夜間決定拔營後撤 10 月 2 日早晨劉銘傳陸續將軍隊撤回臺北城，民眾見到戰情緊急，並見軍隊撤回臺北，滬尾方面又遭到法軍砲擊，值得一提的是法軍不只在 10 月 2 日進行砲擊，而是在登陸戰前天天都有砲擊的動作，所以攻打教堂砲擊是其中一個信號，戰情告急亦是發動攻打教堂的重要關鍵，根據謝大立研究馬偕學生吳寬裕的紀錄：

> 「用這樣全面性的拆禮拜堂，是因為各地方的頭人通信說，若法蘭西打滬尾，大砲聲鳴響，就同時拆，那個早

---

[17] 馬偕（Rev.George Leslie MacKay）譯者林晚生、鄭仰恩校注《福爾摩沙紀事：馬偕台灣回憶錄》前衛出版2007年頁184

上，法蘭西打許多門大砲在滬尾，官兵顧著和他們交戰，無法兼顧保護，才會時拆拜堂。」（謝大立，2022，頁91）[18]

從首間遭到攻擊的新店教會的時間點來看，文獻談到教民高詮來滬尾馳報的訊息，應是在10月3日（光緒十年八月十五日）的晚間至10月4日（光緒十年八月十六日）的凌晨，而後10月5～6日（十七、十八日）艋舺、八里、水返腳、錫口、大龍峒、和尚洲、三角湧等地都遭到攻擊，而這些日子正是法軍砲擊淡水港的幾個時間點，顯示淡水河流域聯合進攻教堂可能是地方領袖討論後的共識，要在法軍砲擊淡水時進攻教堂，讓官軍無法兼顧教堂一事，故發動拆教堂動作有兩個要素，一個是地方領袖約定法軍砲擊時一同拆教堂，但2日早晨法軍砲轟時教堂亦未被進攻，所以還要再加上劉銘傳軍隊撤回臺北後，加深了對外國人的仇恨與恐懼的累積，日後法軍天天砲擊，地方領袖團練也趁此機會，進攻各地耶穌教堂。

「照錄清摺，照抄英領事費，來函，謹飛肅者，頃據本國偕姓教士面稱，現有教民高詮來滬馳報，昨夜景尾新店禮拜堂被在地王、張、林、劉各姓民人拆成平地，傳道陳伏並教民高福、周木等物件亦被洗搶一空，懇即移辦，等情前來，據此，據稟前情，合亟飛函敬請欽差爵撫軍門察鑒，望即迅速出示，遍禁各地方毋得蹂躪教堂，其新店教堂既經拆毀，應請嚴行究辦，並希查明示復為感，肅此，

---

[18] （吳寬裕、吳許連理、吳約書，《故吳傳道寬裕的略歷》（Ko Go Thoàn-to thoan-to khoan-ju e Liok-lek），林俊育、盧啟明、謝大立譯，加拿大長老教會檔案館檔案編號：2009-5004-15，頁74-77。）謝大立《福爾摩沙信使－馬偕生命敘事的神學素描》橄欖出版有限公司出版2022年頁91

敬請勛安，唯照不一，光緒十年八月十六日。」[19]

　　淡水港的戰情在登陸戰後，情勢相對穩定，馬偕與學生於10月21日早上5點登上福建輪去香港探望家人的安置狀況，回程時面臨法軍突如其來的封鎖，船隻最後被擋在海外，只能返回廈門，10月22日馬偕抵達廈門，10月25日搭乘道格拉斯（Douglas）號抵達香港[20]，在香港期間馬偕一直沒有放棄回到淡水，持續透過各種方式與淡水方面聯繫，一直到了隔年1885年4月8日，馬偕聽聞清法雙方情勢漸緩而海龍號也要重啟航路開往淡水，馬偕立刻前往船公司詢問，4月9日馬偕、妻子張聰明、葉順一同動身前往搭乘汽船海龍號，待了一會兒後，卻告知明天才會航行，回到家裡，因為太過於興奮，馬偕雖在休息卻睡不著，04月10日中午馬偕一行人登上海龍號，但因為風浪不平穩，下午3點被通知更換登上另一艘汽船，但後來又回到海龍號，出港時風浪很大，還看到一艘毀損的船隻，4月11日整天航行，清晨時抵達廈門，因為風浪的關係，馬偕也暈船，4月13日下午4點搭船啟程，但遇到暴風雨，船隻折返回廈門，4月14日同樣遭受風暴影響，無法順利航行，[21] 4月15日風雨依舊，船隻航行即將抵達淡水之際，馬偕看到兩艘法國軍艦，船隻從中間穿越時，法艦射出一發空包彈，馬偕搭乘的小汽船則鳴笛示意前進，此時法艦又射出另一發砲彈從船隻右舷掃過，馬偕站在船上，看到一艘法艦吹響軍號，下排砲彈已經準備好，此時馬偕已經可以看見學生與傳道等

19　中央研究院近代史研究所，《中法越南交涉檔（v.6）》（台北市：中央研究院近代史研究所，1962年，影印本），頁3394-3422。國立台灣大學，《台灣歷史數位圖書館》，檔名：〈ntu-0804130-0339403422-0001957.txt〉

20　馬偕（Rev.George Leslie MacKay）譯者：王榮昌、王鏡玲、何畫瑰、林昌華、陳志榮、劉亞蘭《馬偕日記》（第二冊）玉山社2012年頁31

21　馬偕（Rev.George Leslie MacKay）譯者：王榮昌、王鏡玲、何畫瑰、林昌華、陳志榮、劉亞蘭《馬偕日記》（第二冊）玉山社2012年頁60-61

人在牛津學堂前看著他們，在非常接近的距離，船隻只能折返，馬偕寫下：「真可悲戰爭！戰爭，法國人，當心那天（審判日 judgment day）的到來。」[22] 4月4日清法雙方在法國巴黎商討停戰協議草約，4月15日法國通知艦隊司令孤拔解除海峽封鎖。[23]而15日法國艦隊看到馬偕搭乘的船隻還是展開攻擊態勢，可能因時區造成訊息傳遞的時間差。

4月16日下午4點返回廈門，岸上的人都跑來詢問航行狀況，停留一個小時之後，船隻航向澎湖，4月17日早上抵達澎湖四處飄揚著法國國旗，也看見一名漢人俘虜在法軍營區，八艘法國軍艦停靠港邊，船長去拜訪巴雅號（bayard）的遠東艦隊司令孤拔（Courbet），最後得到孤拔的同意，可以自由航行，當日下午5點回到廈門，之後先住在馬雅各（Dr.James Laidlaw Maxwell）的家中，夜間天氣依舊惡劣4月18日上午8點登上「海龍號」10點啟程航向淡水，4月19日下午2點，馬偕在船上已經能看見淡水港，而且沒有法國軍隊在港內，汽船順利進港，上岸時遇見在戰爭期間治療他的約翰森（Dr. C. H. Johansen）醫生，他們一起爬上山丘，看到學生、傳道人、信徒，大家喜極而泣，並在牛津學堂禮拜，正式結束滯留香港的日子。[24]

馬偕回到淡水之後，當時在清法戰爭期間治療他的布朗醫生（Dr. Brown）和約翰森（Dr. C. H. Johansen）醫生都來拜訪他，4月21日開始先檢查淡水地區的建築物，偕醫館、牛津學堂、女學堂，也和學生分享在香港的所見所聞，持續整理各禮拜堂與信徒的相關消息，馬偕博士在1885年災損勘查的期間，日記中談到李

---

[22] 馬偕（Rev.George Leslie MacKay）譯者：王榮昌、王鏡玲、何畫瑰、林昌華、陳志榮、劉亞蘭《馬偕日記》（第二冊）玉山社2012年頁60-61

[23] 《法國黃皮書225號佛萊斯納致巴德諾1885年4月10日》張雁深譯

[24] 馬偕（Rev.George Leslie MacKay）譯者：王榮昌、王鏡玲、何畫瑰、林昌華、陳志榮、劉亞蘭《馬偕日記》（第二冊）玉山社2012年頁61-62

彤恩就高達九次之多，1885年（光緒十一年）4月23日準備開始巡視淡水河流域的禮拜堂，當日先拜訪李彤恩，馬偕日記寫到：

> 「華氏70度上午8點登上阿順的汽船，嚴清華、順仔等人去大稻埕，拜訪李高公，他很高興。」[25]

拜訪李彤恩後巡視大龍峒教堂，4月30日馬偕與學生要去視察艋舺教堂前先拜訪李彤恩，李彤恩為了安全起見還派兩位士兵陪同巡視：

> 「嚴清華、吳寬裕、陳火、葉順去艋舺，拜訪李高公，後去台北府，他在家，看起來很老，派了兩個士兵做護衛，到禮拜堂去看，都被夷為平地了，什麼也沒留下一切一切都沒了。」[26]

5月7日巡視完淡水河流域的教堂，之後馬偕於5月8日到5月12日緊接著巡視新竹地區，結束新竹的行程後，5月28日要出發前往宜蘭巡視災損前，又再度拜訪李彤恩：

> 「整夜下雨，更涼了些，早上大約10點和嚴、順、裕、高振、陳才、協仔登上汽船，來到艋舺，去拜見知府，然後離開去看李高公。」[27]

---

[25] 馬偕（Rev.George Leslie MacKay）譯者：王榮昌、王鏡玲、何畫瑰、林昌華、陳志榮、劉亞蘭《馬偕日記》（第二冊）玉山社2012年頁62

[26] 馬偕（Rev.George Leslie MacKay）譯者：王榮昌、王鏡玲、何畫瑰、林昌華、陳志榮、劉亞蘭《馬偕日記》（第二冊）玉山社2012年頁63

[27] 馬偕（Rev.George Leslie MacKay）譯者：王榮昌、王鏡玲、何畫瑰、林昌華、陳志榮、劉亞蘭《馬偕日記》（第二冊）玉山社2012年頁68

6月6日完成視察工作回到滬尾，1885年6月9日清法議和，但法軍仍在基隆，6月21日馬偕聽聞法軍將要離開的消息於清晨趕往基隆：

「6月21日清晨5點搭船前往基隆，上午9點抵達，馬偕目睹九艘法國軍艦準備要離開，馬偕登上（La Galissonnière）拜訪副司令李士卑斯（Lespès），副司令表示馬偕可以自由在任何地方活動，因為法軍不久就要離開。」[28]

馬偕陸續在基隆視察到6月24日，而6月9日清法議和，馬偕為何在將近月底才有辦法去基隆或前往宜蘭，原因就是6月9日簽訂合約當日開始計算，法軍有一個月的緩衝，讓軍隊撤離基隆，所以在法軍尚未撤退之時，馬偕也無法前往視察教堂損壞狀況。

馬偕4月19日從香港搭乘海龍號回到淡水，4月21日到5月7日前往勘查淡水河流域之禮拜堂狀況，5月8日到5月12日巡視新竹地區，5月28日到6月6日從滬尾出發到宜蘭巡視，6月21日到6月24日巡視基隆，在結束所有巡視工作後，6月29日馬偕前往淡水英國領事館與領事磋商禮拜堂賠償事務和領事核對每樣東西[29]並根據《中法越南交涉檔案》中寫到[30]7月4日英國領事館發信給劉銘傳，表示已將淡水教案事件訊息，傳達給駐北京英國領事館，北京英國領事館方面也得知劉銘傳與地方官正

[28] 馬偕（Rev.George Leslie MacKay）譯者：王榮昌、王鏡玲、何畫瑰、林昌華、陳志榮、劉亞蘭《馬偕日記》（第二冊）玉山社2012年頁73

[29] 馬偕（Rev.George Leslie MacKay）譯者：王榮昌、王鏡玲、何畫瑰、林昌華、陳志榮、劉亞蘭《馬偕日記》（第二冊）玉山社2012年頁74

[30] 中央研究院近代史研究所，《中法越南交涉檔（v.6）》（台北市：中央研究院近代史研究所，1962年，影印本），頁3394-3422。國立台灣大學，《台灣歷史數位圖書館》，檔名：〈ntu-0804130-0339403422-0001957.txt〉

辦理此案，此時正好中法兩國和議停戰，希望可以將此案了結。關於教堂各項物品，原有單據價錢為證，但因為教堂遭搶，原單據已失，現在開立新的單據，並一一定價，並確認無寫入教民之個人物品，但和尚洲教堂的估價較過去增加，是因為此時的物料比過去昂貴，也表示地方官員若能追回失物，即可扣除款項，如能儘速追回遺失物，則更節省賠款，英國領事也談到馬偕發誓各處教堂的物品原本都有單據為憑證，但因各教堂遭搶，原單據已失，故重新開單，內容無虛假浮報，並附上華英同文原清單各一份，在此份單據當中，詳細註明了各項失物與教堂建築所需費用，七座教堂價值估價，新店教堂建築物本體 2845 元加上遺失物件共計 4294 元零七角，艋舺教堂建築物本體 2100 元加上遺失物共計 2660 元零四角，三角湧教堂建築物無損僅有遺失物共計 63 元，和尚洲教堂建築物本體 1774 元含遺失物共計 1957 元零三角，水返腳教堂建築物大致無損，但門被拆估價 120 元含遺失物件共計 343 元，錫口教堂建築物本體 845 元含遺失物共計 1123 元，大龍峒教堂建築物本體 1650 元含遺失物件共計 1920 元在了解教堂各地的災損後，7 月 6 日劉銘傳回信給英國領事，表示會派出通商委員李彤恩，會同臺北府知府劉勳、仕紳陳霞林，前往教堂遭拆之處，馬偕日記 7 月 26 日記載：「和順仔、嚴搭快艇去艋舺，見到李高公。」[31]，往後的數天李彤恩與臺北府知府劉勳各派一員部屬會同陳霞林，勘查各地災損，馬偕日記 7 月 30 日寫到：

> 「我去艋舺和滿清人員去看被摧毀的禮拜堂，中午抵達，然後去洲里、大龍峒，又回到艋舺，李高公的人還有一名知府派的人，以及陳舉人，阿華和順仔，晚上熬夜到很晚。」

---

[31] 馬偕（Rev.George Leslie MacKay）譯者：王榮昌、王鏡玲、何畫瑰、林昌華、陳志榮、劉亞蘭《馬偕日記》（第二冊）玉山社2012年頁80

經過一番調查後官方認為水返腳、三角湧兩處教堂略有損壞，修理費約 200 餘元與單據不相上下，其餘五座教堂則均已拆毀，僅剩下殘跡，在令工匠估價後需要 9000 餘元，至於遺失物方面在劉勳與李彤恩報告當中表示無從查考，故教堂建築若還要加上遺失物需要 12000 餘元，數字可觀，希望馬偕能將款項減低一些。

損壞教堂估價（洋元）			
教堂	建築物估價	遺失物估價	總價
新店教堂	2845	1449	4294
艋舺教堂	2100	560	2660
三角湧教堂	無損	63	63
和尚洲教堂	1774	183	1957
水返腳教堂	僅門板遺失120元	223	343
錫口教堂	845	278	1123
大龍峒教堂	1650	270	1920
合計			12360元

（表格來源：筆者自製）

中法越南交涉檔案記載於8月17日在臺北捐輸局面商，同一日8月17日馬偕日記則寫到在李高公家中：

> 「早上六點啟程去艋舺，然後下午2點在李高公家見費里德，談禮拜堂聲明，知府和陳舉人在那，我告訴他們我對信徒的關心等等。」[32]

---

[32] 馬偕（Rev.George Leslie MacKay）譯者：王榮昌、王鏡玲、何畫瑰、林昌華、陳志榮、劉亞蘭《馬偕日記》（第二冊）玉山社2012年頁83

當天出席的人員有馬偕、英國領事費里德（Alexander Frater）、通商委員李彤恩、臺北知府劉勳、仕紳陳霞林，馬偕於會議中表示，開出之建築費用僅包含木匠、泥匠不包含油漆工程，所失物件過於瑣碎，許多也已遺忘，多次發誓，絕對沒有浮開，劉勳則回覆英國領事表示當時非常多事情，地方官擔心民情憤怒，所以稍緩辦理此案，希望英方能了解法國人侵擾土地，民眾在義憤填膺之下，無法區分教堂為英國或法國的資產而拆毀，與平常拆毀教堂情形不同，看在平日兩國友好，希望能再讓1000千元，馬偕在英國領事的勸說之下，仍然不肯降價雙方持續僵持，結束會談後，擇期討論。[33]

回到淡水之後英國領事費里德（Alexander Frater）與馬偕面談賠償事宜，費里德認為收到現銀即可開始動工，以免拖延教堂興建日程，但馬偕認為清單一切誠實並無任何謊報的成分，所以持續僵持，因為賠款金額的爭論，通商委員李彤恩也於9月10日來滬尾拜訪馬偕，最後馬偕同意以10000元當作賠款，馬偕於日記中寫到：

> 「上午10點，李高公（按：李彤恩。）為了禮拜堂的事來訪，我同意接受10000元，因為劉銘傳從未懷疑我的話，10多年來李高公也是這樣，總是尊重我寫的信。[34]」。

馬偕也將訊息告知英國領事費里德（Alexander Frater），他同意賠款數字。費里德（Alexander Frater）在《中法越南交涉檔》中也談到馬偕同意賠款金額的原因，八月初二日（按：西曆

---

[33] 其他中法越南交涉檔（v.6）光緒12年（1886）國立台灣大學，《台灣歷史數位圖書館》，檔名：〈ntu-0804130-0339403422-0001957.txt〉

[34] 馬偕（Rev.George Leslie MacKay）譯者：王榮昌、王鏡玲、何畫瑰、林昌華、陳志榮、劉亞蘭《馬偕日記》（第二冊）玉山社2012年頁87

9月10日與馬偕日記同一日。）因李彤恩的誠意讓馬偕同意賠款
金額：

> 「復因通商李委員彤恩在淡十二年，平日辦理交涉事件極
> 為持平公正，此案經其婉商，摯情感動，故偕於本日允以
> 一萬元賠償了事。」

　　馬偕同意以 10000 元為賠償金額，是因為馬偕認為通商委員
李彤恩，辦理交涉事件都極為公平，此案經過李彤恩委婉與他商
討，讓他非常感動，所以願意以 10000 元賠償，最後由滬尾海關
監督兜欽提出 10000 元，交予李彤恩後，再轉交給馬偕博士，9
月 27 日萬年青船進港，馬偕登船見到李彤恩，9 月 28 日馬偕收
到 10000 元款項[35]，臺北府知府劉勳收到馬偕領收親筆收據一紙
後正式銷案。

　　1886 年（光緒十二年）02 月 24 日馬偕前往臺北劉銘傳住處
分送月曆，而妻子則去拜訪李彤恩的妻子，顯示不只是李彤恩與
馬偕的關係密切，連雙方妻子也互有來往：

> 「天氣有一點好。上午去到街上靠近劉銘傳將軍住處的地
> 方分送月曆。群眾聚集講很長的時間，偕師母拜訪李高公
> 的太太，整天有許多老信徒來訪。」[36]

　　同年 6 月 10 日李彤恩來拜訪馬偕談到：「劉將軍對我在《全
球報 globe》上的信感到很高興。」1887 年（光緒十三年）12 月

---

[35] 馬偕（Rev.George Leslie MacKay）譯者：王榮昌、王鏡玲、何畫瑰、林昌
華、陳志榮、劉亞蘭《馬偕日記》（第二冊）玉山社2012年頁90

[36] 馬偕（Rev.George Leslie MacKay）譯者：王榮昌、王鏡玲、何畫瑰、林昌
華、陳志榮、劉亞蘭《馬偕日記》（第二冊）玉山社2012年頁117

24 日聖誕節前夕馬偕與妻子張聰明與孩子們一同拜訪李彤恩與學生等家庭：「偕師母與我和孩子們拜訪李高公與大稻埕的傳道人，英（陳英）、泰仔（柯泰）（Thai-a）等家庭，在大龍峒的學校，用餐後我去大稻埕分送月曆。」

1888 年（光緒十四年）01 月 19 日馬偕從宜蘭地區宣教回來，有重要宣教事務要拜訪李彤恩：「搭船到錫口，然後搭乘轎子到艋舺，因重要的宣教事務，很快去拜訪李高公，天黑後拜訪李春生，也是有關重要事務，整晚待在艋舺。」但在 1888 年（光緒十四年）9 月 30 日馬偕則寫到李彤恩生病臥床並寫到：「Called on Lí-kó-kong the oldest and best Mandarin friend I have. - Seriously ill。」交往最久的中國官員朋友生病很嚴重：

> 「搭船去見我的中國官員老朋友李高公，他很高興見到我，緊緊的握住我的手，開始流下眼淚，發現他躺臥在床上，受到由肝部位產生的疼痛之苦，可憐的同伴！他的手與腳都快不行了，離開他時，他再次握住我的手，認真的看著我的臉，用顫抖的嘴唇說：「謝謝你！謝謝你，我向他致意告別。[37]」。

1888 年（光緒十四年）10 月 16 日馬偕日記寫到李彤恩昨晚過世（按：10 月 15 日。）所有旗幟降半旗，領事也一樣：

> 「李高公昨晚在大稻埕平靜的過世了，從頭到尾所有一切我與他的交往，他證明了自己是公正且誠信的人，我最好的中國官員朋友走了永遠走了，這就是人生一個接一個朋

---

[37] 馬偕（Rev.George Leslie MacKay）譯者：王榮昌、王鏡玲、何畫瑰、林昌華、陳志榮、劉亞蘭《馬偕日記》（第二冊）玉山社2012年頁271

友陸續離去，在晚上禮拜提到他（按：李彤恩。）的過世。」[38]

　　馬偕博士從登陸淡水後結識通商委員李彤恩，在傳教的過程當中給予多方協助，由清法戰爭拆毀教堂事件的居中協調，可以看出兩人的關係密切，從語言來看，馬偕博士使用的語言為英語來到臺灣後又學習了閩南語，而閩南語方面又能編寫中西字典一書顯見有一定的語言水準，而通商委員李彤恩祖籍福建閩縣人，也會閩南語，加上文獻也顯示李彤恩也可能會英文，從淡水教案劉銘傳與英國領事往來的文獻當中寫到：

> 「偕教士所呈失單，如欲徹底查考，應請遴委幹員出滬，能通英文土語者更妙，總之此案委應作何辦理，方臻妥善之處，出自卓裁，等情，並送偕教士所呈華英同文原清單各一份，到本爵部院，據此，查上年所拆各處教堂，亟應委員前往查明如何毀壞，所開失單是否盡實，以憑核辦，查有通商委員李彤恩，堪以委派。」[39]

　　也就是淡水教案交由李彤恩負責是因為李彤恩可能熟悉英文，在清法戰爭後李彤恩協助劉銘傳置辦電報線、南洋招商、鐵路招商等多項洋務也需與西方人溝通談判，由此顯示李彤恩與馬偕兩人除了多次因為傳教事務問題而有了許多交集，而且在語言方面無論英文、閩南語也能順利溝通，讓馬偕博士時常在日記中談到這位老朋友，而淡水教案處理得當也成為了李彤恩官復原職

---

[38] 馬偕（Rev.George Leslie MacKay）譯者：王榮昌、王鏡玲、何畫瑰、林昌華、陳志榮、劉亞蘭《馬偕日記》（第二冊）玉山社2012年頁276
[39] 中法越南交涉檔（v.6）光緒12年（1886）國立台灣大學，《台灣歷史數位圖書館》，檔名：〈ntu-0804130-0339403422-0001957.txt〉

的主要原因，直到李彤恩去世前馬偕還去拜訪他，顯示兩人深厚的交情，李彤恩也因為成功處理淡水教案，而順利留臺繼續工作。

> 「滬尾封口尤為出力，該員被議後，因淡水各鄉折毀教堂，由臺北府等邀往立將教案辦結，經臣銘傳奏准留臺差遣。」[40]

二、臺灣建省分治

　　清法戰爭結束後臺灣建省分治的議題在朝廷討論著，負責督辦臺灣軍務的劉銘傳在《法兵已退請開撫缺專辦臺防摺》[41]當中談到他渡海督辦軍務之時，被授命為福建巡撫，但他認為他只是一介武人，不懂治理：「臣一介武夫，不諳吏治，持兵臺島，未立寸功。」希望開缺巡撫之職讓他專辦臺防，但又談到，他認為福建巡撫時常往來臺灣與福建，過去兩江督臣沈葆楨雖然奏請巡撫移駐臺灣，但福建省事務繁忙，僅能半年駐臺，劉銘傳認為一來一往，終究無法兼顧：「究之倏往忽來，終屬有名無實。」接著談到臺灣之戰略地位的重要：

> 「臺灣為東南七省門戶，各國無不垂涎，一有釁端，輒欲攘為根據，今大局雖雲粗定，而前車可鑒，後患方殷，一切設防、練兵、撫番、清賦諸大端，均須次第籌辦，縱使專心一志，經營十年，尚恐難收實效。」

---

[40] 《光緒朝月摺檔》（台北市，故宮博物院藏）。國立台灣大學，《台灣歷史數位圖書館》，檔名：〈ntu-GCM0024-0001100012-0000743-a003.txt〉
[41] 其他劉銘傳文集福建巡撫劉銘傳光緒11年6月5日（1885）國立台灣大學，《台灣歷史數位圖書館》，檔名：〈nthu-c286391-0002700028.txt〉

縱使專心經營十年，都不一定能有實際之成效，也暗示著臺灣與福建之經營難以兼顧，他認為應該要：「宜使臺地之財，足供臺地之用，不須取給內地，而後處常處變，均可自全。」也就是臺灣若能夠自己自足才能有所發展，但若福建巡撫長駐臺灣又有顧此失彼的疑慮：

> 「內地九府公事繁多，而又遠阻重洋，凡督臣所商榷，司道所稟承，函牘往來，究形間隔，若駐臺日久，則顧此失彼，必致遠曠閩官，若駐臺不常，則一曝十寒，更屬何裨臺局。」

最後也提及自身之目疾問題：「臣宿患目疾，到臺後，瘴煙風雨，昏障益深，公牘稍多，汗流背赤，昏眊痛澀，幾不自持。」最後朝廷屬意由楊昌濬兼任福建巡撫，而劉銘傳因為督師無功，所以讓其整頓並辦理臺灣善後相關事宜，由此文也顯示，劉銘傳雖在奏文中希望政府開缺巡撫一職，但又隱喻的描述他對於臺灣防務以及治理的想法，雖無法推測劉銘傳當時之心境，但此文也顯示劉銘傳對於治理臺灣有一套自己的想法。

同樣有分省想法的還有清法戰爭爆發時期在福建督戰的左宗棠，左宗棠同樣認為，臺灣的地理位置是七省門戶，關乎重要，應該要整頓吏治：

> 「夫臺灣雖係島嶼，綿亙亦一千餘里，舊制設官之地，只濱海三分之一，每年收榷關稅，較之廣西、貴州等省，有盈無絀，倘撫番之政果能切實推行，自然之利不為因循廢棄，居然海外一大都會也。」

左宗棠認為臺灣是一個島嶼，而且目前僅開墾海濱之三分之一，未來若能積極撫番，並運用自然資源，也能成為海外的一大省會，1876年（光緒二年）在牡丹社事件後侍郎袁保恒就曾提出將福建巡撫改為臺灣巡撫，但後來擔憂米糧、人才問題而未實行：

> 「閩省尚需台米，台餉向由閩解，彼此相依，不能離而為二，又有餉源、人才，必須在省預籌，臨時呼應方靈，各等語，恐其欲專責成，轉滋貽誤。」

　　最後折衷改為：「冬春駐臺、夏秋駐省。」終究是無法兼顧臺灣業務加上清法戰爭海道遭到封鎖：「重洋懸隔，文報往來，平時且不免耽遲，有事則更虞梗塞，如前此法夷之變，海道不通，諸多阻隔，其已事也。」也加深分省治理的想法，所以請求朝廷應設臺灣巡撫以加強臺灣海防及善後處理：「所有臺灣一切應辦事宜，概歸該撫一手經理，庶事有專責，於臺防善後大有裨益。」[42]最終 1885 年 10 月 12 日（光緒十一年九月五日）慈禧太后頒布懿旨決定：

> 「著將福建巡撫改為臺灣巡撫，常川駐紮福建巡撫事，即著閩浙總督兼管，所有一切改設事宜，該督撫詳細籌議，奏明辦理。」[43]

---

[42] 左宗棠，《左宗棠全集V.8》（長沙市：岳麓書社，1987年，第一版），頁 596-598。國立台灣大學，《台灣歷史數位圖書館》，檔名：〈ntu-2006309-0059600598-0003192.txt〉

[43] 聯合報文化基金會國學文獻館整理，《清代起居注冊（光緒朝）v.25》（台北市：聯經，1987年，初版），頁13247-13250。國立台灣大學，《台灣歷史數位圖書館》，檔名：〈ntu-1466000-1324713250.txt〉

慈禧太后雖已下旨改福建巡撫為臺灣巡撫，福建巡撫則由閩浙總督兼管，劉銘傳在此時表示，希望朝廷可以暫緩建省，原因是臺灣孤懸於海外，又為南洋門戶之要衝，劉銘傳認為臺灣財政困難，僅與貴州、新疆等地相去不遠，且臺灣目前：「番居其六，民居其四。」開墾不足的問題，而且隔著大海，一直以來都是以福建為根本，如清法戰爭法人封鎖海峽則瞬間喪失依靠，並指臺灣的原住民與雲貴、甘肅地區的原住民問題有所不同：

> 「臣查臺番與雲貴苗民、甘肅番回迥異，臺番不相統屬，各社所占膏腴之地，高山宜茶，平地宜谷，一旦教之耕種，皆成富區。」

而臺灣大多數的原住民社都是各自為政，應恩威並施，積極招撫，讓原住民歸化後再來分省，屆時土地會較現在廣闊，財政也較充足，眼下正辦理海防，又需辦理撫番，款項巨大，一時無法籌措，且設省後建立新的省會、衙署、廟宇又需要百萬兩不可，所以懇請朝廷：「若外辦防務，內辦清賦、撫番，又造城垣、衙署，萬端草創，縱使經費有著，亦恐才力難支。」顯示劉銘傳對於臺灣財政既要辦理海防又需處理撫番事務，沒有經費挹注顯然很難辦成，希望可以先以撫番為優先：

> 「一俟全番歸化，再行改省，以重嚴疆，既可寬此數年，從容籌辦，目下又可節省巨款，騰出資財，撫番設防，先其所急，此臣審度事勢，擬從緩設巡撫之大略也。」

最後朝廷決定由廈門海關協助臺灣資金，每年三十六萬兩：「廈門海關協濟餉銀三萬兩，每年協濟銀三十六萬，俟三五年

後，臺事有成，或減或停。」並指示閩浙總督楊昌濬與劉銘傳詳細會商其中事項，[44] 會商之後楊昌濬談到：「今為籌辦臺防計，非設大員駐紮其地終恐心力不專，作輟無常，難收實效。」而臺灣的物產豐富，屯墾礦業的利益不小，他與劉銘傳商議認為臺北不需再設臺北道，而改設藩司來管理財政這點他與劉銘傳意見相同：「臣愚以為添設臺北道不如添設藩司，於用人理財較有歸宿也。」[45] 與楊昌濬商議完成後劉銘傳於 1886 年 7 月 14 日（光緒十二年六月十三日）於《遵議臺灣建省事宜摺》奉旨建省，劉銘傳也與福州將軍古尼音布商議，建省前五年部分經費由閩海關協銀四十萬兩資助臺灣建省，李彤恩所屬滬尾海關原歸福州將軍管轄，建省後則正式歸臺灣巡撫統轄：「旗後、滬尾兩海關，向歸將軍管理。近年稅項所徵，均經撥充臺餉。現臺灣既設行省，兩關均隸臺疆，可否援照浙江之制，改歸巡撫監督。應請敕下福州將軍奏辦。」[46]

第二節：洋務新政的挑戰

一、李彤恩奏請開禁硫磺礦出口

　　硫磺為火山運動之產物，而硫磺也被人類作為重要的軍工原料「火藥」的主要配方，火藥的基本配方為硝石（按：硝酸鉀。）、硫磺與木炭，據歐陽泰研究被廣泛運用至軍事戰爭約於西元 1000

---

[44] 其他劉銘傳文集福建巡撫劉銘傳光緒11年10月27日（1885）國立台灣大學，《台灣歷史數位圖書館》，檔名：〈nthu-c286391-0008000082.txt〉

[45] 奏摺清宮洋務始末臺灣史料（v.4）閩浙總督楊昌濬光緒11年11月20日（1885）國立台灣大學，《台灣歷史數位圖書館》，檔名：〈ntu-2092610-0227302275.txt〉

[46] 其他劉銘傳文集福建巡撫劉銘傳光緒12年6月13日（1886）《台灣歷史數位圖書館》，檔名：〈nthu-c286391-0021400220.txt〉

年宋代時期（歐陽泰，2017，頁 43）[47]，在記載宋代武器軍備的書籍《武經總要》一書當中製作火器的原料當中，硫磺與火藥幾乎是不可或缺的原料，如書中記載含硫磺或火藥之武器如：「鞭箭：以火藥五兩貫鏃後，燔而發之。」[48] 以及可射出多支弩箭的三弓床弩亦可配備火藥箭：「三弓床弩：三弩並射及二百大步，其箭皆可施火藥用之，輕重以弩力為準。」[49] 而透過火砲發射之物亦含有油脂、硝石等成份，硫磺也是不可或缺之物：「毒煙球：球重五斤，用硫磺一十五兩。」[50] 而其他的守城工具:「鐵嘴火鷂，木身鐵嘴，束桿草為尾，入火藥於尾內。」、「竹火鷂：編竹為疏眼籠，腹大口狹，形微修長。外糊紙數重，刷令黃色。入火藥一斤，在內加小卵石，使其勢重。束桿草三五斤為尾。二物與球同，若賊來攻城，皆以炮放之，燔賊積聚及驚隊兵。」[51] 可以得知硫磺被應用在軍事的時間甚早。

臺灣清代時期，硫磺為清廷重要的管制物品，從大清會典的制度面上來看，顯示硫磺為關鍵物資並嚴格禁止賣與匪徒：

> 「姦商於逆賊接壤處所將硫磺焰硝等物販賣與賊不論官兵民人皆拏問治罪。」[52]

> 「凡產硝硫磺之地除見在官為開採者仍循例妥辦毋許夾帶透漏不時稽察外其久經封禁之山澤及出產硝磺之地務嚴行申禁。」[53]

47　歐陽泰（Tonio Andrade）《火藥時代：為何中國衰弱而西方崛起？決定中西歷史的一千年》時報出版2017年頁43
48　四庫全書（宋）曾公亮、丁度《武經總要》卷十二。浙江大學圖書館
49　四庫全書（宋）曾公亮、丁度《武經總要》卷十三。浙江大學圖書館
50　四庫全書（宋）曾公亮、丁度《武經總要》卷十一。浙江大學圖書館
51　四庫全書（宋）曾公亮、丁度《武經總要》卷十二。浙江大學圖書館
52　四庫全書《大清會典則例》卷二十四。浙江大學圖書館
53　四庫全書《大清會典則例》卷五十。浙江大學圖書館

「貨物出洋之禁康熙二十三年覆準焰硝硫磺軍器樟板等物
違禁私載出洋接濟奸匪者照例治罪。」[54]

　　在這樣的政策下，硫磺一物在清代可說是嚴格被禁止的物
資，而北臺灣火山運動頻繁，自然生成了許多的硫磺，但清廷起
初並未大量開採臺灣的硫磺，而反倒使用琉球進貢的硫磺，或許
也是避免民間持有硫磺，但就在一次又一次的民間起事中，可以
看到私硫的交易幾乎沒有間斷過，而清廷禁硫的力度也越來越加
重，談清代臺灣初期與硫磺相關的事件或許可從郁永河因福州火
藥庫爆炸：「城藥庫災，燬硝磺火藥五十餘萬無纖介遺。」郁永
河於1697年（康熙三十六年）渡海來臺置辦硫磺：「臺灣之雞籠、
淡水，實產石硫磺，將往採之。」[55]並在臺灣購置各種練硫工具
有布、糖、油、大鑊、以及挖掘器具刀斧、鋤、杓，測量器具木
桶，製秤、尺、斗、斛，[56]並用布匹與原住民交易硫土，糖丸則
給練硫工人食用以辟硫毒，郁永河也提及練硫之法：

「槌碎如粉，日曝極乾，鑊中先入油十餘觔，徐入乾土，以
大竹為十字架，兩人各持一端攪之；土中硫得油自出，油土
相融，又頻頻加土加油，至於滿鑊；約入土八九百觔，油則
視土之優劣為多寡。工人時時以鐵鍬取汁，瀝突旁察之，過
則添土，不及則增油。油過不及，皆能損硫；土既優，用油
適當，一鑊可得淨硫四五百觔，否或一二百觔乃至數十觔。
關鍵處雖在油，而工人視火候，似亦有微權也。」[57]

54　四庫全書《大清會典則例》卷一百十四。浙江大學圖書館
55　郁永河（1959）。裨海紀遊。臺北市：臺灣銀行經濟研究室。頁1
56　郁永河（1959）。裨海紀遊。臺北市：臺灣銀行經濟研究室。頁16
57　郁永河（1959）。裨海紀遊。臺北市：臺灣銀行經濟研究室。頁24

是清代臺灣早期的煉硫紀錄，而從此紀錄可以看到，臺灣硫磺主要產於臺北的山區，必須要透過與原住民交易硫土來做提煉，《澎湖臺灣紀略》「磺產於淡水；土人取之，以易鹽米芬布。」[58]《諸羅縣志》：「磺山在干豆門之左，山產磺。」並提到原住民採硫前先抹糖水在臉上才入山採磺：「諸番常以糖水洗眼，入山掘磺。」並且要在夜間進行，日出即離開，因為地熱的溫度，人無法承受太久。[59]而郁永河採硫的根本目的是因為火藥庫的爆炸，顯示這項產物與軍事有不小的關聯，由《清會典臺灣事例》記載：「淡水番、民雜處，磺廠一開，恐聚匪滋事；若收買琉球餘磺，免至淡水開採，海區更為嚴密。」清政府認為硫磺是製作火藥的重要原料，所以非必要不希望民眾開採，以免變成被匪徒當作武器使用，[60]而福建的硫磺來源則是琉球國，所以福州火藥庫臨時爆炸郁永河才會需要來到臺灣購辦硫磺：「查福建省城現存硫磺三十萬餘斤，又每二年琉球國進貢一次，所進硫磺計一萬二千六百斤。」[61]而福建省捨去一海之隔的臺灣硫磺，寧用琉球國之硫磺，顯示清政府認為封禁硫磺有助於治安，所以在文獻當中時常可以看到禁採硫磺的相關記載：「臺灣淡水地方土產硫磺，向禁民人私採[62]。」、「臺灣淡水廳境內產有硫磺，各任廳官封禁，不准採煎[63]。」、「向來封禁，設屯番守之[64]。」但這樣的政策似乎還是遏止不了私下挖掘礦產，而1721年（康熙

---

[58] 杜臻（1961）。澎湖臺灣紀略。臺北市：臺灣銀行經濟研究室。頁64

[59] 周鍾瑄（1962）。諸羅縣志。臺北市：臺灣銀行經濟研究室。頁288

[60] （1966）。清會典臺灣事例。臺北市：臺灣銀行經濟研究室。頁184

[61] 奏摺宮中檔雍正朝奏摺（v.4）福建巡撫黃國材雍正3年5月2日（1725）國立台灣大學，《台灣歷史數位圖書館》，檔名：〈ntu-1327810-0024500247.txt〉

[62] （1964）。清高宗實錄選輯。臺北市：臺灣銀行經濟研究室。頁652

[63] 王家勤等，《臺灣文獻匯刊第六輯第五冊》（北京市：九州出版社，2004年，第一版），頁255-256。國立台灣大學，《台灣歷史數位圖書館》，檔名：〈ntu-2452992-0025500256.txt〉

[64] 陳培桂（1963）。淡水廳志。臺北市：臺灣銀行經濟研究室。頁337

六十年）朱一貴起事，《平臺紀略》一書記載了一個傳言，表示朱一貴攻破臺灣府之後，重開過去的紅毛樓也就是今赤崁樓，發現過去鄭氏時代的軍械、武器與硫磺：

> 「復開紅毛樓。樓故紅彝所築，舊名赤嵌城，紅毛酋長居焉。鄭氏以貯火藥軍器。四十年來，莫有啟者。賊疑為金銀窖，故發之，得大小砲位、刀鎗、硝磺、鉎鐵、鉛彈如山。」

也有安平士兵盜賣火藥一事：「又安平兵竊賣火藥，載往接濟，事發，亦置弗問。」[65]，顯示硫磺在軍事的重要性，而民變也加強了清政府想要控制此礦產的想法，在 1787 年（乾隆五十二年）林爽文事件爆發，清廷很快就想到臺灣出產硫磺，恐被挖掘使用，並命人嚴格查緝北臺灣之硫磺：

> 「藍元枚委員前往察看等語。副將徐鼎士現駐艋舺，與硫磺山相近，著藍元枚即就近飭令該副將，認真稽查。如有賊匪私挖等事，即行擒殺，勿使透漏。」[66]

而在查緝過程當中滬尾守備羅禮璋稟報，查緝人員陳皋發現大屯山頂似有人在私挖硫磺：

> 「大屯山頂有數人挑擔，不由正路，形跡可疑，隨率兵丁前往盤查。該匪見官兵上山，即棄擔而逃，不知去向。」

---

[65] 藍鼎元（1958）。平臺紀略。臺北市：臺灣銀行經濟研究室。頁6
[66] 中國第一歷史檔案館，《天地會（v.2）》（北京：中國人民大學，1980年，第一版），頁351-355。國立台灣大學，《台灣歷史數位圖書館》，檔名：〈ntu-2060301-0035100355.txt〉

顯示私挖情形並沒有斷絕，人員也前往查看挑擔人拋下的物品發現：

> 「遺下蔴袋、竹筐俱是硫磺，共十五塊重四百斤，等因，是北淡水果係出產硫磺，若不嚴禁刨挖，使賊得以私買應用所關匪。」[67]

　　閩浙總督李侍堯也寫到：「硫磺一項為軍火要物，現當臺匪未靖之際，查禁須嚴。」並根據臺灣方面的情報指稱，起事的隊伍有槍、火砲等物品，顯示林爽文集團亦有硫磺配製火藥，李侍堯指示各地海口嚴格稽查私販硫磺之人。[68]福康安奉命來臺平定林爽文事件，在戰爭期間熟番與官軍一同進剿林爽文集團得力，福康安稱：

> 「臺灣熟番向化日久，當逆匪滋事之時，各社番勇隨同官軍打仗殺賊，頗能出力。」

　　戰後大舉招募熟番在近山未墾荒地守衛，以防漢人採硫[69]，而北臺灣的硫磺產地，也安排了數個屯番守衛：

> 「淡北之金包里、北投社等處，皆產硫磺。向來封禁，設

---

[67] 國立故宮博物院，《宮中檔乾隆朝奏摺v.65》（台北市：國立故宮博物院，1982年，影印本），頁93-94。國立台灣大學，《台灣歷史數位圖書館》，檔名：〈ihp-0257653-0009300094-a002.txt〉

[68] 國立故宮博物院，《宮中檔乾隆朝奏摺v.65》（台北市：國立故宮博物院，1982年，影印本），頁72-73。國立台灣大學，《台灣歷史數位圖書館》，檔名：〈ihp-0257653-0007200073.txt〉

[69] 奏摺清奏疏選彙閩浙總督福康安、福州將軍魁倫、福建巡撫徐嗣曾乾隆53年（1788）國立台灣大學，《台灣歷史數位圖書館》，檔名：〈ntu-1043603-0005000055.txt〉

屯番守之。」[70]。

淡水廳志記載：

「淡北各社屯番人數：淡北武勝灣社屯管下大小一十九
社，屯丁三百名：武勝灣社屯丁三十二名，擺接社屯丁
一十三名，雷朗社屯丁二十二名，龜崙社屯丁二十三名，
南嵌社屯丁一十四名，坑仔社屯丁一十六名，圭泵社屯丁
一十五名，搭搭攸社屯丁一十六名，里族社屯丁二十名，
錫口社屯丁一十四名，峯仔峙社屯丁一十二名，毛少翁社
屯丁四名，北投社屯丁二十二名，八里坌社屯丁五名，小
雞籠社屯丁六名，圭北屯社屯丁一十一名，金包裏社屯丁
二十二名，大雞籠社屯丁一十二名，三貂社屯丁二十一
名。」[71]

而其中硫磺產地的北投、金包里、有派員把守，而接近礦
山地區則由毛少翁社把守，《全臺興圖》當中亦有毛少翁屯之標
註[72]，在官方嚴格的查緝與增派番屯的狀況下，在 1787 年（乾
隆五十二年七月）滬尾守備羅禮璋在大屯山查緝私礦四百斤，當
下犯嫌逃逸，而後被石門汛士兵捕獲為首者為紀品、王義等多人
分工的私挖硫磺集團，並供稱：

「大屯山後產有硫磺，遂出備伙食，置造鍋鏟等物，邀同
蘇發、王義、蘇奇、蔡郁、張餅、陳鳳入夥，挖煎礦土，

---

[70] 陳培桂（1963）。淡水廳志。臺北市：臺灣銀行經濟研究室。頁337
[71] 陳培桂（1963）。淡水廳志。臺北市：臺灣銀行經濟研究室。頁83
[72] 版存福建臺灣道庫《全臺興圖》光緒庚辰蒲夏開刷，臺灣圖書館檔案號：
jpli2011-bk-sxt_0744_4_1880

共得磺一千餘斤。」[73]

為首者紀品因嚴重違反硫磺禁令遭到處斬：

「乾隆五十四年正月初十日奉旨：紀品著即處斬，王義、蘇奇俱依擬應斬，著監候，秋後處決，餘依議。欽此。」[74]

1788年（乾隆五十三年）因為要嚴格查緝淡水河口私磺問題，在八里增添士兵稽查：

「原設之烟墩塘一汛相距較遠，兵力亦單，應添設外委一員、兵丁三十名，稽查更為周密。」[75]

而這樣增加部屬士兵的狀況，也反映清廷在多次民變後對於硫磺的控管日趨嚴格，清廷的猜測也無誤，根據林爽文的供稱配置火藥的硝是從房屋挖牆上年久的石灰，而硫磺：「在北路生番山裡私換硫磺，配作火藥。」顯示私挖硫磺產業依舊盛行，可以透過交易的模式來換取臺灣北路山中所產的硫磺。而福康安也準備將臺灣民間的槍枝銷毀以杜絕硫磺的需求：「將臺灣民間私用鳥槍繳回銷毀，改鑄農器。」[76]

[73] 國立故宮博物院，《宮中檔乾隆朝奏摺v.70》（台北市：國立故宮博物院，1982年，影印本），頁410-412。國立台灣大學，《台灣歷史數位圖書館》，檔名：〈ntu-2251323-0041000412.txt〉

[74] 中國第一歷史檔案館編，《乾隆朝上諭檔（v.14）》（北京市：檔案社，1991年，第1版），頁740。國立台灣大學，《台灣歷史數位圖書館》，檔名：〈ntu-1676355-0074000740-0001711.txt〉

[75] 國立故宮博物院，《宮中檔乾隆朝奏摺v.67》（台北市：國立故宮博物院，1982年，影印本），頁702-705。國立台灣大學，《台灣歷史數位圖書館》，檔名：〈ntu-1521693-0070200705.txt〉

[76] 張本政主編，《清實錄臺灣史資料專輯》（福州：福建人民，1993年，第一版），頁557。國立台灣大學，《台灣歷史數位圖書館》，檔名：〈ntu-1865448-

大屯山硫磺嚴格封禁之後，原以為私挖的情形會下降，但卻依舊時常查緝出大量的私運硫磺。

　　嘉慶年間海盜蔡牽、朱濆等在東亞海域活動，讓清廷政府大傷腦筋也開始擔心私運硫磺是否會流向海盜集團，而在1808年（嘉慶十三年）福建巡撫張師誠，發現蔡牽、朱濆集團似乎航行來到閩南外海，令金門鎮總兵許松年嚴防海口，而就在巡視海口的過程當中，發現有船隻私運硫磺等物，會同金門縣丞趙暄、守備陳光求聯合抓捕，起出大量硫磺、槍砲等物：「起出硫磺、及鎗砲、器械等物件。」[77]而為了找尋硫磺與海盜的關聯，福建臺灣鎮總兵官武隆阿、福建陸路提督許文謨、按察使銜福建臺灣道清華在奏摺當中談到將各地抓捕到的海盜與私採硫者，包含朱濆集團的海盜、蔡牽集團的海盜、一般竊盜與私挖硫磺的人，聯合提至府城訊問，試圖找出私賣硫磺的線索顯示清廷對於私硫的重視，[78]1809年（嘉慶十三年十二月二日）詹事府少詹事梁上國針對臺灣多次遭到洋匪窺伺也就是海盜，他提出數點方案而其中也談到：

> 「臺地往往有產磺之處，故今年邸報，有自臺私載硝磺內渡之匪船，經守備陳光求斫斃盜匪，起獲硫磺至七千餘斤之多。」

　　可以看到起獲硫磺七千餘斤顯示日趨嚴格的硫磺政策，並

0055700557.txt〉

[77] 《宮中檔奏摺－嘉慶朝》（台北市，故宮博物院藏），文獻編號：404011771。國立台灣大學，《台灣歷史數位圖書館》，檔名：〈ntu-PMA0004-0011500117-0011771.txt〉

[78] 《宮中檔奏摺－嘉慶朝》（台北市，故宮博物院藏），文獻編號：404011939。國立台灣大學，《台灣歷史數位圖書館》，檔名：〈ntu-PMA0004-0012800130-0011939.txt〉

未達到預期的效果，梁上國談到，許多的罪犯會逃往人跡較少之地，而長年封禁的硫磺產地，也成為讓犯人逃往此處盤據的熱點，應該要出面管理而不使成為廢棄土地：

> 「惟能設法以經理，而勿委為棄地焉，則禁物可以稽查即逮藪。」[79]

1832年（道光十二年）嘉義爆發張丙事件：「張丙，嘉義人。其先自漳之南靖來臺，居店仔口莊，世業農。能以信義庇鄉鄰，眾倚重之。」[80]當時因為各庄稻穀歉收，稻穀禁出庄外，商人陳壬癸在店仔口街米店賣米，委託鄉人吳贊運出莊，但被人攔搶，陳壬癸認為幕後主謀者為張丙，故告官抓捕張丙，張丙憤而與一位遭到粵人攻擊的親族陳辦一同起事，遂演變為閩粵互鬥，[81]動亂後1833年（道光十三年）閩浙總督程祖洛頒布《奏酌籌臺灣善後事宜摺》，其中更言明禁止硝磺：

> 「臺灣四面環海，地多斥鹵，民間房屋皆係築土為墻，歷年既久，氣蒸日曬，藉陰氣取墻土煎之即成硝。」

並表示現在硫磺雖有查禁章程，若民眾不知提煉硝之法，也無大害，但現今臺灣民眾已知用牆土石灰製成硝，再配合硫即能配置火藥，故他認為要嚴格查禁：「嚴申硝磺之禁，以杜私煎

---

[79] 中國第一歷史檔案館、海峽兩岸出版交流中心，《明清宮藏臺灣檔案匯編（v.117）》（北京市：九州出版社，2009年，第一版），頁350-364。國立台灣大學，《台灣歷史數位圖書館》，檔名：〈ntul-3052726-0035000364.txt〉
[80] 連橫（1962）。臺灣通史。臺北市：臺灣銀行經濟研究室。頁867
[81] 台灣銀行經濟研究室，《臺案彙錄甲集（v.2）》（台北：台灣銀行，1959年，平裝本），頁75-80。國立台灣大學，《台灣歷史數位圖書館》，檔名：〈ntu-0701083-0007500080.txt〉

也。」他提到今淡水廳產礦之地有：「金包里、大礦山、東瓜湖、小北投山。」等地，又將這些礦礦狀態分為，礦窟與湯窟。礦窟則為硫礦結晶體，噴毒煙與湧泉流出者為湯窟，區分兩者外，也談到銷毀之法，若是礦窟用焚燒：「艋舺縣丞會同艋舺汛守備赴山砍伐柴薪，將硝窟燒煆一次。」湯窟則用填土：「取土填實，亦用火煆，皆成黑土，堅硬如鐵，不能煎礦。」但也談到燒毀政策的困難，也就是礦區範圍過廣，還是有民眾會進入私煎硫礦所以也明訂了懲罰的規定：

> 「數在十斤以下杖一百、刺字逐水，十斤以上杖六十、徒
> 一年，每十斤加一等，多至百斤以上、合成火藥在十斤以
> 下者，照合成火藥賣與鹽徒例發近邊充軍，多至三百斤以
> 上及合成火藥至十斤以上者，照私鑄紅衣等大小砲位例處
> 斬，妻子緣坐，財產入官。如將硝礦與生番交易貨物及偷
> 漏出海者，均以通賊論。總董、牌甲、鄰佑、挑夫、船戶
> 知而不舉，一體連坐。」[82]

　　1851 年（咸豐元年）江西道監察御史陳慶鏞上奏《請禁淡水硫礦出洋事》，他發現北臺灣依舊有民眾在私掘硫礦，談到有英國人以挖煤之名義，獲取硫礦，認為應該嚴禁所有的私礦出港，這樣或許就能遏止臺地的物產被挖取給外國人使用，顯示到了咸豐年間臺灣的硫礦政策依舊採取封禁出口，但對於私硫仍然無法遏止，[83] 從數年後 1854 年（咸豐四年）匪徒賴唇在嘉義布袋嘴、二竹圍盤據事件可以看到，嘉義營參將王國忠、臺灣水師

---

[82]　（1959）。臺案彙錄甲集。臺北市：臺灣銀行經濟研究室。頁121
[83]　王家勤等，《臺灣文獻匯刊第六輯第五冊》（北京市：九州出版社，2004年，第一版），頁255-256。國立台灣大學，《台灣歷史數位圖書館》，檔名：〈ntu-2452992-0025500256.txt〉

協副將郭世勛聯合進攻匪徒據點,最後順利攻破匪徒土堡,起出武器、旗幟、火砲等物件其中更包含硫磺:「起出硫磺五千斤。」顯示臺灣硫磺以成為起事必備之原料,而前述之封禁及懲罰政策無法產生明確的效果。[84]

既然無法完全禁止私挖硫磺問題,1860年(咸豐十年)臺灣鎮總兵曾玉民採用巡邏與銷毀方式來控管硫磺,並嚴格指示淡水廳按季節銷毀硫磺:

> 「淡水廳屬地產硫磺,雖經責成廳、營,將磺花、湯窟按季巡察燒燬,究恐仍有姦民偷採私販,奴才隨復輕騎減從,由八芝蘭、金包里、大磺山、東瓜湖、北投諸山逐一履勘,並嚴飭該廳、營隨時查拏,不容疏漏。」[85]

1855年(咸豐五年)也有私挑磺土的陳心婦等二十餘人進攻毛少翁社的案例[86],1859年(咸豐九年)毛少翁社通事林振豐向艋舺縣丞稟報,有棍惡強挖磺灰並且搭竂煎煮硫磺,番人不敵惡棍勢力,艋舺縣丞陳澧談到:「憐弱番難敵棍惡之橫,准迅移會焚燬督拘兇徒,番黎塗炭。」[87]顯示清廷想要用原住民阻擋私

---

84 上海師大歷史系中國近代史研究室、中國第一,《福建上海小刀會檔案史料匯編》(福州:福建人民出版社,1993年,第一版),頁282-290。國立台灣大學,《台灣歷史數位圖書館》,檔名:〈ntu-2081633-0028200290-0000151.txt〉

85 明清宮藏臺灣檔案匯編(v.179)署理臺灣鎮總兵曾玉明咸豐10年1月29日(1860)國立台灣大學,《台灣歷史數位圖書館》,檔名:〈ntul-3052788-0012100127.txt〉

86 淡新檔案14401_001_00_00_1《即陞知縣艋舺縣丞王霈為查訊磺土稟解究辦事》國立台灣大學,《台灣歷史數位圖書館》,檔名:〈ntul-od-th14401_001_00_00_1.jpg〉

87 淡新檔案14403_005_00_00_1《申文(艋舺縣丞陳澧據稟匪黨強掘磺灰申請淡水廳同知恩煜會營嚴拏究辦)》,國立台灣大學,《台灣歷史數位圖書館》,檔

挖者的政策，不足以讓私挖礦土者放棄，反而還有氣焰日益高漲
的趨勢。

　　淡水開港後擔任首任英國副領事的郇和（Robert Swinhoe）曾
在1858年（咸豐八年）乘剛強號（The Inflexible）環臺灣調查水文
以及確認遇上船難的西方人是否有被囚禁於北臺灣的硫磺區，同
年6月22至24日一行人包括船長、植物學家、通譯、水兵、苦力等
7人，從基隆上岸途經萬里、金山、礦山、士林、汐止、七堵最
後從基隆登船，6月22日當晚抵達金包里的一間寺廟並詢問在地庄
長與總理是否聽聞洋船遭難或外國人遭囚於硫磺區一事，但得到
的回應是從未聽說，6月23日又到大屯山硫磺產區，尋找礦區的茅
屋、礦坑，並遇見住在當地的老夫婦表示均未看過外國人，而郇
和此次的調查遇見的人甚少，原因是因為他談到：「福州來的大
官曾派軍隊上山驅趕採私硫磺的民眾，所以找不到人詢問。」[88]

　　按季封禁燒毀硫磺的政策到了同治朝，也依過去舊例再次公
布採硫仗刑罰則：

> 「一、內地姦民在產硝磺地方私行煎窑，無論已、未興
> 販，照臺灣之例科斷：十斤以下，杖一百，刺字；十斤以
> 上，杖六十，徒一年；每十斤加一等。百斤以上及合成火
> 藥在十斤以下者，發近邊充軍；三百斤以上及合成火藥在
> 十斤以上者，照私鑄紅衣等大小礮位例處斬，妻子緣坐、
> 財產入官。如將硝磺濟匪，以通賊論：知情故縱及隱匿不
> 首，並與犯同罪，至死減一等，俟軍務完竣，仍照舊例辦
> 理。」[89]

名：〈ntul-od-th14403_005_00_00_1.jpg〉
[88] 郇和（Robert Swinhoe）陳政三譯註《翱翔福爾摩沙：英國外交官郇和晚清台灣
紀行》五南2015年頁45-46
[89] （1966）。清會典臺灣事例。臺北市：臺灣銀行經濟研究室。頁167

由福建巡撫徐宗幹在1863年（同治二年）在《為臺灣淡水磺山應請暫行弛禁以資開採事附片》談到淡水廳中大磺山等地一直以來的硫磺政策都是封禁，並交由地方官員按季焚燒，但是硫磺依舊旺盛，難以根除，由於臺灣位於海外偏僻處，仍不免遭到私挖，又因福建各營的硫磺短少除原琉球國的硫磺外，其餘原硫磺來源也以枯竭：「上杭縣磺山空竭，不能再採。」且從：「咸豐三年軍興以後。」需要的火藥更多，咸豐三年軍興推測為太平天國事件，其他各省因戰爭造成各地道路阻礙，還需增加轉運等費用，若從國外進口則價格昂貴，貨源不穩，所以福建巡撫徐宗幹認為應該要開採淡水磺山，以濟軍需之用：

> 「官禁雖嚴，終不能免其偷挖，一經設廠試採，即可收挖磺之人為廠丁，給以口糧，資其生計，磺既歸官，挖磺之人亦歸官用，嚴禁偷漏，有犯必懲。」

　　而雖然由官方挖掘硫磺，但依照通商合約，仍然可以禁止將硫磺販運給洋商，並派遣滬尾海關負責人區天民與同知胡繼芬，會同淡水同知鄭元杰前往調查，但最後認為礦苗數量不定仍舊持續封禁，[90]1867年（同治六年）淡水同知嚴金清也認為開放採硫仍然堪慮也未表示支持，[91]1870年（同治九年）福建巡撫英桂也持反對意見，原因是英桂根據前任臺灣道吳大廷的意見表示臺灣民情浮動，開礦礦恐有不妥：

> 「產磺之山現伏無定，採礦產之窟衰旺難期，況海外民情

---

[90] 陳培桂（1963）。淡水廳志。臺北市：臺灣銀行經濟研究室。頁338
[91] 《軍機處檔摺件》（台北市，故宮博物院藏），文獻編號：089837。國立台灣大學，《台灣歷史數位圖書館》，檔名：〈ntu-GCA0039-0003100032-0089837.txt〉

浮動，迥與內地不同，與其開採，所生事端，不若封禁，
藉杜防弊，各在案。」

而私硫現象依舊未解，英桂又談到一個狀況，也就是近年天
津設立機器總局，派遣盧璧山來臺灣購買硫磺，然而硫磺既未設
廠，又無開放開採，盧璧山來到臺灣購買的硫磺從何而得，他認
為應該派人嚴加查緝並照舊封禁。[92]

記者達飛聲（James w. Davidson）談到在 1867 年硫磺的走私
狀況：「金包里某礦坑就有 30-40 個煮磺爐灶在運作，聘僱百名
工人，煮好的硫磺運到海邊，裝上帆船走私到香港或清國。」[93]
1858 年郇和抵達硫磺礦區未見多少人煙，但美國駐廈門領事李
仙得抵達磺區時就看到許多的私掘工寮，顯示私掘硫磺難以根
除，1867 年（同治六年）美國駐廈門領事李仙得來臺調查羅妹
號沉船事件[94]前往臺灣南部與各番社調停外，李仙得亦曾與茶商
陶德與友人必寫稿（Piseco）一同走訪了北臺灣的硫磺產區李仙
得談到：

「硫磺在福爾摩沙雖是被禁的，然在大油坑的漢人硫礦
工、鎔煉工，及走私者合力建造了一個小村莊。鎔爐是以
非常原始的方法建造。置於庫房之下，以鄰近山丘的乾草
覆蓋著。此草在調製硫磺時做燃料用。」

---

[92] 《軍機處檔摺件》（台北市，故宮博物院藏），文獻編號：100917。國立台灣大
學，《台灣歷史數位圖書館》，檔名：〈ntu-GCA0042-0000600008-0100917.txt〉
[93] 達飛聲（James w. Davidson）陳政三譯註《福爾摩沙島的過去與現在》下冊國
立臺灣歷史博物館2014年頁599
[94] 朱士嘉，《十九世紀美國侵華檔案史料選輯（v.2）》（北京市：中華，1959
年，第一版），頁278-279。國立台灣大學，《台灣歷史數位圖書館》，檔名：
〈ntu-1810996-0027800279.txt〉

並談到製作硫磺的人將硫磺走私至金包里：「這些人自己承擔被扣押沒收的一切風險。在大油坑我見到地上有價值 50000 元以上的已製造的硫磺。」[95] 據 Lambert van der Aalsvoort 之研究，同行友人必寫稿（Piseco）也談到硫磺禁採政策以及私掘者的身影：「中國政府禁止開採硫磺，然而在附近的某個礦區，開採活動仍在暗中進行。」並指硫磺的出口均由走私者把持：「硫磺輸出全為走私者所把持，他們用帆船將硫磺運往中國大陸。」一行人離開礦區之後，由陶德帶路至一處擁有小瀑布與溫泉水池的地方，一行人在那裡邊泡澡邊吃午餐。（Lambert van der Aalsvoort，2002，頁 141）[96]

1872年（同治十一年）從加拿大來到臺灣的長老教會傳教士馬偕（George Leslie Mackay）博士，在來到北臺灣首年的7月2日也前往了接近北投的硫磺區踏查：

> 「硫磺是美麗的金黃色，可以在石頭上和山邊見到，足足有20股的穴孔，噴射出滾燙的熱水。並且轟然作響如同蒸汽引擎的火車要開動時的聲音。真是壯麗的景致，灰夾雜著熱水冒出，而黃色的硫磺閃亮的環繞噴發口四周怒吼著，四周圍山丘是迷人的翠綠色。熱水流下山谷，沿著順流而下的溪水，任何人都可以在適合他溫度的水中洗澡且水中富含礦物質。」[97]

---

[95] 費德廉（Douglas L. Fix），蘇約翰（John Shufelt）《李仙得臺灣記行[附李仙得臺灣紀行相關地圖精裝]國立臺灣歷史博物館2013年頁36

[96] 藍柏（Lambert van der Aalsvoort）《風中之葉：福爾摩沙見聞錄》經典雜誌出版社2002年頁141

[97] 馬偕（Rev.George Leslie MacKay）譯者：王榮昌、王鏡玲、何畫瑰、林昌華、陳志榮、劉亞蘭《馬偕日記》（第一冊）玉山社2012年頁60

1873-1874 年（同治十二年－十三年）美國博物學家史蒂瑞（Joseph Beal Steere）來到臺灣調查的過程當中，也去看了北臺灣的硫磺，史蒂瑞談到他們去了淡水港東北方的溫泉區，而帶路人同樣是英商約翰陶德，史蒂瑞談到：「我們沿著溫泉溪流而行，在溫泉區以下約半英里處試水溫，剛開始覺得太燙，但是幾分鐘之後就覺得滿舒服的，尤其當一陣寒冷的強風襲來時，更是如此。」[98] 顯示陶德先生可能帶著史蒂瑞去前幾年與李仙得一同去的那處溫泉區，而學者身分的史蒂瑞也仔細地描繪著溫泉區的狀態，如許多白色氣體從地底噴出，還有滾燙泉水流出的景象，並提到：「此地充滿了硫磺，漢人有一陣子就是為它而來，結果現在礦渣到處都可見。」[99]

　　1874 年（同治十三年）牡丹社事件後辦理海防兼理各國事務的沈葆楨上奏建議過去封禁硫磺政策嚴格，不如將硫磺收來儲存廣為軍用：「硫磺例禁綦嚴，第禁之而不免漏卮，不若收之以廣儲軍用，然此皆收效於數年之後，目前經始尚若費未易籌，至節流亦節其無用而已矣。」[100]，而除了硫磺能提供軍用外，一併開放煤礦給民間開採，提供給船政局使用：「雞籠所產石炭，准民開採，以供閩省上海船政之用。」[101] 丁日昌接任福建巡撫後提出由官設廠來辦理硫磺：「硫磺產於淡北北投山、冷水窟等處，向例封禁，同治二年，經前督臣左宗棠奏請開采，嗣又中止；然民間私挖偷漏之弊，仍不免也。如弛禁開工，或由官設廠、或向

98　史蒂瑞（Joseph Beal Steere）林弘宜譯、李壬癸校註《福爾摩沙及其住民：19世紀美國博物學家的台灣調查筆記》2009年頁108

99　史蒂瑞（Joseph Beal Steere）林弘宜譯、李壬癸校註《福爾摩沙及其住民：19世紀美國博物學家的台灣調查筆記》2009年頁06

100　《同治朝月摺檔》（台北市，故宮博物院藏）。國立台灣大學，《台灣歷史數位圖書館》，檔名：〈ntu-GCM0010-0014200150-0000352.txt〉

101　中國第一歷史檔案館、海峽兩岸出版交流中心，《明清宮藏臺灣檔案匯編（v.187）》（北京市：九州出版社，2009年，第一版），頁32-40。國立台灣大學，《台灣歷史數位圖書館》，檔名：〈ntul-3052796-0003200040.txt〉

民買收，不特裕閩省之軍需，兼可濟鄰省之不足。」[102] 1877 年（光緒三年）丁日昌在《請開辦輪路礦務疏》中向清廷提出臺灣當前的各項問題，其中列舉十項建議，而第十項談到礦產的問題：

> 「臺北一帶，滿山皆礦，煤、鐵出於是，硫磺、樟腦、煤油、茶葉出於是。往往洋人既知，而我尚未知；洋人既採，而我尚未採。欲處處設官置吏，則無此經費。皆由地方遼闊，礦事不興，故官與地不習，官與民又不習。」[103]

並派曾擔任船政總監工的廣東道員葉文瀾來主理臺灣礦產，[104] 葉文瀾除主理清廷官煤業務外，亦分別勘查硫磺、礦油、樟腦等開採狀況，[105] 1877 年（光緒三年）辦礦務局廣東道員葉文瀾向丁日昌稟報現今臺灣礦產的狀況，其中談到硫磺在金包里可出礦：「每月約可出礦磺二百擔。」並在出礦之所設碑禁止私煮硫磺，而過去私煮而未賣之硫磺，亦發現有私礦兩千餘擔，葉文瀾以每擔五角將其收購，[106] 丁日昌時期派遣葉文瀾將臺灣硫磺礦列管，正式作為清官方管理的軍事物資，但仍禁止出口，臺灣通志則有更進一步的描述 1877 年（光緒三年）：

---

[102] 溫廷敬，《丁中丞政書v.2》（台北縣：文海，1980年，影印本），頁498-503。國立台灣大學，《台灣歷史數位圖書館》，檔名：〈ntu-1407446-0049800503.txt〉

[103] 奏摺近代中國對西方及列強認識資料彙編第三輯v.1丁日昌光緒3年（1877）國立台灣大學，《台灣歷史數位圖書館》，檔名：〈ntu-1465954-0047500480-0000328.txt〉

[104] 洪安全總編輯，《清宮洋務始末臺灣史料（v.2）》（台北：國立故宮博物院，1999年，第一版），頁1331-1332。國立台灣大學，《台灣歷史數位圖書館》，檔名：〈ntu-2092608-0133101332.txt〉

[105] 《光緒朝月摺檔》（台北市，故宮博物院藏）。國立台灣大學，《台灣歷史數位圖書館》，檔名：〈ntu-GCM0013-0002800032-0000119.txt〉

[106] 洪安全總編輯，《清宮洋務始末臺灣史料（v.2）》（台北：國立故宮博物院，1999年，第一版），頁1351-1353。國立台灣大學，《台灣歷史數位圖書館》，檔名：〈ntu-2092608-0135101353.txt〉

「廣東遇缺補用道葉文瀾來臺試辦。履勘臺北淡水所屬之北投、油坑、金包里等處山場，出礦取之試煎，驟成礦塊。爰招工開礦，購置鍋具。僱匠熬鍊，先派司弁在三處設廠監督，稽查偷漏。」

並談到在滬尾油車口設立儲礦廠，派員駐紮此處專門發放：「收買民間所熬私礦於滬尾油車口地方，設一儲礦之廠，派員駐紮，專司收發。」並記載三處旺年可收：「六、七十萬斤。」若非旺年可收：「三十萬到六十萬不等。」[107]記者達飛聲（James w. Davidson）則提到1877年硫礦收為官辦後，因為硫礦品質未達水準，導致在清帝國內也銷路欠佳，臺灣官倉庫囤積了一萬擔的硫礦。[108]

而在礦礦開始由臺灣官方辦理後，1880年（光緒六年）德國民族學者喬斯特（Wilhelm Joest）來臺研究原住民族，在旅程當中因遇地震，所以對於北臺灣的火山硫礦區產生興趣，雇用了轎夫與隨從前往踏查，喬斯特記錄硫礦區景象：「這些地方現在則像蒸氣鍋一樣，嘶嘶地湧出硫礦氣，所有進到這個區域的東西都被覆蓋上一層黃色雪花晶體的外表。」喬斯特也擔心硫礦區危險，所以都先讓漢人隨從先行，並且也觀察到有類似間歇泉的景色：

「沸騰常會被向上噴出的泥團及蒸汽團打斷，噴出高度一般約有5米，飛濺的硫礦在圓形洞口的邊緣凝結成一圈外殼，遠望看似巨大的蛋白霜蛋糕。」[109]

---

[107] （1962）。臺灣通志。臺北市：臺灣銀行經濟研究室。頁258
[108] 達飛聲（James w. Davidson）陳政三譯註《福爾摩沙島的過去與現在》下冊國立臺灣歷史博物館2014年頁599
[109] 威廉・喬斯特（Wilhelm Joest）姚紹基編《1880年德國民族學者Wilhelm Joest的臺灣之旅：導讀・文物目錄及遊記譯註》2018年頁254

1884年（光緒十年）清法戰爭爆發，臺灣港口遭到法軍的封鎖，官軍的器械火藥補充僅能從清帝國本土來支援，隨著戰情緊繃，劉銘傳也招募大量臺灣土勇加入戰爭，然而臺勇多用前膛土槍，兩廣總督張之洞電告劉銘傳：

> 「法虜併力擾雞籠，雄才必能破敵，惟軍火接濟甚艱，萬一洋槍炮子藥不繼，可慮，臺產磺，似可飭地方文武趕速多造土藥、備土槍，為持久計。」[110]

因為海上遭到法軍封鎖，軍火接濟困難[111]張之洞也指出臺灣遭到封鎖之後，必須要有前膛槍所需之土火藥，臺灣磺不缺但硝缺，所以指示找尋藥匠：

> 「速覓能熬硝製藥者數人，無論工匠、兵勇令隨委員赴臺，重價不惜，不准以無人應募搪塞。」[112]

後來找到數位人員在無硝可用之時可以取土提煉硝並有藥匠李耀雄、吳鎮升表示：「遇無硝可提之時，兼能取土成硝。」[113]最後募得十三人渡臺：「臺軍持久必須前膛鎗土火藥，但磺多硝

---

[110] 苑書義，孫華峰，李秉新主編，《張之洞全集（v.7）》（石家莊市：河北人民，1998年，第一版），頁4934-4935。國立台灣大學，《台灣歷史數位圖書館》，檔名：〈ntu-2079347-0493404935.txt〉

[111] 苑書義，孫華峰，李秉新主編，《張之洞全集（v.7）》（石家莊市：河北人民，1998年，第一版），頁4934-4935。國立台灣大學，《台灣歷史數位圖書館》，檔名：〈ntu-2079347-0493404935.txt〉

[112] 胡傳釗，《盾墨留芬v.1》（台北市：台灣學生書局，1973年，精裝影），頁141-142。國立台灣大學，《台灣歷史數位圖書館》，檔名：〈ntu-1137808-0014100142.txt〉

[113] 胡傳釗，《盾墨留芬v.1》（台北市：台灣學生書局，1973年，精裝影），頁367-374。國立台灣大學，《台灣歷史數位圖書館》，檔名：〈ntu-1137808-0036700374.txt〉

缺，已募得煽土提漂製藥員匠十三人設法赴臺。」[114]

　　清法戰爭後 1885 年（光緒十一年）曾參與中法議和的外交官于雅樂（Camille Imbault-Huart）認為臺灣的戰略性以及法國對於這塊土地的認識不足，故著手撰寫《福爾摩沙的歷史與地誌》一書，[115] 其中也描寫到關於北臺灣硫磺的狀況：

> 「在福爾摩沙的北部淡水附近，有許多由火山現象造成的硫磺溫泉，在這個地區，所有的水流均含有亞硫酸與硫酸，在某些山峰上，我們可以看到一些噴氣，這是從地面裂縫冒出來的白柱狀氣體噴射。」[116]

　　亦有描述製作硫磺的過程，先將硫磺塊或含有硫磺的土加熱至糊狀再進行冷卻：「糊狀的液體不停地攪動，直到所有的泥土物質沉澱於鍋底、硫磺漂浮於表層，人們以一支鐵勺將舀取這層泡沫狀的火山物質，將它置於模子中，讓它在裡面冷卻，人們在硫磺凝固後將箍與桶板移除後，即得到漂亮、略呈圓錐狀的硫磺塊。」也觀察到臺灣當局管理硫磺的封禁燒毀政策，是為了防範叛亂者使用硫磺礦。[117]

　　戰爭後淡水通商委員李彤恩因棄基保滬事件遭到革職，然而劉銘傳以李彤恩熟悉通商與礦礦：「惟李彤恩所辦通商礦礦等

---

[114] 王彥威輯編，《清季外交史料（v.2）》（台北市：文海，1964年，再版），頁 368-369。國立台灣大學，《台灣歷史數位圖書館》，檔名：〈ntu-0863577-0036800369.txt〉

[115] 于雅樂（Camille Imbault-Huart）譯者郭維雄、導讀戴麗娟《福爾摩沙之歷史與地誌》（L'île Formose, Histoire et Description）國立臺灣歷史博物館2019年頁導讀XV

[116] 于雅樂（Camille Imbault-Huart）譯者郭維雄、導讀戴麗娟《福爾摩沙之歷史與地誌》（L'île Formose, Histoire et Description）國立臺灣歷史博物館2019年頁 194-195

[117] 于雅樂（Camille Imbault-Huart）譯者郭維雄、導讀戴麗娟《福爾摩沙之歷史與地誌》（L'île Formose, Histoire et Description）國立臺灣歷史博物館2019年頁276

事，非熟悉洋務之員不能接辦，數月以來，無人可委。」將其奏留[118]並據《光緒朝東華續錄》中寫到劉銘傳上奏：

> 「臺灣產樟腦、硫磺兩項，民間私煮、私售，每多械爭滋事；經內閣學士臣林維源、道員林朝棟等籌商收歸官辦，以助撫番經費。臣查硫磺一項，歷由已革浙江候補知府通商委員李彤恩兼辦。」

顯示李彤恩兼管硫磺業務已久，劉銘傳也附上李彤恩的意見，李彤恩談到除了樟腦收歸官辦可以增加收入外，硫磺也是重要的物產，李彤恩認為：「硫磺，臺產最佳。」過去雖由沈葆楨奏請開禁，臺灣每年出產六、七千石，上等的硫磺也有千石，但都是官方所用，近日累積了三千餘石，若使用量不多，不如將其出口，有更多的用途亦可增加臺灣收入：

> 「官既不用，商禁未開、不能出口，日久愈積愈多，不獨糜費棄置可惜。且香港年銷硫磺至萬餘石，運至江南、天津一帶薰炙葵扇草帽、蒸炊餑餑、製造爆竹，銷路甚廣。」[119]

故劉銘傳根據李彤恩之意見，奏請開禁硫磺出口，並命李彤恩與候補知府丁達意一同籌議辦理章程，最後也得到了清廷的應允。劉銘傳於 1886 年（光緒十二年）於臺北府增設礦務總局與

---

[118] 《光緒朝月摺檔》（台北市，故宮博物院藏）。國立台灣大學，《台灣歷史數位圖書館》，檔名：〈ntu-GCM0023-0006900070-0000691.txt〉

[119] 《光緒朝東華續錄選輯v.2》（台北市：臺灣銀行，1969年，平裝本），頁127-134。國立台灣大學，《台灣歷史數位圖書館》，檔名：〈ntu-0999904-0012700134.txt〉

北投、金包里、油坑等三分局，三個分局由金包里主理兼辦，三分局所收之硫磺，先由臺北總局統一收取，再轉往滬尾油車口儲磺廠收存[120]，1886 年（光緒十二年）至 1888 年（光緒十四年）李彤恩在任期間開辦礦務的狀況：

> 「共煎硫磺八十一萬八千三百餘斤，庫存硫磺一百二十二萬二千四百餘斤，出售硫磺八十八萬三百斤，得價銀一萬九千九十兩，扣除成本七千六百五十九兩加上礦局所需銀兩，餘銀四千三百餘兩。」[121]

由上述可知，硫磺出口之後，所賺得之收入可支持硫磺局本身的運作外，亦有盈餘銀兩，臺灣產的硫磺在收歸官辦以後，他的銷售通路除了可以在滬尾油車口的儲磺場購買外，臺灣省的硫磺，也在上海統一銷售出口：「兩江、山東、奉天、直隸等省：臺灣官礦分局所有分銷各處礦石，均由上海轉運出口。」而購買硫磺者需要有礦局所開憑單才能購買並詢問個人資料：「凡有各處商販人等前來承買官礦，問明籍貫、姓名、運往何地、作何用處，蓋具保結，俾免弊混而昭慎重；隨由卑局分別填發文憑運單。」若有發現私礦運送，隨即扣押充公並究辦私運人員。[122]

1888 年（光緒十四年）5 月 12 日馬偕博士帶著家人與學生，一同去北投硫磺區踏查，這次和 1872 年（同治十一年）踏查不同的是，一行人看到硫磺正在製作的過程，而且此時的硫磺政策已由官設廠並可出口銷售的時期：

---

[120] （1962）。臺灣通志。臺北市：臺灣銀行經濟研究室。頁258
[121] 劉銘傳（1958）。劉壯肅公奏議。臺北市：臺灣銀行經濟研究室。頁370
[122] （1969）。劉銘傳撫臺前後檔案。臺北市：臺灣銀行經濟研究室。頁143-144

「凌晨4點起床，準備去旅行。上午6點，偕師母、孩子們、順仔、玖仔、老護士、阿華與20位學生登上汽船，航行過了關渡，上岸，然後幾位坐轎子，其餘走路到靠近北投的硫磺溫泉。抵達時，我們發現許多人在挖鑿硫磺岩石，如同它的名稱一樣，放進一個底下有火的盆子，硫磺融化，浮現在頂面。當冷卻時，以塊狀取出，底層煮成黑色石頭，像石版被丟棄。」[123]

日後馬偕出版《From Far Formosa》一書中談到 1888 年當時前往踏查看到由臺灣硫磺局設立的工廠：「政府設置一個很有價值的硫磺工場，雇用硫磺泉附近的人做工。」[124]

1891 年（光緒十七年）時任的臺灣道唐贊袞在著作《臺陽見聞錄》當中談到硫磺開禁的狀況，以及隱憂，雖然硫磺的用途廣，但因為日本硫磺產量極多，間接影響臺灣硫磺的價格，所以臺灣的硫磺，眼下尚未銷售的磺石也庫存了不少：

「查此物久經封禁，只准官用，不准販運出口。現經弛禁；凡民間藥材、花礆等項，皆需購用，銷路較廣。惟日本產磺極多，價值亦賤，奸民私行販運，獲利甚厚。加以廣東英德、清遠二縣，民間自開磺礦，亦准弛禁。故目下臺地積存磺石不少。」[125]

1891 年（光緒十七年）劉銘傳因目疾請辭[126]朝廷屬意由邵友

[123] 馬偕（Rev.George Leslie MacKay）譯者：王榮昌、王鏡玲、何畫瑰、林昌華、陳志榮、劉亞蘭《馬偕日記》（第二冊）玉山社2012年頁243
[124] 馬偕（Rev.George Leslie MacKay）譯者林晚生、鄭仰恩校注《福爾摩沙紀事：馬偕台灣回憶錄》前衛出版2007年頁42
[125] 唐贊袞（1958）。臺陽見聞錄。臺北市：臺灣銀行經濟研究室。頁25
[126] 劉銘傳（1958）。劉壯肅公奏議。臺北市：臺灣銀行經濟研究室。頁119

濂擔任，在未上任前由布政使沈應奎代理臺灣巡撫，[127] 邵友濂上任後，也針對臺灣硫磺目前的收支狀況製成表單向朝廷匯報，1891 年（光緒十七年）舊存：「上等、次等硫磺二十九萬三千一百九觔。」新收硫磺：「採煮次等硫磺二十五萬七千觔。」並談到開採成本先從海防經費支應，再從銷售硫磺提還，但這年的硫磺較少：「少收二十餘萬觔之多。」在這個單據當中可以看到硫磺經費也包含給工人兵勇的口糧等雜費：「員弁鹽菜、勇役、口糧及製造木桶。」經過採煮硫磺後實際入庫有：「上等、次等硫磺，共十二萬二千一百零九觔。」[128] 由上述文獻所示，硫磺初期開採出口銷售收益較佳，但隨著各地解禁硫磺開採，而且硫磺每年出產量多寡不一，加上日本硫磺出口甚多，故礦局出口硫磺的收益亦會受市場價格影響。

　　1892 年（光緒十八年）硫磺局爆發了弊案，礦局委員張偉堂監守自盜的事件，邵友濂談到他初到任時，聽聞張偉堂私運硫磺出口之事，並命滬尾海關徹查，發現有一千石的硫磺，先賣出才有執照，又有五百石連礦局存根都沒有，命淡水縣詳查此事，[129] 在臺灣道兼按察使銜顧肇熙與淡水縣代理知縣葉意深調查後發現張偉堂原有案在身遭到革職，卻渡臺辦理臺北硫磺局務，海關徹查監守自盜事件後寫到上年 1891 年（光緒十七年）商人高承泰到滬尾礦局購買硫磺一千石，高承泰派一人名叫楊林前往申請執照，不料楊林中途生病，而高承泰所乘之駕時輪已經離去，故才

---

[127] 聯合報文化基金會國學文獻館整理，《清代起居注冊（光緒朝）v.42》（台北市：聯經，1987年，初版），頁21217。國立台灣大學，《台灣歷史數位圖書館》，檔名：〈ntu-1466017-2121721217.txt〉

[128] 中國第一歷史檔案館、海峽兩岸出版交流中心，《明清宮藏臺灣檔案匯編（v.220）》（北京市：九州出版社，2009年，第一版），頁335-338。國立台灣大學，《台灣歷史數位圖書館》，檔名：〈ntul-3052829-0033500338.txt〉

[129] 《光緒朝月摺檔》（台北市，故宮博物院藏）。國立台灣大學，《台灣歷史數位圖書館》，檔名：〈ntu-GCM0030-0018800189-0001200.txt〉

會先出口才給照在後，確實無弊案，但同年因滬尾礦場的積存許多碎礦，內含許多渣石，商人都不太願意購買，故張偉堂便私自將五百石渣硫磺裝載進官船駕時輪，私運上海銷售，得銀六百五十兩，屬監守自盜並仗刑追究款項：「張偉堂合依監守盜倉庫錢糧入己數在三百三十兩至六百六十兩，杖一百流二千五百里例，擬杖一百、流二千五百里，已於一年限內全完。」[130]

硫磺產業，從清代以後長期實施封禁政策，因擔心匪徒挖掘或交易私硫，配置火藥，實施了許多封禁政策，也從單純封禁，到後來主動燒毀，但仍然無法斷絕私挖硫磺，一直到光緒初年沈葆楨奏請開禁，並由丁日昌擔任巡撫後清廷才正式開放官採硫磺，最後終於到了 1886 年（光緒十二年）淡水通商委員李彤恩向劉銘傳建議將硫磺改為官辦，並解禁出口，才終結了硫磺封禁百年的政策，為當時經濟拮据的臺灣省政府的財政開源，但之後還是爆發礦局委員堅守自盜私販硫磺的事件，顯示一個政策實行之不易，而李彤恩建議將硫磺收為官辦外並且試圖找尋庫存硫磺的銷售方法，建立官礦的購買制度，在清代臺灣硫磺史當中，具重要的意義。

二、協調海關糾紛與釐金事務

威利輪船官商並用案

在清法戰爭期間，清廷為運補武器、人員到臺灣，租用德商「威利」輪船運補物資到臺灣，以每月五千兩為租金並聽從清廷指示運作：「月雇價五千兩，一切在內，載物行止，聽我調度。」[131] 威利輪在清法戰爭期間協助清廷多次任務如運送江陰淮

---

[130] 《光緒朝月摺檔》（台北市，故宮博物院藏）。國立台灣大學，《台灣歷史數位圖書館》，檔名：〈ntu-GCM0032-0000500007-0001276.txt〉
[131] （清）李鴻章撰（清）吳汝綸編，《李文忠公全集一百六十六卷v.6》（台北市：

勇：「滬道等現雇威利輪船密運江陰勇械赴臺。」[132] 運送聶士成
支援臺灣戰事：「派聶軍門率以援臺，由滬僱威利輪船裝運，繞
過臺南，安然登岸，威利現已返滬。」[133] 因威利輪運輸任務多次
成功，清廷在戰後也給船員嘉獎：「威利輪船正管輪英商克郎勒
特、英商麥高倫馬立師、洋行主英商馬立師祥生、船廠主英商格
蘭保家、洋行主英商譚佛司瑞生、洋行主德商補海師岱等六名，
均擬請賞給三等第一寶星。」[134]

在戰爭之後，船政局的「萬年青」與「伏波」尚在修理無
法使用，原由上海道龔照瑗暫時雇用的「威斯麥」輪船也暫時離
去，龔照瑗談到當時在清法戰爭時期援臺的「威利」輪欲出售，
售價為三萬八千兩，劉銘傳覺得此船：「屢次冒險運兵運餉來
臺，載重行速，何以出賣價值如此之廉，恐有朽壞欺朦之處。」
於是先付部分費用兩萬兩，再用十個月如果船體無損，就能成
交，劉銘傳談到：「船料尚堅，運載頗為得力。」[135] 故留在臺灣
繼續使用。

但臺灣購買威利輪之後，在 1886 年（光緒十二年）也發生
了一些問題，根據通商委員李彤恩向劉銘傳稟報之內容談到，威
利輪雖然現在已經由官方購買，定期載運軍裝，也准客商上船，
並收取費用，也將此事告知稅務司法來格，法來格認為此種模式

文海，1962年，精裝本），頁77。國立台灣大學，《台灣歷史數位圖書館》，檔
名：〈ntu-0801322-0007700077-0000001.txt〉

[132] （清）李鴻章撰（清）吳汝綸編，《李文忠公全集一百六十六卷v.6》（台北市：
文海，1962年，精裝本），頁111。國立台灣大學，《台灣歷史數位圖書館》，
檔名：〈ntu-0801322-0011100111.txt〉

[133] 歐陽利見，《金雞譚薈v.1》（台北縣：文海出版社，1968年，初版），頁
383-384。國立台灣大學，《台灣歷史數位圖書館》，檔名：〈ntu-0939663-
0038300384.txt〉

[134] 《光緒朝月摺檔》（台北市，故宮博物院藏）。國立台灣大學，《台灣歷史數位
圖書館》，檔名：〈ntu-GCM0021-0017200175-0000614-a001.txt〉

[135] 劉銘傳撰，《劉銘傳文集》（合肥市：黃山書社，1997年，），頁184-185。國立
台灣大學，《台灣歷史數位圖書館》，檔名：〈nthu-c286391-0018400185.txt〉

不符合通商章程，官輪若要載客商或收運送棺柩之費用，便是貿易之船，照章程應由海關節制，他認為商人必定會在行李當中藏匿貨物，查驗船隻雖會由通商委員方面查驗，但海關方面仍要派遣扦子手查驗，也就是洋海關需要協同查驗官輪，但滬尾海關用過去福建巡撫岑毓英時期也曾用官船琛航、永保載客之案例回復淡水新關的稅務司：

> 「琛航、永保二號輪船輪流渡往基隆、滬尾，凡往來官兵及省臺文報均由輪船渡送，以免遲誤機宜惟官兵文報多寡難定，而輪船所需煤炭薪工則未能短少，不得不籌款添補，擬遇有民人渡臺暨商民販運貨物，均准隨時搭（按：同搭。）船，仿照招商局章程，酌減水腳收支，輪船、炭工等項亦屬兩便，所有應納關稅仍由閩海關委員經收，其應納釐金另由釐金總局委員收解，不容隱漏，該二號輪船雖順搭民商，究係渡送官兵文報，一與尋常輪船不同，毋庸經新關洋人之手。」[136]

而前稅務司賀璧理引用總理衙門章程：「以兩船即無儎貨雖止搭客行李，核與商船無異，亦應由關查驗，以昭畫一。」也就是英國稅務人員認為官船有載客，應該在洋海關受檢，但淡水通商人員引過去福州將軍穆圖善所批示：

> 「中國官輪兵輪往來各省，無庸經新關洋人之手稽查，飭由各關自行派員認真查驗。」

---

[136] 岑襄勳，《岑襄勳公（毓英）遺集v.4》（台北縣：文海出版社，1976年，影印版），頁1849-1851。國立台灣大學，《台灣歷史數位圖書館》，檔名：〈ntu-1215394-0184901851.txt〉

至於洋海關認為行李是否夾帶貨物之疑慮，則由地方海關委員認真查驗若有發現立即稟報：

> 「如恐搭客行李防有夾帶私貨情弊，當由海關委員認真查驗候，咨明總理衙門暨將軍督部堂轉行各關局一體遵照，一面即由該委員於威利輪船進出口時將搭客行李逐名查驗，如有夾帶貨物希圖漏稅，無論官弁商民兵勇立即稟明，照章罰辦。」[137]

　　劉銘傳根據李彤恩的回報，認為此事有先例可循，希望總理衙門能核准官輪不必受新關檢驗之事，[138] 最後總理衙門認為若船隻專送官兵文報，則無須新關查驗，但若載客商，應還是要在進出口時受檢，過往雖有永保、琛航官輪通航無須檢驗一案，新關確實不得干預官輪，但既然搭載了客商，根據章程就必須由海關查驗，以符合規章，最後雙方仍舊依照條約行事，若載客商即在新關受檢，[139] 1887年（光緒十三年）威利輪於安平協助軍隊移防，裝載軍裝、器械及士兵五百七十名，從安平出發，風狂雨驟，行至澎湖時，船隻觸礁，因風浪過大無法退出，離港甚遠，待隔日清晨水流方向改變，威利輪派員上岸求救，並報澎湖防軍提督吳宏洛，出動小船十六隻救助，但因風浪過大再派小火輪前往救助亦被強風所阻，最後僅救出三百五十名士兵、大副一名、水手十餘名，但洋人駕駛、二副等工作人員溺斃，最後擱淺的威利輪又因風浪過大船體對折，傾倒於

---

[137] 海防檔（v.2no.3）福建巡撫劉銘傳光緒12年2月18日（1886）國立台灣大學，《台灣歷史數位圖書館》，檔名：〈ntu-0699816-0101301015-0000685.txt〉

[138] 海防檔（v.2no.3）福建巡撫劉銘傳光緒12年2月18日（1886）國立台灣大學，《台灣歷史數位圖書館》，檔名：〈ntu-0699816-0101301015-0000685.txt〉

[139] （1961）。臺灣海防檔。臺北市：臺灣銀行經濟研究室。頁91-92

礁石上，全船毀壞，多人溺斃。[140]

私抽厘金問題與百貨厘創辦

1886年（光緒十二年）劉銘傳發現撫墾候選訓導劉廷玉、候選縣丞李秉鈞，所提的撫番條陳內清單當中，有一項為艋舺清水祖師廟抽收茶商稅銀，當作撫番經費使用，劉銘傳指示臺北府知府劉勳調查此事，原因是因為，當年在同治年間興建廟宇之際向茶商以每一擔抽銀二角當作廟捐，但現在廟宇已經落成卻還是持續向茶商抽稅當作撫番經費，劉銘傳指示臺北厘金分局委員李彤恩調查此案：

> 「當查杜絕私抽，改歸公用，實為地方善政，惟茶有粗細二種，宜分別抽收，以昭公充，擬細茶每百觔抽銀三角，粗茶每百觔抽銀一角，專指作為撫番經費，不作增收厘金名目。」

也就是杜絕民間向茶商私抽稅金，而將此稅歸公，並且因為茶葉分粗茶、細茶，所以也有不同的抽稅機制，粗茶每百斤抽一角，細茶每百斤抽三角，並在厘金單據上使用戳記載明作為撫番經費使用[141]，並公告1886年起（光緒十二年）禁止茶稅當作廟捐：「如有茶行商賈不遵禁令，仍有勒收私費情弊，許各茶販指稟提究。」[142] 而同年劉銘傳談到因為撫番經費不足，他希望改革臺灣

---

[140] 中國第一歷史檔案館，《光緒朝硃批奏摺v.64》（北京市：中華書局，1995年，第一版），頁890-891。國立台灣大學，《台灣歷史數位圖書館》，檔名：〈ntu-2252985-0089000891-0000853.txt〉

[141] 淡新檔案13504_001《出示-臺北府正堂劉勳出示曉諭臺北各商民人等停止抽收清水岩廟捐改為定期抽收茶捐作為撫番經費》國立台灣大學，《台灣歷史數位圖書館》檔名：〈ntul-od-th13504_001.jpg〉

[142] 淡新檔案13504_002_00_00_1《署理臺北府正堂劉勳札飭新竹縣出示曉諭停止抽

的厘金政策並提到全臺稅厘總局沈應奎認為：

> 「以臺餉將罄，不敷月支，加以近辦撫番經費，尤形不足，飭即仿照內地，酌抽百貨厘金。」

　　劉銘傳指示臺北稅厘分局李彤恩、臺北府知府劉勳、淡水縣令李嘉棠一同商討百貨厘金的抽稅方法首先談到臺灣出口茶、樟腦為大宗，現今樟腦數量已漸漸稀少，茶葉種植日益廣布，茶葉原本就已有抽厘金，不須再新增，然而過去開辦的船貨厘金只看重量，不看成本的抽稅方法，也讓民間感到不滿，所以仿造內地開辦百貨厘金[143]，並由總理糧台前貴州藩司沈應奎、署臺灣道陳鳴志整頓厘金。[144] 而百貨厘金的開辦所收之稅收，也用到了李彤恩在購買水陸電線所需相關人員機具等各式費用，劉銘傳：

> 「本年奏請抽收百貨厘金、清丈田畝，甫經舉國，厘金一項已奏明抵撥電線介銀。」

　　臺灣設立水陸電線截至1889年（光緒十五年十二月）底止收支銀數開具清單當中可以看到由百貨厘所負擔的相關費用：

> 「新收百貨厘金電資平餘等款銀二十六萬八千二百三十五兩七錢七分三厘五毫，開除支給辦理局務及採辦線桿委員

收清水岩廟捐改抽茶捐作為撫番經費》國立台灣大學，《台灣歷史數位圖書館》檔名：〈ntul-od-th13504_002_00_00_1.txt〉

[143] 淡新檔案13505_002_00_00_1《臺北府正堂劉勳札飭新竹縣正堂方祖蔭遵照抽厘章程辦理抽收厘金》國立台灣大學，《台灣歷史數位圖書館》檔名：〈ntul-od-th13505_002_00_00_1.jpg〉

[144] 劉銘傳（1958）。劉壯肅公奏議。臺北市：臺灣銀行經濟研究室。頁331-332

薪水,各館局學生薪水,並兵丁書役工匠辛工伙食雜費,
洋師薪水,弁勇津貼,購買線桿船價,解運夫價,購買外
洋電線機器船隻,建造報局線房購用煤炭等款,共銀二十
三萬一千二百六兩八錢六分九厘七絲四忽九微。」

　　雖然有百貨厘的資金挹注,還是無法完全負擔水陸電線所需
的花費,部分還是需要由海防經費來做墊補:「不敷銀兩,在於
海防款內,先行墊給。」[145],然而百貨厘的規定也引起了一些爭
議,劉銘傳之所以華洋共抽百貨厘的原因是因為,在臺南方面的
糖業,洋商在通商口岸不必被抽臺灣本地的稅金制度下,有洋人
托華人代為購買等情事,在華洋互相協助的狀況下,百貨厘制度
亦無法對其抽取稅金[146]所以希望不分華洋共抽百貨厘:

　　「無論中外商人,俱令一體完納洋商或完子口半稅、或照
　　內地一律抽厘。」

　　但洋商認為臺灣是通商口岸若在稅關完稅,則不應再抽百貨
厘金而且此舉是違反通商條約:

　　「臺灣抽收洋商厘金,寔屬違約,業經商辦經年,不能再
　　持。」

[145] 洪安全總編輯,《清宮洋務始末臺灣史料(v.4)》(台北:國立故宮博物院,
　　1999年,第一版),頁2369-2375。國立台灣大學,《台灣歷史數位圖書館》,
　　檔名:〈ntu-2092610-0236902375.txt〉
[146] 洪安全總編輯,《清宮洋務始末臺灣史料(v.4)》(台北:國立故宮博物院,
　　1999年,第一版),頁2306-2312。國立台灣大學,《台灣歷史數位圖書館》,
　　檔名:〈ntu-2092610-0230602312.txt〉

因百貨厘的爭議，引發英、法、德三國領事前往總理各國事務衙門理論，最後弈劻指示停止抽收洋商百貨厘金以免衍生事端而告終：

> 「臺灣巡撫將抽收洋商厘金一事，即行停止，以杜口寔，而符約章。」[147]

三、置辦陸路、水陸電報線

辦理臺北－安平陸路電報線

1874 年（同治十三年）因牡丹社事件，沈葆楨駐防臺灣，有感防務文報往來之緊要，請奏在臺灣設立電報，1877 年（光緒三年）由巡撫丁日昌開辦：「臺灣南北路途相隔遙遠，文報艱難；設立電線，尤為相宜。」並派船政學生六品軍功蘇汝灼、陳平國協同丹麥技師德勒耶共同辦理，[148] 分別設立府城電報局至安平鎮海口與旗后兩條電報線，從 1877 年（按：光緒三年七月十日開辦－九月五日完工。），為清代臺灣最早的電報線建設。[149]

1884 年（光緒十年）清法戰爭北臺灣受到法國極大的威脅，且與南路府城聯繫困難，1886 年（光緒十二年）戰時擔任劉銘傳營務處的李彤恩將電報線之需求稟報劉銘傳：

> 「臺地孤懸海外，而南北袤長千餘里，倘無輪船之便，信息經旬莫通，水陸電線亟應剋日舉辦。」

---

[147] 《光緒朝月摺檔》（台北市，故宮博物院藏）。國立台灣大學，《台灣歷史數位圖書館》，檔名：〈ntu-GCM0025-0010900110-0000844.txt〉

[148] （1969）。清季臺灣洋務史料。臺北市：臺灣銀行經濟研究室。頁26

[149] （1962）。臺灣通志。臺北市：臺灣銀行經濟研究室。頁729

正好當時上海德國泰來洋行的李德在臺灣，向其詢問陸路電報線所需之費用，以及委託其代辦此業務，李彤恩邀請李德商討，協同臺南電報局船政學生蘇汝灼北上共商，電報線由北至南一千五百里，需要三萬二千八百兩，每里合銀三十七兩五錢一節，但李彤恩發現李德所開項目有所疏漏，李德回應項目之內容不含保險等其他雜款，但李彤恩認為應將疏漏之項目費用逐一添入補辦，還有需要增設電局所五處，每局所需之機器應一併寫入合約當中，李彤恩接著談到陸路電線，應由基隆、滬尾兩口通至臺北府城，再由臺北府城直達臺灣府安平，總共長約七百餘里，所置辦之電線有八百里應是足夠，李彤恩談到臺灣河川眾多，倘若電線須過河又難設立木桿者，應先準備使用水線，以免到時候還要在花時間去找尋。[150]

但李德開價三萬兩千八百兩，李彤恩表示若只使用八百里的話希望可以減價，李彤恩扣除李德多開之電線長度等費用，認為應付二萬六千六百八十八兩，但還需要額外費用給臺南電報局蘇汝灼添補各式器具共銀一千六百五十兩，兩者合計二萬八千三百三十八兩，李德表示：

> 「此次代辦電器原屬急公效勞，非敢希圖中飽堅，以運費、保險一切尚須數千元，萬難賠墊。」

也就是除了機具本身之外，運費以及保險費還尚需數千元，雙方討論許久，李彤恩決定提升運費與保險費給李德合計三萬兩用八百里計算電線，每里三十七兩五錢，最後李德終於答應，

---

[150] 中央研究院近代史研究所，《海防檔（v.4no.4）》（台北：中央研究院近代史研究所，1957年，初版），頁1303-1304。國立台灣大學，《台灣歷史數位圖書館》，檔名：〈ntu-0699822-0130301304-0000838.txt〉

並約定簽合同之日，先付一萬餘兩，六個月電線機器抵達之日，再給兩萬兩，而現場所需木工原料則在日後估算，兩人於1886年（光緒十二年五月二十五日）正式簽約，並提及李德若不照合約遲誤、短少等情事導致無法如期興工，李德願遭罰款兩千兩。[151]

陸路電線合同：

（一）、約明用雙條七號電線，以華里八百八十里為率，中設電局五處，所有沿途電線及局中應用機器物件另列清單之內，以上共需價銀規平三萬兩，物件到齊應將外國所買發票原單呈請查核。

（二）、約明應需木料並工作一切不在合同之內，由中國自理，倘將來興工要用洋匠幫同工作，李德當選派精熟電務洋匠一名到臺，每月另給薪水火食銀二百兩，轎價在外。

（三）、約明自立合同之日起，限六個月內將電線、機器一切全數包運到滬尾口交卸。船到滬時，除風雨不計外，限二十四點鐘耽擱起卸物件，倘過二十四點鐘外，每天應貼船戴銀二百元。

（四）、約明所有價銀共計規平銀三萬兩，立約之日，議由福州先交三分之一應規平銀一萬兩，尚餘規平銀二萬兩，約俟電線、機器到齊之日，仍由福州再行找清，不得遲延。

（五）、約明所辦電線、機器物具，一切自到臺安設之日

[151] 中央研究院近代史研究所，《海防檔（v.4no.4）》（台北：中央研究院近代史研究所，1957年，初版），頁1303-1304。國立台灣大學，《台灣歷史數位圖書館》，檔名：〈ntu-0699822-0130301304-0000838.txt〉

起，保固一年為限，如限內原有損壞，李德願賠修，倘所辦物件有不合適用，應准中國剔換退還，李德當另行補齊應用，不敢異議。

（六）、電線、機器到日倘有以李德所辦之物不合於用，彼此議論不一，應請中國電報局選派熟悉之人秉公議估，不可刁難受累，至機器到臺，所有應完關稅暨駁船載銀，均由中國自理。

（七）、由滬尾、基隆至安平所用電線中，有隔溪應用水線若干里，此時殊難懸揣，應由李德預備若干，購運到臺，以便足數安設。

（八）、此次議設陸路電線為國家有益起見，所有議價一切均由欽差爵撫憲與李德當面議定，所有局中繙繹、通事、丁胥人等不敢勒索花紅規例。

（九）、李德此次承辦臺灣陸路電線，原為效勞出力起見，約明價銀三萬兩，倘在英國採辦價值勿須三萬兩，李德願按照外國發價原單數目繳還中國，以表報效之忱。

（十）、約明電線機器一到香港，十天以前即須通知臺北電報總局，以便預備駁船聽候盤運，庶免臨時周章。

光緒十二年五月二十五日英一千八百八十六年六月二十六號立合同李彤恩、李德。[152]

---

[152] 中央研究院近代史研究所，《海防檔（v.4no.4）》（台北：中央研究院近代史研究所，1957年，初版），頁1304-1306。國立台灣大學，《台灣歷史數位圖書館》，檔名：〈ntu-0699822-0130401306-0000838-a001.txt〉

赴上海購辦水陸電線

除了陸路電報線外，1886年（光緒十二年）劉銘傳也希望能增設水陸電線，因為臺灣一島孤懸海外，文書通報等易受風濤阻擋，他認為水陸之電線：「水陸電線實為目前萬不可緩之急圖。」劉銘傳談到清法戰爭後讓他苦思水陸電線的問題：

> 「臣於上年法兵解嚴之後，即思竭力經營，固慮經費難籌，亦因水線價昂，非考實精微，不敢孟浪從事。」

但因費用太高，不敢隨便進行，他寫到陸地的電線損壞容易修理，但水中電線損壞若無船隻是無法修理的，為了研究水陸電線問題，派遣李彤恩前往上海與原本曾與沈葆楨合作過的大東北公司面談，對方的開價是：

> 「廈門至澎湖以達安平，水程約五百里，索價銀十五萬五千兩，包修三年，需費銀三萬兩，以後遇有損斷，彼輪修理，日需銀五百兩，與葆楨原定略同，須交現銀為據。彤恩因價巨置之。」

但因為費用過高加上，水線若損壞，無修理船則不能辦理，之後李彤恩又去拜訪各洋行，讓他們開列費用，並約期來臺商議，拜訪各洋行後，瑞生洋行談到可自造船隻當修理船也可當作艦艇巡視載貨：

> 「據瑞生洋行條陳，自造鋼殼四鐵葉輪船一隻，由外洋裝線運至中國，並自購修理機器一副，船身長三百二十英

尺，闊三十二英尺，可以安炮六尊，俟電線安妥後，平時
可以載貨、裝兵、巡緝洋面，電線損斷，即可自修，一舉
而數善備，以免大東北公司居奇。」

怡和、泰來、瑞生三家洋行開價較讓劉銘傳滿意大致的費
用為：

「電線價銀十萬兩，輪船價銀九萬兩，修理電線機器價銀
一萬兩、測量機器一副，三局電報機器，並包運、包放工
價、包險等費，共銀二萬兩，總共價銀二十二萬兩。」

怡和洋行所提內容包含電線、修理輪船以及各項機具，但
臺灣的資金不足，會需要分期付款，但瑞生、泰來不願提供分期
付款服務，最後劉銘傳拍板，由怡和洋行承辦此業務，並命李彤
恩、張鴻祿與怡和洋行商議條款。

1886年（光緒十二年八月）雙方簽約議定章程，臺灣由臺北
通商委員前浙江補用知府李彤恩代表，上海怡和洋行由施本思代
表，雙方在議定內容上主要寫到，建設水陸電報線為了訊息之傳
遞速度，並且在設立電報線的同時要再興建一艘維修船，並且在
未來能改為巡邏船，在線路中斷時能前往維修：

「又置造四鐵葉暗輪鋼殼輪船一隻，由英運載水線到臺安
放之後，由中國改作巡船，常時既可巡查各口，水線設斷
亦可鑲配機器撈收修理，一舉而數善備。」

雙方議定簽約時先付四萬兩，其餘在水線抵達臺灣後再付
六萬兩，剩餘十二萬從水線設置完成後，分三年還款並不支付

利息。

水陸電線合同：[153]

（一）、怡和行約明在英國定造四葉暗輪鋼身火輪船一
隻，其船身大小噸位式樣做法另列清單，粘附
於後。

（二）、約明立約之日起，限十個月包運至臺灣，水線放
妥，交付中國管理。所有十個月內保險並僱請船
主、大副、二副、三副、管輪及水手等，由怡和
行僱用自行發給薪水等項。

（三）、約明海線一到臺灣，立即安放妥貼，放線時船中
薪費一切由怡和行發給，惟煤炭請爵撫憲撥用，
電線一經安放沈妥以後，交船之日，所有船中費
用應由中國自備，倘要留船主人等，均聽中國鈞
便，如不留用仍由怡和行資送回國。

（四）、由安平至澎湖轉達廈門，計共英海里一百五十
里，內安平近岸海道計七英海里上下，應用粗
線，每英里重十噸。至澎湖近岸海道計十英里上
下，廈門近岸海道計十三英里上下，每英里亦俱
用十噸重之粗線。其餘深海應用細線，每英里重
二噸。以上共用十噸重粗線三十英里，二噸重細
線一百二十英里，如須改用五噸重水線為之連
接，由工師酌量添辦，不另給價。

---

[153] 中央研究院近代史研究所，《海防檔（v.4no.4）》（台北：中央研究院近代史
研究所，1957年，初版），頁1328-1333。國立台灣大學，《台灣歷史數位圖書
館》，檔名：〈ntu-0699822-0132801333-0000851-a001.txt〉

（五）、此項水線安放海底，不能用勁牽直，應須曲折安
　　　　排，方期穩固，倘所需不止一百五十英里，應由
　　　　怡和行多備十餘里或二十餘里之水線，以免臨時
　　　　缺需貽誤，此項不另給價。

（六）、約明承辦英國上等海線，其線心用七條紫銅斤，
　　　　每英里重一百三十磅，外用三重吉潘印度膠包
　　　　固，每英里應重一百三十磅，再合蔴及最結實之
　　　　小帶紮緊，再紮以極堅固之鐵線，又紮以蔴加巴
　　　　蔴油漆成，共計包固五層，俱用新料新造，不得
　　　　以舊料壞物抵塞。

（七）、此項水線現蒙爵撫憲發出線樣一條為式，怡和行
　　　　自當遵照原式製造，限四個月內怡和行當將新造
　　　　線式寄來呈請查驗。倘將來水線運到驗與所送原
　　　　樣不符，怡和行情願認罰。

（八）、在安平、澎湖、廈門三處應設電報局三所，其局
　　　　所應由中國自行建造，即局中應需床鋪、椅棹、
　　　　傢伙一切亦由爵撫憲自備。惟所需打電電具、電
　　　　池要雙付，及各等機器由怡和行代辦足備足用，
　　　　共需若干件要，與廈門大北電報公司所用物件一
　　　　律，不得短少。

（九）、另備測量機器一付，以備將來海線損斷，庶學生
　　　　可以測量遠近，易於撈收修理。

（十）、安平、澎湖、廈門三處線端應由何處起岸，應否
　　　　添用陸路旱線，或暗埋地窨，須俟將來外國工師
　　　　到臺會同委員勘明，應用若干，再行議價，此項
　　　　怡和行自當公道代辦。

（十一）、將來電線機器到華，由怡和行僱用司理放線工

師三、二人到華包放水線,每月應給薪水及工竣資送回國,統由怡和行給發。惟應留工師一人在臺三年,令其教習學生修線之事,每月薪水如何議給,怡和行願為居中說合,必可從廉訂定。

（十二）、約明代辦,將來海線損斷,應行撈收修理接線之機器一付,並預備十噸、二噸海線若干,及隨時留備之線,一切銅線、硬印度膠、蔴繩、巴蔴油、鐵線等項以備隨時足用。

（十三）、約明驗看海線一事,如在英國察驗,即由中國駐紮英京大臣派員查驗,如在中國察驗,或由爵撫憲派員或由各省電報局派員考驗,亦無不可。

（十四）、約明以上輪船並各項海線機器物件等,統共上海規平銀二十二萬兩正,不折不扣。立約之日先付銀四萬兩,輪船海線到華放妥,再付銀六萬兩,尚有十二萬兩,自輪船海線放妥之日起算,分作兩年交還,所有兩年之中利息毋庸算給。

（十五）、約明頭批銀四萬兩,二批銀六萬兩並以後分交之十二萬兩,或在福州付給,或在上海交付,均候鈞便,如兌付庫平銀核對上海規平銀平色如何,申法查照交易向章辦理。

（十六）、此次議買輪船海線原由怡和行與爵撫憲當面議定,價銀無折無扣,中國局員、丁胥人等如有勒索受賄,查出與受均應科罰。

水線維修輪船一隻設備清單：

（一）、四葉暗輪鋼身火輪船一隻，船身均是鋼片，做成
　　　　自水線以下應用七分半厚，其餘自五分厚起，至
　　　　七分半止。約明一切俱用新物新做，不用舊料，
　　　　要頭號保險，倘不照約，立將原船退還。

（二）、船身長二百二十英尺，寬三十二英尺，高二十英
　　　　尺，噸位一千噸，吃水深十三尺。

（三）、桅兩枝，均是鋼片做成，橫側木杆用金山松木。

（四）、單煙通鍋爐二座。

（五）、省煤快力機器用新式三隻汽缸，其馬力名一百五
　　　　十疋，實八百疋，此機器用煤極省，現在外洋兵
　　　　船所用者一式。

（六）、每點鐘行走十二，諾合華里四十三里二十四點
　　　　鐘，用煤十五噸。

（七）、舵盤機器前後二付，起錨汽機在前一付，起重汽
　　　　機在後一付。

（八）、此船本意為安放修理海線之用，惟無事之時兼可
　　　　巡查各口，應於船頭船尾各置六寸口徑阿姆斯脫
　　　　郎後膛礮各一尊，該兩處船身須與兵船一式堅
　　　　固，兩旁亦應開有礮門，闊六十度，以備中國將
　　　　來隨時安置小礮，礮由臺灣自備。

（九）、船後艙面應設客座一間，傢伙俱照半洋半華式，
　　　　外有臥房一間，留有床榻地位，艙下有客廳一大
　　　　間，兩旁各有客房數間，均照圖式，不得參差。

（十）、艙底有鐵桶二、三隻以備放海線所用，或係活動

可移，或係不能移動，或一、二個活動而有一個
不活動者，均由海線工師看定再配。

（十一）、船上應用應備大小呂宋繩索，上等帆篷一切
　　　　　俱全。

（十二）、船上行船應用應備大小機器料件傢伙，並船
　　　　　表、量天尺量、水程地圖一概俱全。

（十三）、船中鑲配銅鐵物件並官艙、客艙各艙床榻、椅
　　　　　棹、鐘表應配坐褥、櫥櫃一概齊全。

（十四）、船中官艙、客艙各艙門簾地毯並廚房爐灶、盤
　　　　　杯刀叉等件粗細傢伙一切俱全。

（十五）、所有鐵練、鐵椗大小幾個，應照英國海部章
　　　　　程，預備杉板用楢木八掌、一十掌、一六掌、
　　　　　二隻船上傢伙一切俱全。

（十六）、以上各項數目應須分款約明，輪船並水線約銀
　　　　　一十九萬兩，修理水線機器一萬兩，三局機器
　　　　　並測量機器及保險水腳共二萬兩，附船圖式一
　　　　　紙、水線圖式一紙。

大清光緒十二年八月念三日立合同臺北通商委員李彤恩，
大英一千八百八十六年九月二十日立合同，上海怡和英商
施本思。

　　劉銘傳預定陸路電報線在1887年（光緒十三年正月）安設，
水陸電報線則在同年1887年（光緒十三年六月）施工，但劉銘傳
也談到目前各項稅收尚不確定能順利三年還款，邀茶商共同捐
助，劉銘傳認為安設電線對於茶商聯繫事務最有幫助，所以若還
款不足，則邀商人共捐資助，由劉銘傳之論述顯示，臺灣政府資

金不足問題，在面臨重大公共建設時，還須仰仗商人協助。[154]

最後電線於 1888 年（光緒十四年）完工，劉銘傳談到原預定從廈門的線路，因為海路不便，改由福州川石為起點，但多了五、六十里，需要加購五千兩線路費，線路完成後設水線房四所：「川石、滬尾、澎湖、安平。」而原有電報局為：「臺南、安平、旗後。」之外又新增五處新局：「澎湖、彰化、臺北、滬尾、基隆。」[155] 而從李彤恩分別與泰來洋行與怡和洋行簽訂之陸路電線與水陸電線合約，兩份合約均是無息分期付款，這對於現金較為缺乏的臺灣省在購買新式設備時是較有利的，劉銘傳在整個電報工程完工之後，特別向朝廷請獎，《臺灣水陸電線告成援案請獎摺》當中首位就寫了李彤恩：

> 「三品銜浙江補用知府李彤恩，擬請以道員仍留原省補用。」[156]

而為了維修海底的電線而購買的水線船「飛捷」，日後也成為臺灣省的水線工作船兼巡邏船，1888年（光緒十四年）臺東卑南，因撫墾局委員雷福海在清丈過程中，疑似有欺壓原住民之情事而爆發糾紛，遭卑南原住民殺害，並圍攻卑南軍營張兆連處所，因後山交通不變，劉銘傳指示萬國本、李定明分別乘坐，

[154] 劉銘傳撰，《劉銘傳文集》（合肥市：黃山書社，1997年，），頁189-191。國立台灣大學，《台灣歷史數位圖書館》，檔名：〈nthu-c286391-0018900191.txt〉

[155] 劉銘傳撰，《劉銘傳文集》（合肥市：黃山書社，1997年，），頁191-193。國立台灣大學，《台灣歷史數位圖書館》，檔名：〈nthu-c286391-0019100193.txt〉

[156] 劉銘傳撰，《劉銘傳文集》（合肥市：黃山書社，1997年，），頁191-193。國立台灣大學，《台灣歷史數位圖書館》，檔名：〈nthu-c286391-0019100193.txt〉

「伏波」、「飛捷」前往平亂，故飛捷亦有軍事之功能：

> 「本月十四日臺灣萬國本帶勇乘伏波先到，提督李定明
> 率三營並砲隊乘飛捷等船續至，即日解圍，現派澎湖鎮
> 吳宏洛並萬國本李定明三軍，共十營五成隊伍，相機勦
> 辦。」[157]

同年1888年（光緒十四年），彰化也因清丈問題引發施九緞
事件，當事件爆發時，抗爭之民眾，也將電報線搗毀，以遲延軍
情之傳遞：

> 「提督朱煥明一帶調往駐嘉義留彰防勇無多，其道員林朝
> 棟三營分布內山，經臣飛檄飭調五百名出紮彰化，九月初
> 一日續據彰化縣電報，土匪愈聚愈多不下數千圍攻城南
> 北，電線俱為毀斷。」

顯示民眾亦知電報線之快速傳訊之功能，故在起事時破壞電
線設施，已遲滯援軍趕來的速度[158] 1889年（光緒十五年），劉銘
傳兼管臺灣學政，要前往臺南主持科考，因當時鐵路尚未完工，
劉銘傳先搭乘飛捷輪前往澎湖視察砲臺工程，而後轉往府城主持
科考，結束之後再搭輪船回臺北，「飛捷」此時也成為劉銘傳快
速移動於臺灣各地的交通工具。[159] 1892年（光緒十八年）擔任全

---

[157] 王彥威輯編，《清季外交史料（v.3）》（台北市：文海，1964年，再版），
頁245。國立台灣大學，《台灣歷史數位圖書館》，檔名：〈ntu-0863578-
0024500245-0000001.txt〉

[158] 《光緒朝月摺檔》（台北市，故宮博物院藏）。國立台灣大學，《台灣歷史數位
圖書館》，檔名：〈ntu-GCM0026-0000100006-0000881.txt〉

[159] 劉銘傳撰，《劉銘傳文集》（合肥市：黃山書社，1997年，），頁237-238。國立
台灣大學，《台灣歷史數位圖書館》，檔名：〈nthu-c286391-0023700238.txt〉

臺營務總巡的胡傳，亦從基隆搭乘飛捷前往澎湖，視察結束之後陸續前往臺南、臺北，亦憑藉此船得以順利移動。[160] 電報線工程的完成，解決了清法戰爭時公文軍情不通所造成之困擾。

四、為臺灣鐵路招商募股後病逝

建設背景

　　清法戰爭期間南北調兵困難，劉銘傳在戰後起心動念想要完成當年自己想要創設鐵路的心願，1880 年（光緒六年）劉銘傳上奏《籌造鐵路以圖自強摺》可以看到劉銘傳對於鐵路之想法，但那時建造鐵路與現在便民運輸的想法不太相同，當時則是因為軍事運輸而希望政府可以興建鐵路，他認為：

> 「中國自與外洋通商以來，門戶洞開，藩籬盡撤，自古敵國外患，未有如此之多且強也。」

　　也就是他發現清帝國從開港以來，強敵環伺，而且只要一國與清帝國發生糾紛，則各國也會在旁伺機而動，並認為：

> 「不惜玉帛以解兵戎；然而和難久恃，財有盡期，守此不變，何以自立。」

　　也就是劉銘傳認為用和平模式解決紛爭，是無法長久的，他發現如俄國造鐵路逼近清帝國，日本學習西洋之技能也籌建鐵路，若鐵路工程完成則可以將整個國土的士兵、軍器整合：

---

[160] 胡傳（1960）。臺灣日記與稟啟。臺北市：臺灣銀行經濟研究室。頁54-55

「若鐵路造成，則聲勢聯絡，血脈貫通，節餉裁兵，併成勁旅，防邊、防海，轉運槍礮，朝發夕至，駐防之兵，即可為遊擊之旅，十八省合為一氣，一兵可抵十數兵之用。」

而除了主要為軍事目的外，劉銘傳也認為鐵路也能促進經濟之流通：

「自強之道，練兵、造器固宜次第舉行，然其機括則在於急造鐵路，鐵路之利於漕務、賑務、商務、礦務以及行旅、釐捐者不可殫述，而於用兵一道，尤為急不可緩之圖。」[161]

1886年（光緒十二年）臺灣建省，1887年（光緒十三年）劉銘傳談到建省必須開源，使財政能夠自給自足，興築鐵路也與臺灣海防有益：

「南北防勇徵調可以靈通，方能永保巖疆。」

也就是南北移防容易，才能快速反應危機，現階段從清賦、造砲臺、水陸電報陸續完工，但鐵路一事因經費籌措問題，未敢辦理，並談到通商委員李彤恩建議：

---

[161] 《月摺檔光緒六年十一月上》，劉銘傳奏，〈為時局日艱外患日迫亟宜籌造鐵路以圖自強事〉，光緒06年11月01日，故樞003848／603000931-002號，頁1，國立故宮博物院

「由商人承修，於公款無關出入，將來坐收厚利，實於臺灣大局裨助匪淺。」

　　採用官督民辦的方式，讓商人投資鐵路，而不動用公款，對臺灣未來幫助匪淺，而建鐵路對臺灣的幫助是什麼，劉銘傳列出了三點：

（一）、有益海防，他談到臺灣四面都是海，目前在基隆、滬尾、安平、旗後設立砲臺保衛，但其餘城市如新竹、彰化等多有海口，無法處處都部署軍隊，若興建鐵路則便利許多：「調兵極便，何處有警，瞬息長驅。」

（二）、建立中部省城，劉銘傳認為臺灣中部建城，可分別控制南北，地點選在彰化橋孜圖（按：今台中市區。），建立臺灣省城劉銘傳親自勘查建城地點他認為：

「地勢寬平，氣局開展，襟山帶海，控制全臺，實堪建立省會。惟地近內山，不通水道，不獨建築衙署、廟宇，運料艱難，且恐建城之後，商賈寂寥，雖有省垣，民居稀落，若修車路，貨物立見殷繁，建造各工更多節省。」

　　也就是他認為中部興建省城若沒有鐵路聯繫，恐成為只有城牆，卻沒有民眾的狀況，所以興建臺灣省城需要鐵路之輔助。

（三）、有助於臺灣工程，劉銘傳談到臺灣有大甲、房里、曾文等溪流春夏之際河水氾濫，斷絕行人，還造成多人溺斃，如今若修築鐵路，也一併修築橋梁，對

臺灣地方建設有益，[162]所以可以了解，當時的劉銘傳建設鐵路除了發展地方暢通貨物，最大的目標還是希望鐵路完成後，能在遇上海疆事件時，有快速調兵的功能。

劉銘傳條列所需建設清單共七條：

（一）、台北至臺南，沿途所過地方，土沃民富，應用鐵路地基，若由商買，民間勢必居奇，所有地價請由官發，其修築工價由商自給。

（二）、基隆至淡水，貓裡街至大甲，中隔山嶺數重，臺灣人工過貴，必須由官派勇幫同工作，以期迅速。

（三）、車路所用枕木為數過多，現在商船訂購未到，須請先派官輪代運，免算水腳。

（四）、車路造成之後，由官督辦，由商經理，鐵路火車一切用度，皆歸商人自行開支，所收腳價，官收九成，償還鐵路本利，商得一成，並於搭客另收票費一成，以作鐵路用度，除火車應用收票司事人等由官發給薪水外，其餘不能支銷公費。

（五）、鐵路經過城池、街鎮，如須停車之處，由官修造車房。所有站房、碼頭，均由商自行修造。

（六）、此項鐵路，現雖商人承辦，將來即作官物，所用鋼鐵條，每碼須三十六磅，沿途橋樑必須工堅料實，由官派員督同修造。

---

[162] 劉銘傳撰，《劉銘傳文集》（合肥市：黃山書社，1997年，），頁202-205。國立台灣大學，《台灣歷史數位圖書館》，檔名：〈nthu-c286391-0020200205.txt〉

（七）、此項鐵路，計需工本銀一百萬兩，內有鋼條、火車、鐵橋等項，約需銀六十餘萬兩，商人或在德廠、或在英廠訂購，其價亦須分年歸還。如奉旨準辦，再與該廠議立合同，由官驗明蓋印，以後由商自行歸還，官不過問。如商人另做別項生意，另借洋款，不能以鐵路作抵。」[163]

人員方面劉銘傳屬意由商人林維源出面募股並希望能由他來督辦鐵道工程：

「查內閣侍讀學士臣林維源端謹忠實，為商人所欽信，自奉旨回籍幫辦臺北撫墾以來，不獨撫墾得力，如清賦、抽厘等事均資臂肋，其於理財一道尤為精實，如蒙朝廷主持要政，俯准臺灣修造車路，可否仰懇天恩，飭令學士臣林維源督辦臺灣鐵路商務，仍兼辦臺北撫墾事務。」[164]

因為過去在清帝國內地募股的狀況商人多有疑慮：「內地招商集股，騙折過多，商股不無疑慮。」[165]所以希望總辦以及募股一事都交由商民認同的林維源來辦理，但林維源以辦理臺北方面的墾務、清丈，以及宜蘭地方開河道等業務，而婉拒主持鐵道工程，[166]最後改由曾任李鴻章文案的楊宗翰辦理。

---

[163] 劉銘傳撰，《劉銘傳文集》（合肥市：黃山書社，1997年，），頁205-208。國立台灣大學，《台灣歷史數位圖書館》，檔名：〈nthu-c286391-0020500208-a001.txt〉
[164] 中央研究院近代史研究所，《海防檔（v.5no.1）》（台北：中央研究院近代史研究所，1957年，初版），頁26-27。國立台灣大學，《台灣歷史數位圖書館》，檔名：〈ntu-0699826-0002600027-0000007-a003.txt〉
[165] 劉銘傳文集福建臺灣巡撫劉銘傳光緒13年5月20日（1887），國立台灣大學，《台灣歷史數位圖書館》，檔名：〈nthu-c286391-0020500208-a001.txt〉
[166] 劉銘傳撰，《劉銘傳文集》（合肥市：黃山書社，1997年，），頁205-208。國

鐵道相關組織

全臺鐵路商務總局

　　1887年（光緒十三年）劉銘傳成立全臺鐵路商務總局[167]，使用之印信為：「辦理臺灣商務總局關防」[168]而在《劉銘傳撫臺前後檔案》一書談到光緒十五年臺南啟用關防一事寫到更詳細的名稱：

> 「案准全臺輪船鐵路商務總局移：「奉宮保爵撫憲劉札委兼會辦輪船鐵路商務總局；茲於七月初一日，復奉札發「商務局關防」一顆。」[169]

　　顯示完整之全銜可能為全臺輪船鐵路商務總局，至於地點方面根據史久龍《憶臺雜記》之說法，最初可能於機器局內，日後官署興建完成後移至東門鐵路外洋樓：

> 「商務總局本設於機器局內，後移至臺北府城東門城外之洋房。」[170]

　　伊能嘉矩手稿《臺灣臺北城之圖中》也在東門外的鐵路旁的建築圖示中標記商務局與鐵路局。（按：約在今善導寺站外青島東路與林森南路一帶。）[171]

立台灣大學，《台灣歷史數位圖書館》，檔名：〈nthu-c286391-0020500208-a001.txt〉

[167] 古庭維、陳敬恆、許宇凱、陳郁婷編，《新編台灣鐵道史全文譯本》上冊國家鐵道博物館籌備處2022年頁59

[168]（1960）。清代臺灣職官印錄。臺北市：臺灣銀行經濟研究室。頁135

[169]（1969）。劉銘傳撫臺前後檔案。臺北市：臺灣銀行經濟研究室。頁177

[170] 史久龍《憶臺雜記》陳怡宏主編《乙未之役中文史料》國立臺灣歷史博物館2016年頁197

[171] 伊能嘉矩手稿，《臺灣臺北城之圖》臺大圖書館「伊能文庫」檔案號：ntul-mn-

而鐵路各項機具則由商務局委員李彤恩以及張鴻祿於 1887 年（光緒十三年）與大稻埕的瑞記洋行 [172] 訂購鐵道相關物品：

> 「英、德兩廠先行訂購鐵路鋼條三百三十里，鐵橋二道，火車、客車七十具，定于年內到齊，股分銀兩，陸續招集，所欠無幾，先由基隆造至彰化，再行接續前進，工程浩大，必須二、三年後方能完工。」[173]

　　為了增加財政收入，李彤恩招募南洋新嘉坡、西貢等地的閩商合作投資臺灣商務，南洋方面有兩位商人陳新泰、王廣余回覆願與臺灣合辦商務，臺灣也需購買船隻與其辦理貿易，劉銘傳認為臺灣從福建分省之後，若不造鐵路，內山等物產難以運出，滬尾口日益淤淺，還需等待潮汐，僅剩基隆一口無須等候潮汐，但距離臺北需六十里，運貨困難，商人不得已只能先來滬尾，劉銘傳認為若基隆能開出車路，到達臺南，對臺灣的商務以及海防都有極大的助益，但興建鐵路，耗資甚大，約需百萬兩，[174] 招商募股一事則由李彤恩辦理：

> 「李彤恩等招集商股一百萬，其時創議皆以鐵路利厚，兩月之間即招股七十萬股，收到現銀三十餘萬。」[175]

J310_00_0001_0001原藏：遠野市立博物館

[172] 古庭維、陳敬恆、許宇凱、陳郁婷編，《新編台灣鐵道史全文譯本》上冊國家鐵道博物館籌備處2022年頁31

[173] 中央研究院近代史研究所，《海防檔（v.5no.1）》（台北：中央研究院近代史研究所，1957年，初版），頁29-31。國立台灣大學，《台灣歷史數位圖書館》，檔名：〈ntu-0699826-0002900031-0000008-a001.txt〉

[174] 附片光緒朝月摺檔N督辦臺灣防務福建巡撫劉銘傳光緒13年5月19日（1887）國立台灣大學，《台灣歷史數位圖書館》，檔名：〈ntu-GCM0024-0017500177-0000801.txt〉

[175] 中央研究院近代史研究所，《海防檔（v.5no.1）》（台北：中央研究院近代史研究所，1957年，初版），頁37-38。國立台灣大學，《台灣歷史數位圖書館》，

為資金匱乏的鐵路創辦打下了基礎，也預計先完成基隆到臺北段之後再來募款：

> 「李彤恩勇於任事，商民信服，擬俟基隆六十里最大工程告竣後再行招集股分。」[176]

商務局組織編制，採用日本時代訪談票房司事楊懷瑾之說法，職位分為總辦、會辦、提調、文案、書班、收發處、收課銀、稽查鐵路委員、稽查橋工委員、巡查鐵路工頭、正副票房司事、正副查票司事、開車等職位，首任總辦為：曾任李鴻章文案的楊宗瀚、陸續有張士瑜、黨鳳岡、蔣斯彤、姚西漠，並有洋教習瑪體蓀協助，商務局與機器局部分人員相同，有互相調任之狀況[177]，關於商務局之史料，在時任軍械局委員陳昌基所著《臺島劫灰》當中也有一些相關說明：

> 「商務局：專管火輪鐵車各事，有輪船二艘，斯美、駕時，鐵路南北二軌，南至新竹，計程乙百二十里，北至基隆，計程六十里，另有機器廠一座，專修鐵路火車工程，工匠約百餘人。」[178]

從陳昌基的論述當中可以了解，商務局負責的業務不只是鐵路，亦包含輪船業務。

檔名：〈ntu-0699826-0003700038-0000011.txt〉

[176] 其他劉銘傳文集福建臺灣巡撫劉銘傳光緒14年10月16日（1888）國立台灣大學，《台灣歷史數位圖書館》，檔名：〈nthu-c286391-0020900211.txt〉

[177] 古庭維、陳敬恒、許宇凱、陳郁婷編，《新編台灣鐵道史全文譯本》上冊國家鐵道博物館籌備處2022年頁59-60

[178] 陳昌基《臺島劫灰》陳怡宏主編《乙未之役中文史料》國立臺灣歷史博物館2016年頁85

臺北機器局

　　1885 年（光緒十一年）清法戰爭後醇親王奕譞、李鴻章等眾大臣討論各地海防問題，而其中臺灣防務也是眾人議論之重點，貴州按察使李元度認為臺灣應設立局處，置辦軍火，也就是臺灣應該要有自己製造火藥、槍械的正式局處，[179] 劉銘傳也認為，臺灣先前因為戰爭購買洋槍一萬餘桿，需要各種子彈器械，因為臺灣孤懸海外，各地接濟軍火艱難，先委託兩廣督臣張之洞購買製造槍彈機器一副，並命提督劉朝幹與淡水縣李嘉棠於臺北府北門外購買民田於 1885 年（光緒十一年六月興工）進行初期工程，1886 年（光緒十二年二月完工）首先建成小機器廠117間，加上築牆、浚井、砌路、開溝、填河，共花費銀二萬三百二兩五錢，而臺北也無軍械儲存地，一併興建，自 1885 年（光緒十一年八月興工），到 1886 年（光緒十二年三月完工）共建成：「計造成大小房屋共七十三間。」花費銀一萬六千三百七十二兩七錢八分，而各式大型機具廠：「砲彈大機器廠、汽爐房、洋房、打鐵房。」則因工程浩大，將於後續陸續完工[180]，因廠房建成劉銘傳也招募閩粵地區的工匠來局工作其中亦包含洋教習。[181]

　　事務組織方面採日本時代訪談機器局文案王指南的記錄，分為總辦、提調、文案處、支發處、報銷處、考工處、收發處、號房等組織，工廠方面分為火車廠、砲子廠、翻砂廠、熱鐵廠、槍

---

179 中國第一歷史檔案館，《軍機處洋務檔光緒十一年秋季（微捲：4）》（北京市：中國第一歷史檔案館），頁164-189。國立台灣大學，《台灣歷史數位圖書館》，檔名：〈thm-YWG1107-0016400189.txt〉

180 中國史學會主編，《洋務運動（v.4）》（上海市：上海出版社，1961年，第一版），頁441。國立台灣大學，《台灣歷史數位圖書館》，檔名：〈ntu-1816848-0044100441.txt〉

181 中國第一歷史檔案館、海峽兩岸出版交流中心，《明清宮藏臺灣檔案匯編（v.212）》（北京市：九州出版社，2009年，第一版），頁211-231。國立台灣大學，《台灣歷史數位圖書館》，檔名：〈ntul-3052821-0021100231.txt〉

子廠、冷鐵廠、修理廠、木工廠、伐木廠等廠，總辦方面陸續有劉朝幹、丁達意、張士瑜、蔣斯彤、薛一興等人，工廠監督為德國洋教習畢第蘭，[182] 畢第蘭也曾參與滬尾砲臺裝設大砲時擔任驗收角色：

> 「外洋購到口徑一十二寸之大砲，安設滬尾砲臺，即派軍械所張太守、中軍周協戎率同洋人畢第蘭前往驗放，申刻，砲丁實以開花彈，觸機一發，聲聞數十里；海波壁立，觀者若堵墙。」[183]

1894 年（光緒二十年）畢第蘭因為在臺辦理機器局多年成效卓著，全臺善後總局要發酬勞給他，但畢第蘭表示他希望取得，機器局園區中的一棟洋樓，並且有永遠執業照，也就是希望能贈與他那棟房子，接任劉銘傳職位的巡撫邵友濂同意將這棟房子贈與德籍官員畢第蘭，但因為那塊地是官有地，所以需要繳交租金，以下為畢第蘭之執照：

> 「給發執照得德官畢第蘭，在臺灣機器局會辦五六年之久頗著成效，本擬酌量酬勞姿據該會辦聲稱，機器局後門旁邊有洋樓伊居位多年局中亦無其大用，可否給與永遠執業之處，由機器局代辦稟奉撫憲面諭該會辦既有微勞該房於機器局又無甚大用准其賞給畢第蘭作為酬勞，至該房基乃係官地，并唯作為租地每年著畢第蘭繳租洋五十元以九十

---

[182] 古庭維、陳敬恆、許宇凱、陳郁婷編，《新編台灣鐵道史全文譯本》上冊國家鐵道博物館籌備處2022年頁65-67

[183] 唐贊袞，《臺陽見聞錄v.2》（台北市：臺灣銀行，1958年，平裝版），頁94-107。國立台灣大學，《台灣歷史數位圖書館》，檔名：〈ntu-1156409-0009400107.txt〉

九年為期限內不向收回，可也相應給發執照交畢第蘭收執為據須至執照者。」[184]（按：標點為筆者添加。）

　　1887年（光緒十三年）機器局後期工程又採購相關機器模子、銅片、各式物件共花費八萬四千一百一十二兩六錢八分零二毫[185]，而大型工廠與伐木機器部分則花費：「建造洋式大砲子廠汽爐烘彈房並伐木機器廠屋工料。」共花費三萬二百一十八兩五錢七分二釐四毫。[186]也外購許多洋槍洋火藥，以及各種製作槍彈的機具，以下為清單摘要：

「黎意毛瑟小機器各一百一十八件、黎意新造碼子床一架、哈乞開司、士乃打小機器各五十九件、五寸口徑至十二寸口徑砲用開花硬鐵彈內腔模子機器一十二副、硬鐵彈機器一十二副、各種彈子鑽眼機器一副、磨各種彈子合度機器一副、壓各種彈子銅箍在位機器一副、各種彈子鉛螺絲彈蓋機器一副、各種彈子頭、壓水大力裝大小各種彈匣機器二副、彈子內腔鋼模信子機器二百個、槍子壳銅片二百擔、新式黎意連響兵槍三千桿、皮帶三千條、黎意槍子六十萬粒，後膛快槍子一萬五千粒。[187]」

---

[184] 「元機器局構內家屋買收」（1896-04-13），〈明治二十八年臺灣總督府公文類纂乙種永久保存第十七卷外交〉，《臺灣總督府檔案‧總督府公文類纂》，國史館臺灣文獻館，典藏號：00000028020。

[185] 中國史學會主編，《洋務運動（v.4）》（上海市：上海出版社，1961年，第一版），頁437。國立台灣大學，《台灣歷史數位圖書館》，檔名：〈ntu-1816848-0043700437.txt〉

[186] 中國第一歷史檔案館、海峽兩岸出版交流中心，《明清宮藏臺灣檔案匯編（v.212）》（北京市：九州出版社，2009年，第一版），頁211-231。國立台灣大學，《台灣歷史數位圖書館》，檔名：〈ntu1-3052821-0021100231.txt〉

[187] 中國史學會主編，《洋務運動（v.4）》（上海市：上海出版社，1961年，第一版），頁437-441。國立台灣大學，《台灣歷史數位圖書館》，檔名：〈ntu-1816848-0043700441-a001.txt〉

1888年（光緒十四年）機器局爆發候選知縣洪熙侵吞公款事件，遭到革職永不錄用[188]1889年（光緒十五年），劉銘傳又再進行一次工廠添補小型器械工具，命總辦局務道員丁達意，從外洋運抵上海的各式機具當中，添補數件小件機具共花六千三百八十二兩零，也在香港購買手用器具，共花費四千五十九兩零，劉銘傳表示此次的增補案為零星添購，而非整批機具購買。[189]而購買來的機具組裝安設共花費一千七十六兩六錢三分九釐五毫：「機器局安設小機器廠汽爐車床等項工料銀。[190]」。

　　劉銘傳於1891年（光緒十七年）離任，由原本管理臺灣財政的邵友濂接任，邵友濂雖停下劉銘傳之鐵道工程與許多的新政，但對於機器局還是重視的，他談到歷年與原住民作戰，子彈幾乎鮮少有存量，又陸續在大嵙崁、恆春等地用兵，子彈尤其缺乏，邵友濂詢問機器局得知是因為部分機具短少，無法製造，1892年（光緒十八年）他向朝廷申請購買相關機具他認為子彈、槍枝為最必需品，槍子廠也增添火藥各房，共花費一萬八千餘兩：

　　　「槍子廠添造廠房、鑪房、庫房暨洋火藥廠起造合藥、碾藥、碎藥、壓藥、篩藥、光藥、烘藥、藥庫各房。」

　　當年也添購製造子彈及洋火藥機器共花費銀一萬八千六百餘

---

[188] 中國第一歷史檔案館，《光緒朝硃批奏摺v.102》（北京市：中華書局，1995年，第1版），頁202-203。國立台灣大學，《台灣歷史數位圖書館》，檔名：〈ntu-2253023-0020200203-0000166.txt〉

[189] 中國第一歷史檔案館、海峽兩岸出版交流中心，《明清宮藏臺灣檔案匯編（v.210）》（北京市：九州出版社，2009年，第一版），頁66-69。國立台灣大學，《台灣歷史數位圖書館》，檔名：〈ntuI-3052819-0006600069.txt〉

[190] 中國第一歷史檔案館、海峽兩岸出版交流中心，《明清宮藏臺灣檔案匯編（v.215）》（北京市：九州出版社，2009年，第一版），頁147-165。國立台灣大學，《台灣歷史數位圖書館》，檔名：〈ntuI-3052824-0014700165.txt〉

兩[191]，同年機器局也新增鑄幣工廠。[192]

邵友濂因臺灣經費不足雖力行撙節，但持續運作機器局製作槍枝火藥，也可看到機器局部分機具已經出現物料短缺無法使用的狀況，1894年（光緒二十年）因應日清戰爭形勢，臺灣防務日緊，因為平日機器局之彈藥只供操練使用，臨時大量成軍，邵友濂也命各廠：「各廠放手制造，晝夜趕工。」[193]，然而就在趕工之時發生爆炸事件也是機器局的工安事件紀錄：

> 「藥廠失事，傷斃工匠，轟毀房屋、機器；請將該管委員等分別懲處等語，臺灣火藥局失事，委員經歷銜監生蕭殿芬未能先事防範，著即行斥革，局員福建鹽大使蘇紹良有兼轄之責。」[194]

乙未割讓前，記者達飛聲來臺採訪，其中也談到機器局的狀況：

> 「臺北的機器局有全新的現代機器包括一套完善的輾鋼機已經自製軍火4年了，所以要應付持久戰也綽綽有餘。並附註機器局全面生產的話，每月可製造約300枚8、10、12吋硬鐵砲彈，600發6、7吋砲彈，1千發野戰砲彈，以

---

[191] 中國第一歷史檔案館，《光緒朝硃批奏摺v.102》（北京市：中華書局，1995年，第1版），頁261。國立台灣大學，《台灣歷史數位圖書館》，檔名：〈ntu-2253023-0026100261-0000221.txt〉

[192] 國史館臺灣文獻館一台湾総督府民政部土木局属安江正直ヨリ建築史編纂資料蒐集ノ為〆台南・鳳山・塩水港・南投・台北ノ各庁へ出張ニ付キ復命書提出典藏號00001541001

[193] 戚其章主編，《中日戰爭（v.5）》（北京：中華，1989年，第1版），頁88-90。國立台灣大學，《台灣歷史數位圖書館》，檔名：〈ntu-2049167-0008800090-0000094-a001.txt〉

[194] （1964）。清德宗實錄選輯。臺北市：臺灣銀行經濟研究室。頁257

及 50 萬發步槍子彈。[195]」。

軍械局委員陳昌基所著《臺島劫灰》當中也有針對機器局的人員數量及業務職掌做了相關的紀錄，詳細描述了機器局各式軍裝的產量，以及有時也有子彈與槍枝尺寸不合的狀況：

> 「司事、工役，約有千餘人，製造局能製黎意、毛瑟、林明敦各槍子，每月可造十餘萬，其子十顆中約有四、五顆不能合膛：砲子能製十二徑口起，至五寸徑口止，每月可造成數十顆，火藥廠能製細槍藥、石子藥，每月可造二萬有零磅，此外能製二角、一角、五分之小洋，其銀色不足，台地尚可通行，上海各錢庄均不收用，若論差事之優，推製造局為首。」[196]

在 1895 年乙未時美國記者達飛聲也記載了關於機器局在大總統唐景崧逃亡後，臺北城陷入混亂，機器局貴重金屬遭到洗劫的狀況：

> 「鉛條、銅錠、厚銅板、鋅、錫、黃銅、大小金屬管、重須5人以上才搬得動的大金屬鐵板、鐵丁盒、螺絲釘、長鐵條及長鐵片條、機器、槍枝零件、機關槍、山砲（mountain guns），甚至野戰砲（field guns）以及無數的子彈與砲彈殼，事實上，任何搬得動的物品，都被匆忙帶

---

[195] 達飛聲（James w. Davidson）陳政三譯註《福爾摩沙島的過去與現在》上冊國立臺灣歷史博物館2014年頁345
[196] 陳昌基《臺島劫灰》陳怡宏主編《乙未之役中文史料》國立臺灣歷史博物館2016年頁85

走了。」

　　亦有許多的武器遭洗劫後變賣其中包含：「格林多管機槍、小型克魯伯後膛山砲、毛瑟槍、卡賓槍。」等武器。[197]而日本領臺之後，因要恢復鐵道運作功能，初期多採臺灣當地職工，日本稱臺灣職工，熟練技術佳，而原機械廠（按：機器局。）與木工廠（按：伐木局。）規模雖不大，但是各種鐵材木材卻都相當完備，顯示當時機器局工匠仍有一定的專業水準：

> 「職工悉數使用土人，其中如木工、鍛冶工，其工藝技術熟練度高，比起內地職工也絲毫不遜色，而機關手、火夫等，在急峻線路上也能處理得宜。然這些職工大都未受相應教育，加以迄今仍有屬於清國籍者。」[198]

鐵道物料與人員

　　臺灣鐵道所需之物料如軌條、車輛、鐵橋等，火車頭部分，分別有德制：「一號騰雲、二號御風」、英國制：「三、四、五號名稱不詳，六號掣電、七號超塵、八號攝景。」等車頭[199]其中部分車頭亦在臺北機器局組裝，外籍工程師方面則陸續有：「貝克（Becker）、坎邁爾（G.murray campbell）哥特瑞（H.E.P. Cottrel）、瓦特遜（W.Watson）、瑪體蓀（Henrry C. Metheson）。」[200]等又以瑪體蓀在任時間較長，邵友濂主政時期

---

[197] 達飛聲（James w. Davidson）陳政三譯註《福爾摩沙島的過去與現在》上冊國立臺灣歷史博物館2014年頁365-366
[198] 古庭維、陳敬恆、許宇凱、陳郁婷編，《新編台灣鐵道史全文譯本》上冊國家鐵道博物館籌備處2022年頁96
[199] 古庭維、陳敬恆、許宇凱、陳郁婷編，《新編台灣鐵道史全文譯本》上冊國家鐵道博物館籌備處2022年頁35
[200] 達飛聲（James w. Davidson）陳政三譯註《福爾摩沙島的過去與現在》上冊國

也為其請賞：

> 「臺灣開辦鐵路工程，諸事草創，一切開山築路必須熟悉
> 工程、明於測算之人督率教習，當經延令在臺辦理煤務之
> 英國人瑪體蓀就近兼辦，數年以來深資得力，懇請奏獎寶
> 星。」[201]

鐵道枕木

　　鐵道枕木方面有使用新嘉坡進口之木材，亦有使用臺灣本地
產之樟木，而本地木材主要在三角湧、大嵙崁地區採伐，其他亦
有宜蘭、苗栗、新竹等地之木材，並透過各地之河流運送木材，
如三角湧、大嵙崁透過淡水河運送，故伐木局亦設立於北門外淡
水河岸邊，並透過各地承攬木材之地方領袖代為採伐提供給官
方，其中苗栗仕紳黃南球在日本時代訪問時談到，他當時承包約
一萬支木材，分期繳納履約，並自行負擔伐木工資與運輸費用，
又因枕木產地多靠近山區，與原住民時常爆發衝突，承攬商為防
受害，也會餽贈原住民酒食，近而取得木頭，因此還需多花費
用，官方還為此編列預算給承包商使用。[202]

　　而關於大嵙崁亦有一則與李彤恩有關的史料，劉銘傳於清法
戰爭後，邀請福建侯官縣的陳衍來臺擔任幕僚，陳衍搭船從淡水
港上岸，先遇見營務處李彤恩，但這時劉銘傳已經前往大嵙崁，
原因是因為官設樟腦廠有二十名工人，有十九人遭害，劉銘傳帶
領軍隊已經出發前往，而李彤恩和陳衍說：「若不畏臨前敵，則
來觀戰。」陳衍遂健行至大嵙崁，抵達之後先住幫辦撫墾業務的

　　立臺灣歷史博物館2014年頁312
[201] （1969）。清季臺灣洋務史料。臺北市：臺灣銀行經濟研究室。頁97
[202] 古庭維、陳敬恆、許宇凱、陳郁婷編，《新編台灣鐵道史全文譯本》上冊國家鐵
　　道博物館籌備處2022年頁28-30

林維源行館，林維源為其準備轎子與護衛二十人，護送前往探訪劉銘傳：

> 「小住幫辦撫墾臺人林時甫行館，林公為備肩輿，輿夫六人更番舁；派巡防兵二十人荷鎗衛送，林幕客郭君賓實偕行。」

陳衍文筆佳對於臺灣山區多有描述：「至崩厓絕澗，山盡路斷；則伐此岸巨木仆至彼岸，使若橋然，然非藤葛蘿篠之屬蒙密覆翳，其下奔流潝汧。」以及對於首次踏入原住民生活圈的描述，走到後來甚至連轎子都難行，故下轎步行，隨從也說：「劉巡撫至此，亦下輿行。」中途也遇見原住民表示：：「招撫我，速多賣牛酒來。」陳衍終於快要抵達劉銘傳大營，但似乎也快要沒有體力了：

> 「日將暮，望見大營，相距廑里許；則兩足疲痿，木立不前矣。」

最後抵達劉銘傳營帳，劉銘傳將食物分給他一起吃並表示戰事已結束，沒有戰事可觀，並稱讚陳衍能步行至此很不容易：

> 「劉公分晚食，長揖入坐，公謂書生健步若此，殊不易！惜諸番社已就撫，無戰事可觀。」

陳衍此段珍貴的紀錄反映，臺灣建省之後，需要樟腦與建設用木材，森林資源豐富的大嵙崁（按：今大溪。），則成為漢人與原住民，為了生存資源而爆發衝突之地，大嵙崁除了有重要的

樟腦資源外，亦有鐵道所需的枕木材，故發生腦丁遭害事件，劉銘傳勢必調動軍隊來攻打並保護資源，原住民也在這個階段損傷甚多，[203] 鐵道木材的另一個產地苗栗，也曾爆發苗栗罩蘭（按：卓蘭。）地區的原漢衝突：

> 「竊據彰化、新竹交界罩蘭庄地方生員詹景星等聯名數十庄稟稱，庄地逼近番巢，出入居民，時遭慘殺，歷年既久，指數無從。」[204]

　　大溪與苗栗兩地的平定戰爭均由清法戰爭助戰基隆的林朝棟來帶領，也反映清法戰後臺灣地區眾多的軍隊與團練，從對外戰爭轉向對內與原住民爆發多場戰役。

鐵道石材

　　鐵道所使用之石材主要為臺北觀音山、新竹九芎林、樹杞林一帶之石頭，日本時代訪談曾任撫墾工作的張清漢得知，當時委新竹林汝梅等人辦理，並由邱天佑等人採石，與木料相同，採集及運輸均要承攬商自行負擔[205]，除承攬石材外林汝梅也曾與洋工程師一同勘查頭份等地區，適合設置橋梁的地點。[206]

---

[203] （1972）。臺灣關係文獻集零。臺北市：臺灣銀行經濟研究室。頁140-141

[204] 劉銘傳撰，《劉銘傳文集》（合肥市：黃山書社，1997年，），頁126-128。國立台灣大學，《台灣歷史數位圖書館》，檔名：〈nthu-c286391-0012600128.txt〉

[205] 古庭維、陳敬恆、許宇凱、陳郁婷編，《新編台灣鐵道史全文譯本》上冊國家鐵道博物館籌備處2022年頁30-31

[206] 其他劉銘傳撫臺前後檔案no.276-2臺灣知府程起鶚光緒14年2月23日（1888）國立台灣大學，《台灣歷史數位圖書館》，檔名：〈ntu-0999902-0014700150-a001.txt〉

兵工與民工

在兵工方面1887年（光緒十二年六月）由原江南狼山鎮中營遊擊余德昌帶昌字營受劉銘傳之命來到臺灣參與鐵路興建及撫番戰爭[207]《臺灣通史》寫到：

> 「是年六月，自大稻埕起工，以余得昌（按：德。）所帶昌字四營為工役，中經獅球嶺，開鑿隧道。」[208]

1888年（光緒十三年八月）余德昌病故：「屢在內山染受瘴氣，兼受基隆暑涇，勞傷舉發，猝然病故。」[209]另一組軍團則是劉銘傳自己的銘字軍三營初期由劉朝幹[210]帶領部隊修築鐵路，並有參與過清法戰爭的李定明、蘇得勝共同督造辦理[211]，後期則由劉朝焜接續：「統領銘字中軍各營參將劉朝焜稱，所部三營，實因築砲臺、開鐵路、造營房。」[212]

民工方面職位主要分為大工頭與小工頭，而大工頭主要由地方領袖來擔任，水返腳（按：汐止。）的地方領袖蘇樹森也曾參與鐵道路基的土方工程，主要由大工頭承攬工程，下包給小工頭帶領工人挖路，工程也會因難易艱險程度不同，而有不同的薪資若是平地容易施工，工資為二元四角以下到一元三角，如台北至錫口為二元四角、南港至獅球嶺為三元八角至四元、龜崙口至大

[207] 《光緒朝月摺檔》（台北市，故宮博物院藏）。國立台灣大學，《台灣歷史數位圖書館》，檔名：〈ntu-GCM0024-0009300094-0000773.txt〉

[208] 連橫（1962）。臺灣通史。臺北市：臺灣銀行經濟研究室。頁522

[209] 附片光緒朝月摺檔福建台灣巡撫劉銘傳光緒13年12月9日（1887）國立台灣大學，《台灣歷史數位圖書館》，檔名：〈ntu-GCM0025-0008300084-0000831.txt〉

[210] 連橫（1962）。臺灣通史。臺北市：臺灣銀行經濟研究室。頁310

[211] 古庭維、陳敬恆、許宇凱、陳郁婷編，《新編台灣鐵道史全文譯本》上冊國家鐵道博物館籌備處2022年頁27

[212] 胡傳（1960）。臺灣日記與稟啓。臺北市：臺灣銀行經濟研究室。頁49-50〉

湖口間為一元三角至一元五角、龜崙嶺為八元、鳳山崎為六元、其他沙礫地為六元。[213]

架橋工程

臺灣地形丘陵多平地少，部分鐵道路線亦經過河流所以需建許多橋樑：

> 「張家德所築者，技亦巧矣，鐵路所過之地，大小橋梁七十四、溝渠五百六十八。」[214]

日本時代的訪談也談到：

> 「淡水河架橋工程由廣東人張家德承攬，材料從香港進口，在淡水河畔設臨時工場，光緒十四年起工，至翌年峻工。」[215]

淡水鐵路大橋 1888 年興工至 1889 年完工，在全臺鐵路商務總局的組織名單當中亦見其粵人張氏之姓名：「稽查橋工委員以鶴笙、張家德。」[216] 淡水鐵路大橋：「淡水河橋全長一千四百九十三呎，鐵製旋開橋九十三呎。」[217]
為清代臺灣鐵路中，臺北往南移動之重要橋梁，其餘亦有大

[213] 古庭維、陳敬恆、許宇凱、陳郁婷編，《新編台灣鐵道史全文譯本》上冊國家鐵道博物館籌備處2022年頁26
[214] 連橫（1962）。臺灣通史。臺北市：臺灣銀行經濟研究室。頁524
[215] 古庭維、陳敬恆、許宇凱、陳郁婷編，《新編台灣鐵道史全文譯本》上冊國家鐵道博物館籌備處2022年頁27
[216] 古庭維、陳敬恆、許宇凱、陳郁婷編，《新編台灣鐵道史全文譯本》上冊國家鐵道博物館籌備處2022年頁62
[217] 古庭維、陳敬恆、許宇凱、陳郁婷編，《新編台灣鐵道史全文譯本》上冊國家鐵道博物館籌備處2022年頁82

小不等的橋樑，曾來臺辦理鹽務的史久龍在《憶臺雜記》記載了鐵路大橋的長度、寬度、車道數輛等資訊：

> 「大橋即在大稻埕，以堅木鋼鐵造之長約七、八十丈，寬四、五丈，施木欄分三道，中設鐵軌行車，左右行人，橋頭可隨時啟閉，不礙帆檣來往，糜費四、五十萬金始成，沿途所過鐵橋不一，皆不若此處之大，故名曰大橋。」[218]

鐵路章程與制度

　　鐵道相關的管理章程，由《臺灣鐵道史》的寫作過程可以得知，因為戰亂的原因，許多的資料佚失，日本領臺後也詢問板橋林家，而林家表示鐵道資料都在撫臺衙門，但衙門在乙未割讓時又遭焚毀，所以導致許多重要的鐵道史料幾乎不存，[219]唐贊袞在《臺陽見聞錄》中所記載的鐵路買票規章與章程十六條就顯得格外的珍貴，劉銘傳在收費章程當中談到公務人員與官用貨物均一律買票搭車，除餉銀與軍火可免，其餘應當買票搭車：

> （一）、署、局、營、關奉公人等，各有差費、飯食，應請通飭一律買票搭車，不得藉口奉差，致壞商務，惟遇有更調兵勇，請撫轅中軍先期移知卑局，以便分飭票房火車各司事，遵照辦理。
>
> （二）、官用貨物，似宜免給載費，特恐一出免單，勢必紛紛舛錯，莫可究詰，轉於商務有礙，應請通飭：無論何項貨物，均須照章買票裝車，以希

---

[218] 史久龍《憶臺雜記》陳怡宏主編《乙未之役中文史料》國立臺灣歷史博物館2016年頁197

[219] 古庭維、陳敬恆、許宇凱、陳郁婷編，《新編台灣鐵道史全文譯本》上冊國家鐵道博物館籌備處2022年頁：凡例XIV

劃一。

（三）、餉銀軍械等項，凡有憲局提到大批銀兩及由外洋
　　　　購來機器、軍火，應請飭支應所、軍械所分給憑
　　　　移，以便照辦。其餘概不得免給載費，以重商
　　　　務。[220]

1889年（光緒十五年）完成大稻埕至錫口（按：松山。）段
的路線，劉銘傳先行試辦鐵路營運：

「大工未竣，本不便遽行搭載，然念該處為行人必經之
道，既由外洋購到貨、客各車，自當先行試辦，以便商
民。大稻埕、錫口附近車路地方，各設票房，按名取值，
以便該商民買票搭車。」[221]

當時試營運也頒布了臺灣鐵路章程十六條規章：

一至三條為費用相關：
　　（一）、臺北至錫口，搭客一等座，洋三角；二等座，洋
　　　　　　二角；三等座，洋一角。
　　（二）、小孩五歲以內，不出車價，五歲外至十歲減半。
　　（三）、臺北至錫口，客貨行囊每石洋一角；五十斤減
　　　　　　半，多寡照算。

四到六為行李相關：
　　（四）、搭客車內，不准攜帶物件，致占地步。

[220] 唐贊袞（1958）。臺陽見聞錄。臺北市：臺灣銀行經濟研究室。頁21
[221] 唐贊袞（1958）。臺陽見聞錄。臺北市：臺灣銀行經濟研究室。頁21-22

（五）、客貨行囊憑票另載貨車，裝滿封鎖；到時，由驗票司事憑票驗發。

（六）、細重貨物，按輕重取價；粗鬆貨物，按方位取價。

七到九為車票與貨票相關：

（七）、搭客必先向票房買票，憑票發車。

（八）、搭貨行囊，亦由票房買票，發給牌記二個，一繫於貨物裝車，一交客執，以便到時驗取貨物。

（九）、凡客位及貨物，有票方准上車，倘有人貨無票者，一經查出，人貨皆加倍示罰，倘驗票司事舞弊，亦從重議罰不貸。

十則為乘客須遵守的行車安全：

（十）、搭客未至碼頭，不准下車，緣火車馳行甚速，關係匪輕，違者加倍示罰。

十一至十六為鐵路工作人員須遵守的規則：

（十一）、每處派書票一人、收錢一人；開車時，則發票；車到時，則收票；以便互相稽查。

（十二）、車中派驗票司事一人，專管裝卸貨物、稽查客車，倘或瞻徇情面，有淆定章，查出究辦。

（十三）、火車須守定章，中途不許停車，致生弊竇；違者，議罰司車洋人。

（十四）、每日載客與貨若干，按日報明票根，車價一併呈交總局，以憑稽核。

（十五）、洋銀按時作價，不許浮收；查出弊端，立即重罰。

（十六）、客位貨物，不准以多報少；倘有此弊，定即議
　　　　罰革退不用。[222]

鐵道興建過程

　　1887年3月劉銘傳與德國工程師貝克（Becker）先一同會勘大
稻埕至基隆的初始路段，[223]清政府於1887年5月20日（光緒十三
年四月二十八）同意劉銘傳興建鐵道工程[224]，並陸續：「自大稻
埕起工，以余德昌所帶昌字四營為工役，中經獅球嶺，開鑿隧
道。」[225]但鐵道正要起步之時劉銘傳很快就遭遇到困難與打擊，
1888年（光緒十四年）李彤恩病逝，李彤恩的病故也造成眾人對
於鐵路的投資信心動搖：

　　「承辦臺灣鐵路委員李彤恩病故，商股觀望，請改歸官
　　辦，以裨海防。」[226]

　　1888年（光緒十四年）底鐵路改為官辦，劉銘傳也在李彤恩
病故後談到：

　　「今商股既觀望不前，承辦委員或死或病，若聽其中止，
　　不獨已費公款無可歸還，且購到鐵條、鐵橋、木料、火

[222] 唐贊袞（1958）。臺陽見聞錄。臺北市：臺灣銀行經濟研究室。頁22-23
[223] 達飛聲（James w. Davidson）陳政三譯註《福爾摩沙島的過去與現在》上冊國
立臺灣歷史博物館2014年頁302
[224] 中國第一歷史檔案館、海峽兩岸出版交流中心，《明清宮藏臺灣檔案匯編
（v.203）》（北京市：九州出版社，2009年，第一版），頁283-283。國立台灣
大學，《台灣歷史數位圖書館》，檔名：〈ntul-3052812-0028300283.txt〉
[225] 連橫（1962）。臺灣通史。臺北市：臺灣銀行經濟研究室。頁522
[226] 張本政主編，《清實錄臺灣史資料專輯》（福州：福建人民，1993年，第
一版），頁1167。國立台灣大學，《台灣歷史數位圖書館》，檔名：〈ntu-
1865448-0116701167-0000001.txt〉

車，棄置尤為可惜。」[227]

　　顯示李彤恩的存在，對於民眾投資信心的重要性：「李彤恩勇於任事，商民信服。」除了李彤恩病逝外，臺灣鐵路商務總局首任總辦楊宗瀚，也在同年因病辭去職務內渡，[228] 為了完成鐵路，劉銘傳與管財政的藩司邵友濂討論後，將閩省協銀庫存一百零四萬兩，原要用來興建臺灣省城之經費移至鐵路來使用，而協銀 1891 年（光緒十七年）春天就會停止，所以也有時間上的壓力，故劉銘傳還是將心力先放在鐵路上面，[229] 而在李彤恩過世之後，先前購買的快船「駕時」、「斯美」也陸續到貨劉銘傳認為這兩艘船：「裝兵運貨，便捷異常。」但劉銘傳也寫到李彤恩病故之後商務方面缺乏人才：

　　　「自知府李彤恩病故後，商務經理乏人。」[230]

　　顯示李彤恩除了過去在海關、交涉、稅務等業務外，也在招商引資方面有過人的長才，基隆至臺北工程中最困難的為獅球嶺隧道主要由銘軍負責於 1887 年（光緒十三年）興工 1890（光緒十六年）年完工。[231] 根據吳小虹考證上海申報內容寫到獅球嶺北

---

[227] 中央研究院近代史研究所，《海防檔（v.5no.1）》（台北：中央研究院近代史研究所，1957年，初版），頁37-38。國立台灣大學，《台灣歷史數位圖書館》，檔名：〈ntu-0699826-0003700038-0000011.txt〉

[228] 劉銘傳撰，《劉銘傳文集》（合肥市：黃山書社，1997年，），頁209-211。國立台灣大學，《台灣歷史數位圖書館》，檔名：〈nthu-c286391-0020900211.txt〉

[229] 劉銘傳撰，《劉銘傳文集》（合肥市：黃山書社，1997年，），頁209-211。國立台灣大學，《台灣歷史數位圖書館》，檔名：〈nthu-c286391-0020900211.txt〉

[230] 劉銘傳撰，《劉銘傳文集》（合肥市：黃山書社，1997年，），頁187-188。國立台灣大學，《台灣歷史數位圖書館》，檔名：〈nthu-c286391-0018700188.txt〉

[231] 古庭維、陳敬恆、許宇凱、陳郁婷編，《新編台灣鐵道史全文譯本》上冊國家鐵

面及南面題字：

北面路口題字：

「海隅拓宏圖　幾經鑿險縋幽　功成不日。」
「巖疆開重鎮　一任揚軫飛鞚　快比穿雲。」

南面路口題字：

「五千年生面獨開　羽轂飆輪從此康莊通海嶼。」
「三百丈巖腰新闢　天梯石棧居然人力勝神工。」
（吳小虹，2001，頁27）[232]

南面匾額則書寫「曠宇天開」，時間為：「光緒歲次己丑仲冬立。」提書人為：「太子少保福建臺灣巡撫一等男劉建造欽命浙江州總鎮強勇巴圖魯監修。」[233]，史久龍《憶臺雜記》也談到隧道工程之難，鐵路也因為颱風以及下雨的關係，坍塌中斷也是時有所聞：[234]

「基隆一路至獅子嶺，須過一山洞，入其中黑暗如漆，行約五分鐘時，昔兵丁因開鑿此洞，而死於其間。」

道博物館籌備處2022年頁15

[232] 申報（光緒十六年四月二日）第6134號第2版，吳小虹《篳路開「基」：基隆鐵道之創建與發展》基隆市立文化中心2001年頁27

[233] 古庭維、陳敬恆、許宇凱、陳郁婷編，《新編台灣鐵道史全文譯本》上冊國家鐵道博物館籌備處2022年頁15

[234] 史久龍《憶臺雜記》陳怡宏主編《乙未之役中文史料》國立臺灣歷史博物館2016年頁197

日本駐福州領事上野專一，在1891年（光緒十七年）以視察通商為名義來到臺灣進行調查，在《臺灣視察覆命》報告[235]，當中談到他拜訪劉銘傳詢問鐵道建設狀況，以及對於劉銘傳的基本描述：

　　「劉銘傳今年五十五歲，個性活潑，容貌瘦弱，眼光炯炯有神，眼睛邊緣帶有黑色，是一位熱心家（按：對於某項事物充滿熱情之人。），現今身體甚為衰弱。」

　　上野專一來拜訪劉銘傳之時，劉銘傳正在病中，以非正式會面在巡撫衙門書齋展開會談：

　　劉：貴領事在中國多少年了。
　上野：超過十年了。
　　劉：這樣的話你對中國的事情非常通曉吧。
　上野：貿易上的事情是最關注的。
　　劉：貴國鐵道目前已經多長了。
　上野：一千幾百英哩。
　　劉：誠心祝賀。
　上野：貴島鐵道今日總長幾何。
　　劉：現今僅中國的里數百里而已，鐵路的完成，是有益的，但建造之困難，可想而知又說（上野專一紀錄：劉銘傳在此時眉頭深鎖又搖頭。）：中國人民真不解道理，一新事物起，則物議百出，此乃余第一困難所在，貴國人民如何。

---

[235] 「上野2等領事台島視察復命第1号」JACAR（アジア歴史資料センター）Ref. C11081238400、台湾嶋關係書類卷1明治28~38（防衛省防衛研究所）

上野：凡為事之初，無論何國，民情均同，但人民最後知
有益，將大為改觀貴國人民想必亦然。

劉：貴國的鐵道是否有利潤。

上野：十分有利潤。（上野專一紀錄：此時劉銘傳哀聲長
嘆。）。

上野：貴國鐵道幾年之後抵達臺南府。

劉：此事甚難明言。（上野專一紀錄：其意顯示可能最
後不會完成，並記錄劉銘傳再度眉頭深鎖。）。

　　由上野專一與劉銘傳的對談，可以看出清帝國與日本帝國兩
國對於鐵道興建的狀況，當日本帝國已經大量興建鐵路，並且有
所利潤時，劉銘傳也感到百感交集，多次被上野專一記錄到眉頭
深鎖以及長聲嘆氣的肢體動作，顯示劉銘傳對於鐵道現今的狀況
以及當時的清帝國民眾對於鐵道所抱持的不信任感，都讓他感到
無奈，而上野專一也在報告中談到，他認為臺灣鐵道的道路以及
橋樑工程有些粗糙，軌道旁的土地也有許多不平整的狀況，若遇
到雨天會很危險，他觀察鐵路搭乘人數每趟約僅有六、七十名，
上野專一最後還是肯定劉銘傳的奮起革新，但他認為在劉銘傳離
職之後，這些重大的工作，是否還會延續，他無法斷定。

　　最後基隆至臺北路段於1891年（光緒十七年十月）竣工，[236]
並陸續往南，而在同年劉銘傳離任，接任巡撫的邵友濂認為鐵路
工程應到新竹中止，因為已經超出當時預估的一百萬兩：

「計自基隆廳道頭起，至新竹縣南門外止，車路一百八
十五里，用過經費共銀一百二十九萬五千九百六十兩有

---

[236] 古庭維、陳敬恆、許宇凱、陳郁婷編，《新編台灣鐵道史全文譯本》上冊國家鐵
道博物館籌備處2022年頁14

奇。」

並且認為大量經費已經影響到其餘海防款項,不足時還須再
向地方紳商墊借:

「奏准辦至新竹即行截止。並以路工用過經費,早逾百
萬,原撥福建協款,因防營勇餉不敷,陸續撥歸善後海防
項下支銷。」

也談到他認為劉銘傳鐵路選線問題,加上臺灣土質鬆軟,
基樁坍塌問題,也是造成後續費用暴增的主因又以:「北穿獅嶺
則洞邃百尋,南度龜崙則坂踰九折。」為工程之最為困難之處,
導致經費赤字,所以希望能請旨,停下鐵路工程至新竹為止,在
吳德功與史九龍所著之文章提及,吳德功詩詞《坐火輪車往臺
北》:「崔巍龜崙嶺,上有觀音寺,石徑甚崎嶇,行者難縱彎;
兼以十八溪,徑仄曲且邃,築造輪車路,沿山削破碎;疫症時流
行,兵弁多病斃,開闢三年中,死者難計數。[237]」史久龍也記錄
了:「新竹一路,行龜崙嶺,稍覺艱難。」顯示此路之崎嶇。[238]
邵友濂原為劉銘傳之藩司也就是管理財政之人,所以在興建
鐵道或施行各式新政時,邵友濂或許最能體會臺灣財政之窘境,
故才會終止相關之興建工程,最後工程於1893年12月(光緒十九
年十一月)竣工,邵友濂也親自勘驗各地鐵路,最後由北至南建
成基隆、八堵(按:七堵。)、水返腳(按:汐止。)、南港、
錫口(按:松山。)、臺北、海山口(按:新莊。)、打類坑

---

[237] (1970)。臺灣詩鈔。臺北市:臺灣銀行經濟研究室。頁187
[238] 史久龍《憶臺雜記》陳怡宏主編《乙未之役中文史料》國立臺灣歷史博物館2016
年頁197

（按：迴龍。）、桃仔園（按：桃園。）、中壢、頭重溪、大湖口（按：湖口。）、鳳山崎（按：新豐。）、新竹等站。[239]

邵友濂將鐵道工程至新竹段完工後寫到：

> 「報經臣親臨勘驗，橋路各工以及碼頭溝道，均屬平穩堅實，途中分段設立車房，分別出售客貨各票，以憑搭載，兼為火車上下停頓之所，利捷異常，輿情稱便。」[240]

清末與乙末戰爭期間的鐵道搭乘經驗
馬偕博士

清代鐵路相關的搭乘經驗以耶穌教會的馬偕博士記載最多，馬偕在宣教與醫療活動時，大部分都是透過船隻與步行來移動，但在清代臺灣鐵路開通後，馬偕博士可以說是時常搭乘火車的常客，本文則挑選較為重要之搭乘記錄，1888年12月23日馬偕與妻子、孩子、學生一同搭乘了臺北至錫口的火車：

> 「搭乘火車去錫口，大家都很高興，以前從未見過相同的情形，每一位都很驚訝，我們花了25分鐘到。」

而有去程就有回程：「之後我們再次搭乘火車，回到艋舺。」[241]，這一日是馬偕的火車初體驗，也是清代鐵路最早開通

---

[239] 古庭維、陳敬恆、許宇凱、陳郁婷編，《新編台灣鐵道史全文譯本》上冊國家鐵道博物館籌備處2022年頁41-42

[240] 《軍機處檔摺件》（台北市，故宮博物院藏），文獻編號：130281。國立台灣大學，《台灣歷史數位圖書館》，檔名：〈ntu-GCA0051-0000700009-0130281.txt〉

[241] 馬偕（Rev.George Leslie MacKay）譯者：王榮昌、王鏡玲、何畫瑰、林昌華、陳志榮、劉亞蘭《馬偕日記》（第二冊）玉山社2012年頁293

的一段，而 1889 年 6 月 20 日馬偕寫到關於淡水鐵路大橋興建遭到艋舺民眾反對的紀錄：

> 「聽說艋舺的人將要進行龍舟比賽，以便影響諸靈等等，以期可以破壞城市這頭的鐵路橋樑，並阻止要在那裡載貨的船，發現這是真的，不過巡撫立刻阻止這行動。」[242]

之後還可以看到在1889年11月08日馬偕這天來到中壢在過程中看到正在興建的鐵道，一行人差點被碎石砸到：

> 「有一條鐵道經過，我跟其中一名學生去察看它的結構，並沒有看到指示旗子或是任何標示危險的東西，我往前行，突然一陣大小狂石往我們身上打來。」

因為正在進行火藥爆破工程而產生碎石，馬偕表示現場沒有看到任何的警告標誌，似乎又因中午時間也沒有看到工作人員，僅剩爆破人員在裝設炸藥，施工方似乎沒有設立警告標誌而造成危險，這一則是談到公共安全的問題，也顯示中壢段的鐵道亦在進行開路工程。[243]

1889 年 11 月 15 日馬偕同樣搭乘鐵道到錫口，並在錫口當地拔牙與佈道，但回程時遇到誤點，馬偕談到他在車上和蘇格蘭籍的鐵道工程師聊了許多：「工程師 Creighton 先生跟我聊了很

---

[242] 馬偕（Rev.George Leslie MacKay）譯者：王榮昌、王鏡玲、何畫瑰、林昌華、陳志榮、劉亞蘭《馬偕日記》（第二冊）玉山社2012年頁327
[243] 馬偕（Rev.George Leslie MacKay）譯者：王榮昌、王鏡玲、何畫瑰、林昌華、陳志榮、劉亞蘭《馬偕日記》（第二冊）玉山社2012年頁355

久。」[244] 1889 年 12 月 1 日馬偕先在艋舺參加聚會，而後前往大稻埕，當日下午坐火車去錫口，遇到另一位鐵道的外籍工程師：「下午 1 點坐火車去錫口，看到工程師 Croquart 先生，和他談了很久。」這日馬偕從錫口回來時，乘船回淡水：「晚上 10 點回到這裡，因為我們遇到逆風和潮水，還有寒冷的大雨。」由這日的形容就可以看到鐵道的舒適度還是高於河道的運輸。[245]

1890 年 4 月 25 日馬偕則搭乘火車至水返腳，顯示到了這天水返腳已經可以通行：

> 「凌晨4點起床，6點30分搭火車到水返腳，看到嚴牧師完成新的禮拜堂。」[246]

1890 年 7 月 3 日馬偕同樣搭乘了鐵路至水返腳辦理拔牙的工作：

> 「上午10點抵達水返腳，拔了25顆牙，在那裡我們搭轎子，花了三個小時到雞籠，我們在禮拜堂聚集做禮拜唱聖詩到很晚。」

從水返腳到基隆則是搭乘轎子，顯示這一段路仍在施工中，[247] 1890 年 7 月 7 日這天的紀錄也是彌足珍貴，馬偕這日是

---

[244] 馬偕（Rev.George Leslie MacKay）譯者：王榮昌、王鏡玲、何畫瑰、林昌華、陳志榮、劉亞蘭《馬偕日記》（第二冊）玉山社2012年頁356
[245] 馬偕（Rev.George Leslie MacKay）譯者：王榮昌、王鏡玲、何畫瑰、林昌華、陳志榮、劉亞蘭《馬偕日記》（第二冊）玉山社2012年頁359
[246] 馬偕（Rev.George Leslie MacKay）譯者：王榮昌、王鏡玲、何畫瑰、林昌華、陳志榮、劉亞蘭《馬偕日記》（第二冊）玉山社2012年頁384
[247] 馬偕（Rev.George Leslie MacKay）譯者：王榮昌、王鏡玲、何畫瑰、林昌

搭船前往基隆港與棕梠島（按：今和平島。），這日記載看到有機具正在附近的一個隧道：「挖泥機在火車終點站附近的一個隧道。」[248]，1890 年 7 月 8 日因為有了火車讓馬偕可以往返各地進行更多工作，馬偕這日先從基隆搭船回水返腳並搭乘火車到艋舺替人拔牙：「我們在街上佈道，有很多群眾圍繞著我們，我們拔了 108 顆牙。」[249] 隔日 1890 年 7 月 9 日馬偕直接就在火車站替信眾拔牙：「新莊禮拜堂，在那裡我拔了 110 顆牙，很多是在火車站拔的。」[250] 鐵道建設對馬偕的工作有不小的助益，1890 年 10月 4 日這日馬偕前一晚在基隆，早上從基隆搭船要回臺北：「搭船到水返腳，然後搭火車去艋舺。」[251]，顯示這時基隆線路尚未完工，馬偕才要先從基隆搭船到水返腳搭火車回艋舺，1890 年12 月 7 日馬偕和學生搭乘火車到新莊：「玖仔、順仔搭火車去新莊。」由上述兩則關於新莊的紀錄顯示 1890 年新莊可能已經完工通車。[252]

1891年3月13日馬偕首次遇上火車故障：

「早上出發搭火車，引擎失常，一直到8點30分才冒汽，我們通過錫口去水返腳，到那裡再換車，watson 先生是火車上的工程師，上午11點我們進入雞籠火車只穿過隧道，

華、陳志榮、劉亞蘭《馬偕日記》（第二冊）玉山社2012年頁396
[248] 馬偕（Rev.George Leslie MacKay）譯者：王榮昌、王鏡玲、何畫瑰、林昌華、陳志榮、劉亞蘭《馬偕日記》（第二冊）玉山社2012年頁397
[249] 馬偕（Rev.George Leslie MacKay）譯者：王榮昌、王鏡玲、何畫瑰、林昌華、陳志榮、劉亞蘭《馬偕日記》（第二冊）玉山社2012年頁398
[250] 馬偕（Rev.George Leslie MacKay）譯者：王榮昌、王鏡玲、何畫瑰、林昌華、陳志榮、劉亞蘭《馬偕日記》（第二冊）玉山社2012年頁398
[251] 馬偕（Rev.George Leslie MacKay）譯者：王榮昌、王鏡玲、何畫瑰、林昌華、陳志榮、劉亞蘭《馬偕日記》（第二冊）玉山社2012年頁423
[252] 馬偕（Rev.George Leslie MacKay）譯者：王榮昌、王鏡玲、何畫瑰、林昌華、陳志榮、劉亞蘭《馬偕日記》（第二冊）玉山社2012年頁436

剩下的用走的到軌道的終點。」[253]

　　這日提供一個很重要的訊息，也就是獅球嶺隧道已經打通，過了隧道後用步行的方式抵達基隆，1891 年 3 月 17 日馬偕在搭火車的過程當中，也很常提到車上的外籍工作人員如提到工程師 lawson 與司機 fenurick，而這裡提及工程師與司機，顯示馬偕先前提的工程師可能不是司機員，而是車上的鐵道工作人員，這日馬偕也看到工作人員正在修理火車：

> 「上午 7 點離開去雞籠，我們到的時候是下午 1 點，之後前往隧道外面的火車站，在那裡發現工程師 lawson 先生在修理損壞的地方，一直到了 4 點 30 分，在這段時間，我們走路穿過幾尺長的隧道，他正好穿過一座砂岩的小丘，火車到最後，我進去和 lawson 和司機 fenurick 一起，我們覺得很溫暖。」[254]

　　透過馬偕的紀錄，可以了解列車外籍人員的名字：「Creighton、Croquart、lawson、watson、fenurick。」

　　1892 年 2 月 7 日馬偕首次遇上出軌，雖然延誤但也表示到基隆的路線已經完成：

> 「搭乘 3 點火車出軌延誤，我們下午 5 點 30 分抵達雞籠。」[255]

---

[253] 馬偕（Rev.George Leslie MacKay）譯者：王榮昌、王鏡玲、何畫瑰、林昌華、陳志榮、劉亞蘭《馬偕日記》（第二冊）玉山社 2012 年頁 456

[254] 馬偕（Rev.George Leslie MacKay）譯者：王榮昌、王鏡玲、何畫瑰、林昌華、陳志榮、劉亞蘭《馬偕日記》（第二冊）玉山社 2012 年頁 457

[255] 馬偕（Rev.George Leslie MacKay）譯者：王榮昌、王鏡玲、何畫瑰、林昌

1892 年 3 月 26 日馬偕首次搭乘火車至桃仔園，顯示這段火車已經開通：「去大稻埕然後搭火車去桃仔園。」[256] 1892 年 5 月 30 日首次遇上火車停駛：

「火車停駛，所以我們用走的到水返腳和艋舺，晚上禮拜。」[257]

1892年11月19日馬偕這日參加了老信徒陳塔嫂（按：11月17日逝世。）的葬禮，結束後搭火車前往中壢聚會。

「參加塔嫂的葬禮，聽說她一兩天都沒說什麼話然後接近人生終點時，她自己唱了第10首詩歌還有第41首唱到第三句，說天堂的門開了，我要走了，然後她沉睡了。」[258]

1893 年 2 月 6 日首次搭火車進入新竹地界：「搭火車到大湖口，去張家吃飯。」[259] 隔日 1893 年 2 月 7 日從大湖口搭車回大稻埕。[260] 1893 年 5 月 18 日馬偕因為要前往大姑陷（按：今大溪。）禮拜堂，故先搭乘火車到桃園再前往大姑陷禮拜堂，接著隔日 1893 年 5 月 19 日離開大姑陷之後，前往三角湧（按：今三峽。）結束後回桃仔園火車站搭車往南前往中壢，最後一日 1893 年 5

華、陳志榮、劉亞蘭《馬偕日記》（第三冊）玉山社2012年頁15
[256] 馬偕（Rev.George Leslie MacKay）譯者：王榮昌、王鏡玲、何畫瑰、林昌華、陳志榮、劉亞蘭《馬偕日記》（第三冊）玉山社2012年頁21
[257] 馬偕（Rev.George Leslie MacKay）譯者：王榮昌、王鏡玲、何畫瑰、林昌華、陳志榮、劉亞蘭《馬偕日記》（第三冊）玉山社2012年頁35
[258] 馬偕（Rev.George Leslie MacKay）譯者：王榮昌、王鏡玲、何畫瑰、林昌華、陳志榮、劉亞蘭《馬偕日記》（第三冊）玉山社2012年頁63
[259] 馬偕（Rev.George Leslie MacKay）譯者：王榮昌、王鏡玲、何畫瑰、林昌華、陳志榮、劉亞蘭《馬偕日記》（第三冊）玉山社2012年頁77
[260] 馬偕（Rev.George Leslie MacKay）譯者：王榮昌、王鏡玲、何畫瑰、林昌華、陳志榮、劉亞蘭《馬偕日記》（第三冊）玉山社2012年頁78

月 20 日搭火車回艋舺，可以說是三日的火車傳教之行 [261] 馬偕博士於 1893 年 8 月 13 日從滬尾搭船回國述職，可以看到回國前幾次馬偕在搭火車的過程當中都談到樂團、遊行隊伍等等，1893 年 6 月 11 日馬偕在竹塹主持禮拜，12 日當日馬偕要回臺北前：

> 「組織一支浩浩蕩蕩的遊行隊伍，領頭的是四個騎馬的人和兩支樂隊，20 張載轎子載我們在城牆內到處走穿越主要街道，然後出來到鐵道，當我們向大家道別時，老老少少的信徒站著流淚。」

接著搭火車回到艋舺。[262]在交通工具僅有步行、轎子、船隻的時代，送別或許是在道路上、或許是在碼頭邊，而有了火車以後，那種現代人在火車站送別親友的場景，或許從清代就已經開始了，馬偕博士在日記中多次記載了搭火車的體驗，清代鐵路要確切了解各站何時已經開通，其實並不容易，馬偕的紀錄也可以幫助我們了解，哪一段鐵道，在何時已經通車，從馬偕的搭乘記錄可以發現，某些路段或許已開通，有些路段則還在施工，透過馬偕實際的搭乘體驗與紀錄，可以讓我們更加地了解清代鐵路的施工狀況。

清代文人的搭乘記錄

蔣師轍《臺灣游記》蔣師轍的搭乘記錄從基隆港搭小船至基隆廳，雇用轎子抵達獅球嶺山下，搭乘火車：

---

[261] 馬偕（Rev.George Leslie MacKay）譯者：王榮昌、王鏡玲、何畫瑰、林昌華、陳志榮、劉亞蘭《馬偕日記》（第三冊）玉山社2012年頁92
[262] 馬偕（Rev.George Leslie MacKay）譯者：王榮昌、王鏡玲、何畫瑰、林昌華、陳志榮、劉亞蘭《馬偕日記》（第三冊）玉山社2012年頁96

「易肩輿，越高嶺，達獅毬嶺下，登輪車行。鐵路穴嶺而過，歷六堵、水返腳、錫口迤達郡郭，可六十里，車制四輪，高不及丈，長略贏，廣二弓而縮，輪與鐵軌坳垤相合，一車置機器前導，尾綴五車，行疾如飆馳電激，不踰時達矣，此路所費，以百萬計，行旅便之。」[263]

文人吳德功也用詩詞寫下搭乘鐵路的心得《新竹坐火輪車往臺北》前文吳德功提及興建鐵路之艱辛，正式搭乘後感到非常便捷，但路線仍有山崩狀況，希望長官們能仔細籌畫：

「新竹抵省垣，辰發午即至；儼似費長房，妙術能縮地，旋轉能自如，水氣通火氣；水火交相用，繫易占既濟，逐電迅追風，敏捷勝奔驥；舉重若提輕，便捷兼爽利，但恐山谷崩，失足防蹕躓；冀望賢長官，籌畫策周備。」[264]

傳教士甘為霖的評價

傳教士甘為霖（William Campbell）活動於臺灣約40餘年，在著作中對於臺灣風土民情多有記述，尤以關心盲人權力為其主要推動之事務，他也在著作中談到關於臺灣鐵路的狀況，甘為霖認為清政府應該要大力支持這位改革者，也就是劉銘傳，他也寫到關於劉銘傳想要建立臺灣一條貫穿西部的鐵路，雖然在經費不足的狀況下，還是興建了這條鐵路：

「這條鐵路的終點站設在淡水河北岸的市鎮，大稻埕，從那裡一條貫穿約二十哩的鐵路通往基隆，另一條往南約五

---

[263] 蔣師轍（1957）。臺游日記。臺北市：臺灣銀行經濟研究室。頁21
[264] （1970）。臺灣詩鈔。臺北市：臺灣銀行經濟研究室。頁187

十哩的鐵路到達新竹，這項工程完成之後，替島上貿易帶來了動力，民眾也便利許多。」[265]

1895年達飛聲《臺灣的過去與現在》乙未割讓前的鐵路體驗

在 1895 年乙未割讓前，達飛聲有數次搭乘清代火車的經歷，也寫下關於鐵路相關的事物，其中他談到原本臺灣的列車駕駛通常是由外籍人員來擔任，但在此時外籍的專業駕駛都已換成了清帝國的人，他發現當時車廂內有著各式各樣的牲畜，也是一則較生活化的鐵路觀察紀錄：

> 「有一籠雞，兩只大圓籠各裝3隻豬仔，數不清的雞鴨，切成4分之1隻的豬肉，多籃蔬菜，以及或包或捆或裝箱等無奇不有的雜貨似乎沒有規定什麼東西可上客車。」

當時達飛聲買了頭等車票要從大稻埕搭往基隆：「買了張頭等車票，大家用訝異的眼光看著我，坐進頭等小隔間。」達飛聲談到有幾位買二等票的人，卻坐到了頭等座位來：

> 「他們雖然只買二等票，卻被默許享受特權，真是豈有此理。」火車開動時，在臺北平地境內的路段，他認為非常的平順：「沿著大稻埕、基隆間豐饒平原快速奔馳，最初幾哩相當平穩。」

但是列車在行經山路時則有較大的晃動：

---

[265] 甘為霖《素描福爾摩沙：甘為霖台灣筆記》前衛出版2009年頁269-270

「陡坡不可能是地面不平造成，但既然有突然冒出的彎道、爬坡，於是旅客在高速行駛的車箱中，東搖西晃，一會兒向前傾，忽然間又坐回原位，大家緊抓座位或車窗，以免摔倒。」

接著車掌在行駛一段路後，起身剪票，他談到只有少數人有購票，部份的人則是先上車再斟酌付錢或者不付錢，但車掌會逐一盤查：

「旅客通常先掏出一小串銅錢，交給車掌量是不是夠付車資，通常遠遠不足。」

也有乘客始終不付款最後遭到車掌沒收私人物品：

「從第一個逃票者手中拿走一隻雞，從第二位拿走枕頭、小皮箱，再從第三者拿走一捆髒衣物，然後安詳而滿意地回到我坐的小車廂。」

也有運送樟腦的外商告訴達飛聲委託運送貨物時的各種狀況：

「託運樟腦前，普遍先放風聲給鄰近2、3個車站，要他們搶標運費，然後交給出價最低者承運：幸運得標者可以上下其手，從中牟利。鐵路運費不劃一。」

達飛聲他認為鐵路的文化必須要有改革，才能增加民間運送貨物的意願：

「清國官僚作風，若不大刀闊斧改善，鐵道運輸除可承包政府貨源，難望取得民間的大量貨運業務。」[266]

1895年6月1日，美國記者達飛聲收到日軍即將登陸的消息，向清軍出示採訪證，希望能前往戰地採訪，於是他順利的搭上臺北往基隆的火車，這輛列車可謂是軍隊專列，列車也加掛了軍官專屬的車廂，達飛聲寫到士兵帶上車的行李：

「步槍、刺刀、手槍、大刀、各式刀劍、內裝80發的彈藥、一條軍毯、一個飯碗，是士兵該有的裝備：除了這些另有扇子、雨傘、燈籠、鍋盆、裝煙斗煙草的小籃子、畫軸、錫罐、繩索、鐵條、大小盒箱、草帽、捆牢的木板條，以及不知內藏什麼的大包袱，五花八門地隨身攜帶，毫無秩序可言。」

軍官車廂是密閉車廂，而士兵車廂是無蓬頂的車廂，開動之後士兵喧鬧聲漸少，但途中突然下起雨來，又引起了騷動，因為許多的士兵，希望進入這節車廂，在車廂外喊叫著，此時有軍官來制止：

「小軍官挺身而出，扭住高頭大馬、挑著行李的帶頭闖入者，一把推出車外，還踢了一腳。接著把其他起鬨者通通趕出車廂，被趕出車箱的士兵垂頭喪氣地回到原先坐的臺車，又和趁他們不在時，搶佔空位的同僚吵了起來。」

---

[266] 達飛聲（James w. Davidson）陳政三譯註《福爾摩沙島的過去與現在》上冊國立臺灣歷史博物館2014年頁305-306

接著又因前往基隆路段中，坡度過陡，火車動力不足停在原地：

> 「笨重的火車碰到陡坡，速度愈來愈慢，正要爬到頂點，居然靜止不動了，只好倒車回到平地處，喘了幾口氣，以全速硬衝上坡，這次比前次略有長進，多走了幾呎，但還是過不了關。」

火車的工作人員希望士兵下車，但沒人理會，休息一陣子後，列車將蒸氣沸騰到相當高的壓力之下，用很快的速度衝上陡坡，才順利越過了山丘，到站時士兵用槍枝充當扁擔，將行李搬下車，此時大量的基隆民眾已在車站旁焦急的等待上車逃難：

> 「車站擠滿焦急候車的男女老幼，一個一個攜帶值錢家當，等士兵下車後，立刻擠上火車，當天已有6班次載滿百姓離開基隆，同等數量的士兵則開進該地。」

抵達基隆市區後，達飛聲前往基隆海關，見到指揮官張兆連，並拿採訪證給他過目，希望採訪，張兆連回覆他隔日將會有兩千士兵開赴前線，張兆連便帶領部隊前往前線，而沒多久達飛聲在基隆便看到許多民主國的軍隊後撤到基隆的景況：

> 「從前線撤回的民主國部隊整天源源不絕地蜂擁入城，許多兵已經丟掉光鮮的馬褂號衣，有些甚至反穿，他們精疲力竭，能活回基隆暫時避難所，都覺慶幸。」

6月2日傍晚，張兆連被士兵抬回基隆，達飛聲寫到，他早

上帶部隊前往探查，遭到日軍狙擊手射穿他的右腿，張兆連勸達飛聲不要冒險去前線，最後達飛聲也決定放棄採訪計畫，準備搭火車回臺北，他看到火車站有大量的物品：

> 「火車站陷入一片慌亂，到處散滿步槍、彈藥箱、長矛、軍旗、破傢俱、木箱……等物品，數百名扶老攜幼的村民求能登上火車，壯漢則把老弱擠開，自己上車，即使壯漢也分強弱，互爭位置，瘦弱不敵者被趕下車，車外婦孺的一片慘叫聲浪中。」

車子緩緩開動後，無法上車的民眾的哀嚎聲，也讓達飛聲感到心酸：

> 「數百民眾發出絕望哀嚎，令我為之心碎欲絕。」[267]

從日軍戰鬥詳報當中所示，日軍在 1895 年 6 月 2 日 9 點 30 分進軍到瑞芳的過程與民主國軍隊展開作戰：

> 「上午九時三十分全面佔領金胶蔣（按：瑞芳。），追擊之際，擊中乘轎者兩槍，轎內鮮血淋漓，據聞係敵方將軍張月樓。」

而其中張月樓便是張兆連[268]而吳德功所著《讓臺記》談到

---

267 達飛聲（James w. Davidson）陳政三譯註《福爾摩沙島的過去與現在》上冊國立臺灣歷史博物館2014年頁360-362
268 「自明治明治28年5月29日至同年6月9日台湾北部に於ける近衛師団戦闘詳報附新竹縣方向偵察報告」JACAR（アジア歴史資料センター）Ref. C06062147500、明治28年3月23日至同年7月23日「台湾嶋に於ける諸団隊戦闘

1895 年（五月初九）5 月 31 日唐景崧調滬尾守將李文忠、陳德勝共六營前往，於中午時到瑞芳應戰，然而因為地形不熟悉加上飢餓疲勞，並無法提供太多戰力，張兆連遂自組百人隊伍為前鋒，足部遭到射擊而後撤：

> 「統領張兆連自將百人為前鋒，足趾被冷鎗所中，麾下爭負狂奔，諸軍望之而潰，日軍遂佔領瑞芳。」[269]

　　洪棄生在《瀛海偕亡記》當中談到守軍因為分屬不同軍系遂也有不合之狀況，因為粵軍胡連勝與銘軍張兆連所帶之臺勇與粵勇之間針對雙方戰法的問題，而直接在戰場中吵了起來，並有互相開槍射擊的狀況：

> 「粵勇以為怯，反槍擊之，民兵怒譁，以粵勇叛，亦擊之，軍遂大亂而潰，於是敵兵長驅無所阻，張兆連、胡連勝望風竄。」[270]

　　《臺海思慟錄》作者思痛子，原臺灣府知府黎景嵩談到，唐景崧所帶的粵軍與湘淮各軍之間也有互鬥的狀況：

> 「諸粵軍全無紀律，見敵輒靡，倒戈與湘、淮軍互鬥，張兆連甫出隊，受微傷退回。營官孫道義率眾迎敵，戰勝，餘軍皆不能接應，轉勝為敗，道義受傷。」[271]

詳報其1」（防衛省防衛研究所）
[269] 吳德功（1959）。割臺三記。臺北市：臺灣銀行經濟研究室。頁37
[270] 洪棄生（1959）。瀛海偕亡記。臺北市：臺灣銀行經濟研究室。頁3
[271] 思痛子（1959）。臺海思慟錄。臺北市：臺灣銀行經濟研究室。頁8

最後張兆連也因受傷，而其他軍官也無法節制軍隊，只好選擇撤退[272] 從史料來看乙未基隆，瑞芳戰場的現況，可以說是呈現各軍團與族群之間關係不睦，最後演變成，直接在戰場上爭鬥，日軍一擁而上後軍隊遂潰散，而記者達飛聲也在基隆市區遇見了受傷的張兆連，以及民主國軍隊敗退後，搭乘火車逃離基隆戰場的慘況，都是這條鐵路的珍貴紀錄。

1895年樺山資紀搭乘記錄

1895 年清帝國割讓臺灣給日本，首任總督樺山資紀搭乘橫濱丸於基隆上岸，命鐵道技師小山保政，偵查基隆至臺北之間的鐵路狀況，小山保政一路越過清兵屍體偵查路線，於 1895 年 6 月 7 日抵達臺北停車場，發現有部分車輛應稍微修繕就可行駛，小山保政在臺北遇到臺灣鐵路的外籍工作人員，並號召數名工人修補枕木與鐵軌，9 日終於用空車順利抵達基隆，10 日開始展開試營運，但日軍裝載超重，導致火車力量不足，最後只好由眾人合力推火車抵達臺北，14 日首任總督樺山資紀與民政官員、海軍等人從基隆搭乘火車出發前往臺北，行駛一里路便出軌，花了三十分鐘修復，到了水返腳再度出軌，又逢大雨，最後費了九牛二虎之力，才把總督平安送回臺北，事後小山保政也前往事故路段勘查，第一次出軌原因可能是地下水掏空鐵道地基，加上軍裝頻繁通行所致：

> 「鐵道線路成為輜重工兵搬運彈藥物資等的通道，車馬通行頻繁，道釘等逐漸產生鬆弛所致。」第二次在水返腳出軌的原因亦是搬運軍裝時壓損鐵道設備：「水返腳停車場

---

[272] 達飛聲（James w. Davidson）陳政三譯註《福爾摩沙島的過去與現在》上冊國立臺灣歷史博物館2014年頁361-362

東邊道岔上裝置的一條連桿，因搬運彈藥而成半破損狀
態。」[273]

　　此紀錄也是清代至日本時代政權轉換期中珍貴的鐵道紀錄，
技師也表示除了鐵道本身遭到破壞加上運送軍裝時損壞鐵道也是
造成出軌的原因，《日清戰史》一書當中記載，日軍在臺北擄
獲：「火車五輛，客車、貨車各二十餘輛，從九日也開始測試運
轉。」雖然火車速度不快，但對於大型軍裝輜重的搬運，還是起
了不小的幫助：「對眼前困難的解除還是大有幫助。」最後日軍
靠著陸路駄馬、加上鐵路運輸讓大部隊與軍裝於6月10日全數抵
達臺北，這條劉銘傳時代興建用來運兵與客貨的鐵路，在改朝換
代之際，也成為了日軍將大型輜重運往臺北的重要交通設施。[274]

1896年法國皮摩丹少校參訪

　　據龐維德研究法國駐越南東京武官皮摩丹少校（Claude de
Rarécourt de la Vallée, comte de Pimodan1859-1923）於 1896 年也就是
乙未割讓隔年受到日軍川上操六之邀來到臺灣，他在 1896 年 10
月 26 日抵達基隆他寫到：

> 「一條小鐵路從基隆通往六十公里外的臺灣首府台北，鐵
> 路坡度相當陡，而且曲線半徑很小，看起來彎彎扭扭。」

　　也談到這條鐵路是由德國巴伐利亞的軍官畢第蘭，擔任臺北
機器局的監督所建成，畢第蘭在臺灣期間也參與許多工商業的發

---

[273] 古庭維、陳敬恆、許宇凱、陳郁婷編，《新編台灣鐵道史全文譯本》上冊國家鐵
道博物館籌備處2022年頁70-72
[274] 許佩賢譯《攻臺戰記：日清戰史臺灣篇》遠流出版1995年頁138

展，之後他談到：

> 「鐵道沿線的山坡長滿高草或荊棘。谷地遍布稻田，低坡
> 上則是茶園，風景不怎麼特別，所幸偶爾可以看到高大的
> 蕨類植物，瑰麗的美人蕉和羽毛令人驚豔的鳥兒。」

路途中也看到其中一個車站附近的村庄遭到燒毀的狀況，皮
摩丹少校是在日本領臺後隔年來訪，他的紀錄也是反映日本時代
初期這條清代鐵路的一些現狀與紀錄：

> 「在一處車站附近，我看到一個不久前在一場戰役中被燒
> 毀的村莊，據說是因為有人造反，攻擊鐵路員工導致當局
> 出兵征討，這種暴力攻擊其實經常發生，因此沿線制高點
> 上都設有警戒崗哨。」（龐維德，2021，頁203-204）[275]

小結

淡水通商委員李彤恩在清法戰爭時因告急劉銘傳回防臺北，
導致基隆港被法軍佔領，遭清廷革職處分，但在巡撫劉銘傳多次
力保下，重返工作崗位，成功處理了淡水教案，多間教堂在戰爭
期間遭民眾毀壞的事件，並且因為長年與馬偕博士的友好關係，
順利討論出雙方均能接受的賠款金額，展現其多年來處理北臺灣
中外調停事務的能力。

處理完淡水教案後，李彤恩建議劉銘傳開禁硫磺出口，增

---

[275] 龐維德（Frédéric Laplanche）徐麗松譯《穿越福爾摩沙1630-1930：法國人眼
中的台灣印象》八旗文化2021年頁203-204

加臺灣收入，熟悉稅務的李彤恩在戰後奉命調查民間私抽厘金的問題，洋務新政方面也有許多表現，李彤恩與泰來洋行購置陸路電報線，串聯臺灣西部通訊網絡，赴上海與怡和洋行購買海底電報線，建置海底電報線至福建川石島，以解決在清法戰爭時通訊不便之問題，生涯最後參與的重大事務為臺灣鐵路招商募股，成功吸引臺灣各地紳商加入投資鐵路以振臺灣產業，亦讓劉銘傳希冀透過鐵路調動軍隊以增海防力量的夙願得以推動，在鐵路興建時，李彤恩也招南洋閩商共同投資臺灣產業，並訂購輪船以補鐵路之不足，而在一切陸續進行的同時，馬偕於 1888 年 9 月 30 日前往探視李彤恩時，寫到其病情嚴重，馬偕的到來，李彤恩非常高興，緊緊的握住他的手，並且開始流淚，馬偕也發現李彤恩的疼痛是來自肝臟，並且談到他的手與腳恐怕都快不行了，要離開時，李彤恩再次握住馬偕的手表示感謝，馬偕在日記中表示李彤恩是他在臺灣官員中最好的朋友，[276] 李彤恩於 1888 年 10 月 15 日病逝於大稻埕，馬偕在日記中寫到，李彤恩是公平且誠信的人，但他永遠的走了，並談到各館舍都降半旗致哀，包含領事館。[277]

李彤恩的過世導致眾多紳商對於鐵路建設的觀望，最後劉銘傳不得不挪用閩省協銀之庫存資金，投入鐵道建設，1891 年劉銘傳因煤務招商問題與疾病離任，後由邵友濂接任，鐵道工程完工至新竹，費用長年超支，奏請朝廷鐵路興建至新竹為止，李彤恩於 1861 年來到淡水協助開港設關至 1888 年參與臺灣各項洋務新政後病逝，從滬尾海關書吏開始做起，最後在電報工程全數完工後，職銜為三品銜浙江補用知府，劉銘傳請旨以道員身分將李

---

[276] 馬偕（Rev.George Leslie MacKay）譯者：王榮昌、王鏡玲、何畫瑰、林昌華、陳志榮、劉亞蘭《馬偕日記》（第二冊）玉山社2012年頁271
[277] 馬偕（Rev.George Leslie MacKay）譯者：王榮昌、王鏡玲、何畫瑰、林昌華、陳志榮、劉亞蘭《馬偕日記》（第二冊）玉山社2012年頁276

彤恩續留臺灣持續參與事務，李彤恩在北臺灣長達 27 年之久，
是北臺灣少數在任期間長，並具有中外調停與洋務能力之人物。

附錄：李彤恩生平簡歷

李彤恩，字迪臣，福建省閩縣人。

咸豐十一年由閩海關福州將軍文清選任，以海關書吏身分渡臺辦理滬尾開港事宜，籌議臺灣海關通商章程，同治元年協助首任滬尾海關監督區天民開設滬尾海關，開港後多次護解稅銀回閩，前後九涉重洋，並參與淡水廳志採訪工作，同治七年調停英商陶德寶順洋行艋舺租屋事件，同治十一年受福州將軍兼署閩浙總督文煜嘉獎，辦理中外交涉事務，迄今已歷十載，辦公勤勉，勞瘁不辭，同治十三年赴奇萊調查日人成富清風失銀案，同年協助羅大春調度北路開山撫番軍械洋槍四百桿。

光緒元年與洋礦師翟薩勘查北臺灣礦脈，協助開設基隆官煤礦，光緒三年調停耶穌聖教艋舺草店尾租屋設教堂一案，光緒七年辦理臺北通商稅務認真經理，均臻妥協，尤為得力，閩浙總督何璟為其獎敘，光緒八年助臺灣道劉璈推行洋藥釐金改革，光緒九年負責滬尾口官船驗輪工作，光緒十年調停法艦樓打兵船基隆換煤事件，同年法將孤拔率艦隊攻淡水、基隆，李彤恩招募臺北內山土勇張李成，募勇五百名助戰有功，戰爭期間堅辭薪水，獻策劉銘傳於淡水河口施行填石塞港、以阻法艦，時至秋茶上市，洋商阻擾恫嚇，李彤恩與英國領事往復辯論，始得填石塞港，法國遠東艦隊司令孤拔攻基隆亦派副司令李士卑斯攻淡水，李彤恩八百里排單告急淡水軍情，劉爵帥回防臺北致失基隆，朝野抨擊

棄基保滬遭革職，法軍艦隊封鎖海口，劉銘傳餉項支絀，李彤恩向臺北城鄉殷戶籌款募得二十萬兩，並報解滬尾海關五萬兩，以解燃眉之急。

　　光緒十一年劉銘傳力保李彤恩留臺善後，同年調停淡水教案與傳教士馬偕協調賠償教堂事宜，光緒十二年臺灣建省，劉銘傳為首任巡撫，李彤恩奏請樟腦、硫磺官辦並開禁硫磺出口，以增財源，李彤恩建議臺地孤懸海外，而南北袤長千餘里，倘無輪船之便，信息經旬莫通，電報線應剋日舉辦，馳赴上海購買水陸電線並飛捷輪水線船，光緒十三年與稅務司法來格協調威利輪船官商並用案，同年臺北府設臺灣鐵路商務總局，李彤恩任商務局委員，助劉銘傳辦理鐵路招商募股，商民信服招集商股一百萬，兩月之間即招股七十萬股，收到現銀三十餘萬，購置快船二隻，斯美、駕時，並招南洋閩商合辦臺灣商務，光緒十四年完成全臺水、陸電報線，巡撫劉銘傳請加道員以三品銜浙江補用知府留臺灣省補用，光緒十四年九月十一日（1888年10月15日），李彤恩病逝大稻埕，李彤恩辦理淡水港通商事務，調停華洋糾紛二十七年，臺灣商民信服，巡撫劉銘傳稱其勇於任事，素有幹才，英稅務司李華達稱其聰明過人，傳教士馬偕博士為李彤恩多年好友，稱其公正且誠信，李彤恩病逝之時，領事館亦降半旗致意。

徵引資料

書籍

龍章,《越南與中法戰爭》臺灣商務印書出版 1996 年

陳鴻瑜,《越南史:史記概要》臺灣商務印書出版 2019 年

陳怡宏主編,《乙未之役中文、外文史料》全四冊國立臺灣歷史博物館 2016 年

陳悅,〈中法海戰〉台海出版社 2018 年

張振鵾主編,《中法戰爭第 6 冊》中華書局 2017 年

黃繁光等編纂,《淡水鎮誌》淡水區公所 2013 年

伊能佳矩,國史館臺灣文獻館編譯《台灣文化誌上中下卷》大家出版 2017 年

曹銘宗,《臺灣史新聞》貓頭鷹出版 2016 年

謝大立,《福爾摩沙信使－馬偕生命敘事的神學素描》橄欖出版有限公司 2022 年

古庭維、陳敬恆、許宇凱、陳郁婷編,《新編台灣鐵道史全文譯本》全三冊國家鐵道博物館籌備處 2022 年

許佩賢譯,《攻臺戰記:日清戰史臺灣篇》遠流出版 1995 年

周明德,《海天雜文》台北縣立文化中心 1994 年

王政文,《天路歷程—清末臺灣基督教徒的改宗與認同》國立臺灣大學出版中心 2019 年

杜宏春,《劉銘傳文獻匯箋(全三冊)》黃山書店 2021 年

馬騏,《劉銘傳家族 - 淮軍名將首任臺灣巡撫》安徽人民出版社 2015 年

張建隆、蘇文魁,《你所不知道的淡水史》新北市私立淡江高級中學 2018 年

黃富三解讀,何鳳嬌,林正慧,吳俊瑩編輯《霧峰林家文書集:棟軍相關收支單》國史館 2014 年

周宗賢，《淡水：輝煌的歲月》臺灣商務印書出版 2007 年

李子成，《重修燕樓李氏族譜（全冊）》台北縣：祭祀公業李協勝公記 1995 年

中國史學會編，《中法戰爭全七冊》上海書店 2022 年

任二北編，《優語錄》上海文藝出版社 1982 年

廣雅出版有限公司編，《中法戰爭文學集》廣雅出版社 1982 年

達飛聲（James w. Davidson），陳政三譯註《福爾摩沙島的過去與現在》上下冊
　　國立臺灣歷史博物館 2014 年

馬偕（Rev.George Leslie MacKay），譯者：王榮昌、王鏡玲、何畫瑰、林昌華、
　　陳志榮、劉亞蘭《馬偕日記》全三冊玉山社 2012 年

馬偕（Rev.George Leslie MacKay），譯者林晚生、鄭仰恩校注《福爾摩沙紀事：
　　馬偕台灣回憶錄》前衛出版 2007 年

陳冠州、甘露絲（Louise Gamble）總編輯，《北台灣宣教報告全三套》馬偕紀念
　　醫院與私立淡江高級中學共同發行 2015 年

必麒麟（W. A. Pickering），陳逸君譯述《歷險福爾摩沙回憶在滿大人海賊與「獵
　　頭番」間的激盪歲月》前衛出版 2010 年

羅伯特・埃斯基爾森（Robert Eskildsen），譯者林欣宜《日本與東亞的帝國轉
　　型：臺灣出兵與日本帝國主義之萌芽》國立臺灣大學出版中心 2021 年

藍柏（Lambert van der Aalsvoort），《風中之葉：福爾摩沙見聞錄》經典雜誌出
　　版社 2002 年

藍柏（Lambert van der Aalsvoort），《福爾摩沙拾遺：歐美的台灣初體驗 1622-
　　1895》經典雜誌出版社 2019 年

路德維希・里斯（Ludwig Riess），姚紹基導讀《福爾摩沙島史》國立臺灣歷史
　　博物館 2019 年

威廉・喬斯特（Wilhelm Joest），姚紹基編《1880 年德國民族學者 Wilhelm Joest
　　的臺灣之旅：導讀・文物目錄及遊記譯註》國立臺灣歷史博物館 2018 年

于雅樂（Camille Imbault-Huart），譯者郭維雄、導讀戴寶娟《福爾摩沙之歷史與
　　地誌》（L'ile Formose, Histoire et Description）國立臺灣歷史博物館 2019 年

龐維德（Frédéric Laplanche），譯者徐麗松《穿越福爾摩沙 1630-1930：法國人眼
　　中的台灣印象》八旗文化 2021 年

甘為霖（William Campbell），《素描福爾摩沙：甘為霖台灣筆記》前衛出版
　　2009 年

保羅・伊比斯（Pavel Ivanovich Ibis），譯者江杰翰，吳進仁，劉柏賢，陳韻聿
　　《1875・福爾摩沙之旅：俄國海軍保羅・伊比斯的臺灣調查筆記》聯經出

版 2022 年

歐尼基（Niki J. P Alsford），王若萱、李鎧揚、魏逸瑩、黃瀨任譯《寶順洋行杜
特在淡水的見證》南天書局有限公司 2022 年

約翰陶德（John Dodd），陳政三譯註《泡茶走西仔反：清法戰爭台灣外記》五
南 2015 年

季茱莉（Julie Couderc），《北圻回憶錄：清法戰爭與福爾摩沙》國立臺灣歷史
博物館 2013 年

史蒂瑞（Joseph Beal Steere），林弘宣譯、李壬癸校註《福爾摩沙及其住民：19
世紀美國博物學家的台灣調查筆記》前衛出版 2009 年

白若瑟（José María Álvarez），譯者黃建龍等《福爾摩沙詳細的地理與歷史全二冊》
國立臺灣歷史博物館 2017 年

約翰（Jean L.），鄭順德譯《孤拔元帥的小水手》中央研究院臺灣史研究所
2004 年

費德廉（Douglas L. Fix）、蘇約翰（John Shufelt），《李仙得臺灣記行 [附李仙
得臺灣紀行相關地圖精裝]》國立臺灣歷史博物館 2013 年

郇和（Robert Swinhoe），陳政三譯註《翱翔福爾摩沙：英國外交官郇和 晚清台
灣紀行》五南 2015 年

歐陽泰（Tonio Andrade），《火藥時代：為何中國衰弱而西方崛起？決定中西歷
史的一千年》時報出版 2017 年

中文史料

臺灣文獻叢刊

陳培桂，《淡水廳志》臺灣銀行經濟研究室 1963 年
王元穉，《甲戌公牘鈔存》臺灣銀行經濟研究室 1959 年
林豪，《東瀛紀事》臺灣銀行經濟研究室 1957 年
陳淑均，《噶瑪蘭廳志》臺灣銀行經濟研究室 1963 年
姚瑩，《東槎紀略》臺灣銀行經濟研究室 1957 年
羅大春，《臺灣海防並開山日記》臺灣銀行經濟研究室 1972 年
周鍾瑄，《諸羅縣志》臺灣銀行經濟研究室 1962 年
沈葆楨，《福建臺灣奏摺》臺灣銀行經濟研究室 1959 年

劉璈，《巡臺退思錄》臺灣銀行經濟研究室 1958 年

劉銘傳，《劉壯肅公奏議》臺灣銀行經濟研究室 1958 年

徐珂，《清稗類鈔選錄》臺灣銀行經濟研究室 1965 年

李鴻章，《李文忠公選集》臺灣銀行經濟研究室 1961 年

胡傳，《臺灣日記與稟啟》臺灣銀行經濟研究室 1960 年

王彥威，《清季外交史料選輯》臺灣銀行經濟研究室 1964 年

林豪，《澎湖廳志》臺灣銀行經濟研究室 1964 年

郁永河，《裨海紀遊》臺灣銀行經濟研究室 1959 年

杜臻，《澎湖臺灣紀略》臺灣銀行經濟研究室 1961 年

藍鼎元，《平臺紀略》臺灣銀行經濟研究室 1958 年

連橫，《臺灣通史》臺灣銀行經濟研究室 1962 年

唐贊袞，《臺陽見聞錄》臺灣銀行經濟研究室 1958 年

蔣師轍，《臺游日記》臺灣銀行經濟研究室 1957 年

蔣元樞，《重修臺灣各建築圖說》臺灣銀行經濟研究室 1970 年

洪棄生，《瀛海偕亡記》臺灣銀行經濟研究室 1959 年

洪棄生，《寄鶴齋選集》臺灣銀行經濟研究室 1972 年

丁紹儀，《東瀛識略》臺灣銀行經濟研究室 1957 年

楊岳斌，《楊勇愨公奏議》臺灣銀行經濟研究室 1959 年

思痛子，《臺海思慟錄》臺灣銀行經濟研究室 1959 年

E.Garnot，黎烈文譯，《法軍侵台始末》臺灣銀行經濟研究室 1960 年

《安平縣雜記》臺灣銀行經濟研究室 1959 年

《籌辦夷務始末選輯補編》臺灣銀行經濟研究室 1967 年

《清季臺灣洋務史料》臺灣銀行經濟研究室 1969 年

《臺灣海防檔》臺灣銀行經濟研究室 1961 年

《清史列傳選》臺灣銀行經濟研究室 1968 年

《劉銘傳撫臺前後檔案》臺灣銀行經濟研究室 1969 年

《法軍侵臺檔》臺灣銀行經濟研究室 1964 年

《新竹縣志初稿》臺灣銀行經濟研究室 1959 年

《述報法兵侵臺紀事殘輯》臺灣銀行經濟研究室 1968 年

《清會典臺灣事例》臺灣銀行經濟研究室 1966 年

《清高宗實錄選輯》臺灣銀行經濟研究室 1964 年

《臺灣通志》臺灣銀行經濟研究室 1962 年

《清代臺灣職官印錄》臺灣銀行經濟研究室 1960 年

《清德宗實錄選輯》臺灣銀行經濟研究室 1964 年
《臺灣詩鈔》臺灣銀行經濟研究室 1970 年
《割臺三記》臺灣銀行經濟研究室 1959 年
《臺灣關係文獻集零》臺灣銀行經濟研究室 1972 年
《臺案彙錄甲集》臺灣銀行經濟研究室 1959 年
《臺案彙錄乙集》臺灣銀行經濟研究室 1963 年
《籌辦夷務始末選輯補編》臺灣銀行經濟研究室 1967 年
《清奏疏選彙》臺灣銀行經濟研究室 1968 年
《光緒朝東華續錄選輯》臺灣銀行經濟研究室 1969 年

THDL臺灣歷史數位圖書館－明清檔案

朱士嘉，《十九世紀美國侵華檔案史料選輯（v.2）》中華書局 1959 年
苑書義、孫華峰、李秉新主編，《張之洞全集（v.7）》河北人民 1998 年
胡傳釗，《盾墨留芬 v.1》台灣學生書局 1973 年
岑襄勳，《岑襄勳公（毓英）遺集 v.4》文海出版社 1976 年，
戚其章主編，《中日戰爭（v.5）》中華書局 1989 年
歐陽輔之，《劉唐訥公（坤一）遺集 pt.4》文海出版社 1968 年
歐陽利見，《金雞譚薈 v.1》文海出版社 1968 年
劉名譽，《越事備考 v.7》四庫全書未收書輯刊 2000 年
左宗棠，《左宗棠全集 V.8》岳麓書社 1987 年
王家勤等，《臺灣文獻匯刊第六輯第五冊》九州出版社 2004 年
李鴻章撰吳汝綸編，《李文忠公全集一百六十六卷 v.6》文海出版社 1962 年
傅朗，《清代中琉關係檔案選編》中國檔案出版社 1993 年
溫廷敬，《丁中丞政書 v.2》文海出版社 1980 年
劉銘傳，《劉銘傳文集》黃山書社 1997 年
王彥威編，《清季外交史料（v.1）》文海出版社 1964 年
王彥威編，《清季外交史料（v.2）》文海出版社 1964 年
王彥威編，《清季外交史料（v.3）》文海出版社 1964 年
張本政主編，《清實錄臺灣史資料專輯》福建人民 1993 年
洪安全總編輯，大鐸資訊股份有限公司系統製作，《清宮奏摺檔臺灣史料》國
　　立故宮博物院 2002 年
洪安全總編輯，《清宮洋務始末臺灣史料（v.2）》國立故宮博物院 1999 年
洪安全總編輯，《清宮洋務始末臺灣史料（v.3）》國立故宮博物院 1999 年

洪安全總編輯，《清宮洋務始末臺灣史料（v.4）》國立故宮博物院 1999 年

俞樾，《彭剛直公奏稿(v.1)》近代中國史料叢刊 v.3 文海出版社 1967 年

《籌辦夷務始末（v.1）》台聯國風 1972 年

《籌辦夷務始末（v.5）》台聯國風 1972 年

《籌辦夷務始末（咸豐朝）v.5》中華書局 1979 年

《中國近代史資料彙編，教務教案檔》，第二輯同治六年至同治九年（1867-1870）中央研究院近代史研究所編 1975 年

《中國近代史資料彙編－教務教案檔》，第三輯同治十年至光緒四年（1871-1878）中央研究院近代史研究所編 1975 年

中國史學會主編，《中法戰爭全六冊》上海人民出版社 1957 年

中國史學會主編，《洋務運動（v.4）》上海出版社 1961 年

中國近代經濟史資料叢刊編輯委員會，《中國海關與中法戰爭》中華 1983 年

中國第一歷史檔案館、海峽兩岸出版交流中心，《明清宮藏臺灣檔案匯編（v.117）》九州出版社 2009 年

中國第一歷史檔案館、海峽兩岸出版交流中心，《明清宮藏臺灣檔案匯編（v.179）》九州出版社 2009 年

中國第一歷史檔案館、海峽兩岸出版交流中心，《明清宮藏臺灣檔案匯編（v.180）》九州出版社 2009 年

中國第一歷史檔案館、海峽兩岸出版交流中心，《明清宮藏臺灣檔案匯編（v.187）》九州出版社 2009 年

中國第一歷史檔案館、海峽兩岸出版交流中心，《明清宮藏臺灣檔案匯編（v.198）》九州出版社 2009 年

中國第一歷史檔案館、海峽兩岸出版交流中心，《明清宮藏臺灣檔案匯編（v.202）》九州出版社 2009 年

中國第一歷史檔案館、海峽兩岸出版交流中心，《明清宮藏臺灣檔案匯編（v.203）》九州出版社 2009 年

中國第一歷史檔案館、海峽兩岸出版交流中心，《明清宮藏臺灣檔案匯編（v.210）》九州出版社 2009 年

中國第一歷史檔案館、海峽兩岸出版交流中心，《明清宮藏臺灣檔案匯編（v.212）》九州出版社 2009 年

中國第一歷史檔案館、海峽兩岸出版交流中心，《明清宮藏臺灣檔案匯編（v.213）》九州出版社 2009 年

中國第一歷史檔案館、海峽兩岸出版交流中心，《明清宮藏臺灣檔案匯編

（v.215）》九州出版社 2009 年

中國第一歷史檔案館、海峽兩岸出版交流中心，《明清宮藏臺灣檔案匯編
（v.220）》九州出版社 2009 年

中國第一歷史檔案館，《光緒朝硃批奏摺 v.27》中華書局 1995 年

中國第一歷史檔案館，《光緒朝硃批奏摺 v.42》中華書局 1995 年

中國第一歷史檔案館，《光緒朝硃批奏摺 v.64》中華書局 1995 年

中國第一歷史檔案館，《光緒朝硃批奏摺 v.71》中華書局 1995 年

中國第一歷史檔案館，《光緒朝硃批奏摺 v.101》中華書局 1995 年

中國第一歷史檔案館，《光緒朝硃批奏摺 v.102》中華書局 1995 年

中國第一歷史檔案館，《光緒朝硃批奏摺 v.117》中華書局 1995 年

中國第一歷史檔案館，《鴉片戰爭檔案史料（v.7）》天津古籍出版社 1992 年

中國第一歷史檔案館，《天地會（v.2）》中國人民大學 1980 年

中國第一歷史檔案館，《乾隆朝上諭檔（v.14）》北京市檔案社 1991 年

中國第二歷史檔案館，中國社會科學院近代史，《中國海關密檔赫德、金登干
函電匯編（1874-1907）》中華書局 1990 年

中國國家圖書館，《清代孤本外交檔案（v.3）》全國圖書館文獻縮微複製中心
2005 年

軍機處原檔編，《清光緒朝中法交涉史料 v.2》文海出版社 1967 年

軍機處原檔編，《清光緒朝中法交涉史料 v.3》文海出版社 1967 年

中央研究院近代史研究所，《中法越南交涉檔（v.3）》中央研究院近代史研究
所 1962 年

中央研究院近代史研究所，《中法越南交涉檔（v.4）》中央研究院近代史研究
所 1962 年

中央研究院近代史研究所，《中法越南交涉檔（v.5）》中央研究院近代史研究
所 1962 年

中央研究院近代史研究所，《中法越南交涉檔（v.6）》中央研究院近代史研究
所 1962 年

中央研究院近代史研究所，《海防檔（v.2no.3）》中央研究院近代史研究所
1957 年

中央研究院近代史研究所，《海防檔（v.4no.4）》中央研究院近代史研究所
1957 年

中央研究院近代史研究所，《海防檔（v.5no.1）》中央研究院近代史研究所
1957 年

中央研究院近代史研究所，《清光緒朝中日交涉史料（上）》文海出版社 1963 年

《近代中國對西方及列強認識資料彙編，第三輯 v.1》中研院近代史研究所 1972-
1990 年

《近代中國對西方及列強認識資料彙編，第二輯 v.2》中研院近代史研究所 1972-
1990 年

聯合報文化基金會國學文獻館整理，《清代起居注冊（光緒朝）v.25》聯經
1987 年

聯合報文化基金會國學文獻館整理，《清代起居注冊（光緒朝）v.42》聯經
1987 年

上海師大歷史系中國近代史研究室，《福建上海小刀會檔案史料匯編》福建人
民出版社 1993 年

國立故宮博物院，《宮中檔乾隆朝奏摺 v.4》國立故宮博物院 1982 年

國立故宮博物院，《宮中檔乾隆朝奏摺 v.65》國立故宮博物院 1982 年

國立故宮博物院，《宮中檔乾隆朝奏摺 v.67》國立故宮博物院 1982 年

國立故宮博物院，《宮中檔乾隆朝奏摺 v.70》國立故宮博物院 1982 年

《宮中檔奏摺－嘉慶朝》，（故宮博物院藏），文獻編號：404011771 未出版，
無年份

《宮中檔奏摺－嘉慶朝》，（故宮博物院藏），文獻編號：404011939 未出版，
無年份

中國第一歷史檔案館，《軍機處洋務檔光緒十一年秋季（微捲：4）》未出版，
無年份

中國第一歷史檔案館，《宮中硃批奏摺財政類關稅（v.63）》中央研究院，未出
版，無年份

中國第一歷史檔案館，《宮中硃批奏摺財政類關稅（v.65）》中央研究院，未出
版，無年份

《同治朝月摺檔》（故宮博物院藏）未出版，無年份

《同治朝軍機檔》（故宮博物院藏）未出版，無年份

《光緒朝月摺檔》（故宮博物院藏）未出版，無年份

《光緒朝軍機檔》（故宮博物院藏）未出版，無年份

THDL臺灣歷史數位圖書館－淡新檔案與古契字

淡新檔案 11505_002_00_00_1，《辦理臺北通商兼管滬尾總口海關稅務佐領府托
為移知事》

淡新檔案 11505_000，《奉本府憲陳轉奉臬道憲劉札准淡基二口稅務司葛照會接印任事日期行知遵照由》

淡新檔案 11505_011_00_00_1，《臺北府正堂陳為行知事》

淡新檔案 15207_007，《淡水分府鄭為特飭押歸正口輪稅事》

淡新檔案 11506_004_00_00_1，《臺北府正堂陳為札飭事》

淡新檔案 11506_002，《總督福建浙江何、鎮守福州將軍穆、巡府福建岑為曉諭事》

淡新檔案 11506_004_00_00_1，《臺北府正堂陳為札飭事》

淡新檔案 11506_010，《收管狀》

淡新檔案 14401_001_00_00_1，《即陞知縣艋舺縣丞王需為查訊磺土稟解究辦事》

淡新檔案 14403_005_00_00_1，《申文艋舺縣丞陳澧據稟匪黨強掘磺灰申請淡水廳同知恩煜會營嚴拏究辦》

淡新檔案 13504_001，《出示 - 臺北府正堂劉勳出示曉諭臺北各商民人等停止抽收清水岩廟捐改為定期抽收茶捐作為撫番經費》

淡新檔案 13505_002_00_00_1，《臺北府正堂劉勳札飭新竹縣正堂方祖蔭遵照抽厘章程辦理抽收厘金》

古契字，北市文獻會契書，《仝立同約戴歧伯等康熙四十八年十一月（1709）》

京都大學人文科學系

希里哈，傅蘭雅、華衡芳譯《防海新論》江南製造局譯書彙刻

巴伐利亞圖書館

點石齋畫報，丁集，滬尾形勢，映雪齋主人藏

海外民族學博物館

歡送馬偕旗幟－《開通庸碌》典藏號 915.3.18.b
典藏地加拿大安大略省博物館 Royal Ontario Museum
歡送馬偕旗幟－《誘液愚頑》典藏號 915.3.18.d
典藏地加拿大安大略省博物館 Royal Ontario Museum

中央研究院近代史資料庫

陳忠倚，清代經世文編，《皇朝經世文三編》，卷五學術五廣論中，張羅澄，

應變須才論

三魚堂主人，清代經世文編，《皇朝經世文三編增附時事洋務》，卷三十五時
　　務三十五，張秉銓，禦夷制勝策

國立故宮博物院清代檔案檢索系統

《中英江寧條約》，道光 22 年 07 月 24 日，910000108 號，國立故宮博物院

《中英天津條約》，咸豐 08 年 05 月 16 日，910000011 號，國立故宮博物院

《中法簡明條款》，光緒 10 年 04 月 17 日，910000045 號，國立故宮博物院

《中法會訂越南條約十款（中法越南新約）》，光緒 11 年 04 月 27 日，
　　910000046 號，國立故宮博物院

《宮中檔奏摺－光緒朝》，〈得泉履歷〉，光緒，故宮 154547 號，國立故宮博
　　物院

《軍機處檔摺件》，李鶴年等奏，〈奏報委候補道馮慶良署理督糧道篆務事（摺
　　片）〉，同治，故機 113664 號，國立故宮博物院

《軍機處檔摺件》，劉銘傳奏，〈奏為法船併犯臺北基隆滬尾同時危急移師保
　　顧後路並接仗情形由〉，光緒 10 年 08 月 15 日，故機 130296 號，國立故
　　宮博物院

《軍機處檔摺件》，劉銘傳奏，〈奏為奴才由滬渡臺乏員差遣有記名道朱守謨
　　在滬就醫當約同渡臺委辦營務等由（此係附片）〉，光緒，故機 129200 號，
　　國立故宮博物院

《月摺檔同治五年十一月下》，左宗棠奏，〈奏為詳議創設船政章程飭洋員回
　　國購器募匠來閩教習事（附清單一件）〉，故樞 003324/ 603000407-021 號，
　　國立故宮博物院

《月摺檔光緒六年十一月上》，劉銘傳奏，〈為時局日艱外患日迫亟宜籌造鐵
　　路以圖自強事〉，光緒 06 年 11 月 01 日，故樞 003848/ 603000931-002 號，
　　國立故宮博物院

《月摺檔光緒十三年十月上》，劉銘傳奏，故樞 004097/603001180-027 號，國
　　立故宮博物院

《孫開華出身履歷清冊》故傳 011127 號，國立故宮博物院

國立臺灣博物館數位典藏

國立臺灣博物館數位典藏，歷史類 AH001659「奉憲示禁私挖掘煤炭者立斃碑」

國立臺灣博物館數位典藏，歷史類 AH000771-008「私掘煤炭禁止碑碑文拓片」

國立臺灣圖書館

臺灣總督府，《臺灣列紳傳》1916 年

版存福建臺灣道庫，《全臺輿圖》光緒庚辰蒲夏開刷 1880 年

臺灣記憶

林再生，《基隆煤礦史》基隆市政府 1999 年

王月鏡主修許水德監修，《臺北市志卷九人物志宦績篇》臺北市文獻委員會編
　　印 1988 年

鄭俊彬編纂，《基隆市誌人物誌列傳篇》基隆市政府出版 2001年

盛清沂總纂，《臺北縣志卷二十七：人物志》臺北縣文獻委員會 1960 年

國家文化記憶庫

李火增，《艋舺龍山寺－慈暉遠蔭牌匾》夏綠原國際有限公司，財團法人台北
　　市艋舺龍山寺 1941 年

網際網路檔案館

曾公亮、丁度，四庫全書（宋）《武經總要》卷十一。浙江大學圖書館

曾公亮、丁度，四庫全書（宋）《武經總要》卷十二。浙江大學圖書館

曾公亮、丁度，四庫全書（宋）《武經總要》卷十三。浙江大學圖書館

四庫全書，《大清會典則例》卷二十四。浙江大學圖書館

日文史料

亞州歷史資料中心

「成富清風ヨリ東北蕃地雑記并淡水県治考上申」JACAR（アジア歴史資料セ
　　ンター）Ref.A03030385300、単行書・処蕃始末・甲戌十二月之八・第
　　九十冊（国立公文書館）

「長瀨陸軍中尉外十名清国へ派遣」JACAR（アジア歴史資料センター）Ref.
　　A01000054900、太政類典・第三編・明治十一年～明治十二年・第十九
　　巻・外国交際・諸官員差遣（国立公文書館）

「6 月 29 日磐城艦迴航記事進達の件」JACAR（アジア歴史資料センター）Ref. C10101766200、明治 18 年受号通覽卷 168 月分（防衛省防衛研究所）

清国派遣中艦隊司令官海軍少将松村淳蔵電報台湾封港ノ件 [請求番号] 別 00133100JACAR（アジア歴史資料センター）

「淡水港計画の件（1）」JACAR（アジア歴史資料センター）Ref.C08021685200、 大正 9 年公文備考卷 105 土木 31（防衛省防衛研究所）

「上野 2 等領事台島視察復命第 1 号」JACAR（アジア歴史資料センター）Ref. C11081238400、台湾嶋關係書類卷 1 明治 28 ～ 38（防衛省防衛研究所）

「自明治明治 28 年 5 月 29 日至同年 6 月 9 日台湾北部に於ける近衛師団戦 闘詳報附新竹縣方向偵察報告」JACAR（アジア歴史資料センター）Ref. C06062147500、明治 28 年 3 月 23 日至同年 7 月 23 日　「台湾嶋に於ける 諸団隊戦闘詳報其 1」（防衛省防衛研究所）

國立國會圖書館

海軍參謀本部，《清仏海戰紀略》檔案號 000000432552，1888 年

小笠原長生編，《東郷平八郎全集第 2 卷》平凡社，檔案號 10.11501/1176089， 1930 年

國史館臺灣文獻館總督府公文類纂

明治三十一年臺灣總督府公文類纂乙種永久保存第三十二卷戶籍人事社寺軍事 （1897-12-03），《臺灣總督府檔案・總督府公文類纂》，國史館臺灣文 獻館，典藏號：000-00291

明治二十八年十月中淡水支廳行政事務及管內概況報告（臺北縣）典藏號： 00000024003

「屬安江正直建築史編纂資料蒐集ノ為臺南廳外四廳へ出張復命ノ件」（1907- 11-08），〈明治四十二年臺灣總督府公文類纂永久保存第八十九卷土木〉， 《臺灣總督府檔案・總督府公文類纂》，國史館臺灣文獻館，典藏號： 00001541001。

「元機器局構內家屋買收」（1896-04-13），〈明治二十八年臺灣總督府公文類 纂乙種永久保存第十七卷外交〉，《臺灣總督府檔案・總督府公文類纂》， 國史館臺灣文獻館，典藏號：00000028020。

國立公共圖書館資料庫臺灣日日新報

臺灣日日新報，1919 月 12 月 1 日「淡水港を復活せよ港口の沈船埋石を發見す」

臺灣日日新報，1913 年 2 月 27 日「古佛財產紛糾」

臺灣日日新報，1919 年 12 月 14 日「木舟生戰犧牲」

國立臺灣圖書館－日治時期圖書影像系統

山本正一，《淡水港の整備に就て》1927 年

淡水公學校，《社寺廟宇ニ關スル調查台北廳》臺北廳出版 1915 年

曾景來，《臺灣宗教と迷信陋習》發行者加藤豐吉，臺北市榮町臺灣宗教研究
會 1939 年

鈴木清一郎，《臺灣舊慣冠婚葬祭と年中行事》臺北日日新報社 1934 年

大稻埕女子公學校，《社寺廟宇ニ關スル調查台北廳》臺北廳出版 1915 年

臺灣大學數位典藏

伊能嘉矩手稿，《蔡慶濤－基隆地方研究資料》檔案號：ntul-mn-M021_00_
0000_0068

伊能嘉矩手稿，《臺灣臺北城之圖》，原藏：遠野市立博物館，檔案號：ntul-
mn-J310_00_0001_0001

英文史料

Enclosure in Mr. Gregory's Dispatch No.6 of 17th March 1872

United States Naval Expedition to Japan (1852-1854)II Washington: A. O. P. Nicholson1856

China. Reports on the Haikwan banking system and local currency at the treaty ports.
Shanghai: Statistical Dept. of the Inspectorate General of Customs, 1879

Teignmouth, Henry Noel Shore, baron, 1847-1926The flight of the Lapwing. A naval officer's
jottings in China, Formosa and Japan

Guillemard, F. H. H. (Francis Henry Hill), 1852-1933 The cruise of the Marchesa to
Kamschatka & New Guinea: with notices of Formosa, Liu-Kiu, and various islands of
the Malay Archipelago

Mackay, George Leslie, 1844-1901; MacDonald, James A. (James Alexander), 1862-1923

From far Formosa: the island, its people and missions1896

Fraser, Thurlow,《The call of the East: a romance of far Formosa》Toronto: W. Briggs1914

Alsford, Niki J.P.《The Witnessed Account of British Resident John Dodd at Tamsui》2010

法文史料

Loir Maurice (1852-1924)L'Escadre de l'amiral Courbet, notes et souvenirs, par Maurice Loir,(Novembre 1885.)1886

Au Tonkin et dans les mers de Chine: souvenirs et croquis (1883-1885) / Rollet de l'Isle, Charles-Dominique-Maurice (1859-1943)1886

35 mois de campagne en Chine, au Tonkin, Courbet-Rivière (1882-1885)1898

Le Matin: derniers télégrammes de la nuit1884/ 10/ 15

Huard, Charles-Lucien (1839-1900). Auteur du texte《Guerre illustrée. Chine, Tonkin, Annam》Éditeur: L. Boulanger (Paris)

De Semallé, Quatre ans à Pékin, aoû 1880-août 1884, Le Tonkin1886

Li vre Jaune.Ministère des Affaires étrangères, Documents diplomatiques. Affaires de Chine et du Tonkin, 1884-1885. Paris, 1885)

調查研究

陳宗仁主持,《淡水開港相關展示史料蒐集成果報告書》新北市立淡水古蹟博物館 2022 年

陳思宇主持,《清法戰爭滬尾之役調查研究計畫第三期－無形文化資產暨民俗文物成果報告書》新北市立淡水古蹟博物館 2019 年

李其霖主持,《清法戰爭滬尾之調查研究計畫第一期成果報告書》,新北市立淡水古蹟博物館 2019 年

黃繁光主持,《淡水第一期口述歷史研究調查案成果報告書附冊》新北市立淡水古蹟博物館 2015 年

吳小虹主持,《騰雲號蒸汽火車頭調查研究案》,國立臺灣博物館,2017 年

詹素娟主持,研究員:朱儆祖,專任助理葉承,兼任助理:楊士芳、陳素華《大屯山、七星山系硫磺礦業史調查研究》中華民國國家公園學會內政部營建

署，陽明山國家公園管理處委託研究報告 2002 年

溫振華主持，協同主持人：蔡承豪《陽明山國家公園管理處委託辦理報告》陽
　　明山國家公園管理處委託辦理報告 2012 年

論文

黃頌文，《清季臺灣開港前後英商杜德與寶順洋行的崛起》（1850-1870）（臺北：
　　東吳大學歷史學系碩士論文，2012 年）

研討會論文

「淡水學」學術研討會，過去、現在、未來論文集，國史館 1999 年
「淡水學」學術研討會，歷史、生態、人文論文集，國史館 2001 年
「淡水學」學術研討會，產業與社會，淡江大學 2022 年

期刊

陳岫傑，《關於北臺灣（中國）煤田》與開煤紀錄》台北文獻 183 期 2022 年
總編輯龔雅雯、主編柏麗梅，《博物淡水 11 期》新北市立淡水古蹟博物館
　　2019 年
總編輯龔雅雯、主編黃麗鈴，《博物淡水 14 期》新北市立淡水古蹟博物館
　　2022 年
陳琴廬，〈臺北基隆滬尾中法之役的史料〉，《大風半月刊》89 期 1941 年
金關丈夫，《民俗臺灣一》武陵出版社 1990 年

網站

國立故宮博物院 National Palace Museum
國立臺灣圖書館 National Taiwan Library
國立臺灣博物館 National Taiwan Museum

國立公共資訊圖書館 National Library of Public Information

國家圖書館碩博士論文系統 National Central Library

國家圖書館臺灣記憶 Taiwan Memory

國家文化記憶庫 Taiwan Cultural Memory Bank

國史館臺灣文獻館 Taiwan Historica

臺灣歷史數位圖書館 Taiwan History Digital Library (THDL)

臺灣大學數位典藏資源中心 National Taiwan University Digital Archives Resource Center

臺北市立文獻館 Taipei City Archives

淡水古蹟博物館 Tamsui Historical Museum, New Taipei City

中研院臺灣史研究所臺灣文獻叢刊 Archives of Institute of Taiwan History, Academia Sinica

中央研究院近代史料全文資料庫 Modern History Databases (MHDB)

海外博物館臺灣民族學藏品資料 Taiwan Ethnological Collections in Overseas Museums

政府研究資訊系統 Government Research Bulletin (GRB)

法國國家圖書館 Bibliothèque nationale de France (BnF)

京都大學人文科學系 Institute for Research in Humanities, Kyoto University

國立國會圖書館 National Diet Library

亞洲歷史資料中心 Japan Center for Asian Historical Records

巴伐利亞圖書館 Bayerische Staatsbibliothek

哈佛大學圖書館 Harvard Library

生物多樣性資料庫 Biodiversity Heritage Library (BHL)

網際網路檔案館 Internet Archive

國家圖書館出版品預行編目

淡水通商委員李彤恩與滬尾戰役 / 李秉樺著. --
　臺北市：致出版, 2023.06
　　面；　公分
　ISBN 978-986-5573-61-4(平裝)

1.CST: (清)李彤恩 2.CST: 傳記

782.87　　　　　　　　　　112008466

淡水通商委員李彤恩與滬尾戰役

作　　者／李秉樺
出版策劃／致出版
製作銷售／秀威資訊科技股份有限公司
　　　　　114 台北市內湖區瑞光路76巷69號2樓
　　　　　電話：+886-2-2796-3638
　　　　　傳真：+886-2-2796-1377
網路訂購／秀威書店：https://store.showwe.tw
　　　　　博客來網路書店：https://www.books.com.tw
　　　　　三民網路書店：https://www.m.sanmin.com.tw
　　　　　讀冊生活：https://www.taaze.tw

出版日期／2023年6月　　定價／550元

致　出　版　　　　　　　　向出版者致敬